D1755168

Banco Alemán Transatlántico
Eine Reise durch Südamerika

Paul Wallich (um 1910).

Paul Wallich

Banco Alemán Transatlántico
Eine Reise durch Südamerika

Mit einer Einführung
von
Henry C. Wallich

v. HASE & KOEHLER

Herausgabe und Redaktion: Dr. Manfred Pohl

Abbildungsnachweis:
Umschlagfoto, nach S. 24, nach S. 48, nach S. 208, nach S. 240: Archiv Deutsche Bank; nach S. II, nach S. 32, nach S. 144, nach S. 208, nach S. 240: Sammlung Henry C. Wallich; nach S. 32: Archiv Buenos Aires Herald; nach S. 48: Festschrift 50 Jahre Staudt & Co., 1937; nach S. 144: Beilage zu August Sußmann: Eine Reise nach Südamerika, 1908.

Das Foto auf dem Umschlag zeigt das Gebäude des Banco Alemán Transatlántico in Buenos Aires um 1905.

CIP-Kurztitelaufnahme der Deutschen Bibliothek

Wallich, Paul:
Banco Alemán Transatlántico : e. Reise durch Südamerika / Paul Wallich. Mit e. Einf. von Henry C. Wallich. – Mainz : v. Hase und Koehler, 1986.
ISBN 3-7758-1129-X

© 1986 Copyright by v. Hase & Koehler Verlag Mainz
Alle Rechte vorbehalten
Gesamtherstellung: Poeschel & Schulz-Schomburgk, Eschwege
ISBN 3-7758-1129-X
Printed in Germany

Inhalt

Henry C. Wallich:
Einführung zu Paul Wallichs Briefen aus Argentinien   1

Paul Wallich: Eine Reise durch Südamerika   23
Lissabon 25 — Auf See 25 — Rio de Janeiro 35 — Von Rio nach Montevideo 35

Buenos Aires 37 — Estancia Peñaflor 67 — Buenos Aires 71 — Bahia Blanca 79 — Buenos Aires 91

Rosario 97 — Córdoba 103 — La Falda 113 — Córdoba 117 — Tucumán 119 — Buenos Aires 129

Puente del Inca 135 — Valparaiso 138 — Von Valparaiso nach Antofagasta 150 — Coquimbo 151 — Antofagasta 152 — Oficina Cecilia 157

Oruro 165 — La Paz 174 — Titicaca-See 183 — Arequipa 185 — Von Arequipa nach Lima 194 — Lima 196 — Von Callao nach Valparaiso 203

Valparaiso 208 — Santiago 209 — Concepcion 226 — Valdivia 230 — Temuco 236 — Santiago 239 — Los Andes 241

Buenos Aires 243 — Montevideo 268 — Auf See 272

Anmerkungen	277
Zu dieser Ausgabe	291
Namenverzeichnis	292
Firmenverzeichnis	296

Zum Geleit

Im kommenden Jahr wird die Filiale Buenos Aires der Deutschen Bank auf eine hundertjährige Tradition zurückblicken können. Sie war die erste ausländische Niederlassung der 1886 von der Deutschen Bank, Berlin, gegründeten Deutschen Ueberseeischen Bank. Von Buenos Aires aus wurde ein ausgedehntes Filialnetz in ganz Südamerika errichtet. Als Banco Alemán Transatlántico erreichte das Institut innerhalb der nächsten beiden Jahrzehnte hohes Ansehen. Im Zuge der Eingliederung der Deutschen Ueberseeischen Bank übernahm die Deutsche Bank 1977 deren Niederlassung in Buenos Aires und führte sie als eigene Filiale weiter.

Die Deutsche Bank hält eine intensive Beschäftigung mit der Geschichte und Gegenwart Lateinamerikas für notwendig. Ein Blick zurück zeigt, daß der Subkontinent bereits um die Jahrhundertwende vor ähnlichen Problemen stand wie heute. Es wurden jedoch stets Möglichkeiten gefunden, um diesen zu begegnen. Die immer wieder gezeigten unternehmerischen und staatlichen Initiativen sowie das wirtschaftliche Potential der Region lassen darauf hoffen, daß Lateinamerika als Handels- und Investitionspartner auch in Zukunft für die Bundesrepublik von Bedeutung bleiben wird. Angesichts ihres traditionell vielfältigen Geschäftes mit lateinamerikanischen Ländern empfindet es die Deutsche Bank als Aufgabe, auch in schwierigen Zeiten ihre Beziehungen dorthin zu pflegen.

1909/10 unternahm Paul Wallich, dessen Vater Hermann Wallich als Vorstandsmitglied der Deutschen Bank an der Gründung der Deutschen Ueberseeischen Bank maßgeblich beteiligt gewesen war, eine Reise zu den südamerikanischen Filialen des Banco Alemán Transatlántico. Sein lebendig geschriebener Reisebericht wird hiermit zum ersten Mal einem größeren Leserkreis vorgelegt.

Henry C. Wallich, der Sohn von Paul Wallich, – er führt als Mitglied im Board of Governors des amerikanischen Zentralbanksystems die Banktradition seiner Familie weiter – hat uns freundlicherweise das Manuskript zur Verfügung gestellt. Er schrieb zudem eine Einleitung, die historische Ereignisse im Lichte neuer Erfahrungen nachzeichnet. Die Deutsche Bank dankt ihm hierfür herzlich. Ebenso sind wir zu Dank verpflichtet Juan Pedro Guillermo Staudt, Roberto T. Alemann und Tomás Vallée, deren Erläuterungen die Bearbeitung von Paul Wallichs Bericht erleichtert haben.

Frankfurt am Main
im Januar 1986

                        Der Vorstand der Deutschen Bank

Henry C. Wallich

Einführung zu Paul Wallichs Briefen aus Argentinien

Der wirtschaftliche Hintergrund des Berichtes

Als Paul Wallich am 27. September 1909 in Buenos Aires eintraf, fand er ein Land in äußerst soliden finanziellen Umständen vor. Argentinien hatte bereits seit Anfang des Jahrhunderts den Goldstandard. Die Papierwährung, die frei gegen Gold konvertierbar war, war durch eine Reserve von 172 Mio. Goldpeso (696 Mio. Mark) unterlegt, die zu 55% den Notenumlauf deckte. Die Zahlungsbilanz wies einen beruhigenden Überschuß auf. Das Geldvolumen wuchs mäßig. Der Staatshaushalt war zwar öfters im Defizit, aber es hielt sich in erträglichen Grenzen. Die Zinssätze spiegelten das internationale Niveau wider. Das Land erhielt Zufluß von Auslandskapital.

Diese erfreulichen Umstände waren langfristig die Segnungen einer Reihe von Finanzmaßnahmen und -reformen, die sich mit Höhen und Tiefen über eine Spanne von nahezu 30 Jahren erstreckten. Im Jahre 1909 sah sich Argentinien in einem Zustand, den man als zweite Stufe eines säkularen Währungszyklus bezeichnen könnte. Das Land erfreute sich einer Phase der Stabilität, die von rigorosen Beschränkungen der Ausgabe von Zahlungsmitteln getragen war. Sie folgte auf eine Zeit der Unruhe, die viele Jahre hindurch andauerte, in der aber nichtsdestoweniger ganz natürlich der Grundstein für eine spätere Besserung gelegt wurde. Diese zweite stabile Phase währte mit einigen Unterbrechungen von 1899 bis 1935, als eine moderne Zentralbank ins Leben gerufen wurde. Die Flexibilität dieses neuen Instrumentes zur monetären Steuerung, die für die dritte Phase des Währungszyklus charakteristisch war, trug Argentinien bis in die Zeit nach dem Zweiten Weltkrieg. Danach führte die Versuchung zum Mißbrauch der Zentralbank fast unvermeidlich zu neuerlicher Überexpansion, Verlust der Reserve und Währungsunruhen. Kurz bevor dieser Beitrag verfaßt wurde, hatten diese die Inflationsrate in Rekordhöhe geführt – eine Verfassung, aus der Präsident Alfonsin die Wirtschaft gerade herauszubringen versuchte.

Paul Wallichs Besuch in Argentinien hatte auf diesen Zyklus nur insoweit Bezug, daß Phase eins und zwei die Vorbedingungen für die von ihm beschriebene Bankszene geschaffen hatten. Er war sich natürlich der finanziellen Entwicklung Argentiniens und der Möglichkeit einer neuerlichen Instabilität bewußt, wie solide und vielversprechend die Gegenwart auch erschien. Es soll daher nun der Versuch unternommen werden, Argentiniens Währungserfahrungen bis in das Jahr 1910 zu verfolgen. Dies ist ein Gegenstand von nicht nur historischer, sondern auch von großer theoretischer Bedeutung. Die argentinischen Währungserfahrungen haben das Interesse führender Gelehrter – darunter John H. Williams, Raul Prebisch, A. G. Ford und Peter Bernholz – auf sich gezogen. Historische Literatur zu diesem Thema ist in großer Menge vorhanden; eine Auswahl davon ist in der beigefügten Literaturliste aufgeführt. Was man heute zur Gesamtheit der Analysen noch nachtragen kann, ist ein Ausblick, der sich auf die Währungserfahrungen vieler Entwicklungsländer in jüngerer Zeit, insbesondere im Zusammenhang mit Stabilisierungsprogrammen des Internationalen Währungsfonds, und auf einige Parallelen zwischen den Erfahrungen Argentiniens und gewisser anderer Länder stützt.

Argentinien führte erstmals im Jahre 1881 eine einheitliche Währung ein. Diese löste eine Vielzahl regionaler Papieremissionen und ausländischer Münzen ab, die mit verschiedenen Abschlägen gehandelt wurden. Gesetzliche Paritäten waren bereits 1861 festgelegt worden, sie gelangten jedoch nur kurz zur Anwendung. Nach diesem Wechselkurs entsprachen einem argentinischen Goldpeso US-$ 0,97, in englischer Währung 3 sh 8,0683 d und in deutscher Währung 4,05 Mark. Der Papierpeso, auf den sich Paul Wallich normalerweise bezieht, machte 0,44 eines Goldpesos aus, d. h. 1 Goldpeso = 2,2727 Papierpeso (entsprechend 1,78 deutsche Mark). Paul Wallich hat die früheren Höhen und Tiefen der argentinischen Währung nicht miterlebt. Aus der heutigen Sicht mögen sie als maßvoll erscheinen, im späten 19. Jahrhundert wurden sie jedoch als traumatisch empfunden – der Wertverlust erreichte zeitweilig 75 bis 80 Prozent. Trotzdem waren die achtziger Jahre des vorigen Jahrhunderts, in denen diese Ereignisse ihren Hauptursprung hatten, eine Zeit der Hochkonjunktur. Sie wurde angeheizt durch die Ausgabe von Papiergeld, umfangreiche ausländische Kreditaufnahmen und andere Kapitalzuflüsse sowie durch Masseneinwanderung. Das schnell wachsende Schienennetz förderte die landwirtschaftliche Produktion und ließ die Grundstückswerte steigen. Die frühen Abwertungen des Papierpesos waren somit von einer Expansion, nicht einer Rezession begleitet. Dies erklärt, daß die Entwertung der Währung vielerorts anscheinend nicht als ein großes Unglück betrachtet wurde.

Lange bevor Argentinien sich finanziell konsolidierte, fand eine politische Stabilisierung statt. Nach einem halben Jahrhundert der Bürgerkriege, Revolutionen und vergeblicher Bemühungen, ein konstitutionelles Regierungssystem zu schaffen, entstand eine geeinte Nation. Der argentinische Staat ähnelte in seiner Verfassung dem amerikanischen. Dies argentinische System bestand nicht viel weniger als ein Jahrhundert, um dann in einer neuen Folge von Revolutionen, Militärregierungen und erneuten Bemühungen um ein demokratisches Regime zu enden. Paul Wallich kannte Argentinien nur als Land mit einer stabilen Regierung.

Konstitutionelle Demokratie war keine Garantie für solide und ehrliche Finanzen. Zwar hatte Argentinien das Glück, daß zwei der frühen Präsidenten die Wichtigkeit der Einwanderungspolitik und der öffentlichen Schulen erkannten. Eine gute menschliche Basis wurde so geschaffen. Aber das politische System und die öffentliche Verwaltung ließen manches zu wünschen übrig. Es kann in keiner Weise behauptet werden, daß die Etablierung eines Goldstandards und seine Aufrechterhaltung während mehrerer Jahrzehnte auf gute

Politik und Verwaltung zurückzuführen seien. Im Gegenteil, die übermäßige Verschuldung der achtziger Jahre und der folgende Zusammenbruch waren das Resultat konstitutioneller Regierungen und von ihnen inszenierter »Gründerjahre«.

Bis in das frühe 20. Jahrhundert standen die sich folgenden Regierungen unter dem absoluten Einfluß der großen Landbesitzer. Gegen Ende des 19. Jahrhunderts begannen innerhalb dieser Gruppe die neueren Kräfte die alte Aristokratie zu verdrängen, um ihrerseits eine sozial exklusive Gruppe zu werden. Ausländer, insbesondere Engländer, waren einflußreich in der Wirtschaft. Die Politik wurde von Einheimischen beherrscht.

Während einer Reihe von Jahren boykottierte die Opposition die Wahlen wegen angeblicher illegaler Wahlmethoden der Regierungspartei. Aber mit Ausnahme des Jahres 1890, als ein niedergeschlagener Aufstand trotzdem zum Rücktritt des Präsidenten führte, blieb das Prinzip der Demokratie erhalten. Als annähernd zwanzig Jahre später die Regierungspartei sich entschloß, ehrliche Wahlen zu erlauben, kam die Opposition ans Ruder. Aber das System erlebte keine wesentliche Erschütterung bis zur Wirtschaftskrise der dreißiger Jahre.

Von der Zeit, zu der Paul Wallich Argentinien bereiste, schrieb Federico Pinedo, ein ehemaliger Finanzminister, »das Land damals hatte demokratische und liberale Zustände, im Sinne einer regelmäßigen Erneuerung der politischen Leitung, der Gewaltenteilung und vor allem in der Beschränkung der staatlichen Macht. Die Methoden durch die die Regierungsparteien sich im Amt erhielten, mögen fragwürdig gewesen sein. Diese Mängel verhinderten jedoch nie, daß die öffentliche Meinung, vertreten durch ihre führenden Repräsentanten, bekannt werden konnte und Achtung empfing. Es herrschte Ordnung, und private Rechte wurden sorgfältig anerkannt und von dem Staate geschützt«.

Die verschiedenen aufeinander folgenden Administrationen gingen an das Währungsproblem auf etwas unterschiedliche Weise heran. Im Jahre 1883 versuchte Präsident Roca (1880 bis 1886), die Goldkonvertibilität zu pari wieder herzustellen.

Dieser Versuch mußte 1885 unter dem Druck zunehmender Währungsemissionen und einer schwächeren, jedoch noch positiven Zahlungsbilanz aufgegeben werden. Im Rahmen der unter dem Nachfolger Rocas, Celman (1886 bis 1890), verfolgten Expansionspolitik beliefen sich die ausländischen Kreditaufnahmen allein in den Jahren 1887 bis 1889 auf 555 Mio. Goldpeso, denen Exporte in Höhe von 275 Mio. Goldpeso gegenüberstanden. Argentiniens Möglichkeit, am Londoner Markt anscheinend unbegrenzt Kredit aufzunehmen, wurde stark mißbraucht. Die Bankiers der 1880er Jahre waren allem Anschein nach ebensowenig in der Lage, die Konsequenzen vorauszusehen, wie ihre Kollegen in den siebziger Jahren dieses Jahrhunderts.

Als bedeutendes Instrument für Währungsemissionen diente das neu geschaffene System von staatlich garantierten Banken. Diese sollten nach dem Vorbild des zu Anfang der 1860er Jahre in den USA im Zusammenhang mit der Finanzierung des Krieges zwischen den Nord- und Südstaaten gegründeten nationalen Bankensystems zugeschnitten werden. In den USA wurde die überhöhte Geldausgabe schließlich durch Auflagen zur Ausgabe von Noten seitens dieser »Nationalbanken« beschränkt.

Ein ähnliches System konnte sich in Argentinien aus dem einen Grund nicht durchsetzen, weil die Regeln nicht beachtet wurden. Die vom Staat garantierten argentinischen Banken waren ermächtigt, Noten bis zu einer Höhe von 90% ihres Kapitals gegen eine 85%ige Sicherheit in Form von Gold-Obligationen auszugeben. Um diese Obligationen erwerben zu können, mußten die Banken beim Schatzamt in Gold bezahlen. Das Papiergeld hätte dann eine fast 100%ige Golddeckung besessen, vorausgesetzt, daß die Banken dem Schatzamt die Werte stets in Gold bezahlt hätten und das Schatzamt dieses erhaltene Gold behalten hätte, statt einen Großteil davon anderen Zwecken zuzuführen.

Bei der vorhandenen Tendenz, die Beschränkungen in bezug auf die Geldschöpfung außer acht zu lassen, uferten die Währungsemissionen der garantierten Banken bald aus. Innerhalb von zwei Jahren verdoppelte sich in etwa ihre Höhe. Durch staatliche Emissionen wurde die monetäre Expansion noch weiter verstärkt. Dieses schnelle Wachstum des Papiergeldvolumens ist als der letztendliche, wenn nicht als der unmittelbare Grund für den Verfall des Peso anzusehen. Dank großer Kreditaufnahmen im Ausland und eines dadurch entstandenen Zahlungsbilanzüberschusses wurde der Wertverlust zeitweilig gebremst. Die dadurch entstandene Inflationslage machte jedoch eine Fortsetzung der Kreditaufnahme unmöglich. Damit wurde die Zahlungsbilanz durch die negativen Auswirkungen der Geldschöpfung in Richtung Defizit verkehrt. In diesem Sinne kann die Geldschöpfung als der Faktor, der den Wert der Papierwährung im Grunde bestimmte, gelten. Der Papierpeso erreichte 1891 einen – wenn auch kurzen – Tiefstand von etwa 20% der Goldparität, d. h. ein Goldagio von 400%.

Diese Entwicklung spiegelt die Krise wider, die in den Jahren 1890/91 ihren Höhepunkt erreichte. Die englischen Anleger, die Mittel überwiegend durch den Ankauf von Obligationen bereitgestellt hatten, zogen sich zurück. Die verschwenderisch leichte Kreditaufnahme, die sich mit den Vorgängen in einigen lateinamerikanischen Ländern während der 70er Jahre dieses Jahrhunderts vergleichen läßt, fand ein Ende. Kredite wurden nur noch zu harten Bedingungen in Aussicht gestellt: scharfe Überwachung der Mittelverwendung durch die Banken, keine weitere Kreditaufnahme in den nächsten zehn Jahren, keine staatlichen Ausgaben von Papiergeld und Zusicherung strenger Wirtschaftlichkeit von seiten des Staates. Argentinien wies diese Bedingungen zurück.

Als Folge davon fand sich der hauptsächliche Underwriter für Argentinien, Baring Brothers & Co., in Schwierigkeiten. Baring hatte in acht Jahren Obligationen von mehr als 100 Mio. Goldpeso übernommen, in einigen Fällen mit einer Marge von nahezu 20%, und war im Besitz eines Berges unverkäuflicher argentinischer Wertpapiere. Als Argentinien keine neuen Kredite mehr bekam, konnte es die alten nicht mehr bedienen. In letzter Minute wurden vergebliche Anstrengungen unternommen, den verzweifelten Ansuchen Barings nachzukommen. Gegen Ende des Jahres 1890 schloß Baring seine Pforten. Ihrer Hauptbank und des Zugangs zum Markt beraubt, gerieten die argentinische Regierung, Provinzen und die meisten Banken 1890/91 in völlige Zahlungsunfähigkeit. Es verdient Beachtung, daß der argentinische Bankrott das zweitgrößte Bankhaus in London zu Fall bringen konnte. Die europäischen Besitzer argentinischer Wertpapiere erlitten selbstverständlich hohe Verluste.

Die Bank von England sah sich einem zweifachen Problem gegenüber — der Auseinandersetzung mit der Baring-Situation und dem Fall Argentinien. Dazu wurde eine Kommission unter dem Vorsitz des Bankhauses Rothschild berufen. Baring wurde mit £ 15 Mio. unterstützt, um das Institut wieder flüssig zu machen. Das Problem Argentinien wurde von der Rothschild-Kommission in einer Weise behandelt, die die Rettungsoperationen der frühen 1980er Jahre mit Einschaltung des IWF, führender Zentralbanken, der Bank für Internationalen Zahlungsausgleich und der Geschäftsbanken gewissermaßen vorwegnahm.

Die Rothschild-Kommission versuchte, die Bedürfnisse und Aussichten Argentiniens abzuschätzen. Es ergaben sich Meinungsunterschiede, wie lange die Beseitigung der Schwierigkeiten dauern würde. Die deutschen und französischen Delegierten plädierten für eine kurzfristige Lösung, die, wie sie hofften, Argentinien schnell in den Stand versetzen würde, aus eigenen Kräften weiterzumachen. Als ihre Auffassung keinen Beifall fand, zogen sie sich aus der Kommission zurück.

Die längerfristige Lösung, die dann gewählt wurde, brachte die Ausgabe von Fundierungsobligationen mit sich. Im Gegensatz zu den Umschuldungen der heutigen Zeit, bei denen Vereinbarungen mit allen Gläubigern ausgehandelt werden können, wurde die Umschuldung der Anleihen zweckdienlicher so gehandhabt, die möglicherweise zahlreichen und nicht leicht aufzufindenden Obligationsinhaber mit Fundierungsobligationen abzufinden. Das Hauptmerkmal dieses Arrangements bestand darin, daß drei Jahre lang Zinsen in Form von Fundierungsobligationen gezahlt wurden, d. h., daß die Zinsen kapitalisiert wurden. Die Fundierungsobligationen waren mit einem Zinssatz von 6% ausgestattet, waren usancengemäß besichert und erreichten insgesamt eine Höhe von £ 15 Mio., die ungefähr 75 Mio. Goldpeso und dem Drei- oder Vierfachen in Papiergeld entsprachen. Die argentinische Regierung war bereit, für die nächsten drei Jahre keine neuen Auslandsverpflichtungen – auch namens der Provinzen – zu übernehmen. Wenn das Goldagio über 50% liegen würde, sollten 15 Mio. Papierpeso in jedem der drei Folgejahre eingezogen werden. Neues nicht konvertierbares Geld sollte nicht mehr ausgegeben werden. Diese Verpflichtungen bedeuteten zusammengenommen einen Barüberschuß im Budget, der Zinszahlungen für Fundierungsobligationen ermöglichen sollte.

Diese Umschuldung, die von Victorino de la Plaza für Argentinien ausgehandelt wurde, erwies sich jedoch noch als zu optimistisch angelegt. Die Fundierungsobligationen fielen auf einen Kurs von 63. Der Plan wurde noch vor Ablauf der drei Jahre aufgegeben und durch einen anderen ersetzt, der die Zinszahlungen von ca. 11 Mio. Goldpeso im Jahr auf etwa 8 Mio. herabsetzte. Nach fünf Jahren sollten die Zinsen wieder auf die volle Höhe gebracht werden, und die Amortisation sollte drei Jahre später einsetzen. Das neue Abkommen lief somit auf eine weitere Kapitalisierung von Zinsen mit einem Aufschub von acht Jahren für die Amortisation hinaus. Ein Jahr früher, als im Plan vorgesehen, konnte Argentinien die Zinszahlungen in voller Höhe wieder aufnehmen.

Für Argentinien waren die 90er Jahre des vorigen Jahrhunderts eine Zeit langsamer Erholung. Von diesen zehn Jahren wurden in den vom National Bureau of Economic Research verfaßten Argentinischen Wirtschaftsannalen fünf als Rezessionsjahre bewertet. Argentinien durchlief damals eine Phase, die man heute als »strukturelle Anpassung« bezeichnen würde. Die Voraussetzungen für diese Umstrukturierung waren jedoch gegeben. Ein großer Teil der Gelder, die während der Hochkonjunktur der 80er Jahre in das Land geflossen waren, waren produktiv, insbesondere in Eisenbahnen angelegt worden. Zu der traditionellen Verschiffung von Wolle kamen in steigendem Maße Getreideexporte hinzu, und die Ausfuhr von Fleischwaren wurde durch eine Verbesserung der Versand- und Kühlhalte-Technologie gesteigert. Schritt damit hielt die Einwanderung, obwohl diese mit dem Ausfall der Ernte und den Preisen schwankte.

Als Schlüsselfaktor bei der Rückführung Argentiniens in die Stabilität erwies sich, daß die Emission neuer Noten nahezu eingestellt wurde. Obwohl vollständige Angaben zur Geldmenge – Bargeld plus Einlagen – fehlen, gibt das Bargeldvolumen trotzdem einen Hinweis auf das Maß an monetärer Restriktion. Die in dieser Zeit im allgemeinen positive Zahlungsbilanz ist ein Zeichen von Geldknappheit, obwohl günstige Exportbedingungen zur Verbesserung der Bilanz beitrugen. Eine exzessive Geldschöpfung in einer Wirtschaft wie der argentinischen wird auch, wie bereits erwähnt, angesichts starker Exporte ein Zahlungsbilanzdefizit hervorbringen. Bei einem etwa konstanten Bargeldbestand und einer Geldmenge einschließlich Einlagen, die sich daher kaum wesentlich vergrößert haben dürfte, wuchs die Wirtschaft in ihre Geldmenge hinein. Nachdem der Papierpeso seinen Tiefstand im Jahre 1891 erreicht hatte, erholte er sich etwas, schwankte bis in die Mitte der 90er Jahre in einer breiten Spanne zwischen 0,30 und 0,35 Goldpeso und stieß allmählich bis auf ein Niveau zwischen 0,40 und 0,50 vor.

Hätte man diese Gegebenheiten fortbestehen lassen, so hätte der Papierpeso mit großer Wahrscheinlichkeit schließlich wieder pari erreicht. An diesem Punkt hätte man vom Ausland Gold als Zahlungsmittel einführen und so der Aufwertung des Papierpeso Einhalt gebieten können. Trotzdem wurde die – wenn man den Dingen ihren Lauf ließ – unvermeidliche Rückkehr zur Parität nicht allgemein akzeptiert.

Das Land war an nicht konvertierbares Papiergeld gewöhnt. Es hatte sich in den 80er Jahren eines hohen Wachstums erfreut, als große Kreditaufnahmen im Ausland Hand in Hand mit Währungsentwertung gingen. Zu Anfang seines Buches »El Sistema Monetario Argentino« bemerkt Ricardo Carranza Perez diesbezüglich: »Tres cosas desempeñaron en ... el desarrollo comercial-industrial, un papel fundamental. Ellas fueron el caballo criollo, los cueros y el papel moneda«*. Zwar wies wirtschaftliche Logik durchaus auf eine

---

* »Drei Faktoren spielten eine fundamentale Rolle in der wirtschaftlichen Entwicklung: das argentinische Pferd, die Rinderhäute und das Papiergeld.«

Rückkehr zum Pari-Wert hin, wenn das Papiergeldvolumen, wahrscheinlich der dominierende Teil der Geldmenge, unter den Gegebenheiten eines ständigen Wirtschaftswachstums unverändert geblieben wäre. Die Rückkehr zur Parität war jedoch weniger eine Sache von Wirtschaftstheorie als von wirtschaftlichen Interessen. Die Aufwertung des Peso traf die Exporteure hart, wie auch die Landwirtschaft, die den Export mit ihren Produkten belieferte. Dies waren die hauptsächlichen wirtschaftlichen Interessen und der stärkste politische Faktor, die im wesentlichen von Großgrundbesitzern, aber auch von Kleinbauern und Landarbeitern getragen wurden. Sie waren gegen eine Rückkehr zur Parität, wenn sie auch einer Stabilisierung auf einem etwas niedrigeren Niveau wohlwollend gegenüberstanden.

Es gab andere Kreise, die wegen der Schwankungen des Peso besorgt waren, ohne daß sie der Kurs, zu dem eine Stabilisierung möglich wäre, interessierte. Spekulanten konnten diesen Kurs manipulieren, indem sie sich den saisonbedingten Geldbedarf und Informationen über Goldsendungen zunutze machten. Die Vertreter von Importinteressen befürworteten natürlich die Rückkehr zur Parität. Dies war auch der Fall bei den Besitzern von Papierwährung und argentinischen Peso-Obligationen. Da aber die Währung und möglicherweise auch manche der Obligationen zu abgewerteten Kursen – in Gold ausgedrückt – den Besitzer gewechselt haben dürften, ließ sich ein stichhaltiger moralischer Anspruch auf Entschädigung für Kursverluste nur schwer begründen.

In der Zeit der Entwertung waren die an Weltmarktpreise gebundenen Preise für Ex- und Importe mit dem Nachgeben des Peso – wenn auch in geringerem Maße – gestiegen. Die Lohnentwicklung war zurückgeblieben. Die Aufwertung hatte begonnen, diesen Prozeß umzukehren. Eine Rückkehr zur vollen Parität aus dem Bereich von 20 bis 30 Prozent des Paritätswertes hätte für die Erzeuger eine schwerwiegende Deflation und für die Schuldner und Landbesitzer Verluste bedeutet. Es wäre etwa auf die Halbierung des Papierkursniveaus hinausgelaufen oder hätte zu einer Überbewertung des Peso auf internationaler Ebene führen können. So obsiegte schließlich das

Bestreben, den Anstieg des Papierpeso zu begrenzen. Im Jahre 1899, bald zehn Jahre nach der Baring-Krise, wurde der Höchst- (nicht aber der Mindest-) Satz auf 0,44 Cent Gold entsprechend 2,2727 Papier für einen Goldpeso festgesetzt. Berichten zufolge basierte die Berechnung auf dem Durchschnitt von sieben Indikatoren.

Die Technik, die den Anstieg des Papierpeso aufhalten sollte, war mit Erfolg auch schon 25 Jahre zuvor angewandt worden. In den Jahren 1867 bis 1876 hatte der Konversionsfonds des Banco de la Provincia den Aufwärtstrend der Papierwährung jener Tage eingedämmt, indem er bereit war, Gold zu einem Festkurs gegen neu emittierte Papierwährung anzukaufen, und so den Satz in der Tat stabilisiert hatte. Da Papier für Gold zu einem gegebenen Festsatz erhältlich war, bestand kein Grund, am Markt dafür einen höheren Preis zu zahlen. Und bei der Bereitwilligkeit der genannten Stelle, in dem zuvor erworbenen Umfang zum gleichen Satz auch Gold gegen Papier auszuzahlen, konnte der Papierkurs, solange Gold zur Verfügung stand, nicht sinken. Dieser gleichen Technik bediente sich die »Caja de Conversión«, die bereits seit 1890 bestand, sich aber nicht aktiv betätigt hatte, da sie ursprünglich auf eine rein theoretische Ermächtigung für den An- und Verkauf von Gold und Papierwährung zu pari beschränkt war. Im Jahre 1899 erhielt sie die Befugnis, Geschäfte zu dem Satz von 0,44 abzuwickeln. Dieses Angebot von Papierpeso begrenzte das Ansteigen des Kurses.

Die Caja hatte die Auflage, zu demselben Kurs Papierpeso an- und Gold zu verkaufen – falls sie Gold besaß. Zunächst war dies nicht der Fall. Das einzige Gold, worüber sie verfügen konnte, mußte sie sich durch Marktkäufe zu dem Satz von 0,44 beschaffen. Sie konnte daher anfänglich nichts unternehmen, um ein neuerliches Fallen des Papierpeso abzuwenden. Von Regierungsseite bestand die Hilfe für den Papierpeso lediglich darin, der Caja die alleinige Befugnis zur Ausgabe von Noten zu verleihen, die nur gegen Gold erfolgen durfte. Somit war das nicht durch Gold gedeckte Geldvolumen, das aus früheren staatlichen Emissionen und aus solchen der jetzt aufgelösten garantierten Banken stammte, in Wirklichkeit festgeschrieben. Bei Ausgabe weiterer Noten würde die Caja Gold ankaufen müssen.

Dieses Arrangement, anscheinend weitgehend von Bankier Ernesto Tornquist ausgearbeitet und von dem früheren Präsidenten Carlos Pellegrini durch den Kongreß manövriert, erwies sich damit als weitaus subtiler als die einfache Erklärung, daß Argentinien zum Goldstandard zurückgekehrt sei. Es handelte sich zunächst um einen bedingten Goldstandard, der erst mit der Zeit, als Gold-Reserven angesammelt worden waren, seine volle Wirksamkeit erlangte.

Nachdem sich der Plan einmal bewährt hatte, wollte mehr als ein Fachmann die Urheberschaft in Anspruch nehmen; einer von ihnen war Silvio Gesell, der später Keynes durch innovative Ideen im Finanzbereich auffiel. Finanzminister Jose Maria Rosa machte geltend, daß er die Reform angesichts heftiger Opposition seitens der Presse, kommerzieller Interessen und der Öffentlichkeit im allgemeinen durchgeführt habe. Der frühere Finanzminister Emilio Hansen schrieb 1916, er habe seinerzeit gegen die Gesetzgebung opponiert.

Der Gedanke, daß das Wirtschaftswachstum auch eines wachsenden Geldvolumens bedürfe, scheint wohl verstanden worden zu sein. Das Prinzip einer ungedeckten Notenausgabe, die in zunehmendem Maße durch Neuausgaben gegen eine 100%ige Golddeckung ergänzt wurde, dürfte von den Erfahrungen der Bank von England her, die in der Bank Charter Act von 1844 gesetzlich verankert waren, bekannt gewesen sein. Der Plan setzte voraus, daß sich die Behörden nicht in anderen Papieremissionen engagierten und das gesammelte Gold nicht anderen Zwecken zuführten. Gerade dies hatte den Stabilisierungsoperationen des Konversionsfonds des Banco de la Provincia unter dem Druck kriegerischer Auseinandersetzungen und anderer Notfälle ein Ende gesetzt.

In bezug auf die früheren Umstände dieser vorgenannten Stelle schrieb der vormalige Finanzminister Federico Pinedo 1960, daß 1866 in der gesetzgebenden Körperschaft von Buenos Aires auf einem höheren finanztechnischen Niveau als im Kongreß debattiert worden sei. Aber auch die mit dem Stabilitätsgesetz von 1899 befaßten Experten scheinen die Entwicklung nicht klar erkannt zu haben. Laut Pinedo rechneten weder Tornquist noch Pellegrini damit, daß bei der Caja tatsächlich Gold eingehen würde. Sie waren anscheinend der Auffassung, daß das Publikum nur ungern Gold gegen Papier eintauschen würde, da zu befürchten wäre, daß der Staat, wie bereits geschehen, darüber verfügen würde. Dies störte die Befürworter der Reform jedoch nicht, weil sie erwarteten, daß der Markt dafür sorgen würde, daß der Kurs des Papierpeso, solange Nachfrage vorhanden war, nicht fiele. Mit anderen Worten: Wer Papiergeld brauchte, würde es gegen Gold im Markt kaufen.

Einige Jahre lang erwies sich diese Erwartung auch als einigermaßen zutreffend. Der Caja floß wenig Gold zu, das meiste davon wurde wieder entnommen, und der Peso sank wiederholt unter den Satz von 0,44. Nach einigen Jahren hatte die Caja jedoch Goldreserven in beträchtlicher Menge erworben. Bis zum Ausbruch des Ersten Weltkrieges hatten diese eine Höhe von 221 700 000 Goldpeso erreicht, wobei der gesamte Notenumlauf zu 62,73% durch Gold gedeckt war. Dieser Umlauf war jetzt im Steigen begriffen – aber nur gegen 100%ige Golddeckung. Bei einer unverändert bestehenden, nicht gedeckten Emission von etwa 300 Millionen Peso erhöhte sich die durchschnittliche Deckung für den gesamten Umlauf.

Das System der Caja de Conversión verhalf Argentinien zu einer bemerkenswert starken Währung. Vor dem Ersten Weltkrieg verfügte Argentinien über die fünftgrößte Goldreserve der Welt – nach den USA, Rußland, Frankreich und Deutschland und noch vor Großbritannien. Mit Hilfe einer guten Gesetzgebung und einer guten Politik, von einer günstigen Wirtschaftskonstellation unterstützt, gelang es Argentinien, in puncto Kreditwürdigkeit und Stabilität bis in die vorderste Reihe der Entwicklungsländer vorzudringen. Die auf Papierpeso lautenden argentinischen Inlandsobligationen (cédulas), die international gehandelt wurden, wurden zu Zinssätzen abgesetzt, die sich von denen britischer und amerikanischer Staatsanleihen nach dem Ersten Weltkrieg nicht wesentlich unterschieden.

Betrachtet man die Reform von 1899 unter diesem Blickwinkel, so vermittelt sie den Eindruck einer äußerst harten Geldpolitik. Von einem anderen Standpunkt aus gesehen, ist auch eine mehr ausgewogene Interpretation möglich.

Die Begrenzung des Papierpeso-Anstiegs bei dem Satz von 0,44 hatte unmittelbar den Zweck verfolgt, den Druck der Aufwertung auf Export und Landwirtschaft zu mildern und eine weitere Deflation zu vermeiden. Außer, daß die Ausgabe ungedeckten Papiergeldes beschränkt wurde, geschahen keinerlei Anstrengungen, um einer neuerlichen Abwertung des Peso vorzubeugen. Es wurden der Caja de Conversión weder Goldreserven zugewiesen, noch wurden Maßnahmen zur Vereinigung der beiden argentinischen Währungen − des Gold- und des Papierpeso − ergriffen. Beide wurden in der Buchführung verwendet, obwohl sich nur der Papierpeso im Umlauf befand. Vorschläge, diesem unbequemen Umstand abzuhelfen, gelangten nicht zur Ausführung. Wie schon erwähnt, rechnete man nicht damit, daß die Caja Währung in größerer Menge ausgeben würde, weil die Leute es vorziehen würden, am Markt Papiergeld gegen Gold zu erwerben oder Zahlung in Gold zu leisten. Dennoch war das der Fall, und so waren die Väter der Reform − beabsichtigt oder zufällig − auf eine Technik gestoßen, die in einer wachsenden Wirtschaft einen Währungsverfall verhindern kann, ohne daß man die Währung mit einer großen Reserve stützen oder sie teilweise über das Budget zurückzahlen muß. Das war jedoch nicht unbedingt ein Beweis für eine strenge Geldpolitik.

Es ist interessant, der Entscheidung Argentiniens, nicht zur Goldparität zurückzukehren und den Wertanstieg der Papierwährung beim Kurs von 0,44 zu stoppen, einen entsprechenden Beschluß der USA gegenüberzustellen, den diese etwa 30 Jahre vorher zu treffen hatten. Während des Bürgerkrieges 1861−65 hatten die USA rund 372 Mio. $ nicht-konvertierbaren Papiergeldes, das unter der Bezeichnung »Greenbacks« bekannt wurde, ausgegeben. Unter den Auswirkungen dieser monetären Ausweitung und der Kriegsereignisse hatte der Papierdollar gegenüber dem Golddollar bis zu 50% nachgegeben. Diese Abschwächung traf natürlich gleichermaßen auch andere Arten Papiergeld einschließlich der Noten, die von den neu geschaffenen nationalen Banken ausgegeben wurden. Nach dem

Kriege erholte sich der »Greenback« bis auf ca. 70 Gold-Cent 1868 und ca. 90 Gold-Cent 1875. Im Jahre 1875 beschlossen die USA, zur Parität zurückzukehren, nahmen jedoch erst 1879 wieder die Zahlung in Hartgeld auf, d. h. standen bereit, Papiergeld gegen Gold einzulösen. Diese Episode führte zu einer – in Papiergeld ausgedrückten – Senkung des Golddollars um etwa 50% gegenüber dem früheren Kurshochstand. Dies geschah gegen den Willen der Farmer und einiger Wirtschaftskreise, die, wie auch in Argentinien, einem niedrigeren Umrechnungskurs den Vorzug gegeben hätten.

Ebenso wie Argentinien unternahmen auch die USA wenig mehr, als den Kursanstieg des abgewerteten Papiergeldes abzuwarten. »Greenbacks« wurden nur in sehr geringer Menge aus dem Umlauf genommen, es kam auch zu einigen Neuemissionen von »Greenbacks«. Auch nachdem der Papierdollar sich der Parität wieder angenähert hatte, zögerten die USA mit der Wiederaufnahme der Hartgeldzahlungen zur Einlösung der »Greenbacks« durch das Schatzamt; dies geschah möglicherweise aus einem Gefühl der Sorge, ob sich diese Maßnahme angesichts einer passiven Zahlungsbilanz aufrechterhalten lassen würde.

Die Rückkehr zur Parität gestaltete sich für die USA jedoch weitaus einfacher, als dies für Argentinien der Fall gewesen wäre. Einmal war der maximale Verfall des Papierdollars nur halb so stark wie der des Papierpeso. Zum anderen wurde die Entscheidung dadurch erleichtert, daß die vom Staat ausgegebenen »Greenbacks« weniger als die Hälfte der gesamten umlaufenden Papierwährung ausmachten und der Rest zum großen Teil aus von den nationalen Banken ausgegebenen Noten bestand. Schließlich war in den USA allgemein die letztendliche Wiedereinführung der Parität erwartet worden. Wie dem auch sei, die »Greenback«-Debatte und die nachfolgende Volksbewegung für die Einbeziehung von Silber in die Währung als Mittel für eine größere Geldschöpfung beweisen die Stärke der für leichtes Geld plädierenden Kräfte in den letzten Jahren des 19. Jahrhunderts. Der Appell von William Jennings Bryan während seiner Präsidentschaftskampagne 1896 in der Silber-Frage – »Ihr sollt die Menschheit nicht an ein Kreuz aus Gold nageln« –

spiegelt die öffentliche Meinung ebenso stark wie bei den entsprechenden Kreisen in Argentinien wider.

Wenn wir uns nun wieder Argentinien zuwenden, so stellt sich die Frage, wieso die Reform von 1899, die den Papierpeso mit 44% von pari festsetzte, Erfolg haben konnte, nachdem vorangegangene Bemühungen, eine volle Rückkehr zur Konvertibilität zu erreichen, fehlgeschlagen waren. Zwar bestand die Erwartung, daß die Papierwährung ohne eine Begrenzung des Kurses zur Goldparität zurückkehren würde. Jedoch dürfte das Argument, es sei leichter gewesen, 1899 einen Satz von 0,44 festzulegen, als in den 80er Jahren davor die volle Parität beizubehalten, nicht ausreichen. Allerdings dürfte der niedrigere Satz nicht ohne Einfluß gewesen sein.

Ebensowenig scheint die Argumentation angebracht, daß die Zahlungsbilanz in den 90er Jahren und bis zum Ersten Weltkrieg bei einer verhältnismäßig bescheidenen Kreditaufnahme im Ausland überwiegend einen Überschuß auswies, während sie vorher im Defizit gewesen war. Wie bereits erwähnt, war der Schlüssel zum Erfolg der 1899 unternommenen Reform, daß die Ausgabe von Papiergeld, außer gegen Golddeckung zu einem festen Kurs, gestoppt wurde. Aus der Untersuchung von John Williams aus dem Jahre 1920 geht hervor, daß das Goldagio sich in einer recht stabilen Wechselbeziehung zur Zahlungsbilanz, jedoch nicht zum Volumen des ausgegebenen Papiergeldes befand. Dies scheint dafür zu sprechen, daß die Zahlungsbilanz einschließlich der damaligen hohen Kreditaufnahme im Ausland unmittelbar das Goldagio bestimmt habe. Andererseits hat Ford im Jahre 1962 darauf hingewiesen, daß die Betrachtungsweise Williams' – im Sinne der Harvard-Tradition – das Schwergewicht auf die relativen Preise und nur wenig Gewicht auf das Einkommen als Bestimmungsfaktoren für die Zahlungsbilanz legt. Ford – mehr dem Keynesianismus verhaftet – betont das Einkommen als Bestimmungsfaktor für sowohl Bilanz wie Wechselkurs. Plausibel erscheint jedoch, daß sowohl für die Zahlungsbilanz als auch das Einkommen letzten Endes die Geldemissionen maßgebend waren. Eine überhöhte Ausweitung des Papiergeldes, wie sie über staatliche und Emissionen seitens der garantierten Banken in den 1880er Jahren erfolgte, mußte schließlich selbst angesichts guter Ernten und massiver ausländischer Kreditaufnahmen die Zahlungsbilanz ins Defizit bringen. Eine enge Verbindung zwischen Geldmenge und Wechselkurs mag es nicht gegeben haben. Aber in einem weiteren Sinne dürfte die Geldmenge sowohl auf direktem Wege wie über Einkommensauswirkungen auf die Zahlungsbilanz den Wechselkurs doch entscheidend beeinflußt haben.

Dem auf der Caja de Conversión beruhenden System ist häufig vorgeworfen worden, daß es in seinem Geldangebot außerordentlich rigide gewesen sei. Kritik dieser Art ist nicht nur gegen die Geldschöpfungsinstrumente argentinischer Prägung, sondern im allgemeinen auch gegen das »Currency Board«-System vorgebracht worden, wie es in der Vergangenheit in einigen Entwicklungsländern existiert hat. In den USA wurde das Federal Reserve System mit der Zielsetzung geschaffen, eine »elastischere Währung« zu bekommen, da man mit dem wenig flexiblen Notenangebot des nationalen Bankensystems unzufrieden war.

Die Beanstandung einer ungenügenden Elastizität war in Argentinien daher nicht unberechtigt. Der Währungsbedarf war saisonbedingt oder infolge unerwartet hoher Ernten bzw. in selteneren Fällen wegen eines Runs auf die Banken zwangsläufig unterschiedlich.

Da eine Zentralbank fehlte, ließ sich eine erforderliche Geldvermehrung nur erreichen, wenn die Banken bereit waren, Gold aus den Beständen, die sie gewöhnlich in Reserve hielten, abzuziehen und es bei der Caja de Conversión in Papiergeld umzutauschen, oder Gold aus dem Ausland einzuführen. Die Reserven der Banken, die hauptsächlich über Goldbestände verfügten, abzubauen, brachte offensichtliche Risiken mit sich. Die Einfuhr aus dem Ausland funktionierte reibungslos, sobald der Goldpeso gegenüber dem Gold ein Niveau erreicht hatte, das die Einfuhr profitabel machte; dies brauchte aber seine Zeit. In den ersten Jahren des 20. Jahrhunderts wurden daher Forderungen nach der Errichtung einer Zentralbank laut, die Banken refinanzieren, somit Elastizität in den Geldumlauf bringen, und die sich im Einklang mit den tatsächlichen oder mutmaßlichen Bedürfnissen der Wirtschaft mit Kreditschöpfung befassen könnte. Es genüge nicht, so wurde argumentiert, die Geldschöpfung allein auf den jeweiligen Zahlungsbilanzüberschuß auszurichten. Eine gewisse Flexibilität war für die Geldmenge natürlich dadurch gegeben, daß die Banken ihren Kredit erhöhen und so in gewissem Maße Einlagen schaffen konnten. In einem Lande jedoch, wo fast die Hälfte der Geldmenge aus Bargeld bestand, würde eine Zunahme der Kredite bald auf einen Abzug der Bankreserven hinauslaufen, was wiederum die Elastizität des Geldumlaufes in Frage stellen könnte. Es wurde auch das Argument vorgetragen, daß eine Währung, die sich in wachsendem Maße auf Gold stützte, teuer zu stehen komme. Inlandskredite anstelle eines Zahlungsbilanzüberschusses als Basis für den Notenumlauf würden es erlauben einen Teil der Goldreserven für die Rückzahlung von Auslandsverbindlichkeiten zu verwenden. Argumente dieser Art führten schließlich zur Umwandlung der Caja in eine Zentralbank. Viele Jahre hindurch hatte sich das Caja-System jedoch als recht praktikabel erwiesen.

Um etwas Elastizität in das Notengeld hineinzubringen, wurde eine Art von Rediskontfazilitäten eingeführt. Die Wahl dazu fiel auf den staatseigenen Banco de la Nación und nicht auf die Caja, da letztere mit Kreditgewährungen nicht vertraut war. Der Banco de la Nación wurde ermächtigt, sich bei der Caja zu refinanzieren. Eine Zeitlang war das Rediskontvolumen bescheiden. Jedoch in der Krise zu Beginn des Ersten Weltkrieges stieg es auf 43 Mio. Peso und während der 20er Jahre gelegentlich auf über 100 Mio. Peso.

Obwohl in keiner Weise eine reguläre Zentralbank, war der Banco de la Nación auch auf dem Devisenmarkt tätig, um das unelastische System etwas abzuschwächen. Wenn eine starke Nachfrage nach Devisen die Goldreserven der anderen Banken abzuziehen drohte, bot der Banco de la Nación gelegentlich Gold oder Devisen auf dem Markt an. Da die Bank gewöhnlich über höhere Reserven als die anderen Banken verfügte, konnte sie bei diesen Gelegenheiten durch deren Verminderung den anderen Banken beistehen.

Nach dem Auf und Ab während des Ersten Weltkrieges und der Nachkriegszeit wurde 1927 die Konvertibilität zur gleichen Goldparität von 0,44 wieder eingeführt. Die Caja de Conversión mit ihrer Goldreserve ging bei Gründung des Banco Central de la República Argentina in diesem auf. So währte die Zeit eines relativ starren und unelastischen Systems der Geldversorgung mit Unterbrechungen etwa 35 Jahre, ehe es durch die flexiblere Einrichtung einer Zentralbank ersetzt wurde. Gegen Ende zu hatte das System durch die Betätigung des Banco de la Nación bereits eine Richtung hin zu größerer Flexibilität eingeschlagen.

Etwa 20 Jahre lang nach der Gründung des Banco Central genoß Argentinien die Vorteile, sowohl inländischen Kredit wie auch den internationalen Zahlungsüberschuß monetisieren zu können – eine Situation, die von Ökonomen gemeinhin sehr empfohlen wird. Später verminderten sich die Reserven erheblich, und das alte Unheil des Währungsverfalls infolge zu hoher Emissionen griff wieder Platz – wenn auch in gegenüber der Technik der ungedeckten Emissionen im 19. Jahrhundert verfeinerten Formen, und unglücklicherweise mit noch ungünstigeren Auswirkungen.

Ich habe nicht vor, hier über die relativen Vorzüge einer Zentralbank gegenüber einer Caja de Conversión oder Currency Board zu disputieren – einer Einrichtung, die weder bei Volkswirtschaftlern noch bei Politikern in hohem Ansehen steht. Eine gut geleitete Zentralbank, die in der Lage ist, mancherlei Arten von Pression zu widerstehen, ist einer Caja de Conversión eindeutig überlegen. Im alternativen Falle sind die Risiken hoch.

Zweck und Ziel meiner Ausführungen hier ist es gewesen, die Funktionsweise des Caja-Systems mit den Augen eines durchreisenden Bankiers, wie es Paul Wallich war, zu untersuchen; er als Doktor der Staatswirtschaft muß den Sachverhalt gekannt haben, nahm aber als Bankier das System, das er vorfand, offensichtlich für gegeben hin. In seinen Briefen findet sich wenig in der Art von Anmerkungen oder Kritik, die man erwarten dürfte, wenn Unbeweglichkeit und Unelastizität eines Regimes, das Geldemissionen allein gegen Gold vorschrieb, von größerer Bedeutung gewesen wären.

Paul Wallich war es wahrscheinlich bekannt, daß der Banco de la Nación bei einigen Gelegenheiten in der Diskontierung für andere

Banken nach Art einer Zentralbank tätig geworden war. Wallich sieht diese Bank jedoch in keiner Weise als Zentralbank, sondern in hohem Maße als mächtigen Konkurrenten des Banco Alemán Transatlántico an und zeigt sich von dem ausgedehnten Filialnetz beeindruckt.

Was einem an Wallichs Reaktion gegenüber dem argentinischen Banksystem besonders auffällt, ist der Nachdruck, den er auf die Kalkulation schmaler Zins- und Wechselkursspannen legt. Diese Art von bankgeschäftlicher Akzentuierung ist für ein Land mit einem stabilen und weitgespannten Filialsystem, wie Argentinien, selbstverständlich. Auf ernstliche Refinanzierungsschwierigkeiten für den Banco Alemán oder andere Banken oder auf eine übermäßige Unbeweglichkeit des Systems scheint dies nicht hinzuweisen. Bei Gelegenheit merkt er an, daß die argentinische Zentrale des Banco Alemán Schwierigkeiten mit der Finanzierung ihrer Operationen hatte. Das ist aber bei einer kräftig expandierenden Bank ein normales Problem.

Was er zu sehr als Selbstverständlichkeit angesehen haben könnte, sind die Anstrengungen, die von Argentinien in den 1890er Jahren unternommen wurden, um eine Position finanzieller Solidität zu erreichen. Dieses Bemühen gehörte, als er seinen Bericht verfaßte, schon der Vergangenheit an. Feststellen konnte er jedoch, wie sehr sich diese Bemühungen in Form eines rapiden Wirtschaftswachstums bezahlt machten. Betrachtet man die Entwicklung Argentiniens aus historischer Perspektive, so ist bemerkenswert, was in einer verhältnismäßig kurzen Zeitspanne alles erreicht wurde. Ein Rückblick auf diese vergangenen Erfolge darf uns mit Zuversicht für die Zukunft dieses Landes erfüllen.

Literatur

Aisenstein, Salvador, *El Banco Central de la Republica Argentina.* Buenos Aires, 1942.

Alemann, Roberto T., *Goldunze, Silberpeso und Papiergeld. 150 Jahre Argentinische Währungen.* Buenos Aires, 1966.

Barrett, Don C., *The Greenbacks and Resumption of Specie Payments, 1862–1879.* Cambridge: Harvard University Press, 1931.

Bernholz, Peter, *Flexible Exchange Rates in Historical Perspective.* Princeton Studies in International Finance No. 49, July 1982.

Bernholz, Peter, »Inflation, Over-Indebtedness, Crisis and Consolidation: Argentina and the Baring Crisis (1884–1900)«, *Zeitschrift für die gesamte Staatswissenschaft,* Dezember 1984.

Carranza Perez, Ricardo, *El Sistema Monetario Argentino.* Buenos Aires, 1943.

Diaz Alejandro, Carlos F., *Essays on the Economic History of the Argentine Republic.* New Haven and London: Yale University Press, 1970.

Ford, Alec G., »Argentina and the Baring Crisis of 1890«, *Oxford Economic Papers,* February 1955.

Ford, Alec G., *The Gold Standard 1880–1914: Britain and Argentina.* Oxford: Clarendon Press, 1962.

Friedman, Milton und Schwartz, Anna Jacobson, *A Monetary History of the United States, 1867–1960.* National Bureau of Economic Research. Princeton: Princeton University Press, 1963.

Garcia Vizcaino, Jose, *Tratado de Politica Economica Argentina.* Buenos Aires, 1975.

Hansen, Emilio, *La Moneda Argentina.* Buenos Aires, 1916.

Jimenez, Rafael Olarra, *Evolucion Monetaria Argentina.* Buenos Aires, 1971.

Kindahl, James K., »Economic Factors in Specie Resumption: The United States, 1865–79«, *Journal of Political Economy,* February 1961.

Pinedo, Federico, *Siglo y Medio de Economia Argentina.* México, 1961.

Prebisch, Raul, »Anotaciones Sobre Nuestro Medio Circulante«, *Revista de la Facultad de Ciencias Economicas.* Buenos Aires, 1921–1922.

Quintero Ramos, Angel M., *A History of Money and Banking in Argentina.* Puerto Rico, 1950.

Thorp, Willard Long, *Business Annals.* National Bureau of Economic Research. New York, 1926.

Williams, John H., *Argentine International Trade Under Inconvertible Paper Money 1880–1900.* Cambridge: Harvard University Press, 1920.

*Eine Reise
durch Südamerika*

Die Niederlassungen der Deutschen Ueberseeischen Bank in Südamerika 1911.

Lissabon, 10. September 1909

Wir fuhren heute morgen in den schönen Hafen von Lissabon ein, bei herrlichem Wetter, das jetzt endlich der Jahreszeit und dem Breitengrade angemessen zu werden scheint. Nachdem ich Euch telegrafiert hatte, schloß ich mich zwei Passagieren zu einer Rundfahrt durch die Stadt an, verließ sie aber bald, weil ich lieber *gehe*. Von der schönen Stadt sah ich nicht sehr viel; am besten gefiel mir ein modernes Denkmal, wohl für einen Gelehrten; seine Halbstatue mit feinem Charakterkopf schaute auf die vor ihm stehende, bis auf einen dünnen Schleier nackte »Wahrheit« herab. Gewagt, aber gelungen.

Die Antiquitätenläden, denen ich meine meiste Zeit widmete, bringen nichts für Portugal Charakteristisches; Sheffield Plate, venezianisches Glas, spanische Heiligenbilder, französische Stiche und auffallend viel indisches Holzwerk.

Auf See, 11. September 1909

Es wird wärmer, allmählich. Herrliche, ruhige See und blauer Himmel. Direktion Madeira, wo wir aber nicht anlegen werden.

Ich spreche niemanden an und lasse mich niemandem vorstellen, wenn ich es vermeiden kann. Trotzdem wird man nach und nach scheinbar von allein mit immer mehr Leuten auf dem Schiff bekannt. Ich muß sogar gestehen, daß ich in den letzten Tagen die Gesellschaft eines ewig renommierenden Sachsen und einiger gut aussehender, nichtssagender junger Deutsch-Südamerikaner mir habe gefallen lassen, weil darunter der junge Moller, Bruder der beiden hübschesten Mädchen an Bord, war[1]. Ein Hauptvergnügen dieses Kreises scheint zu sein, einen alten argentinischen Farmer, der abends im Damensalon über seinem Buche einschläft, auf originelle Art zu wecken.

Heute früh sagte der junge Moller, der ein Landwirt ist und noch dazu stottert, zu mir: »Ihr Papa ist ja ein g ... gr ... oßes T ... Tier in Berlin!«[2] Und ich Esel hatte mir schon eingebildet, die freundschaftlichen Blicke, die mir die beiden Mollerschen Mädels ab und zu zuwarfen, hätten meiner anziehenden Persönlichkeit gegolten!

Auf See, 13. September 1909

Heute spielte ich zum ersten Mal mit den hübschen Moller-Mädchen Shuffleboard. Der Vorfahre dieser Mädel ist 1728 aus Hamburg nach Oporto ausgewandert, und seine Nachkommen sind von dort nach Brasilien und später nach Argentinien gekommen. Trotzdem hat sich das Deutschtum in der Familie, in die wiederholt halbargentinische Frauen hineingeheiratet haben, völlig erhalten. Den drei Kindern, die alle drei in Deutschland erzogen sind, merkt man nur am rollenden R den ausländischen Ursprung an. Der Vater, der von Nationalität Argentinier und dortiger Großgrundbesitzer ist, hat in zweiter Ehe eine hübsche, liebenswürdige Hamburgerin geheiratet, die wie die Schwester ihrer Stieftöchter aussieht und mit der zusammen er jetzt mehr in Europa als draußen lebt.

Da ich von Klatsch sprach: Allgemeiner Gegenstand diesbezüglicher Betätigung auf dem Schiff ist eine, wahrscheinlich hysterische, sehr wohlhabende junge Frau, die ein Armband ums Fußgelenk trägt und auch sonst manchen, die jungen Herren anregenden und ihnen erfreulichen Anblick bietet. Gestern abend ist an Bord ein Tanz gewesen. Ich habe gar nicht mitgetanzt und habe heute doch einen steifen Rücken. Es ist eigentlich zu dumm.

So angenehm zunächst uns theoretisch eine derartige ruhige Seereise erscheint, wie ich sie augenblicklich durchmache – auf die Dauer – und ich bin erst 8 Tage unterwegs – auf die Dauer stellen sich doch allerhand Unannehmlichkeiten heraus. Während einen auf der einen Seite die halben gesellschaftlichen Verpflichtungen, die sich mehr und mehr ansammeln, mehr Zeit kosten als sie wert sind, behält man auf der anderen Seite immer noch so viel überflüssige Zeit, daß man auf allerhand dumme Gedanken kommt. – Ich wünschte, ich wäre schon wieder ein halbes Jahr in Berlin und mitten drin in der Arbeit; ich glaube, daß ich dann ein anderer, zufriedenerer Kerl sein werde.

Auf See, 14. September 1909

Heute bin ich mit der Niederschrift meiner Münchener Erinnerungen[3], die ich auf der Fahrt von New York angefangen hatte, fertig geworden. An Lektüre bin ich etwas knapp. Nachdem ich in den ersten Tagen die »Junge Mädchenbücher«, die Du mir mitgegeben hast, ausgelesen habe, lese ich ein paar Bände Gyp und Prévost aus der Schiffsbibliothek, um mein Französisch aufzufrischen. Zu ernsthaften Sachen – Literatur über Südamerika oder gar über die Zinsfrage – komme ich dagegen fast gar nicht. Der Vormittag vergeht mit Schreiben und Schwatzen, der Nachmittag mit Skat und Shuffleboard. Einen sehr netten Skatkreis habe ich mit Frau Moller und zwei Wolleuten, dem jüngeren Claassen (von Lahusen & Co.[4]) und Bennewitz (eigene Firma). Überhaupt ist das Schiff voll von Wolleuten von den verschiedenen deutschen und französischen Firmen, so daß ich mancherlei Interessantes über das Geschäft höre.

Je mehr wir uns der »Linie« (Äquator) nähern, die wir in drei Tagen zu erreichen denken, desto wärmer wird es naturgemäß. Augenblicklich macht es aber ein frischer Wind noch ganz erträglich. Wir holen allmählich unsere weißen Sachen heraus. Meine sind leider nicht in sehr gutem Zustand, ebensowenig wie meine Wäsche; und da man sich hier jeden Abend anzieht, stehe ich in zwei Tagen vis à vis du rien, wenn mir nicht jemand was leiht.

Überhaupt habe ich es unter den in gewissem Sinne demokratischen Verhältnissen, die zwangsweise auf einer längeren Seereise herrschen, schwer, »to hold my own«, wie die Amerikaner sagen. Das Mittel, durch das ich mir auf dem festen Lande in der Regel die

Gunst der Frauen zu erwerben und zu erhalten gesucht habe, das Geld, bzw. was ich ihnen dafür kaufte, versagt auf dem Schiff völlig, wo nichts an Blumen, Schokolade und dergleichen zu haben ist. Hier ist König, wer am besten angezogen ist, tanzt, Shuffleboard spielt oder sonst unterhält, was bekanntlich nicht meine Forcen sind. Ich muß also versuchen, in Rio de Janeiro, Montevideo und Buenos Aires fällige Bonbonnieren, Buketts usw. vorher zu diskontieren, was nicht ganz leicht sein wird.

Ein naiver, netter Junge ist der 19jährige Moller. Eben werden ein paar schlüpfrige Witze im Kreise der jungen Leute erzählt, worauf er den Erzähler bittet: »Den müssen Sie meinem Vater erzählen – meine Mutter mag sowas riesig gern!«

Auf See, 15. September 1909

Heute begegnet uns ein Schiff der gleichen Linie, das in umgekehrter Richtung fährt, was wir aber der Entfernung halber nicht sehen. Per »Marconi« spielen augenblicklich die Passagiere der beiden Dampfer gegeneinander eine Partie Schach.

Der alte Moller, mit dem ich heute längere Zeit sprach und der eine Import-, Hypotheken- und Versicherungsagentur in Buenos Aires hat, findet, daß die derzeitige Direktion des BAT[5] in Buenos Aires nicht repräsentativ genug ist. Dagegen nennt er die Direktion der Deutschen Bank in Hamburg sehr tüchtig und sagt, die Bank selbst sei in Hamburg wegen ihrer Kulanz besonders beliebt (er hat sein Konto da). Staudt[6] scheint in Buenos Aires wegen seiner Schärfe so wenig beliebt zu sein wie in Deutschland. Moller meint übrigens, das Haus sei seit seinem Tode drüben bereits zurückgegangen und werde noch weiter zurückgehen. Für das Wollgeschäft scheint mir das nicht zuzutreffen, jedenfalls nicht in Montevideo.

Auf See, 16. September 1909

Trotz der drückenden Hitze belebt sich das Boot mehr und mehr im Hinblick auf den bevorstehenden Übergang über den Äquator. Sonnabend soll Kostümfest sein und Sonntag finden sportliche Wettkämpfe statt. Ich habe mich überreden lassen, zu dem Kostümfest als alte Dame zu erscheinen. Claassen macht den alten Herrn dazu. Frau Moller hat sich freundlicherweise bereit erklärt, uns anzuziehen.

Einer der reichsten Leute an Bord ist ein sehr einfacher Mann namens Schäfer, Besitzer des größten deutschen Hotels in Buenos Aires. Frau Moller, die alle dessous kennt und Schäfer etwas schneidet, erzählt mir heute die Hintergründe. Schäfer habe ihren Schwiegervater[7] vor Jahren in Wilhelmshöhe als Kellner bedient und dabei gefragt, ob er wohl in Buenos Aires Chancen hätte. Der alte Moller habe ihn darauf in einem deutschen Restaurant in Buenos Aires als Kellner angebracht, und er habe sich so gut entwickelt, daß er heute als Großgrundbesitzer auf 6 bis 8 Millionen Mark geschätzt wird. – Ist es da zu verdenken, daß Frau Moller, deren Familie nicht in gleicher Proportion Karriere gemacht hat, sich des einzigen Mittels bedient, das ihr als Entschädigung zur Verfügung steht und ihn schneidet? Es ist übrigens amüsant zu sehen, wie der anderen Leuten gegenüber einfach, aber selbstsicher auftretende Mann der Schwiegertochter seines alten Wohltäters gegenüber immer noch der eifrige Kellner ist.

Auf See, 17. September 1909

Es wird für die morgen beginnenden Festlichkeiten gesammelt. Ich kann auf den Listen der verschiedenen Damen subskribieren, d. h. zahlen und bin in meinem Element. –

Mir ist mit den Jahren die Fähigkeit immer mehr verlorengegangen, mich am deutschen Biertisch zu unterhalten. Ich habe es schon in New York aufgegeben, hab' es hier auf dem Schiff nochmals versucht und werde es nun wohl endgültig aufstecken. All die Leute reden offenbar nicht um der andern, sondern um ihrer selbst willen. Denn keiner hat Gelegenheit, die Wirkung dessen, was er erzählt hat, bei den sogenannten Zuhörern zu beobachten. Kaum ist die Pointe einer Geschichte heraus, so löst ihn ein anderer ab, der bis dahin auf Kohlen gesessen hat und ackapariert die Aufmerksamkeit oder wenigstens deren physiologischen Teil, die Aufnahmefähigkeit der Gehörnerven der Umsitzenden. Wenn's aber zu *seiner* Pointe kommt, um derentwillen doch schließlich Geschichten erzählt zu werden pflegen, empfängt er den verdienten Lohn, indem auch sein Erfolg vor dem Anfang einer neuen Geschichte von dritter Seite verschwindet, die nur erzählt wird, um die zweite zu übertrumpfen, aber nicht um angehört zu werden. – Übrigens unterscheiden sich Unterhaltungen in größeren, von Männern und Frauen gebildeten Kreisen in dieser Beziehung nicht wesentlich von den Biertisch-Redeschlachten.

Der Leidtragende bei dieser barbarischen Manier der Unterhaltung bin gewöhnlich ich. Denn sehr bald haben die Umsitzenden in der Regel heraus, daß ich selbst, in nutzloser Hochhaltung altmodischer, sozialer Kulturideale, jedem Redner ein gewisses Maß von Interesse auch nach Schluß seiner Worte entgegenbringe. So glaubt bald jeder, in mir den gewünschten Resonanzboden zu finden, wendet sich zum Schluß seines Vortrages, wenn das öffentliche Interesse sich bereits seinem Nachfolger zuzuwenden beginnt, direkt an mich, und diese Fülle der mir mitgeteilten, meist wertlosen Eindrücke stellt an meine sympathetischen Ausdrucksmittel Ansprüche, die mich künftig veranlassen werden, derartige Kreise zu meiden.

Dabei fällt mir noch eine andere, ganz ähnliche Form gesellschaftlicher Geschmacklosigkeit ein, die die Wirkung selbst der besten bonmots zu zerstören pflegt. Fast niemand bringt es heutzutage über sich, wenn er in Gegenwart anderer durch ein gutes Wort seines Redegegners vorübergehend an die Wand gedrückt ist, durch schweigendes Zugeständnis den Zuhörern den Genuß an der feingeschliffenen Pointe zu ermöglichen. Fast jeder der an die Wand Gedrückten zerstört in diesem Falle den Genuß der Zuhörer durch irgend eine gezwungene, meist alberne Replik, die im Grunde seine Lage absolut nicht verbessert, sondern höchstens den blöderen Teil des Auditoriums auf seine Seite zieht, infolge des imaginären Vorteils dessen, der das letzte Wort hat. – Ich glaube, daß ich selbst mich jetzt mehr über eine ganze Niederlage freue, die ich in ehrlichem Wortkampf erleide, als über einen halben Sieg.

Die jüngere, hübschere von den Mollerschen Mädchen ist ein großes 15jähriges Mädel von auffallend rassiger Schönheit. Hohe, schön gewölbte Stirn, *sehr* hoch geschwungene Brauen über plastisch hervortretenden Augenlidern und feines ovales Gesicht mit kleinem Mund und klassischem Profil, als Halbargentinierin dabei natürlich für ihr Alter stark entwickelt.

Ich frage mich manchmal, ob Du oder Fräulein Palmie es gern gesehen hättest, wenn Ilse[8] als 15jährige irgendwo in der Sommerfrische allein auf einer Bank gesessen und ein ihr oberflächlich bekannter junger Mann hätte sich zu ihr gesetzt. Ich kann mir denken, daß Euch das nicht gepaßt hätte, und unter diesem Gesichtspunkt entschuldige ich auch die Erzieherin, die als einzige der Familie – die Mutter kümmert sich wenig um die Stieftöchter – in den letzten Tagen gegen mich Stellung genommen hat. Ich muß allerdings zugeben, daß ich es in vielleicht auffälliger Weise vermieden habe, mich zu den Mädchen zu setzen, solange das »Fräulein« bei ihnen saß.

Die Abende werden mir im allgemeinen bei dem Mangel an Unterhaltungslektüre recht lang. Mein Stichwort fürs Zubettgehen fällt, wenn der Doktor – Schiffsarzt – nicht mehr stehen kann, was gewöhnlich gegen 11 Uhr, d. h. zwischen seinem 8. und 10. Whisky der Fall ist. Gestern hat er mir beim Einbooten gestanden, seine Memoiren könnten erst nach *seinem* (!) Tode erscheinen – wegen der darin kompromittierten Damen. – Derartige Bedenken werden einmal die Veröffentlichung der meinen nicht zu verzögern brauchen.

Auf See, 19. September 1909

Du hättest gestern das Schauspiel haben können, Deinen gesetzten und bescheidenen Sohn auf einem Kostümfest als beste Charaktermaske gefeiert zu sehen. Die vier Mollerschen Damen, die dafür entschiedenes Talent haben und selbst sehr geschmackvoll als die vier Kartenköniginnen kamen, hatten mir ein Großmutter- und dem jungen Claassen als meinem Mann ein entsprechendes Großvaterkostüm zurechtgemacht, die beide gut aussahen. Ich tanzte sogar die Polonaise mit, aber fand doch wieder, daß ich für derartige Feste harmloser Vergnüglichkeit nicht die rechte Stimmung mitbringe und war froh, als der Abend schloß, ohne daß ich den mir Nächststehenden die Laune verdorben hatte.

Frau Moller, trotz ihrer 38 Jahre bildhübsch und eine der lebhaftesten Frauen, die ich kenne, war in ihrem Element. Sie ist der Typus einer für den gesellschaftlichen Verkehr angenehmen Frau.

An dem Wollkäufer Schmitt vom Hause Staudt y Cia., Montevideo, habe ich an Bord gute Gelegenheit zu studieren, warum dieses Haus am La Plata wie anderswo so wenig beliebt ist. Beim Skat, beim Würfeln, beim Knobeln und selbst am Biertisch ist der Mann unter Maske höflichster Bonhomie scharf wie ein Rasiermesser. Keinen Irrtum, keine Unkenntnis und keine Schwäche seines Gegners läßt er unausgenützt, und die späte Nacht, in der ein anderer sein harmloses Bier trinkt, findet ihn in der Verfolgung seines Vorteils so tätig wie der frühe Morgen.

Ein anderer, vielleicht noch unsympathischerer Typus ist der bereits erwähnte Sachse. Ein sehr lebhafter, nervöser Mensch mit schlagfertigem Witz, den Du wahrscheinlich gräßlich finden würdest, der aber für den naiven Arier unwiderstehlich ist. Natürlich keine Spur von Humor. Muß immer im Mittelpunkt stehen – wo ihm das nicht möglich ist, macht er überhaupt nicht mit. Einer von den Leuten, denen man ihr Glück bei Frauen nicht gönnt, weil es zu leicht gefunden scheint.

Da ich gerade von Glück bei Frauen spreche: Heute früh sieht mich die kleine Moller traumverloren an. »Warum sehen Sie mir so

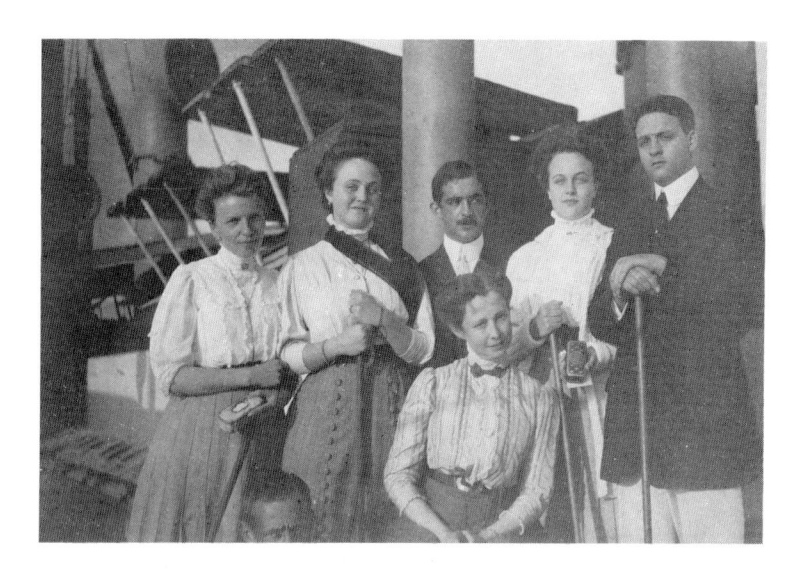

Familie Moller während der Seereise, September 1909.

Das Plaza Hotel in Buenos Aires 1909.

in die Augen?« frage ich mit leichtem Erröten. »Sie sehen doch eigentlich viel netter als ›Großmutter‹ aus!«

Auf See, 20. September 1909

Die Äquatorfeierlichkeiten sind vorüber. Gestern fanden noch sportliche Spiele und abends Auktion der Geschenke statt, an der ich mich, entsprechend meiner Vorlieben für Auktionen, lebhaft beteiligte. Auch in den Spielen trug ich in paar Preise davon, zur Verwunderung der Damen, die mir gestanden, daß sie meine Kapazitäten mehr auf geistigem Gebiet gesucht hätten.

Ich bin durch den Familienverkehr, den ich in den letzten Jahren im Auslande gehabt habe, offenbar sehr verwöhnt worden. Ich habe mich daran gewöhnt, mir in diesen Kreisen durch Geldaufwand eine anderen jungen Leuten überlegene Position schaffen zu können, und finde mich da hier auf dem Dampfer unangenehm enttäuscht. Vielleicht ist es aber auch nur eine Quantitätsfrage. Denn hast Du mich nicht schon in früher Jugend gelehrt, que chacun a son prix?

Auf See, 21. September 1909

Je mehr die Reise sich ihrem Ende nähert, desto deutlicher trennen sich Cliquen ab, und desto mehr lassen sich die einzelnen Individuen gehen, was dann die üblichen häßlichen Kundgebungen der Masseninstinkte ermöglicht. Vor allem den Klatsch. Ein armer Kerl hat sich neulich nach dem Tanz betrunken und ist in eine Kabine weiblicher Dienstboten geraten, aus der man ihn mit Gewalt hat herausbefördern müssen. Sicher ungehörig, aber man könnte mit einem zugedrückten Auge darüber hinwegkommen. Statt dessen macht ihn die maßgebende Gesellschaft junger Leute unmöglich, durch Breittreten der Angelegenheit bis zu den Ohren der Damen.

Und zwar ist das die gleiche Gesellschaft, der ich auch anzugehören das Vergnügen habe und die sich jeden Vormittag von 10 bis 12 Uhr auf dem obersten Deck durch Champagnertrinken und wüstes Geschrei amüsiert.

Ein anderer, beliebter Stein des Anstoßes ist die, ich glaube schon erwähnte hysterische Frau und ihr Galan, ein Sekretär der deutschen Gesandtschaft in Buenos Aires. Weil die Frau etwas auffallend angezogen und der Mann etwas mehr mit ihr zusammen ist als notwendig, glaubt jeder sich verpflichtet, sein moralisches Maul aufzureißen, nicht nur über die sittenlose Frau, sondern auch über den pflichtvergessenen Mann, der mit seinem Benehmen als Reichsbeamter den guten Ruf der deutschen Regierung gefährde. – Es ist kaum glaublich, wie diese vielgereisten und meist weltgewandten Leute lächerlich engherzig und kleinlich sind, wenn sich's drum handelt, einen deutschen Landsmann zu verurteilen. Einer, der Verbindungen in der Wilhelmstraße hat, soll sogar nach Berlin geschrieben haben. – Der alte Oberst, den wir an Bord haben, tat mir ordentlich wohl, als er die Angelegenheit mit einem derben militärischen Wort auf ihre wahre Bedeutung zurückführte.

Auf See, 22. September 1909

Morgen früh sind wir in Rio de Janeiro fällig, von wo diese Zeilen abgehen sollen. Ich will nicht vergessen, das harte Urteil, das ich beim Durchlesen des Vorangehenden über Herrn Schmitt vom Hause Staudt finde, zu mäßigen oder wenigstens zu ergänzen. Schmitt ist scharf und rücksichtslos nur in geschäftlichen Dingen oder Dingen, die er als geschäftliche ansieht (z. B. unter Ausländern knobeln). Im gesellschaftlichen Verkehr ist er denkbar liebenswürdig und entgegenkommend und in erfreulichem Gegensatz zu unseren anderen mitfahrenden jungen Leuten von jedem Snobismus frei. Dies wird Dich kaum interessieren – ich schreibe es auch nur mehr aus einem gewissen Gerechtigkeitsgefühl gegenüber dem vorher zu scharf Angegriffenen.

Rio de Janeiro, 23. September 1909

Soeben in Rio eingetroffen. Bedaure, kein Kabel von Euch vorzufinden. Werde Euch vom Land telegrafieren. Langer Brief von Richard Staudt[9], den ich noch nicht gelesen habe. Gehe eben an Land.

»Cap Ortegal«, von Rio de Janeiro
nach Montevideo, 24. September 1909

Gestern war ich in Rio nur kurz an Land, da ich nicht in Stimmung war, mich einer der Gesellschaften anzuschließen und vielmehr ganz zufrieden, mal allein zu sein. Der Stadt, soviel ich davon sah, merkt man nicht mehr an, daß sie einmal für die gesundheitlich gefährlichste galt. Die große breite Hauptstraße wie die engen Nebengassen, die mit ihren hübschen, bunten Läden einen freundlichen, ein wenig spielzeugartigen Eindruck machen, sind durchweg peinlich sauber. Auch sieht man keine Bettler und Kranke, wie in Spanien und Portugals Hafenplätzen. Allerdings muß ich zusetzen, daß ich nur in der besten Gegend herumgegangen bin.

Dagegen ist alles sehr teuer, teurer noch als es in Buenos Aires sein soll und wirkt noch mehr so durch die entwertete Milreis-Währung[10]. Für drei Hemden mußte ich 19 000 Reis zahlen, für eine Traube 2 000 Reis.

Die Einfahrt in den Hafen von Rio hatten wir wegen Nebels nicht genossen. Bei der Ausfahrt präsentierte sie sich besser. Nach Sidney soll es der landschaftlich schönste Hafen der Welt sein, und zwar infolge der merkwürdigen, scharfen und zerrissenen Felsbildung, die ihn auf beiden Seiten einfaßt. Die Felsen, die zum Teil Berge von 1 000 Meter Höhe (und in der Entfernung noch höhere) sind, haben fast alle die Form von – zum Teil schiefen – Zuckerhüten und müssen in jedem Bergsteiger die alte Lust erwecken. Dazu kommt die tropische Palmenvegetation am Fuß der Felsen und auf den kleinen Inseln innerhalb des Hafens, die teils religiösen, teils militärischen Zwecken dienstbar gemacht sind. Alles zusammen ein in Linien wie Farben besonders reizendes, in Dimensionen großartiges Bild.

Richard Staudt schrieb mir unter anderem, daß er bei meiner Ankunft nicht in Buenos Aires, sondern mit Glaeser[11] in Asuncion sein werde. Statt seiner wird mich sein Freund Jonas[12] sowie ein Mann von Staudt & Cia. für die Zollangelegenheiten vom Schiff abholen. Er hat mir Wohnung zur Auswahl provisorisch im Grand Hotel und im Plaza Hotel[13] (dem neuesten, von Tornquist gebauten) reserviert. Ich werde wahrscheinlich in letzteres ziehen.

Der See wird hier, in der Nähe des Kontinents, teilweise wieder recht unruhig, aber man ist ans Wasser gewöhnt und empfindet es weniger. Umgekehrt beobachte ich an mir, wie allmählich eine an sich körperlich nicht reizvolle Frau, deren niedriges moralisches Standing man gleichfalls zu durchschauen glaubt, nur durch ihre Exzentrizitäten allmählich Wirkung erlangt und anzieht. Ich spreche von der mehrfach erwähnten, hysterischen jungen Frau, für die ich mit den Wochen ein faible bekommen habe und um derentwillen es mir lieb ist, daß die Reise zu Ende geht. Vielleicht entspringt dieses Gefühl aber auch nur der rein physiologischen Wirkung einer vierwöchentlichen Absperrung. Sehe ich doch auch manchen anderen männlichen Passagier, dem niemand zu Anfang der Reise soziale Empfindungen zugetraut hätte, verträumt am Hinter- oder Vorderdeck stehen und in das Zwischendeck hinabstarren, wo die Russinnen und Spanierinnen in malerischen Posen und leichten Kostümen durcheinanderliegen. Na, in 3 x 24 Stunden sind wir an Land.

Vor Montevideo, 26. September 1909

Montevideo ist in Sicht, von wo diese Zeilen abgehen sollen. Allgemein wird hervorgehoben, daß wir am Ende einer außergewöhnlich angenehmen und harmonischen Reise stehen. Es scheint, daß die Leute auf diesen Dampfern gewöhnt sind, daß es mindestens einmal im Laufe der Reise Ohrfeigen gibt. Trotz der angenehmen Reise gesteht aber unter vier Augen jeder, daß er die Sache bis an den Hals satt hat.

Buenos Aires, 27. September 1909

Heute morgen 7 Uhr legte sich unser großer Dampfer längs der Kaimauer des Rio de la Plata in Buenos Aires. Der Abschied war noch schmerzloser als kurz. Mollers, die einzigen, denen ich etwas nähergetreten bin, hoffe ich bald wiederzusehen. Sie forderten mich gestern freundlich auf, in etwa 8 bis 10 Tagen mit auf ihre Estancia hinauszukommen, was ich wahrscheinlich tun werde. Daß die Töchter dann nicht draußen sein werden, empfinde ich beinahe als einen Vorzug.

Während die meisten anderen ihre Freunde wegen der frühen Morgenstunde am Kai noch vermißten, war ich besonders bewegt, Richard Staudt, Jonas und einen Angestellten von Staudt y Cia. auf mich wartend zu finden. Ich vergaß, vorher zu erwähnen, daß ich gestern in Montevideo bereits durch Herrn Guthmann, den dortigen Chef von Staudt & Cia., den Richard gebeten hatte, mich zu begrüßen, gehört hatte, Richard habe seine Reise nach Asuncion noch verschoben. Vom BAT kam übrigens in Montevideo niemand an Bord – ich nehme an, daß Robert Frank[14], den ich eigentlich erwartet hatte, die vorher telegrafisch gemeldete Passagierliste nicht gelesen hatte.

Die Zollangelegenheiten nahm mir der Angestellte von Staudt ab; Richard stellte mich noch dem zufällig anwesenden Gesandtschaftssekretär, Prinz Hatzfeld, vor, und wir fuhren nach dem Plaza Hotel, wo ich für 14 Pesos Papier[15] täglich ein nicht sehr großes Zimmer im 5. Stock nahm, mit schöner Aussicht über die Stadt. Das von Tornquist erbaute Hotel ist sehr elegant, aber ungeschickt gebaut, mit vielen dunklen und niedrigen Zimmern und soll vorläufig nicht gut rentieren. Die deutsche Gesandtschaft wohnt hier. In Begleitung von Richard suchte ich zunächst Staudt & Cia. auf, die als Warengeschäft früher anfangen als die Bank.

Herr Küster[16] empfing mich freundlich, und Richard Staudt führte mich durch das Haus mit seinen 4 Stockwerken über und 4 unter der Erde, dessen Beschreibung Du jedenfalls kennst[17]. Augenblicklich ist für sie tote Saison, daher finden sich nicht viel Muster auf den Tischen. Eine Etage im Nebenhaus, die sie in den letzten Jahren zugemietet hatten und in denen sie ihre Büros haben, werden sie, um Spesen zu sparen, wieder aufgeben, da sie wieder Platz genug in ihrem eigenen Hause für ihre Büros haben. Richard klagt über den Rückgang im Lebensmittelgeschäft, für das sich die Grundlagen geändert hätten.

Eine erste stille Minute in ihrem Privatkontor benutzt Richard dazu, mich wegen meiner Stellungnahme zu dem Vetter Wallich zu befragen. Er betont, daß er Dich durchaus nicht hat veranlassen wollen, etwas für den jungen Mann zu tun, sondern Dir nur den Tatbestand mitgeteilt hat. In der Tat scheint der Vetter, der hier erster Bereiter in einer fashionablen Reitbahn ist, in der hiesigen Gesellschaft durchaus ganz bekannt zu sein. Als Richard mich einem ihrer Prokuristen vorstellte, war dessen erste Frage: »Verwandt mit dem hiesigen Wallich?« Ich werde den jungen Mann wahrscheinlich, um jedem Klatsch die Spitze abzubrechen, bei Gelegenheit aufsuchen, um ihm die Hand zu schütteln.

Von Staudts ging ich um 10 Uhr zum Banco Alemán Transatlántico. Die Leute dort meinen es sicher gut mit mir und werden mir jede mögliche Unterstützung angedeihen lassen, aber ich kann nicht leugnen, daß sich mir die wiederholt und zuletzt häufig auf dem Dampfer gehörte Ansicht bestätigte. Die Leute sind schwerfällig und ungeschickt zum mindesten in ihren äußeren Formen. Jonas, der mich allerdings offiziell im Auftrag von Albert[18] am Schiff empfangen hatte, brachte mich in das Zimmer, in dem Albert und Frederking jr.[19] einander gegenüber saßen. Hier ließ mich Albert, während er sich mit mir unterhielt, eine Viertelstunde im Mantel und mit dem Hute in der Hand stehen, ohne mir einen Stuhl anzubieten, während Frederking, der den faux pas wohl bemerkte, das Schauspiel lachenden Auges verfolgte, bis er mich schließlich mit einer an Albert gerichteten Entschuldigung, daß er ihm »vorgreife« (!), aufforderte, es mir bequem zu machen. Natürlich fiel es Albert ebensowenig ein, mich durch das Banklokal zu führen, irgend jemandem im Hause vorzustellen oder mich zu fragen, ob er mir sonst wie behilflich sein könnte. Ich ging bald wieder fort, nachdem ich mich für den Nachmittag mit Frederking verabredet hatte. Ich wiederhole in vorsichtiger Form, daß ich kein bißchen an Alberts gutem Willen zweifle und glaube, daß er mir nützlich sein wird, sobald ich ihn um etwas Bestimmtes bitte – aber ein selbst mir auffallender Mangel an Formen kann an der Spitze einer deutschen Bank in diesem Lande, wo man kastilianischer Höflichkeit als einem Ideal nacheifert, nicht gut am Platze sein. Richard machte mir gleichfalls bereits die Ankündigung, daß er, wohl in höherem Auftrage, mit mir über diesen Punkt reden möchte. Ich werde dem aber möglichst ausweichen, da ich zum Studium von wirtschaftlichen und nicht von Personenfragen, die mich im Grunde gar nichts angehen, hierher gekommen bin.

Zum Frühstück war ich mit Richard, Küster, Glaeser, Jonas und einem Herrn v. Heyking (von Friedrichs & Co.) im deutschen Verein, früher Turnverein, wo mich Küster für drei Monate einführte. Der Verein hat sich eben ein neues, sehr geräumiges, aber fast durchweg geschmacklos eingerichtetes Haus gebaut, das in diesem Monat eingeweiht wird. Das wird mir eine gute Gelegenheit geben, das ganze hiesige Deutschtum zu sehen. Der Club entspricht sozial mehr dem Londoner als dem New Yorker deutschen Verein, d. h., er ist nicht sehr exklusiv, aber die besseren deutschen Elemente gehen doch der deutschen Küche wegen gelegentlich hin, wenn sie auch darauf schimpfen.

Nach dem Frühstück machte ich einen kurzen Spaziergang durch einige Hauptstraßen. Die Stadt ist, für eine verhältnismäßig junge Stadt, auffallend eng gebaut, namentlich die Trottoirs, die nicht für drei Leute nebeneinander ausreichen. An gewissen Stunden des Nachmittags dürfen in bestimmten Hauptstraßen wegen des starken Fußgängerverkehrs überhaupt keine Wagen fahren. Die Straßenbahnen sind, soviel ich daran gesehen habe, eingleisig und fahren eine Straße hinunter und die nächste zurück. Wagen dürfen in bestimmten Straßen nur in der Richtung der Straßenbahn fahren. Der Hauptplatz, Plaza de Mayo, ist groß, aber nüchtern mit uneinheitlicher, charakterloser Architektur; die größte, d. h. breiteste Straße, die Avenida de Mayo, die ich nur vom Plaza aus überblickte, etwa unserer Friedrichstraße entsprechend, aber viel kürzer.

Nachmittags suchte ich Frederking jr. in der Bank auf, der mich endlich durch die Bank führte. Allerdings vermied auch er es, mich irgend jemandem vorzustellen.

Dem Bankgebäude sieht man von außen wie von innen an, daß es eins der älteren in Buenos Aires ist und viele Umbauten und Zusätze erfahren hat[20]. Die große untere Halle, die alle Schalter, die Kasse, Wechsel, Depositen und Kontokorrentbuchführung hat, ist nach englisch-nordamerikanischem Muster sehr praktisch. Dagegen sind die anderen Räume nur über Gänge und Treppen zu erreichen, was besonders den Korrespondenzchefs den Kontakt mit dem laufenden Geschäft erschweren muß. Unten macht sich, wie mir gesagt wird, schon wieder Platzmangel fühlbar, obwohl erst letztes Jahr die Buchhaltung hinaufgelegt worden ist. Oben ist noch reichlich Raum; zwei schöne Vorderzimmer sind dem Vertreter der Reichsregierung für die Zentenarfeier[21] vorübergehend überlassen. Wie sich die Bank bei einem starken Wachstum allerdings räumlich ausdehen könnte, ist schwer zu sagen. Auf der einen Seite hat die spanische Bank, die ein großes Vertrauen in die Zukunft des Landes und in ihr eigenes Wachstum haben muß, ein Haus für zehn Jahre mit Vorkaufsrecht gepachtet, das sie vorläufig für ihren Betrieb noch gar nicht brauchen. Auf der anderen Seite ist der Bank ein kleines Haus, etwa ein Drittel Boden des jetzigen Bankgebäudes bedeckend, für den hohen Preis von $ 50 oder 60 000 angeboten. Frederking ist der Ansicht, daß man es früher oder später – und in diesem Falle noch teurer – wird kaufen müssen. Ein Aufbau eines neuen Stockwerkes auf das schon stark geflickte Gebäude der Bank ist vielleicht möglich, aber natürlich nur ein Notbehelf.

Besonders eng und räumlich ungenügend schienen mir die Safe-Verhältnisse zu sein. Frederking wie Albert waren mit mir der Ansicht, daß eine geräumige Kelleranlage mit vermietbaren Safes, für die reichlich Raum wäre, vielleicht eine gute Kapitalanlage für die Bank wäre. Es existiert bereits ein Unternehmen, das sich völlig auf Safe-Vermieten spezialisiert hat und ganz gute Geschäfte machen soll. Da keine der anderen Banken es bisher hat, müßte das Publikum allerdings erst daran gewöhnt werden; aber es wäre vielleicht eine gute Reklame und könnte Kunden fürs Kreditgeschäft heranziehen.

Was die hiesige Direktion vor dem Vorschlag jeder derartigen Neuerung zurückschrecken läßt, ist die Angst vor den Abschreibungen, die man in Berlin gegen sie erzwingt. Es scheint, daß der Verdienst, der seinerzeit beim Verkauf des Hauses an den Banco Germánico[22] gemacht worden ist, zur Abschreibung auf das jetzige Bankgebäude verwandt worden ist und daß auch seither ein Umbau ganz abgeschrieben werden mußte, so daß jetzt der Verkaufswert des Gebäudes das Vierfache des Buchwertes ist. Ich kann natürlich nicht beurteilen, wie weit Frederkings Klagen berechtigt sind – vielleicht seid Ihr in Berlin etwas konservativ auf Kosten der hiesigen Direktion – jedenfalls macht es den jungen Frederking sehr bitter und fast ungerecht.

Als seine eigene Leistung zeigte mir Frederking beim Durchwandern des Hauses eine Art Materialniederlage, in der gleichzeitig alte Korrespondenz und Kopierbücher aufbewahrt werden. Eine derartige ordnungsmäßige Hilfsorganisation, die vor seiner Zeit nicht bestanden haben soll und für die theoretisch vorgebildete Leute in der Regel mehr Sinn haben als reine Praktiker, macht jedenfalls vergangene Erfahrung nutzbar und erspart Verschwendungsspesen.

Frederkings Haupttätigkeit jetzt ist jedenfalls für das Sekretariat der Deutschen Bank; das betont er gern und darin ist er ganz Argentinier. Während er im allgemeinen vorn mit Albert im leicht zugänglichen Büro sitzt, hat er hinten sein Privatbüro »für geheime Besuche«, wie er sich ausdrückt. Wenn Du mir oft von ihm gesagt hast, daß er »nicht arbeiten will«, so ist das soweit richtig, daß es ihm offenbar mehr Vergnügen macht, mit Politikern zu tuscheln und in Ministerien zu antichambrieren, als mit dem Makler um ein Viertel cent des Kurses zu handeln.

Augenblicklich interessiert ihn stark ein Untergrundbahn-Projekt, das die Westbahn in Buenos Aires hat; das im Kongreß schon angenommen ist, von dem er aber hofft, daß der Senat es ablehnen wird[23]. Seit drei Jahren nämlich, sagt er, beschäftigt er sich damit, den Leuten, die hinter dieser Untertunnelung der Stadt, vom jetzigen Endpunkt der Westbahn bis zum Hafen, stehen, Knüppel zwischen die Beine zu werfen. Der Zweck ist, aus den Trümmern der verschiedenen Projekte schließlich eins erstehen zu sehen, das Philipp Holzmann[24] bzw. der Deutschen Bank paßt und an dem sie sich beteiligen können. Frederking bedauert, daß die Deutsche Bank sich nicht, gleich Tornquist z. B., entschließen kann, bei einflußreichen Politikern brav nachzuhelfen. Weder das Unmoralische noch das – auf die Dauer – geschäftlich Gefährliche solcher Mittel scheinen ihm zu Bewußtsein zu kommen.

Buenos Aires, 28. September 1909

Gestern abend aß ich bei Richard und Jonas, die eine nette, aber bescheidene Wohnung mit Wirtschafterin und Mädchen haben. Abends war ich mit Küsters und Richard in schlechter deutscher Operette und ging todmüde zu Bett.

Heute früh machte ich Besuche bei Tornquist und Brauss Mahn & Co. Alfredo Tornquist, der älteste Sohn des verstorbenen Ernesto[25] und der einzige Sohn in der Firma, war schon von Goldman Sachs[26] direkt von meiner Ankunft avisiert und empfing mich sehr freundlich. Er ist ein liebenswürdiger, ein wenig verlegener Mensch von ca. 26 Jahren, der, um diese Verlegenheit zu verbergen, in einem fort spricht. Er gilt hier für fleißig und begabt, während man ihn in New York für etwas oberflächlich hielt. Von den vielen Sachen, die er mir in der kurzen Zeit meines Besuches erzählte, erinnere ich mich noch seiner Verwunderung darüber, mit welcher Leichtigkeit, um nicht zu sagen Leichtsinn, die Franzosen jetzt in argentinische Werte zweifelhafter Güte hineingingen. Vor kurzem hätten Bénard & Jarislowsky mit Dreyfus zusammen eine 5% Anleihe zu 87 gekauft, die sie an das französische Publikum zu 97 abgegeben hätten. Seine Entrüstung war wohl ein wenig die des Fuchses über die sauren Trauben. Wie die meisten Leute sieht er den Grund für den verhältnismäßig geringen Fortschritt, den der BAT hier gegenüber den anderen fremden Banken gemacht hat, im Umstand, daß die Leitung der spanischen, französischen und italienischen Bank hier, die der deutschen in Europa liegt. Von den hier geleiteten fremden Banken hält er die italienische, obgleich die beiden anderen genannten ein größeres Geschäft machen, für die solideste. Er schenkte mir einen Baedeker von Buenos Aires und stellte sich mir zur Verfügung, falls ich irgend ein industrielles Werk oder eine Estancia sehen will, worauf ich jedenfalls noch zurückkommen werde.

Adam Mahn, von Brauss Mahn & Co., den Du flüchtig in Berlin kennengelernt hast, suchte ich mit einem Brief von Amsinck & Co., New York[27], sowie einem Privatbrief seines Neffen auf. Zu meiner Verwunderung hatte ich vorher von Albert gehört, daß das Haus zwar gut ist, daß die Ueberseebank aber doch keine Haustratten von ihnen kauft. Mahn, ein richtiger großer blonder Deutscher, war sehr liebenswürdig und wird mich noch nach seinem Hause einladen.

Nach dem Lunch, zu dem mich Albert in den Turnverein eingeladen hatte, sagte mir Frederking in der Bank, daß sein Vater mir sein Auto hergeschickt habe, um mich zu holen, damit ich mit ihm noch die heute schließende Landwirtschaftliche Ausstellung in Palermo sehen könnte.

Die Ausstellung lag bereits in den letzten Zügen, da schon das meiste Vieh verkauft war. Es soll nach Urteil vorurteilsloser Deutscher eine der besten Ausstellungen der Welt sein und wird zweimal jährlich abgehalten. Die argentinische Rinderrasse ist durch regelmäßige Käufe englischer Bullen bereits sehr verbessert; die Bullen-Einfuhr hat infolgedessen sehr abgenommen und jetzt stellt die hiesige Behörde an Rindvieh, das als Vollblut eingetragen werden soll, doppelt so hohe Anforderungen wie die englische, nämlich 50 Jahre Pedigree statt 20–24 wie in England. Frederking[28] selbst hat 6 Bullen auf der Ausstellung gehabt und eben mit durchschnittlich $ 1000 papel per Stück verkauft. Er besitzt ca. 4½ leguas in der Provinz Buenos Aires (ca. 45000 Morgen), die sein anderer Sohn verwaltet und auf denen er ca. 10000 Stück Vieh hat. In seinen geschäftlichen Ansichten und speziell seinen Ansichten über die Bank fand ich, z. T. wörtlich, die Quelle dessen, was mir sein Sohn erzählt hatte, nur daß er sich noch offener und ehrlicher (sit venia verbo) ausdrückt. Er sagt, Lingenfelder[29] habe sich gegen den Ankauf des teuren Nebenhauses ausgesprochen, weil er »nicht sein ganzes Leben für Abschreibungen arbeiten wolle«, obgleich er die Notwendigkeit des Ankaufes voll einsehe. Ein paar Komplimente über die Uneigennützigkeit der ersten Direktion der Deutschen Bank dienen dann noch dazu, die Motive der jetzigen Direktion des BAT Buenos Aires ins rechte Licht zu setzen.

Der Park von Palermo, durch den Frederking mich im Anschluß an den Besuch der Ausstellung fuhr, liegt zwischen Buenos Aires und der Vorstadt Belgrano, einem beliebten Wohnviertel. Der Park erinnert ein wenig an das Bois, schon wegen seiner Wagen, Flaneurs und Kokotten. Merkwürdigerweise sind die den Park begrenzenden Straßen gar nicht oder mit elenden Baracken bebaut, und zwar, weil diese Terrains wenig über Flußniveau liegen und das Grundwasser den Bau erschwert. Sobald man diese technische Schwierigkeit überwunden hat, werden die Terrains wahrscheinlich schnell im Werte steigen und hier ein bestes Viertel entstehen. Hier draußen übrigens sind die Straßen schön und breit angelegt, im Gegensatz zur Geschäftsstadt.

Eine der schönsten Straßen, nicht nur der Anlage, sondern auch den Häusern nach, ist die Avenida Alvear, in der Frederkings Haus liegt. Er erzählt, daß seinem Nachbar für dessen wesentlich kleineres Grundstück mit Haus (allerdings Eckhaus) 1 Million Dollar Gold geboten sind. Wir nahmen dort nach der Ausfahrt den Tee. Die Einrichtung ist sehr luxuriös und zum Teil sehr geschmackvoll – sie haben eine die ganze Höhe des Hauses einnehmende Halle, die wie eine Kirche wirkt und doch behagliches Wohnzimmer bleibt – zum Teil allerdings, in anderen Räumen etwas überladen und im Stil durch die verzeihliche Vorliebe gestört, überall Familienfotografien unterzubringen. Der Garten, etwa so groß wie Eurer in Berlin, auf den er sehr stolz ist, reicht bis zur nächsten Straße durch und ist zur Zeit – wie das ganze Jahr – voller Rosen, aber nicht besonders gehalten. In der Remise stehen vier Automobile, wo er früher zehn Pferde hatte.

Frau Frederking, die nicht schöner geworden ist, empfing mich ebenso freundlich wie er, bat mich, ohne besondere Aufforderung zum Frühstück oder Dinner zu kommen und lud mich gleich für morgen zum Lunch ein. Die Tochter scheint ein nettes kleines Mädel mit Puppengesicht und guten Manieren, die fünf Sprachen perfekt spricht.

Buenos Aires, 29. September 1909

Heute war ich tagsüber etwas in der Bank tätig; vormittags bei einer Goldverschiffung von hier nach Rio de Janeiro für Rechnung der Brasilianischen Bank für Deutschland[30], nachmittags in der Auskunftei mit einem Vergleich der Entwicklung der hiesigen Banken, an der Hand von Jahresberichten und Statistiken. Ich komme darauf noch zurück.

Zum Frühstück war ich bei Frederkings, bei denen jetzt der Sohn und die, in guter Hoffnung befindliche, Schwiegertochter auch wohnen. Übermorgen werde ich bereits wieder dort frühstücken – sie sind wirklich besonders liebenswürdig zu mir. Dagegen sind sie offenbar mit Staudts ganz auseinander. Richard verkehrt dort nicht

– mit den jungen Frederkings steht er allerdings gut – und hat damit eine gute Gelegenheit versäumt, in die argentinische Gesellschaft hineinzukommen, was sein Wunsch ist.

Heute abend war ich bei Küsters. Eine Einladung zu Mahns mußte ich daher absagen. Küsters wohnen in einer geräumigen, hübschen Villa in einer Vorstadt, die sie mit bescheidenem Geschmack eingerichtet haben. Du kennst sie als einfache freundliche Leute. Der Rückweg bei Regen zeigte, daß Buenos Aires noch nicht ganz Großstadt ist. Schlechtes Pflaster und Unebenheiten im Trottoir lassen einen oft fußtief im Morast versinken. Dagegen gehen Straßenbahnen in kurzen Abständen die ganze Nacht.

Buenos Aires, 30. September 1909

Aus Unterhaltungen mit verschiedenen Leuten und namentlich mit dem kleinen Frederking, der immer zum Reden aufgelegt ist, gewinne ich den Eindruck, daß die Hauptschwierigkeit des hiesigen Geschäftes in seiner Eigentümlichkeit liegt, daß es vielfach Geschäft mit Nicht-Geschäftsleuten ist. Bei einer verhältnismäßig geringen Bevölkerung und einer starken Bankenkonkurrenz ist es wahrscheinlich notwendig, so wenig erwünscht es an sich ist, Privatleuten Kredite zu geben. Eine solche Kreditgewährung ist aber von so vielen persönlichen Momenten abhängig, die schriftlich schwer oder gar nicht zu rechtfertigen sind, daß die – an sich wünschenswerte – Kontrolle Berlins dauernd als Hemmschuh wirken muß. Solange das Geschäft mit Privatleuten einen wesentlichen Bestandteil des ganzen ausmacht, wird eine von Europa geleitete Bank daher hinter den hiesigen zurückbleiben – glücklicherweise nimmt dies Geschäft ab, je mehr das Land wirtschaftlich aufgeschlossen wird. – Die gleichfalls von Europa geleitete London & River Plate Bank[31] ist insofern im Vorteil, als sie ihr Hauptgeschäft mit den reichen englischen Bahngesellschaften macht.

Ich frühstückte mit Frederking und Staudt und hörte dabei, was ich auf dem Dampfer schon hatte andeuten hören, daß Leucke der jetzt eigentliche Spiritus rector von Staudt & Cia. ist.

Nach Tisch besuchte ich Carlos Meyer Pellegrini[32], der Diputado Nacional (Reichstagsabgeordneter) ist und nicht gut auf die DUB zu sprechen sein soll, wohl wegen der Beziehungen seines Vaters zum Banco Germánico. Er war sehr liebenswürdig.

Dann lernte ich Geheimrat Offermann kennen, den Reichskommissar für die Zentenarausstellung, der, glaube ich, schon für die Deutsche Bank gearbeitet hat; ein vorurteilsloser, kenntnisreicher Mann, der schon zehn Jahre im Lande ist und entsprechend genau Bescheid weiß. Er wird mir eventuell noch über das hiesige Bahnwesen manchen nützlichen Wink geben.

Schließlich war ich bei Francisco Seeber, der im Auktionsgeschäft seiner beiden Söhne – alle drei lassen, wie Carlos Meyer, bestens grüßen – den Nachmittag zubringt. Er hat gestern vom Kongreß die Konzession für seine Bahn bekommen und wohl schon darüber an Heinemann[33] gekabelt. Weder er noch seine Söhne machen mir den Eindruck, viel von der Sache zu verstehen, doch werde ich mich noch eingehend mit ihm darüber unterhalten. Er schmeichelt sich mit der Hoffnung, daß die Südbahn ihn auskaufen wird, was in Nordamerika nicht zugunsten eines ernsthaften Eisenbahnunternehmens sprechen würde. Staudt und Frederking jr., deren Urteil insofern von Bedeutung ist, als sie die Ansichten geschäftserfahrener, ihnen nahestehender Leute nachsprechen, halten nichts von seinem Projekt.

Ich habe für heute abend Richard und Jonas hier ins Hotel geladen und schließe diesen Brief jetzt, um ihn rechtzeitig mit dem schnellen italienischen Dampfer zu besorgen. Post habe ich seit meiner Ankunft noch nicht erhalten, außer einem vor mir eingetroffenen Brief von Jeidels[34]. Aus Eurem Kabel ersah ich, daß Ihr mir keinen Platz reservieren könnt. Das ist mir insofern ganz angenehm, als es mir damit frei bleibt, mit der englischen oder italienischen Linie zu reisen. Andrang soll um diese Jahreszeit nicht bestehen. Bitte sei *sehr* vorsichtig in dem, was Du eventuell aus diesem Brief Herrn Krusche[35] mitteilst.

Buenos Aires, 1. Oktober 1909

Morgen früh gehen die seit meiner Ankunft geschriebenen Blätter eingeschrieben per »Principessa Mafalda« an Dich ab.
Heute früh suchte ich zunächst Moller auf und verabredete mit ihm einen Besuch auf seiner Estancia von Sonntag in acht Tagen, d. h. den 10. bis 15. Oktober. Am 15. fahren wir zusammen zurück, um am 16. die Einweihung des deutschen Clubs mitzumachen.

In der Bank warnt mich Frederking wieder vor dem Seeber'schen Bahnprojekt, das zu den vier bestehenden Linien zwischen Buenos Aires und Bahia Blanca nur eine hinzufüge, während das für das Land Notwendige eine die Südbahn-Linie schneidende, südost-nordwestliche Linie sei (die auch von französischer Seite bereits in Angriff genommen ist). Meinen Einwurf, daß eine solche Linie ja Buenos Aires, den Haupthafen des Landes nicht berühren würde, entkräftet er damit, daß er zweifelt, ob Buenos Aires Haupthafen des Landes bleiben werde. Im Gegensatz zu dem von Natur dreißig Fuß tiefen Hafen von Bahia Blanca versande der zur Zeit nur zweiundzwanzig Fuß tiefe von Buenos Aires mehr und mehr. Ein Kanalprojekt zur Herstellung eines Kanal-Hafens zwischen Buenos Aires und La Plata, das Offermann entworfen habe und das 2 Millionen Pesos jährliche Baggerspesen gespart hätte, sei durch die Interessenten an jenem Baggergeschäft zu Fall gebracht worden. Dagegen eigne sich eine Bucht nördlich Mar del Plata – etwa in der Mitte der Küste zwischen Buenos Aires und Bahia Blanca – hervorragend zu einem Hafen und könne vielleicht einmal Buenos Aires verdrängen.

Ich setze diese Gespräche her, obgleich ich von Dr. Frederkings Urteil keine hohe Meinung habe, weil ich glaube, daß er bei seinen wirklich guten Beziehungen klug genug sein wird, urteilsfähigen und einflußreichen Leuten nachzusprechen.

Der alte Frederking, in dessen Haus ich heute wieder frühstückte, lenkte meine Aufmerksamkeit auf die vorzügliche Golddeckung der argentinischen Papieremission, die augenblicklich bei ca. 600 Millionen Pesos Papier gegen 170 Millionen Pesos Gold plus 28 Millionen Gold im Konversionsfond ca. 66% ausmache[36], gegen nur 52%

HANDELS-ZE

REVISTA FINANCIERA Y CC

Director-Gerente: Enrique Kohn

Redacción y Administración: CALLE 25 DE MAYO

Diríjase la correspondencia á la CASILLA DE CORREO

JAHRGANG XXIII.	BUENOS AIRES, 8. JANUAR 1910

Banco Alemán Transatlántico
Hauptstelle in Buenos Aires
Bme. Mitre Ecke Reconquista
Stadt-Filialen:
N°. 1. Callao Ecke Corrientes.
N°. 2. Santa Fe Ecke Larrea.
N°. 3. Buen Orden 1588.
Filialen in:
Bahia Blanca, Bell-Ville, Córdoba, Tucumán.
Uruguay: Montevideo.
Chile: Valparaiso, Santiago, Antofagasta, Concepción, Iquique, Osorno, Temuco, Valdivia.
Perú: Lima, Arequipa, Callao, Trujillo.
Bolivien: La Paz, Oruro.
Spanien. Barcelona, Madrid.
Centrale:
Deutsche Ueberseeische Bank, Berlin
CAPITAL: 30,000,000 MARK.
Vergütet:
Für Depositen in *Conto-Corrent*: Keine Zinsen
Auf festes Ziel bis zu 20,000 $ Gold oder 50,000 $ Papier.
Für 2 Monate............ 2½ %
„   3   „   .... 3½ „
„   6   „   4   „
In Sparkasse, falls nicht vor 60 Tagen zurückgezogen, von 10 $ bis 10,000 $ Papier 4 %
C. Lingenfelder, Direktor.

Banco de la Nación Argentina
Casa Central: Rivadavia 363/99 y Reconquista 15/21

Sucursales y Agencias en la Capital: Cabildo 2280 (Belgrano); Almirante Brown 1101 (Boca del Riachuelo); Rivadavia 7025 (Flores); Av. Montes de Oca 1752 (Barracas al Norte); Entre Ríos 1201 (esq. San Juan 1802); Corrientes 3582; Buen Orden 920; Rivadavia 2828; Santa Fe 211; Paseo de Julio 1071 y Reconquista 1059.

Tasa de interés:
El Banco COBRA: al año
Por adelantos en cuenta corriente..... 7 o|o
Por descuentos de pagarés de comercio y letras de pago íntegro hasta 6 meses de plazo................ convencional
Por descuentos de letras con 25 o|o de amortización trimestral........... 7 o|o

ABONA:
Por depósitos a cuenta corriente .... al interés
Por depósito a plazo fijo de 90 días..... 3 o|o
Por depósitos á plazo fijo de 180 días en adelante........ 3 1|2 o|o
Por depósitos en Caja de Ahorros hasta $ 10,000 despues de 60 días........... 4 „

El Banco de la Nación Argentina vende letras de cambio sobre Inglaterra, Alemania, Francia, Italia, España, Bélgica, Suiza, Rusia, Estados Unidos, Canadá, Chile, Bolivia, República O. del Uruguay etc. etc.

Horas de oficina
de 10 a. m. á 3 p. m. y los sábados de 10 a. m. á 2 p. m.
Buenos Aires, Octubre 1 de 1909.

BANCO de la Provincia de Buenos Aires

Direction
BERLIN
Kommandit=Kapital

Nordc
mit Zwei
Kommandit=Kapital
Besorgung
Repräsentantin folge
Brasilianische Bank für E
Sao Paulo, Santos, P
Bank für Chile und Deuts
Concepción, Temuco,
Ernesto Tornquist & Co.
Deutsch-Asiatische Bank,
Tsingtau. Hongkong, H
Banca Generala Romana,
Ploesti, Giurgiu, T. M
Kredita Banka (Banque
Deutsche Africa-Bank, H
Lüderitzbuch, Deuts

Comme
Hambur
Aktienka
Reservef
Ausführung aller bankgeschäf
Bevorschussung und Verwert
Corre
London A

Banco de
Unico Corresponsal en E

Anzeige des BAT Buenos Aires, erschienen in der Buenos Aires Handelszeitung vom 8. Januar 1910.

Die Niederlassung von Staudt & Cia. in Buenos Aires.

Golddeckung der augenblicklich ausstehenden Noten der Bank von England. Er wollte damit die Überflüssigkeit einer Reform beweisen, die Ihr in Berlin für Euer ungedecktes Papierengagement – 3 Millionen Dollar – für notwendig haltet. Ich fühlte mich auf dem Gebiet nicht sicher, hätte ihm aber gern geantwortet, daß mir bei den großen Goldguthaben, die England überall im Ausland hat, mit 52% gedecktes englisches Papiergeld lieber ist als mit 66% gedecktes argentinisches, hinter dem im Ausland nicht Guthaben, sondern Schulden stehen.

Nach dem Frühstück machten Herr und Frau Frederking eine Spazierfahrt durch den Park und die neuen Stadtteile des Nordens, die eben im Umbau begriffen sind und in denen ein Quadratmeter bereits mit 8–10 Mark bezahlt wird. Den unfreiwilligen Aufenthalt, den uns ein Reifenbruch verursachte, benutzte Frau Frederking dazu, mir ihre mehr oder weniger geschickt frisierte Version ihres Zerwürfnisses mit Frau Staudt zu erzählen. Obgleich ich weiß, daß sie Mama sehr gern hat und mich schon deshalb sehr nett behandeln würde, scheint mir fast, als wolle sie Staudts indirekt zeigen, wie gut Richard es hätte haben können, wenn ... Ich bin zu Sonntag bereits wieder aufgefordert.

Die Beziehungen der Firma Staudt zum hiesigen BAT sind natürlich äußerlich sehr intime, es scheint leider aber auf Staudtscher Seite eine entschiedene Mißstimmung zu herrschen sowohl wegen geschäftlicher Unkulanz wie wegen gesellschaftlicher Ungeschicklichkeit. Die Direktion des BAT ist auch ihrerseits auf Staudt & Cia. nicht unbedingt gut zu sprechen. Die Direktion des BAT hier gilt als geizig.

Buenos Aires, 2. Oktober 1909

Heute habe ich mir, den ganzen Tag über, die Obligo-Bücher der Bank für ihr überseeisches Wechselgeschäft und ihre Kreditliste angesehen. Die Obligo-Bücher sind sehr praktisch angelegt, so daß das jeweilig mit jedem Akzeptanten oder Trassanten gelaufene

Obligo in *einer* Zahl, ohne nochmalige Addition, abgelesen werden kann. Nicht ganz korrekt scheint mir allerdings zu sein, daß bei langen Wechseln beim Trassanten ein Obligo nicht mehr gerechnet wird, sobald der Wechsel akzeptiert ist, in der Annahme, daß nun der Akzeptant gut genug für den Wechsel sei. Im allgemeinen zeigen die Obligo-Bücher, wie einseitig und beinahe klein das Geschäft im Vergleich zu dem New Yorks ist. Wechselarbitrage, für die bei der Vielzahl der hiesigen Banken an sich ein gutes Feld sein sollte, wird erst möglich sein, wenn das Geschäft ausgedehnter und die Kabelspesen niedriger geworden sein werden. – Von einzelnen Namen fiel mir Conrad Hinrich Donner auf, mit dem die Bank hier in Übereinstimmung mit der Kreditliste ein großes Obligo (200 000 Dollar) laufen hat, während man in New York im letzten Jahre vorsichtiger gegenüber dem Akzept geworden ist. Umgekehrt wundert mich, daß die Kreditliste dem Hause Hardt & Co. gegenüber zur Zurückhaltung mahnt, in Anbetracht größerer Engagements, die die Firma mit der Zentrale habe[37]. Gar nicht fand ich die Namen der Chicagoer Schlächter, die doch gegen ihre von hier erfolgenden Fleischverschiffungen auf ihre Londoner Häuser ziehen und die Wechsel irgendwo unterbringen müssen. – Schließlich habe ich den Eindruck, als ob für den Export von hier nach Europa verhältnismäßig viel weniger Bankakzept in Anspruch genommen würde als für den Export von Nordamerika, d. h. als ob die von hier kaufenden europäischen Importeure sich mehr direkt beziehen lassen als die aus Nordamerika kaufenden. Kannst Du mir sagen, woran das liegt?

Heute kam etwas europäische Post, von Euch aber noch nichts außer Eurer Karte vom Tempelhofer Feld. Frederkings haben mir eine Gastkarte für den exklusiven hiesigen Club, den Jockey-Club besorgt, was mir ermöglicht, morgen mit ihnen auf den für Mitglieder reservierten Platz auf die Rennen zu gehen. Von Seeber père erhielt ich gestern und heute Literatur und Karten für sein Bahnprojekt, die ich mir jetzt etwas ansehen werde, um Montag mit ihm reden zu können. – Eine Aufforderung von Albert zum Theater für morgen abend, die ich bereits angenommen hatte, werde ich wieder absagen müssen, um Mahn, der mich eben zum zweiten Male auffordert, nicht wieder absagen zu brauchen. – Jeidels schreibt mir aus Berlin, daß man ihm die Abwicklung der Eyck & Strasserschen Pleite übertragen hat, die ihm über Erwarten günstig zu gelingen scheint[38].

Heute abend aß ich im Hotel mit Jonas. Er ist ein etwas verlebt aussehender, intelligenter Mensch mit einiger Bankerfahrung, speziell wohl auf hiesigem Platz; hat eigene Ideen und hätte eventuell auch die Energie, sie durchzuführen, wenn er an selbständiger Stelle wäre. Seine augenblickliche Tätigkeit als Chef eines Teils der Korrespondenz, füllt ihn nicht ganz aus. So hat er zuerst wohl durch Frederkings Vermittlung, die Reorganisation einer Mica (Marienglas-)Mine übernommen, die ihm seit Monaten einen Nebenverdienst in Form eines regelmäßigen Gehaltes und im Falle eines Verkaufes, wegen dessen augenblicklich Verhandlungen schweben, eine wirklich große Summe als Kommission einbringt. Einen Urlaub, den er gesundheitlich sehr nötig hätte, will er bis zum Abschluß der Sache, die sich noch sechs Monate hinziehen wird, nicht antreten.

Er empfindet die Überflügelung der Bank durch die Konkurrenz besonders lebhaft und führt sie zum Teil auf die Indolenz des alten Frederking, teils auf die mangelnde Urbanität der jetzigen Leitung, zum größten Teil aber auf die Hoernersche Schule[39] zurück, die den meisten Prokuristen ins Blut übergegangen sei und mit ihrem Zurückschrecken vor allem, was halbwegs nach Verantwortlichkeit aussah, den ganzen Geschäftsbetrieb der Bank aufgehalten und ihr Verhalten nach außen unkulant gemacht habe.

Buenos Aires, 3. Oktober 1909

Heute vormittag war ich bei Staudt & Cia. – eins der wenigen Häuser, die am Sonntag fast so vollzählig wie wochentags im Geschäft sind –, um mir von dem Prokuristen Levy, der die Kreditanlegenheiten besorgt, etwas vom Geschäft erzählen zu lassen.

12 000 Kunden aller Nationalitäten ungedeckte Kredite von drei bis neun Monaten geben zu müssen, ist sicher kein leichtes Geschäft. Daß daran so wenig verloren wird, zeigt, wie produktiv und konsumkräftig das Land sein muß. Eine gute Hilfe haben die Groß-Importeure offenbar auch an der guten hiesigen Wechsel- und Konkursgesetzgebung. Nach Levy sind Hardts wesentlich larger in der Kreditgewährung als Staudt. Er meint dagegen, sie machten in Manufakturwaren, die doch Hardts Spezialität sind, ein doppelt so großes Geschäft als diese. Französische, italienische und spanische Importeure spielten neben den deutschen hier keine Rolle, nur die englischen.

Beim Durchlesen des Geschriebenen fällt mir auf, wie sich manches bereits widerspricht und wie es sich überall nur um erste Eindrücke handelt, die durchweg eine genaue Revision nötig haben. Bitte entschuldige das mit der Hast, in der ich hier sowohl sehen wie schreiben muß, und vor allen Dingen, bitte sei äußerst vorsichtig in dem, was Du Dritten eventuell davon mitteilst.

Buenos Aires, 4. Oktober 1909

Gestern mittag frühstückte ich bei Frederkings und traf dort den jungen Tornquist, der da fast wie ein Kind des Hauses behandelt wird. Er ist übrigens erst 23 Jahre alt.

Nach Tisch fuhr ich zu den Rennen des Jockey Clubs heraus, der eine sehr hübsch angelegte Bahn besitzt. Obwohl die Saison vorüber ist, sieht man noch immer ziemlich viel Eleganz. Die Frauen sehen größtenteils aus wie Frau Frederking jr. Charakteristisch sticht dagegen ab das scharf geschnittene Gesicht und die unauffällig angezogene, schlanke Figur der Frau des englischen Gesandten, die hier ihre eigenen Pferde laufen läßt. Das Programm führt, im Gegensatz zu Rennprogrammen der ganzen Welt, die Namen der Besitzer nicht auf, weil darunter zu viele sind, die es sich nicht leisten können.

Unter den zahlreichen Leuten, die ich kennenlerne, sind Martinez de Hoz und Bernardo Meyer Pellegrini[40]. Mir fällt auf, wie viele selbst von den Vollblutargentiniern gut deutsch sprechen. Ich habe Mühe, einen deutschen Bastaquère abzuschütteln, der unter einem (vielleicht auch »auf einem«) Grafen-Namen reist, den ich flüchtig vom Schiff aus kenne und über den hier bereits Gerüchte umlaufen.

Abends aß ich bei Mahns, die draußen in San Isidro, etwa eine halbe Stunde per Bahn von der Stadt, einen größeren Besitz mit kleiner Blumen- und Obstkultur und Hühnerzucht haben. Er, wirklich ein außergewöhnlich liebenswürdiger, angenehmer Mann, sie eine noch immer hübsche, temperamentvolle halbdeutsche Frau, aber aus der Gesellschaft stammend. Einfach, aber nicht geschmacklos eingerichtetes Haus. Sie sind die Deutschen, die unter Aufrechterhaltung ihrer Nationalität die beste Stellung innerhalb der argentinischen Gesellschaft haben. Im allgemeinen kann man wohl von hier, wie von allen deutschen Kolonien im Ausland, sagen, daß die gesellschaftlich besten oder wenigstens reichsten Elemente ihr Deutschtum kaum zwei und fast niemals drei Generationen hindurch erhalten können, wie in New York die Havemeyer und Achelis, hier die Arning, Frederking, Bunge und andere. Das Weg-Gravitieren der besten Elemente trägt natürlich zur Spannung innerhalb der deutschen Kolonie bei und ein Reflex wirkt wohl auch noch auf die geschäftlichen Beziehungen zurück, die den deutschen Banken hier dadurch mit ihren Landsleuten erschwert werden.

Heute vormittag legte ich zunächst mit Jonas eine Reiseroute durch Argentinien fest, die ich nach und nach meinen hiesigen Bekannten zeigen will, um von ihnen noch eventuelle Änderungen oder Zusätze vorgeschlagen zu hören. Sonntag, den 10. gehe ich zu Mollers auf die Estancia, »auf den Camp«, wie man hier sagt. Am 15. sind wir zurück, um am 16. die Einweihung des deutschen Clubs mitzumachen. Am 17. werde ich dann nach Rosario fahren; von da weiter nach Bell-Ville, wo Euer Manager Miller[41] eine hübsche Estancia haben soll; weiter nach Córdoba, Tucumán und zurück nach Santa Fé, Paraná, Fray Bentos und Buenos Aires. Zwischen Córdoba und Tucumán hätte ich gern die Famatina (größte hiesige

Kupfermine) eingeschoben; es soll aber nicht im Verhältnis zur Zeit, die es kosten würde, interessant sein. Schon so wird mich die Reise 14 Tage kosten. Wenn ich dann zwei oder drei Ruhetage in Buenos Aires und ca. drei Tage für Bahia Blanca (hin und zurück) rechne, komme ich nicht vor dem 6. November zum Antritt der Reise nach Chile, auf der ich Mendoza und eventuell eine der westlichen Estancien sehen will. Falls ich den Dampfer vom 25. November nehmen will, läßt mir das für Chile kaum zehn Tage. Es ist daher möglich, falls mein Reiseprogramm noch irgendwie ausgedehnt wird, daß ich den Anschluß vom 25. November nicht mehr erreiche. Da ich bestimmt nun London und Paris vor meiner Rückkehr nach Berlin noch besuchen will und die Weihnachtstage dazu ungeeignet wären, würde ich, falls ich nicht bis ca. 15. Dezember in Europa sein könnte, meinen Aufenthalt in Südamerika absichtlich 14 Tage ausdehnen – durch einen Abstecher etwa nach Peru oder Paraguay – und jedenfalls noch vor Mitte Januar in Berlin sein. – Dies soll Euch nicht schonend auf die Ausführung eines bereits fest gefaßten Planes vorbereiten, sondern bedeutet wirklich nur eine Möglichkeit.

Nachmittags sprach ich Francisco Seeber wieder wegen seines Bahnprojektes. Eine Einladung seines Sohnes Ricardo zu morgen abend mußte ich absagen, weil ich bereits zu Albert angenommen habe.

Über die Bahn läßt sich natürlich ohne genaue Kenntnis hiesiger Verhältnisse, Frachtquanten und Sätze sowie Betriebsspesen kein Eindruck gewinnen. Der von Seeber stark betonte Vorteil, durch die gemeinsame Spurweite mit den Bahnen von Entre Rios und Corrientes ein durchlaufendes System zu bilden, liegt noch in weitem Felde, da wohl noch auf Jahre hinaus Buenos Aires einen Endpunkt für die nördlichen wie für die südlichen Handelsinteressen, aber keinen Durchgangspunkt innerhalb des Landes bilden wird. Die neue Konzession der Südbahn läuft Seebers Linie gerade in der besten landwirtschaftlichen Zone bedenklich nahe (25 km) und bedeutet zum mindesten scharfe Konkurrenz. Für Durchfahrt Buenos Aires – Bahia Blanca wird die Linie, die wesentlich länger als die Südbahn-Linie ist, kaum in Frage kommen. Dagegen hat das Projekt den

Vorzug, daß die Konzession vier Zugänge zu jetzigen bzw. künftig in Gebrauch zu nehmenden Häfen vorsieht. Auch sehe ich in der kleinen elektrischen Straßenbahn, die Seeber gehört und die er als das Buenos Aires-Ende der großen Bahn einbringen will, einen Vorteil des Projektes, falls das Einbringen zu mäßigem Preis geschieht (hier wird behauptet, er habe sich die große Konzession nur geben lassen und betreibe das ganze Bahnprojekt nur, um seine kleine Straßenbahn los zu werden). Seeber zeigte mir einen in liebenswürdiger Form hinhaltenden Brief von Herrn Heinemann. Ich bin neugierig, dessen Ansicht zu hören.

Zu Abend aß ich bei Jonas, den die schweren durchgemachten Jahre zur Sparsamkeit erzogen zu haben scheinen. Ich stand hungrig und durstig von der Tafel auf und nannte ihn im Innern geizig. Dann machte ich, während er noch einem Mann der Bank in seiner Wohnung Briefe diktierte, Besuch bei einem Manne namens Villas. Er ist derjenige, durch dessen Vermittlung Staudt seinerzeit für Dich den Honorarkonsul-Titel erwirkt hat, und Richard legte großes Gewicht darauf, daß ich ihn wie seine Familie aufsuchte. Er ist ein »self made man« von großem Vermögen, den Frau Frederking mit Anspielung auf die gewisse Rolle, die er hier bei der Regierung spielt, »un grand animal« nennt. Seine Frau und Tochter verleugnen ihre Herkunft so wenig und sind auch ebenso liebenswürdig wie er. Villas ist Staudts bester Freund in Buenos Aires gewesen und Richard dort so gut wie Kind im Hause.

Gesundheitlich geht es mir so gut wie immer; nur merke ich hier, wie glänzend das nordamerikanische Klima ist. Ich habe dort im Westen monatelang viel mehr geleistet als jetzt hier, ohne je so müde zu werden wie hier.

Buenos Aires, 6. Oktober 1909

Gestern vormittag hielt ich mich in der Bank auf und hörte von Jonas, daß sie in letzter Zeit von verschiedenen New Yorker Seiten Anregungen zu Geschäften zwischen hier und New York bekommen, aber noch nicht darauf reagiert haben. Unter anderem lag ein Gesuch von Knauth, Nachod & Kühne[42] vor, nach dem der BAT ihnen in Pfunden auf Argentinien gezogene Tratten diskontieren sollte. Die Direktion hier hat es abgelehnt wegen des Kursrisikos, das sie dabei laufen würden. Ich meine aber, daß Knauth, Nachod & Kühne auch mit einer 90%igen Bevorschussung zufrieden sein würden und werde das Albert gegenüber noch mal erwähnen. Das Geschäft mit New York wird hier jedenfalls stark zunehmen, und es wäre, wie Jonas sagt, in der Tat schade, wenn sich der BAT durch mangelnde Aktivität oder wegen Mangels geeigneter Vertreter in New York seinen Anteil entgehen lassen sollte. Weder die National City Bank, die mit allen zusammenarbeitet, noch Müller Schall[43] sind aber die richtigen Vertreter. Übrigens haben die River Plate Bank wie der Banco Español in New York bereits ihren eigenen Agenten, der für sie unter anderem Wechsel kauft.

Sehr lehrreich waren mir die Bilanzen, die der BAT Buenos Aires täglich aufstellt und die scharf eine Gold- und eine Papier-Bilanz trennen.

Dr. Frederking erzählte mir von seinen Sorgen wegen des nicht geglückten Zusammengehens von Tornquist mit der Deutschen Bank in der Kanalangelegenheit. Daneben orientiert er sich zur Zeit für die Deutsche Bank wegen der Petroleumvorkommen, die im Westen gemeldet sind, aber noch problematisch sein sollen. Er hat offenbar eine sehr interessante Tätigkeit und ist dafür infolge seiner wirklich guten Beziehungen – er ist mit allen jetzt maßgebenden Leuten zusammen aufgewachsen – besonders geeignet, viel mehr als für das laufende Geschäft. Das Naturgemäße und auch das Wahrscheinliche ist, daß er aus den Diensten der Ueberseebank auch offizell in die der Deutschen Bank übergeht, die für ihre zunehmenden Interessen in Argentinien ganz gut in Buenos Aires einen Mann wie Edward D. Adams[44] in New York brauchen kann. Wobei ich allerdings voll einsehe, daß Frederking jr. an Erfahrung und Urteil kein Adams ist.

Nachmittags fuhr ich mit dem Chef der Buchhaltung, Herrn Saltzkorn, nach der Succursal I zur Revision. Die Kasse, die soviel

Depositen wie der Banco Germánico hat (ca. 4 Millionen Pesos), arbeitet fast ausschließlich mit kleinen jüdischen Leuten. Die Revision, die für Portefeuille, Kasse und Depots technisch sehr eingehend und genau vorgenommen wurde, hat doch wohl nur den Zweck, Ordnung aufrechtzuerhalten oder etwaiger Unordnung auf die Spur zu kommen. Denn gegen Betrug scheint sie mir kaum zu schützen. – Saltzkorn übrigens erzählte mir ebenso wie Schultz[45] aus Montevideo, der heute zufällig hier ist, daß Robert Frank noch immer auf Nachricht von Berlin wartet, ob er nach Deutschland kommen kann, sei es für dauernd, sei es auf Urlaub. Er möchte seine beiden Jungen nach Europa bringen, die vorläufig ganz auf das Dienstmädchen angewiesen seien.

Wiederholt habe ich seit meiner Ankunft hier Bedenken gegen die Bonität des größten hiesigen Warenhauses (à la Wertheim), Gath & Chaves, äußern hören, die bei der Deutschen Bank einen größeren Kredit genießen sollen. Man ist sich hier einig, daß das Haus vorzüglich geführt wird, und die Direktion des hiesigen BAT hat auch volles Vertrauen in sie, anderen Leuten scheint aber ihre Expansion – sie kaufen dauernd neue Terrains und vergrößern ihre Gebäude – zu rasch voranzuschreiten.

Gestern abend war ich bei Alberts, wo ich noch Küsters, von Heykings und ein anderes Ehepaar sowie Richard Staudt traf. Das Haus liegt in bescheidener Gegend und ist innen wie außen selbst sehr bescheiden. Frau Albert etwas geziert lebhaft und nicht mehr hübsch – die übrigen Frauen der Typ dessen, was Mme. Frederking mère »les cuisinières de la colonie Allemande« nennt. Nach Tisch wurden die Geschlechter dann in zwei Stuben getrennt und bei unanständigen Witzen – wenigstens die Männer; von den Frauen weiß ich es nicht, weil ich sie gottlob den ganzen Abend nicht mehr gesehen habe – bis 12.30 Uhr festgehalten. Wo sich dann herausstellte, daß der letzte Zug zurück nach Buenos Aires schon um 12 Uhr gefahren war, infolgedessen um 2 Uhr zu Bett.

Albert selbst gefällt mir übrigens persönlich wie geschäftlich immer besser, je mehr ich von ihm sehe. Nur ist er sehr nervös und empfindlich, was zum Teil wohl von der auf ihm fast allein ruhenden Arbeitslast kommt.

Heute früh um 7 Uhr holte ich Glaeser ab, um mit ihm auf den im Süden der Stadt liegenden Wolle- und Häutemarkt zu gehen. Staudt & Cia. haben eine sehr massiv gebaute sogenannte »Baracke«, d. h. einen auf rollenden Trägern (wegen Erdbebengefahr) gebauten Speicher in der Nähe des Marktes für ihre Ware. Wolle liegt dort nur, entsprechend der Saison, drei bis vier Monate des Jahres; Häute das ganze Jahr. Augenblicklich ist noch keine Wolle dort. Die Häute werden im Winter getrocknet und im Sommer gesalzen, die Winterhäute noch einmal in der Baracke naß vergiftet. Im Unterschied zu den Baracken anderer Firmen haben sie ein paar sehr einfache Schlaf- und Wohnstuben über den Büros, wo ihre Leute wohnen, um den Weg von und nach der Stadt zu sparen. Der Häute- und Wollmarkt befindet sich an einem schiffbaren kleinen Nebenfluß des La Plata und an der Südbahn, unter einer riesigen dreistöckigen Halle, der größten Markthalle der Welt, die zeitweise 20 Millionen Kilogramm Wolle halten soll. Sie gehört einer Gesellschaft und soll jetzt – nach anfänglichen Defizits – zahlen. Hier bringen die Consignatäre der Woll- und Häuteproduzenten ihre Ware her, für die sie einen einmaligen Einfuhr-Betrag und nach sechs Tagen Lagergeld zu zahlen haben. Die Einkäufer der Exporteure kaufen hier und transportieren die Ware in ihre Baracken. Alle Verkäufe geschehen mündlich ohne schriftliche Unterlagen, was bei der beschränkten Zahl von Consignatarios und Einkäufern möglich ist.

Staudt & Cia. haben an Häuten ca. 25%, an Wolle 5–10% des La Plata-Geschäftes. Sie setzten in Häuten 30 Millionen Frs., in Wolle 20 Millionen Frs. um. Das Häutegeschäft liegt hier übrigens fast ausschließlich in deutschen Händen, während in Wolle die Franzosen maßgebend sind. Augenblicklich gehen die Preise für beide kolossal in die Höhe und sind für Häute bereits 15% höher als vor der Krise von 1907. Glaeser sieht einem Zusammenbruch der Preise entgegen. Staudt & Cia. haben in letzter Zeit, speziell in den letzten Tagen, sehr stark gekauft, aber alles auf Ordre.

Vorgestern hatte Frederking mit dem hiesigen Gesandten von mir gesprochen. Darauf gab ich gestern Karte bei ihm ab, was er mir eben erwiderte.

Ist es für die Deutsche Ueberseeische Bank von Interesse, eventuell bei der neuen Bonnschen Firma in London, die ja daraus eine Spezialität machen wird, für ihre Filialen Akzeptkredit zu erhalten? Falls Du mir ein Wort darüber schreibst, kann ich bei meinem Aufenthalt in London mit Max Bonn, den ich sowieso aufsuche, darüber sprechen.

Buenos Aires, 8. Oktober 1909

Vorgestern abend war ich bei Dr. Ricardo Seeber und seiner Frau und traf dort Carlos Meyer Pellegrini und Frau sowie den alten Seeber. Ein besonders netter Abend, zum Teil wegen der eigentümlichen Sensation, mit den beiden Leuten zusammen zu sein, die ich vor 12 bis 15 Jahre so oft bei Euch zusammen gesehen habe. – Ricardo Seeber, den wir in Berlin immer für einen großen Bummler hielten, ist Vater von fünf urgermanisch aussehenden Kindern und erwartet das sechste. Seine Frau, noch immer sehr hübsch und besonders liebenswürdig. Ihr Haus den bescheidenen Mitteln – er ist besoldeter Handelsrichter und spekuliert ein wenig in Terrains wie jedermann hier – angemessen, aber nur mit guten Sachen eingerichtet. Er selbst auch, abgesehen davon, daß er mich wegen ihres Bahnprojektes gut behandeln wollte, ein netter, liebenswürdiger und wie man sagt, tüchtiger Mensch. Carlos Meyer, der sich im Äußeren etwas mehr als Seeber verändert hat, ist sich im Wesen dagegen ganz gleich geblieben. Ein verheirateter Junggeselle, der wenig ernst nimmt und ab und zu ein sehr witziges Wort findet. Wir sprachen von dem, was eigentlich an Buenos Aires schön wäre und konnten sehr wenig finden. »Schön«, sagte er, »wirklich schön ist eigentlich nur, wenn man im Hafen den Blick von einem herausfahrenden Dampfer aus über die Stadt hat und sich dann umdreht und weiß: jetzt geht's nach Europa!«

Seine Frau, die Ihr ja auch kennt, ist noch immer amüsant und nett. Nach angeregter viersprachiger Unterhaltung bei Tisch gingen wir in die italienische Komödie. – Die einzige Dame aus der Berliner Gesellschaft, deren Seeber sich aus seiner Zeit bei der Gesandtschaft in Berlin mit intimeren Gefühlen erinnert, ist ein »demoiselle Cohn aus Antwerpen«. Deine Freundin scheint also schon früh ein penchant für die Diplomatie gehabt zu haben. Für den alten Seeber traf übrigens gestern ein Telegramm von Heinemann ein, nach dem ein P. Holzmannscher Sachverständiger demnächst wegen seiner Bahn herauskommen wird. Dagegen schieben sie die Entscheidung des wichtigsten Punktes, der innerhalb drei Wochen fälligen Zahlung von £ 2 000 Kaution noch auf, was Seeber sehr unangenehm sein wird.

Gestern vormittag sah ich mir in der Bank ein paar Auskünfte an und machte mit Saltzkorn einen Teil der Revision des Portefeuilles mit. *Gold*wechsel scheinen nur aus dem Ausland und von Juwelieren, d. h. Leuten, die Gold liefern, ausgestellt zu werden. In letzter Zeit soll das Verlangen nach Gold aber überall im Lande etwas zugenommen haben. Einzelne Häuser haben sich Gold für nächstes Frühjahr gesichert. Der Gedanke der klugen Leute scheint zu sein, daß man, falls eine Mißernte mit einem nicht unerwarteten Zusammenbruch der Warenpreise zusammenträfe, das Goldagio doch noch mal über den fixierten Satz steigen sehen könnte.

Zum Lunch war ich bei Frederkings und ließ mir von den Damen etwas von dem teuren Leben in Buenos Aires erzählen, das wirklich teurer als in New York ist. Frederking jr. ist zu seinen Eltern gezogen, weil sein Gehalt ihm nicht ein eigenes Haus gestattete. Vor allem sind Dienstboten ungefähr vier- oder fünfmal so teuer wie in Europa. Argentinische Familien – und einige deutsche sollen es ihnen nachmachen – sollen sich dagegen schadlos halten, daß sie jeden Sommer, wenn sie auf die Estancia gehen, drei Viertel ihrer Dienstboten rauswerfen und es darauf ankommen lassen, sie eventuell zur Wintersaison noch ohne Engagement zu finden und wieder zu nehmen.

Nachmittags war ich bei Mahn, der mir einige Vorschläge für

meine Provinzreise machen will und dann bei Tornquist, wo mich Frederking jr. mit dem jetzigen Hauptchef, dem alten de Bary bekannt machte.

Er scheint ein ganz geriebener Fuchs zu sein und ich habe ein wenig den Eindruck, als ob er mit Frederking gerade jetzt in der Angelegenheit des Zusammengehens bei der hiesigen Hafen- und Kanal-Offerte ein wenig spielt. Allerdings ist zu berücksichtigen, daß Frederking es nicht leicht hat, so lange er von Berlin nicht rückhaltlos und rechtzeitig über die dortigen Absichten informiert ist. – Der junge Carlos Alfredo Tornquist erzählte uns, daß er das seiner Mutter gehörende Hotel Plaza, das alles in allem 6,2 Millionen Pesos gekostet haben soll, mit 10% Verlust verkaufen wolle. Die jetzigen Unternehmer können ihre Miete nicht zahlen. Zu meiner großen Verwunderung höre ich dabei, daß Leucke (von Staudt & Cia.) sich früher für den Bau eines Hotels in Buenos Aires interessiert hat.

Mit der hiesigen Deutsch-Ueberseeischen Elektrizitätsgesellschaft[46] scheint die hiesige Bank keine näheren Beziehungen mehr zu unterhalten. Frederking jr. zeigt mir in seinen Papieren Belege für eine selbst in Südamerika kaum glaubliche Korruption innerhalb der Regierung, deren sich die Compañia Alemana zur Erlangung ihrer Konzessionen bedient hat.

Ich schließe diese Zeilen, um sie mit der morgigen Post abzusenden. Von verschiedenen Seiten habe ich in den letzten Tagen über Robert Frank gehört. Danach scheint er auf seine Zeilen an Mankiewitz[47] keine Antwort erhalten zu haben. Wenigstens wartet er noch immer auf Bescheid. Dies nur zu Deiner Information; es steht bei Dir, ob Du eine Antwort von irgend einer Seite oder in irgend einer Form veranlassen willst.

Ich erhielt vor ein paar Tagen ein paar aus Berlin nachgesandte Drucksachen sowie Mamas Brief vom 9. September. Es war sicher von Euch gut gemeint, Dr. Fuchs[48] meine Briefe aus Amerika zu geben, doch bin ich nicht ganz einverstanden. Sollte eine Zeitung sie drucken wollen, müßte ich sehr viel ändern und ergänzen, was eine mühsame, unerfreuliche Arbeit wäre. Fuchs wird aber selbst nach der Lektüre sehen, daß sie inhaltlich nicht neu genug sind, um weiteres Interesse zu haben. Und speziell die Frankfurter Zeitung kann Reisebriefe aus Amerika soviel sie will von Cohnstaedt jr.[49] haben, der kurz nach mir eine ähnliche Reise gemacht hat und sehr gut schreibt.

Buenos Aires, 8. Oktober 1909

Heute morgen hörte ich von Frederking einiges über die von Offermann in Südbolivien projektierte Bahn, an der Tornquist, die Ueberseebank und die Deutsche Bank interessiert sein sollen. Wenn sie gebaut ist sowie die von der brasilianischen Regierung bereits in Angriff genommene Bahn von Rio de Janeiro an die bolivianische Grenze, wird La Paz von Europa schneller zu erreichen sein als Buenos Aires. Die bolivianische Regierung scheint den Konzessionären keine Garantie, aber sehr günstige Bedingungen zum Landerwerb an der Bahn gegeben zu haben und zwar verspricht man sich viel von einer etwas phantastischen Art von Gummibaum, der von der bisher exploitierten Baumart verschieden sein, aber auch guten Gummi ergeben soll. Überhaupt soll Südost-Bolivien, durch das die projektierte Bahn geht, ein besonders reiches und fruchtbares Land sein – im Gegensatz zu den meisten am Ostabhang der den amerikanischen Kontinent nord-südlich durchziehenden Gebirge gelegenen Landstriche.

In entferntem Zusammenhang mit diesem Bahnprojekt scheint ein großzügiges Kolonisationsprojekt der Firma Staudt zu stehen, das ich hier wiederholt allgemein erwähnen hörte und über das Staudt & Cia. selbst offenbar gern schweigen – wenigstens gab mir Richard selbst heute abend nur dürftigste Auskunft. Danach und nach anderen Mitteilungen hat ein Syndikat, bestehend aus den Partnern der Firma, vor allem wohl Frau Staudt und einigen Freunden – Leucke wird auch hier als Geist des Ganzen genannt – vor etwa Jahresfrist vom bolivianischen Kongreß ein Areal von 400 leguas (ca. 4 Millionen Morgen) gegen eine verhältnismäßig minimale Summe (man spricht von 50 000 bis 100 000 Pesos papel für das *ganze* Gebiet) zuerteilt erhalten; allerdings wohl mit der Verpflichtung, zu kolonisieren. Sie haben auch inzwischen schon viel Geld – wahrscheinlich eher 1 Million Mark als 500 000 Mark – hineingesteckt, vor allem für Bewässerungsanlagen und scheinen die Absicht zu haben, in absehbarer Zeit durch Gründung einer Gesellschaft das Publikum finanziell hereinzulassen. In welcher Weise die eigentliche Kolonisation gedacht ist, konnte ich bisher nicht erfahren. Jedenfalls sind Staudts bereits auf ihrem Besitz lebhaft an der Arbeit, hatten vor kurzem einen Ingenieur draußen und senden häufig Vertrauensleute aus dem Büro hinauf. Durch Frederking hörte ich heute, daß Offermann, der im Zusammenhang mit seinem Bahnprojekt das dortige Land genau kennt und auch für das Staudtsche Projekt gearbeitet zu haben scheint, ein Areal von weiteren 100 leguas (1 Million Morgen) angrenzend an den Staudtschen Besitz an der Hand hätte, für 25 000 Pesos Papier. Offermann scheint sich um die Bildung eines Syndikates hierfür zu bemühen. Ich werde darauf noch zurückkommen.

Nach dem Lunch, das ich mit Seeber – die Familie ist über das Telegramm aus Berlin sehr erfreut und Francisco schickt mir dauernd interessante Literatur über hiesiges Eisenbahnwesen – und zwei Brüdern Meyer Pellegrini im Jockey-Club einnahm, besuchte ich mit Richard Staudt seine Kundschaft, d. h. ein halbes Dutzend Engros-Konfektionäre. Man muß Richard im Geschäft sehen, um ihm ganz gerecht zu werden. Er hat mich selten so an seinen Vater erinnert. Die geschickte Liebenswürdigkeit, mit der er jeden einzelnen Kunden behandelt – auch wenn er ihn mir noch in der Haustür den größten Gauner genannt hat – der rasche Blick, mit dem er jede von der Konkurrenz gelieferte Ware herausfand und sich davon, falls es ihm der Mühe wert schien, nötigenfalls zwangsweise ein Muster verschaffte, und nicht zum mindesten die geschickte Ausnutzung meiner bescheidenen Person zur Reklame, indem er nämlich jedem einzelnen Konfektionär versicherte, er bringe »el hijo del fundador y presidente del Banco Alemán« gerade zu *ihm*, weil *sein* Haus das bedeutendste sei.

Zum Abendessen hatte ich ihn allein ins Hotel gebeten und sagte zu dem Zwecke sogar eine Einladung von Frederkings ab, um mit ihm ernsthaft über ihn selbst zu sprechen. Der alte Fehler seiner Erziehung macht sich nämlich wieder stark bemerkbar und die Dienstbotennaturen, die ihn hier ausschließlich umgeben, verstärken ihn täglich: seine Eitelkeit. Er war im Laufe unserer Unterhaltung genauso einsichtig und vernünftig, wie ich es von ihm erwartet hatte. Wie weit solche spontane Selbsterkenntnis aber gegenüber dem täglichen Einfluß seiner Umgebung Wirkung behält, ist leider fraglich.

Buenos Aires, 9. Oktober 1909

Der heutige Tag ist größtenteils mit Vorbereitungen für die morgige Fahrt auf die Mollersche Estancia draufgegangen. Dem Drängen Frederkings, die heute abend den Marineminister bei sich haben, – er hat einen wesentlichen Teil der Torpedo-Lieferungen an den »Vulkan« vergeben – gebe ich nach und werde von Küsters, bei denen ich bereits für heute abend angenommen hatte, etwas früher fort gehen, um noch zu Frederkings zu kommen.

Eben suchte ich noch unseren Vetter Wallich in seiner Reitbahn auf, wo er gerade eine Dame reiten ließ. Er machte mir einen sehr guten Eindruck; kleine Figur, energisch geschnittenes, hübsches Gesicht, ruhiges sicheres Auftreten. Er zeigte mir seine Pferde, geht offenbar ganz in seinem Beruf auf und betrachtet seine wohlhabenden europäischen Verwandten nur unter dem Gesichtspunkt, daß sie ihm eventuell Geschäft in der Form von Pferdeexport von hier nach Europa zuweisen können. Da er seine Dame nicht länger warten lassen wollte, sprach ich ihn höchstens zehn Minuten und werde ihn eventuell bei meiner Rückkehr nach Buenos Aires nochmals sehen.

Buenos Aires, 10. Oktober 1909

Eben komme ich von Küsters. Das Essen dauerte dort 2¼ Stunden (bei Tisch!), so daß ich nicht mehr rechtzeitig fortkam und nicht mehr zu Frederkings konnte. Statt dessen beteiligte ich mich an einem Poker, der hier auch in soliden Kreisen ein beliebtes Spiel zu sein scheint und an dem bei Küsters unter anderem Richard, Glaeser, Albert und Fischer, der neue Direktor der Banco Germánico, teilnahmen. Fischer ist Österreicher, glatt, überhöflich und von einer Liebenswürdigkeit, die selbst Harmlose nicht für echt halten können; gilt aber als tüchtiger Bankier – er kommt von Bunge & Born[50] – und vor allem als der Typus des Bankleiters, der dem Argentinier gegenüber am Platze ist. Da ist mir Alberts etwas rauhe Schale doch bedeutend lieber.

Im Laufe des Abends erzählte mir Richard von einer geschäftlichen Differenz, die sie mit der Deutschen Bank haben und die er mich bat, Dir rein privatim mitzuteilen. Bitte mache daher der Bank gegenüber, wenn Du es überhaupt tust, nur unter Diskretion Gebrauch. – Es handelt sich um Ziehungskredite, die die hiesige Firma Staudt & Cia. bei der Deutschen Bank Berlin genießt und die gegen Verkäufe von Rohprodukten nach Nordamerika gedacht sind. Da die Amerikaner in London zahlen, geschieht die Abdeckung der in Mark gezogenen Tratten in Pfunden. Nun scheinen Staudt & Cia. sich nicht in jedem Fall ein festes Verhältnis zwischen dem Preis ihrer Mark-Ziehung und ihrer Pfundrimessen sichern zu können, sondern wiederholt infolge von Kursschwankungen daran verloren zu haben. Es konveniert ihnen daher besser, ihren diesbezüglichen Kredit bei der Deutschen Bank in *Pfunden* zu benutzen und dann wie bisher in Pfunden abzudecken. Auf ihre diesbezügliche Anfrage hat ihnen aber die Deutsche Bank mitgeteilt, daß sie ihnen für das Akzept der *Agency*[51] ½% Kommission berechnen würde, gegen bei der *Zentrale* bisher berechnete ⅜%. Daraufhin werden sie vorläufig weiter auf die Zentrale ziehen, da die bisherigen Kursverluste durchschnittlich rein ⅛% ausmachen, sind aber sehr entrüstet.

Ich habe ihm darauf erwidert: 1. Bei einem Kredit, den die Zentrale seiner Firma in London eröffnet, müssen sich Zentrale und Agency in die Kommission teilen, wozu ⅜% nicht ausreichen. 2. Londoner Akzept ist verhältnismäßig gesuchter als Berliner Akzept, muß mehr geschont werden und ist daher wertvoller und teurer. 3. Mir sei aus seiner Darstellung nicht ganz klar, ob ihre Ziehungen, die gewöhnlich zum Zweck von Vorschüssen an die hiesigen Rohstoffproduzenten geschehen und von unvollständigen Dokumenten begleitet sind, als richtige kommerzielle oder aber als Finanztratten angesehen werden. In letzterem Falle könne die geforderte Kommission von ½% unter Umständen einen gewollt prohibitiven Satz bedeuten. Denn es konveniere der Agency prinzipiell nicht, sich finanziell beziehen zu lassen.

Nachdem Richard daraufhin zunächst etwas von der Dankbarkeitspflicht seines Hauses der Deutschen Bank gegenüber gesprochen hatte, nicht eines Achtels wegen sich zu überwerfen und ein anderes Londoner Akzept zu suchen, das sie mühelos für ⅜% finden könnten, wurde er ganz offen. Ihr augenblickliches Prinzip sei, sich in ihrem regulären Geschäft *nicht* auszudehnen. Infolgedessen machte sie ihr jeweiliger Jahresverdienst verhältnismäßig immer kapitalkräftiger und damit unabhängiger von ihrer augenblicklichen Bankverbindung. Sobald sie aber, was in absehbarer Zeit eintreten werde, *ganz* unabhängig von ihrer Bank sein würden, würden sie sich ihre jeweilige Bankverbindung ohne Vorurteil und Sentimentalität, frei, da aussuchen, wo ihnen die günstigsten Bedingungen angeboten würden – falls eben die Deutsche Bank resp. die Deutsche Ueberseeische Bank ihnen nicht mehr, als neuerdings geschehen, entgegenkäme.

Ich habe die Sache in einer kurzen gesellschaftlichen Unterhaltung natürlich nicht eingehender ansehen können, doch scheint mir, als sollte sich für einen 14tägigen Kredit – nach Richard werden ihre derartigen Tratten durchweg bereits ca. 14 Tage nach Ziehung abgedeckt – eine günstigere und billigere Benutzungsform als 90tägige oder selbst 60tägige Ziehungen finden lassen.

Ich schließe, um meine Koffer zu packen, da in drei Stunden mein

Zug aufs Land geht. Die nächste Post geht allerdings erst in drei
Tagen.

Estancia Peñaflor, 10. Oktober 1909

Ich schreibe diese Zeilen im Bett und beim Licht einer Talgkerze auf der obengenannten Mollerschen Estancia[52], nach der ich heute morgen 6.25 Uhr von Buenos Aires abreiste. Ich hatte zunächst ca. vier Stunden Fahrt auf der Südbahn. Die Bahn ist mit breiter Spur gebaut, auf dieser Linie – außer in unmittelbarer Nähe von Buenos Aires – eingleisig, scheint vorzüglich mit Steinballast versehen und fährt mit den geräumigen, nach nordamerikanischem Muster gebauten Personenwagen mit Mittelgang und ohne Einzelabteile sehr ruhig und gleichmäßig – allerdings nicht sehr schnell. Die häufigen Stationen sind fast durchweg nichts als Viehverlade-Plätze für die umliegenden Estancien. Die spärliche Zahl der Einwohner – Angestellte des Kneipenbesitzers, des Krämers und des Schmiedes, sind in Anbetracht des Sonntages vollzählig auf der Station versammelt, um die einzige Abwechslung des Ortes – die vorbeikommenden Züge – zu sehen, wie das in der ganzen Welt Sitte. – Einziger größerer Platz »General Belgrano«, nicht mit der Vorstadt von Buenos Aires gleichen Names zu verwechseln.

Die Gegend erscheint als absolut flache, frische grüne Weidefläche, von der nur unbedeutende Stücke bereits gepflügt sind. Unterbrochen wird die Fläche nur durch hier und dort angepflanzte Pappel- oder Weiden-Bosketts, die meistens den Mittelpunkt eines Gutes oder eines seiner Vorwerke bezeichnen. Außer den Kühen und Schafen, die die Weiden benutzen, fallen vor allem die zahlreichen verschiedenen Vogelgattungen auf, die wir zur Zeit bei uns nicht kennen. Mit den Schafen sieht man wilde Straußen weiden, die weder gejagt noch sonstwie ausgebeutet werden sollen. Die Telegrafenstangen, die in Abwesenheit von Bäumen vielfach die einzigen hochgelegenen Punkte bieten, scheinen von irgend einer gewissen

Habicht-Art als Domizil für ihre Nester ausersehen zu sein. Massenhaft fallen auf der Erde herumspringende Kibitze und auf den Zäunen sitzende Eulen auf. Auf den spärlichen Wassern – sogenannten Lagunen – sieht man Flamingos, Störche, Wasserschnepfen und Schwäne.

Peñaflor, 11. Oktober 1909

Gestern abend bin ich über dem Schreiben eingeschlafen. – Die gestrige Bahnfahrt also endete mittags in Newton, wo mich der junge Moller mit leichtem amerikanischem Zwei-Räder-Wagen abholte. Nach frugalem Mittagessen in der Ortskneipe – der Ort besteht wie alle passierten aus dem Ortsvorsteher mit seinen Leuten, dem Schmied, dem Kneipier und dem Ladeninhaber – fahren wir über Land. Die Gegend wie die von der Bahn aus gesehene. Flach so weit das Auge reicht; ganz niedriges Gras – das Vieh hat alles höhere bereits abgefressen und der fehlende Regen läßt nichts nachwachsen, was für den Viehbesitzer hier eine große Sorge bedeutet, und auffallend viel Vögel der verschiedensten Arten.

Der Weg führt über das Gebiet der angrenzenden Estancien, von denen er auf beiden Seiten durch Drahtzäune abgegrenzt ist, ist sehr breit und im allgemeinen sehr gut befahrbar, wenn auch meist nichts anderes als das zu beiden Seiten liegende Weideland. Über die jetzt spärlichen Bäche führen Holzbrücken, doch fährt man ebensogut und manchmal sicherer durch das Wasser neben der Brücke her.

Unterwegs machten wir der Pferde wegen in einer Landkneipe halt – die einzigen Häuser, an denen man vorüber kommt, und auch das nur alle zwei Stunden; die Häuser der Gutsbesitzer und Bauern liegen meist von der Straße ab – der Wirt lud uns, hiesiger Sitte gemäß, zu einem Schluck Mate ein. Mate ist hier der Tee des Landes, der in einem birnenförmigen Gefäß aufgekocht wird. Diese Birne hat oben eine Öffnung, durch die immer Wasser nachgefüllt werden kann und durch die man ein feingearbeitetes silbernes Rohr steckt, um durch dieses den Mate zu schlürfen. Es gibt natürlich nur *einen* Topf und *ein* Rohr für die ganze Gesellschaft. Der Topf wird für jeden Neukommenden frisch aufgegossen und es wäre eine Beleidigung, nicht aus dem allgemeinen Rohr saugen zu wollen oder es auch nur vorher abzuwischen. Ich fand keinen Unterschied zwischen Mate und gewöhnlichem Tee, den ich auch nicht mag.

Gegen 4 Uhr langten wir schließlich auf der Peñaflor an, wo Herr und Frau Moller mich sehr liebenswürdig in Empfang nahmen. Wirklich besonders nette Leute. Sie wohnen in einem sehr einfachen, vor drei Jahren gebauten einstöckigen Hause, dessen Zimmer weder Tapeten noch Teppiche haben, zusammen mit ihrem »Mayordomo« (Verwalter) und seiner Frau, der ein Vetter von Moller, aber durchaus ein hiesiger ist und kein Deutsch spricht.

Die Estancia ist gerade eine spanische Quadrat-Meile groß, d. h. 11 000 Morgen, was für hiesige Verhältnisse eine kleine Estancia ist. Sie ist zunächst noch völlig für Viehwirtschaft eingerichtet; kaum 8% des Bodens sind unter dem Pfluge gewesen und diese auch weniger der Produkte wegen, sondern weil der Boden als Weide dadurch besser wird. Hier besteht nicht der in Nordamerika übliche Gegensatz zwischen Schaf- und Rinderzucht. Obgleich man auch weiß, daß Schafe die Weide verderben, hält man beide zusammen und wechselt nur die Weiden zeitweise. Die Estancia ist zu dem Zweck in etwa zehn Rechtecke zerlegt, die alle voneinander durch Drahtzäune getrennt sind – wie die ganze Estancia von einem Drahtzaun umgeben ist. Moller hat auf seinem Gebiet ca. 1 000 Stück Rindvieh und 2 – 3 000 Stück Schafe außer Pferden, die er auch selbst zieht.

Wir fuhren gestern nachmittag über das Gut – man kann hier natürlich überall hin, kreuz und quer und ohne Wege, – und ritten heute den ganzen Vormittag herum. Ein angenehmes und gesundes Leben, auf den gutmütigen, ein wenig plumpen Tieren, die außer Schritt nur einen sehr bequemen Galopp – nicht Dreitritt – gehen. Ich glaube, daß diese Art der Landwirtschaft und des dazugehörigen einfachen Lebens Dir sehr gut gefallen würde; vor allem wohl das persönliche Interesse, das der Besitzer naturgemäß an jedem Tier und speziell an jedem neugeborenen Kalb oder Fohlen nimmt. Auch landwirtschaftliche Reize fehlen übrigens nicht, namentlich der See, der beinahe so groß wie die Binnenalster in Hamburg ist, wirkt mit seinen völlig flachen Ufern, an denen sich am Abend das Vieh sammelt und mit den vielen verschiedenen Vögeln, die ihn beleben, bei Sonnenuntergang sehr gut.

Peñaflor, 12. Oktober 1909

Gestern ließ Herr Moller nachmittags, um mir die Sache vorzuführen, ein paar noch nie unter dem Sattel gewesene Pferde »einbrechen«, d. h. zum ersten Mal reiten. Zu dem Zweck wird irgend eine der im Freien weidenden Pferdherden in einen Korral, d. h. in einen runden, umzäunten Platz getrieben. Ich bezeichnete eine Stute, die mir besonders kräftig schien, und der domador, d. h. der Knecht, der das Pferdezähmen als Spezialität betreibt, wirft ihr ein Lasso um den Hals. Ein anderer Knecht wirft ihr eins um die Vorderbeine, die beiden Leute ziehen ihre Lassos nach verschiedenen Seiten an, natürlich mit dem Erfolg, daß das Pferd hinschlägt. Sofort setzt ihm einer der Leute den Fuß auf den Hals, um es am Wiederaufstehen zu hindern. Das Lasso um den Hals wird nun besonders fest angezogen, um dem Pferd möglichst wenig Luft zukommen zu lassen, und nun binden die Leute ihm ein oder mehrere Schaffelle als Sattel über den Rücken. Während all dessen drängen sich die anderen Pferde ängstlich in einer Ecke des Korrals zusammen. Nun stellt sich der domador breitbeinig über den Rücken des liegenden Pferdes, die anderen Leute binden dem Pferd die Beine los, und in dem Moment, in dem das losgebundene Pferd aufspringt, sitzt der Mann auf den Schafpelzen auf seinem Rücken, hat einen Strick, den sie dem Pferd vorher fest durchs Maul gezogen haben, in der Hand und galoppiert auf dem bockenden Pferde, das meistenteils mit allen vier Beinen gleichzeitig in der Luft schwebt, aus dem Korral heraus. Nach fünf Minuten sind dann Mann wie Pferd gewöhnlich so erschöpft, daß sie irgendwo im freien Feld stehenbleiben. Mit Hunger, Durst, Sporn und Peitsche werden die Pferde dann in den nächsten acht Tagen völlig mürbe gemacht, und der domador, der dabei seine Knochen riskiert, erhält als einzigen Lohn 10 Pesos (ca. 17 Mark) per gezähmtes Pferd. Die Zähmer sollen aber meist infolge der großen körperlichen Anstrengungen an Herzfehlern draufgehen. Der Mann gestern kam noch in dem alten, jetzt mehr und mehr verschwindenden Kostüm mit einem leichten Rock, dem schottischen Kilt nicht unähnlich, um die Knie und Stiefeln, die aus der unaufgeschnittenen Haut eines Pferdehinterbeines bestehen, also außer an den Fußspitzen, wo sie zugenäht sind, keine Naht haben. Den Gürtel mit der – gewöhnlich leeren – Revolvertasche und hinten dem langen Messer trägt hier jeder.

Gestern abend stellten wir ein merkwürdiges Zusammentreffen fest. Die von Francisco Seeber projektierte Bahn von Buenos Aires nach Bahia Blanca muß ganz dicht an der Mollerschen Estancia vorbeigehen oder diese gar schneiden. Das würde deren Wert natürlich ganz wesentlich heben (Moller schätzt sie augenblicklich bereits mit allem Inventar auf 400 000 Mark). Er sagt aber selbst, daß eine neue Bahn in dem Gebiet, das bisher Domäne der Südbahn gewesen ist, von dieser wahrscheinlich stark zu leiden haben würde.

Buenos Aires, 15. Oktober 1909

Ich bin die letzten Tage auf »Peñaflor« nicht mehr zum Schreiben gekommen. Heute früh fuhren wir dann bei unangenehmem Wetter vier Stunden mit dem Wagen und dann vier Stunden mit der Bahn hierher zurück. – Ich habe auf der Estancia wirklich eine besonders nette Zeit verlebt. Die letzten Tage ritt ich noch ziemlich viel bei den Vieharbeiten mit, d. h. bei Rindviehtreiben, Abteilen der Tiere in verschiedene Herden, Hörner abschneiden und dergleichen, was teilweise sehr scharfes und gewandtes Reiten erfordert. Interessant war auch die Behandlung der Schafe auf Krätze sowie das Abbrennen des Präriegrases, das hier Paja genannt wird, dem nordamerikanischen Sagebrush sehr ähnelt und, weil das Vieh es nicht frißt, abgebrannt wird, wo es trocken genug dazu ist. – Eins der hübschesten Bilder war jeden Abend das Zimmer der Peone (Knechte), die nach getaner Arbeit in einer aus Stroh und Erde gebauten Hütte im Halbkreis um einen Herd hocken, dessen Feuer den Raum halb erhellt, grelle Schlagschatten auf die an sich schon abenteuerlichen Gestalten wirft und gleichzeitig ein halbes Schaf röstet, das am Spieß schräg gegen die Herdflamme gestellt ist. Die Leute rauchen und einer spielt die einförmig-ansprechenden argentinischen Weisen dazu auf der Gitarre, während der Raum sich mehr und mehr mit Rauch füllt. Trotz des Unterschiedes des Verhältnisses erinnerte mich das Bild immer wieder an gewisse Künstlerkneipen *jenseits* des Montmartre, in die Fremde selten kommen.

Moller wie seine Frau sind wirklich nette Leute. Er durchaus Geschäftsmann, sehr geradezu und rasch fertig mit dem Abbruch von Beziehungen, wenn er sich nicht richtig gewürdigt glaubt. Sie für ihn eine »Luxusfrau«, d. h. sie soll keine Kinder bekommen und immer guter Laune sein. Letzteres besorgt sie mit besonderer Grazie, trotz der manchmal für eine verwöhnte Hamburgerin etwas straffen Anforderungen, die das Leben auf der Estancia infolge von Kälte und Mangel an jedem Komfort an sie stellt. – Sie haben mich wiederholt und wie ich glaube aufrichtig aufgefordert, noch einmal hinauszukommen, wenn die Töchter draußen sind. Ich glaube aus guten Gründen, daß sie dabei nicht einmal an mich als eventuellen künftigen Schwiegersohn denken – obwohl für mich die Partie nicht schlecht wäre. Er hat augenblicklich mindestens 1 Million Mark und wird immer wohlhabender durch sein gutgehendes Geschäft und den Wertzuwachs seines Grundbesitzes – bei drei Kindern. Familie *sehr* gut, die Töchter beide hübsch und brillant erzogen – allerdings eine Idee größer als ich – die ältere, 17jährige, sehr gutmütig, urgesund, Reiterin und bonne fille, die jüngere, hübschere (klassisches Gesicht) etwas verschlossener, aber energisch, charaktervoll und wird einmal Typus der grande dame. – Verzeih diese Abschweifungen, die natürlich gar nichts bedeuten, aber in dieser misère des Hotellebens – ich sitze wieder auf No. 514 im Plaza Hotel – malt man sich manchmal aus, wie schön man in Berlin mit einer Gemahlin leben könnte. – Auf der Rückfahrt per Bahn fiel mir auf, daß sie auf der Bahn hier als Schwellen Quebracho-Holz verwenden, das sie scheinbar viel teurer kommt als die nordamerikanischen Bahnen ihre Schwellen, aber unbegrenzte Zeit halten soll. In letzten Jahren erst, wo sich ein Mangel an Quebracho fühlbar gemacht hat, haben sie Stahlschwellen gelegt. Aus Quebracho sind übrigens auch die sämtlichen Pfosten der Drahtzäune auf den und um die hiesigen Estancien gemacht.

Hier fand ich heute abend Post von Euch vor. – Die Errichtung der Brüsseler Filiale[53] sehr interessant, offenbar ein Surrogat für die erwünschte Pariser Niederlassung. Welches ist die genaue Form (Filiale? Kommandite?) und wen denkt man eventuell aus Berlin dorthin zu senden? – Was will aber die Société Générale in Berlin? – Die Erledigung der Angelegenheit meiner New Yorker Briefe bei Dr. Fuchs entspricht meiner Erwartung. Mir tut aber leid, daß der vielbeschäftigte Mann nun noch Zeit an einen höflich-abmahnenden Brief verwenden muß – dem ich noch entgegensehe.

Buenos Aires, 17. Oktober 1909

Bei meiner Rückkehr vom Lande vorgestern abend fand ich Eure Kabelanfrage vom 14. ds. vor, die meiner Gesundheit galt, die die Bank aber nach ihrem Code irrtümlich mit: »Das Gesetz läßt es unbestimmt, ob... oder ob...« übersetzt hatte. Das Mißtrauen gegen mich war doch so stark, daß sie sich gleich eine Geschichte zusammengereimt hatten, nach der ich hinter ihrem Rücken in einer hier schwebenden Rechtssache – Beschlagnahme eines hiesigen Kontos durch den deutschen Richter – an Dich gekabelt hätte und dies Deine Antwort wäre. Die Erleichterung war groß, als ich sie aufklärte.

Gestern abend war das große Fest im deutschen Verein. In den neuen Clubräumen, die dadurch eingeweiht werden sollten, und die mit Menschen gefüllt besser wirkten als leer, wie ich sie bisher immer gesehen hatte, sammelten sich über 400 Menschen, d. h. alles, was sich zur deutschen Gesellschaft zählt. Beim Durchgehen der Namen allerdings fiel mir auf, wie gerade die bekanntesten sogenannten deutschen Namen am La Plata fehlten oder höchstens noch durch die ältere Generation vertreten waren, weil die jüngere Generation bereits im hiesigen Spaniertum aufgegangen ist, so bei den Bracht, Bunge, Arning, Schlieper, de Bary, Frederking (*niemand da*) und anderen.

Nach dem Festdiner, das durch die üblichen Reden noch über die natürliche Dauer der wenig genießbaren Gänge hinaus bis auf dreieinhalb Stunden ausgedehnt wurde, fing um 1 Uhr (!) der Tanz an, den ich um 3 Uhr verließ. Es war noch *vor* der ersten Pause. Man hatte mir keine Tischdame gegeben, was ganz in der Ordnung war, da ich kein junges Mädchen kannte, aber man hatte mich doch unter die muntere Jugend gesetzt und zwar an den Tisch der Honoraratioren-Kinder. Links von mir saß der sehr tüchtige Juniorpartner von Brauss Mahn, Herr Kozel[54] und rechts Fräulein Plate, die reizende Braut des vor 14 Tagen verlobten Gustav Hardt[55] mit ihrem Bräutigam. Sie ist aus einer hiesigen besseren — nicht besten — Familie, Vater sehr bemittelt, wovon ich reichlich Gelegenheit hatte, mich zu überzeugen, da sie gegen ihren zweiten Nachbar wesentlich aufmerksamer war als jung verlobte Bräute gewöhnlich sind. Nicht hübsch, aber mit besonderem Charme infolge eines gewissen japanischen Typus. Gustav Hardt ist natürlich bis zu seiner Verlobung die Sehnsucht aller hiesigen Mütter heiratsfähiger Töchter gewesen. Mir gegenüber wurde er ziemlich steif, nachdem er hörte, daß ich bereits drei bis vier Wochen hier bin. Ich habe ihn, wie Du weißt, absichtlich nicht aufgesucht.

Kozel auf der anderen Seite erzählte mir von Plänen für chemische Fabriken, die er für Argentinien nährt. Speziell eigne sich die Gegend um Córdoba dazu, wo Salz und Kalkstein, die Rohmaterialien zur Sodafabrikation, reichlich und billig vorhanden wären und desgleichen die Wasserkraft, die augenblicklich allerdings vom Banco Español aufgekauft und mit stark gewässertem Kapital gegründet worden sein soll. Die Fabrikate sind durch hohe hiesige Zölle geschützt; der Absatz ist da, weil gewisse hier nötige Fabrikate überhaupt nicht hergebracht werden können: die gewöhnlichen Frachtdampfer wollen Pikrin-Säure und dergleichen nicht laden. Und die Arbeiterfrage denken sie durch Benutzung des sogenannten elektrolytischen Glockenverfahrens zu lösen, das in zwei Jahren frei wird, daher als Patent verhältnismäßig billig zu erwerben ist und die Zahl der gelernten Arbeiter ganz wesentlich reduzieren soll. Um ein sehr großes Unternehmen kann es sich, wie mir scheint, dabei zunächst nicht handeln, da das Wasserwerk in Córdoba zunächst nur 3 000 PS liefert, die zur Zeit für Straßenbahn und Beleuchtung benötigt werden.

Unter den jungen Mädchen unseres Tisches fiel mir noch ein Fräulein von Bernard auf, Tochter des sehr wohlhabenden, aber nicht geschäftlich beliebten Hugo von Bernard, der der Mann hinter der Banco Germánico hier ist[56].

Nach Tisch stellte man mich auf meinen Wunsch dem Gesandten von Waldthausen vor, von dem sie hier in geschäftlichen Kreisen allgemein keine allzu hohe Meinung haben. Er war liebenswürdiger als erwartet wurde und unterhielt sich eine Zeitlang in nichtssagender Weise über die wirtschaftliche Bedeutung des La Plata für Deutschland; er bedauerte lebhaft und wiederholt, daß keiner der maßgebenden Leute der Deutschen Bank sich die Zeit nehmen wolle, nach hier heraus zu kommen. Der verstorbene Staudt wie er selbst hätten stark daraufhingewirkt, aber umsonst.

Während des Tanzens war ich viel mit Mollers zusammen, die ohne ihre Töchter erschienen waren. Ich tanzte sogar einen Lancier mit Frau Moller. Herrn Moller machte ich mit Albert bekannt und räumte damit hoffentlich ein kleines Mißverständnis fort, das infolge von Mollers großer Empfindlichkeit in letzter Zeit wohl zwischen seiner Firma und dem BAT hier bestanden hatte. Soweit das gestrige Fest, auf dem ich mich im ganzen gut unterhalten habe.

Frederking sagte mir gestern in der Bank, daß ich die für Anfang dieser Woche projektierte Reise nach Entre Rios noch aufschieben müsse, da sein Bruder, der mitfahren möchte, zur Zeit auf ihrer Estancia sei. Daraufhin werde ich, um keine Zeit zu verlieren, morgen, Montag abend, mit Glaeser nach Bahia Blanca gehen und von dort wahrscheinlich Donnerstag früh wieder hier sein. Ich scheine für meine sämtlichen Reisen jetzt deutsch sprechende Gesellschaft zu haben, was mir naturgemäß sehr lieb ist: Nach Bahia Blanca Glaeser, nach Entre Rios Frederking, nach Rosario, Córdoba, Tucumán scheint man mir Jonas mitgeben zu wollen, und nach Chile kommt eventuell Albert mit, der dorthin nach Lingenfelders Rückkehr gehen wollte.

Ich lunchte heute − Sonntag − wieder bei Frederkings. Sein (Frederking senior) Grund, nicht an dem gestrigen Fest teilzunehmen, ist der augenblickliche Präsident Scholz, der hiesige Direktor der Deutsch-Ueberseeischen Elektrizitätsgesellschaft. Die Verhältnisse zwischen dieser Gesellschaft und der Bank sowohl als namentlich zwischen ihr und der Familie Frederking scheinen in der Tat die allerschlechtesten zu sein − obwohl Frederking senior Vorsitzender des Lokalkomitees der Gesellschaft ist. Unter dem Siegel des Geheimnisses vertraut mir Frederking jr. allerhand unlautere Manipulationen an, durch die Scholz zum Schaden seiner Gesellschaft in die eigene Tasche gearbeitet haben soll. Die Revision durch einen Berliner Direktor, der kürzlich hier gewesen ist, sei eine Farce gewesen. Ich muß der Ordnung wegen hinzufügen, daß Frederkings an Minengeschäften, die Scholz hier entriert hat, Geld verloren haben. Von Moller, der früher geschäftlich mit Scholz zu tun hatte und der im allgemeinen ein sehr ruhiges verläßliches Urteil hat, hörte ich, daß Scholz ein wenig Draufgänger, aber ein sehr smarter Geschäftsmann sein soll mit der nötigen Rücksichtslosigkeit.

Vater und Sohn Frederking sind sich einig in der Ansicht, die sie von Richard Staudt haben. Sie halten ihn für geschäftlich hervorragend tüchtig. Der alte Frederking ließ mich empfinden, daß er überzeugt ist: der mir geistig wie geschäftlich überlegene Richard sei im Begriff, mich hier völlig einzuwickeln, ohne daß ich es merke.

Nach dem Essen gingen wir zum Rennen, wo heute der große Preis (50 000 Pesos) gelaufen wurde und wo es dementsprechend voll und elegant war. Ich unterhielt mich längere Zeit mit de Bary, dem Senior von Tornquist, dem in der Hafenangelegenheit ganz die Hände gebunden zu sein scheinen, indem sein in Europa befindlicher Partner Kade die Entscheidung in der Hand hat und bereits mit den Franzosen fest liiert zu sein scheint. Von interessanten Leuten lernte ich noch Mihanovich, den bekannten dalmatinischen Reeder und heute einer der reichsten Leute von Buenos Aires, kennen sowie den Postminister, durch den die Bestechungen des Präsidenten (genitivus objectivus) zu gehen scheinen und der zeitweise auch in diesem Sinne ein monatliches Gehalt von der Compania Alemana haben soll. – Den unangenehmen Refrain aller meiner Zusammenkünfte mit dem jungen Frederking, der im übrigen mich mit Liebenswürdigkeiten in allen Formen überschüttet, bilden leider immer seine Klagen. Klagen über die ungenügende ideelle wie materielle Anerkennung seitens der Direktion der Bank, speziell seitens Lingenfelders, der seine Verdienste nicht nach Berlin weitermeldet, und seitens Krusches, der Albert als Jugendfreund vorzieht. Solche Mitteilungen werden mir natürlich immer mit der Bitte um strengste Diskretion selbst Dir gegenüber, aber doch nur in der Absicht gemacht, Dir baldmöglichst zu Ohren gebracht zu werden, was hiermit »unter strengster Diskretion und ohne Obligo« geschehen sein mag.

Buenos Aires, 18. Oktober 1909

Nun sind meine Reisedispositionen noch einmal umgeworfen. Zunächst fährt Glaeser erst morgen abend nach Bahia Blanca statt heute, ich warte also den Tag auf ihn. Sodann sagte heute de la Torre, mit dem ich nach meiner Rückkehr von Bahia Blanca gleich nach Entre Rios gehen wollte, Anfang November sei für diese Reise der Saison nach geeignetere Zeit. Daher werde ich nun wohl heute in acht Tagen zunächst mit Jonas die Fahrt über die nördlichen Filialplätze machen, die acht bis zehn Tage in Anspruch nimmt, und dann am 8. November mit de la Torre nach Entre Rios und Fray Bentos gehen. Bei Erhalt dieses werdet Ihr aber per Kabel genauer über meine Bewegungen unterrichtet sein.

Heute nachmittag sah ich in der Bank die ganze Korrespondenz zu der jetzt schwebenden Hafenbau-Angelegenheit durch. Die Schuld daran, daß Tornquist vorläufig mit der – französischen – Gegenpartei verbunden ist, scheint mir hauptsächlich daran zu liegen, daß hier Eure Gruppe durch zu viele Leute vertreten gewesen ist, die zum Teil keine ausreichende Vollmacht besaßen und die sich alle einer auf den anderen verließen. Die Deutsche Bank/P. Holzmann-Gruppe hatte Schilbach, den ständigen Vertreter von Holzmann, Direktor Kölle[57], der für einige Wochen zum Studium des Projektes hier war, und Frederking hier, von denen keiner die Initiative ergriffen hat, um Tornquist bzw. deren Unternehmer Dirks & Dates energisch für die deutsche Gruppe festzuhalten. Dazu kommt, daß Kade, der fähigste Partner von E. Tornquist & Co., keine Sympathien für die Deutsche Bank zu haben scheint; und er war derjenige, der in Paris mit den Franzosen abgeschlossen hat.

Ich vergaß noch zu erzählen, daß Ricardo Seeber gestern auf dem Rennen anscheinend etwas in Sorge war wegen der bis zum 7. November zu stellenden Kaution von £ 2.000, die die Deutsche Bank aus leicht ersichtlichen Gründen für die Bahnkonzession bisher nicht hat stellen wollen und die es die Seebers – nach Frederking – Mühe kosten wird, auf ihren hiesigen Kredit aufzubringen. Den Verdienst beim Bahnbau durch Ankauf und anschließende Parzellierung der Ländereien, auf die dann die Bahnhöfe gelegt werden sollen, stellt er sich – oder vielleicht nur *uns* – etwas zu einfach vor, wie mir scheint. Sein Vater war heute in der Bank.

Ich erhielt heute Deine Zeilen vom 25. September. Die Besprechung von Oskars[58] Arbeit in Schmollers Jahrbuch würde ich gern lesen. – Dr. Fuchs' liebenswürdiger Brief war ungefähr, was ich erwartete. Er rät – falls ich mich gedruckt sehen will – zur Veröffentlichung eines feuilletonistischen Reisebuches. Daß er nichts von einer Zeitung erwähnt, zeigt, daß er es dafür nicht geeignet hält. Als Buch sind die Briefe aber nur möglich, wenn sie mir ein Verleger abkauft. Falls sich ein Dummer findet, soll es mir eventuell recht sein, aber ich werde natürlich nicht damit hausieren gehen. Selbst im günstigsten Falle bliebe immer noch die Schwierigkeit, daß sehr viel Persönliches, das den Reiz der Briefe ausmacht, aus Rücksicht gegen Leute, die liebenswürdig gegen mich gewesen sind, wegbleiben müßte. – Ich werde Dr. Fuchs in dem Sinne für seine freundlichen Zeilen danken.

Buenos Aires, 19. Oktober 1909

Heute morgen sprach ich in der Bank Goedhart-Düsseldorf, den von Berlin aus empfohlenen Bauunternehmer, der dauernd zwischen der französischen und der deutschen Gruppe hin und her pendelt. – Sodann las ich die Akte über die »Dock Sud«-Angelegenheit, in der eine von Offermann projektierte und von Holzmann und Dirks & Dates zusammen eingereichte Offerte zum Bau eines neuen Docks für die Südbahn abgelehnt und das Geschäft einer englischen Firma gegeben zu sein scheint. – Ich frühstückte wieder bei Frederkings und fahre, wenn nichts dazwischen kommt, heute abend mit Glaeser nach Bahia Blanca.

Bahia Blanca, 20. Oktober 1909

Ich sitze in einem untapezierten und unsauber möblierten, aber im ganzen nicht unfreundlichen Hotelzimmer bei offener Tür, die nach hiesiger Sitte auf einen um den offenen viereckigen Hof herumlaufenden Balkon hinausgeht. Da das in meinem Baedeker angegebene Hotel geschlossen war, ließ ich den Kutscher nach irgend einem anderen fahren »dondese habla inglés o francés«. So kam ich ins Royal Hotel.

Ehe ich gestern von Buenos Aires fortfuhr, hörten Frederking und ich von Jonas noch einiges über die Staudtsche Landkonzession in Bolivien. Um eine Konzession scheint es sich entsprechend dem – wie man annimmt – minimalen gezahlten Preis nämlich eher zu handeln als um einen Kauf. Für diese Konzession haben sie, wie gesagt, offiziell einen geringen, an Schmiergeldern im bolivianischen Kongreß und an die Regierung aber wahrscheinlich einen wesentlich höheren Preis bezahlt. Sie scheinen die Verpflichtung der Kolonisation und Bewässerung übernommen zu haben und erhalten den Besitz-Titel erst in einigen – gesagt wurde zehn – Jahren. Aus der schwierigsten Frage, der der Kolonisation, scheinen sie sich durch Mitrechnung der auf ihrem Gebiete oder eventuell in der Nachbarschaft ansässigen Indianerstämme heraushelfen zu wollen. Im Grunde kommt es auch wohl wieder auf gute, durch finanzielle Nachhilfe zu erhaltende Beziehungen zu den betreffenden bolivianischen Beamten hinaus, die von Zeit zu Zeit auf ihr Gebiet zum Zählen der »Kolonisten« kommen werden. Ihre 400 leguas liegen nördlich des Pilcomayo in guter, aber zum Teil bergiger Gegend, die eventuell auch wertvolle Erze enthält. Der Pilcomayo hat dort 40 cbm (tons) Wasser per Sekunde, kann also leicht schiffbar gemacht werden. Zur Zeit ist ihr Gebiet von der letzten Bahnstation, d. h. von der nördlichen Spitze Argentiniens aus, in fünftägiger Tour ostwärts zu erreichen, doch soll eine neue im Bau befindliche Bahn – *nicht* die sogenannte »Fomento Boliviano« Offermanns, von der ich Dir schrieb und die wesentlich nördlich von dem Staudtschen Land vorbeigeht – ihnen noch näher kommen.

Merkwürdig scheint mir, daß, wie Frederking erzählt, das »Fomento Boliviano«-Syndikat für die Wahl seiner Ländereien ein Vorrecht auch vor Staudts habe und daß Offermann, der mit der Wahl betraut sei, von Staudts vertrauliche Auskunft über die genaue Lage ihres Terrains erbeten und erhalten hat, um ihnen nicht ins Gehege zu kommen. Ich kann mir kaum denken, daß Staudts sich in eine solche Angelegenheit mit ungenügenden Besitz- (bzw. Konzessions-)Titeln eingelassen hätten. (Auch ist dies nach Glaesers Mitteilungen nicht der Fall.)

Frederking suchte die Tatsache, daß Richard Staudt Jonas offenbar einiges mitgeteilt hatte, was er mir nicht hatte sagen wollen, dazu zu benutzen, Mißtrauen zwischen uns zu säen. Es ist mir ganz interessant, die gewissermaßen machiavellistische Politik des jungen Frederking zu beobachten; sein Arbeiten mit halben und ganzen Bluffs, indem er sich bald dumm, bald wissend stellt, um den anderen gegen seinen Willen zum Sprechen zu bringen oder aber um ihn auf falsche Fährte zu leiten. Ich muß zugeben, daß all diese kleinen Mittelchen und Kniffchen bei einem Anfänger wie mir wirken mögen und daß er mich während meines hiesigen Aufenthaltes mehr als einmal damit hätte reinlegen können – bedauerlich für Frederking ist nur, daß er aus mir nicht viel rausholen konnte, weil ich selbst nichts weiß; und dann glaube ich nicht, daß erfahrene Geschäftsleute, die für jedes Geschäft ihre feste Richtlinien haben, sich durch solche Mätzchen irreleiten lassen oder noch weniger, sie selbst benutzen werden.

Gestern abend mußte ich schließlich doch noch ohne Glaeser abfahren. Sechs Leute erwarteten ihn an der Bahn, der eine mit den Billets, der andere mit Handgepäck, der dritte mit noch was, aber er selbst, der zu lange draußen in den Baracken gearbeitet hatte, kam nicht mehr zur Zeit, so daß ich allein losfuhr. Einen kleinen Nachteil davon hatte ich gleich zu spüren. Sie sind hier auf der Südbahn sehr rigoros mit der Vergebung von Schlaf-Coupés an einzelne Herren und hatten schon beim Billetkauf Glaeser und mich in das gleiche Coupé gesteckt. Da nun das Billet für das zweite Bett meines Abteils in Buenos Aires mit Glaeser zurückgeblieben war, war ich überzeugt, daß ich nun wenigstens allein bleiben würde. Anstatt dessen berief sich der Zugführer auf seine Vorschrift, nach der kein einzelner Herr ein Abteil für sich allein haben dürfte und schob mir einen anderen Mann hinein. Obwohl ich mit allem Aplomb meiner kastilianischen Diktion den Standpunkt aufs äußerste verfocht, daß ich nur den rechtmäßigen Inhaber der zum zweiten Bett meines Abteils berechtigenden Bettkarte in meinem Abteil dulden würde, mußte ich mich schließlich, um allein zu bleiben, zur Zahlung eines halben Fahrpreises extra entschließen.

Die Schlafwagen als solche sind etwas geräumiger als unsere – das ermöglicht schon die breitere Spur – aber mit weniger Komfort eingerichtet – Sitze hart, Anlehnen schwierig, Betten ohne Sprungfedern und Wascheinrichtung etwas primitiver – und nicht zweifellos sauber. Bedienung von patriarchischer Höflichkeit. Der Speisewagen im gleichen Stil wie bei uns, auch das Essen nicht schlechter.

Eine besondere Sitte ist, daß für jeden Tisch von vier Personen eine besondere Schüssel jedes Ganges gebracht und diese samt den vier Tellern vor einen der Speisenden gestellt wird. Das Unglück wollte, daß gleich beim ersten Gang, einem Kräuter-Omelett, ich derjenige war. Mir gegenüber saß ein altes kränkliches Ehepaar, von dem ich nichts fürchtete, aber neben mir und sogar mit einer scharfen Wendung halbrechts noch zu mir saß ein elastisch gebauter Mann von etwa 30 Jahren, den man in den Vereinigten Staaten seiner Reiterstiefel, seines wildverschlungenen Halstuches und seines drohenden Blickes wegen einen Cowboy nennen würde und der hier ein Peón heißt. Du kannst Dir denken, daß sich die beiden alten Leute mit je einem knappen Viertel des Omeletts begnügen mußten; daß der Peón die reichliche andere Hälfte bekam und daß ich selbst auf den nächsten Gang wartete. Es war ein Geflügel in brauner Sauce ohne näheres Charakteristikum. Zitternd griff ich zur Gabel, weil ich diesmal entschlossen war, mir einen der fettaussehenden Flügel zu reservieren – komme was da wolle. Aber als ich ihm seinen Teller reichte, auf den ich aus Vorsicht außer dem anderen Flügel noch ein Stück von der Brust getan hatte – die alten Leute sollten meinetwegen sehen, wo sie blieben – da reichte er ihn mit einer höflichen Verbeugung seinem vis à vis hinüber, und ich sah mit Verwunderung, wie wenig ich noch in die hiesige Volksseele eingedrungen bin. Der wilde Schlips, der drohende Blick und das lange spitze Messer, das ich von Mollers Estancia her kenne und das ich wahrscheinlich mit Recht ganz dicht neben mir in seinem Gürtel vermutete, sind nur die Attribute einer etwas bombastischen, auf äußere Effekte ausgehenden Natur, hinter der sich wahrscheinlich viel Harmlosigkeit und selbst eine natürliche Gutmütigkeit verbirgt. Nachdem ich diese Überzeugung gewonnen hatte, gab ich ihm von der süßen Speise, die mir besonders verlockend aussah, nur ein ganz kleines Eckchen.

Die durchfahrene Strecke war die kürzeste der vier von Buenos Aires nach Bahia Blanca gehenden Südbahnlinien, 640 Kilometer. Sie ist wohl die zuletzt gebaute und geht zum Teil durch Berge. Die Strecke selbst, von der ich allerdings nicht viel sah, scheint sehr solide gebaut; ihre Unterhaltungsspesen werden wahrscheinlich durch den guten harten Boden sehr reduziert, in den die Einschnitte für den Bahndamm zum Teil beinahe senkrecht hineingelegt werden können, was ich sonst noch nirgends gesehen habe.

Das Land, durch das wir gestern abend fuhren, ist ungefähr das gleiche, wie das an der Strecke nach Newton, d. h. meist schon unter älterer Kultur. Dagegen sah ich heute früh von ungefähr 6 bis 9.30 Uhr die neue Strecke. Hier erinnert die Pampa durchaus an die nordamerikanische hügelige Prärie, zum Teil bergige Steppe mit dem üblichen blankgrünen, harten Präriegras, das selbst die Schafe kaum fressen. Dazwischen ganz kurzes Futtergras, das den Pferden und dem Rindvieh als Nahrung dienen muß. Sobald das Eisenbahntal sich weitet, mehren sich die Strecke entlang Striche, die schon unter dem Pflug gewesen sind und – nun wieder als Weide dienend – bessere Gräser tragen. Ab und zu sieht man auch diesjährig bestelltes Land, dessen junge Saat Weizen oder Gerste sein kann. Wie mir der Vertreter von Dreyfus neulich sagte, wird auf ihren Rat hin neuerdings auch viel Hafer angebaut und soll sehr gut kommen.

Wie dünn aber hier noch die Bevölkerung ist, zeigten die Stationen, von denen in den letzten ca. 100 km eine einzige etwas wie ein Dorf war. Bei diesem – Cabildo – fiel mir im Gegensatz zu Nordamerika auf, daß die Häuser durchweg solide aus Backstein gebaut sind und Fachwerk kaum vorkommt. Der Grund liegt ja offenbar im mangelnden Holzbesitz Argentiniens, aber das Merkwürdige ist, daß selbst in den Prärien der Staaten, in denen Holz vielleicht so teuer kommt wie hier, Fachwerk anstatt Backsteinbau gemacht wird. Die übrigen Stationen besaßen in der Regel außer den Stationsgebäuden nichts als einen oder mehrere aus Wellblech gebaute Schuppen und sind kommerziell Viehladestellen. – In dem offenbar noch jungen

Dorf Cabildo fiel mir eine Getreideeinkaufstelle der Firma Bunge & Born auf.

Die Seebersche Bahn mag eventuell durch etwas besseres Land gehen, da diese Strecke der Südbahn nicht nach der Güte des Landes, sondern wegen der Kürze des Weges ausgesucht ist; aber mir ist jetzt doch kaum zweifelhaft, daß das Kunststück, durch Landparzellierung in der Umgebung von Bahnhöfen einen wesentlichen Teil der Baukosten aufzubringen, sich – hier im Süden wenigstens – nur zu ganz geringem Teil wird machen lassen.

Bahia Blanca macht einen weit größeren Eindruck als den einer Stadt von 40000 Einwohnern. Nicht nur die Ausdehnung der Stadt ist daran schuld, die wie bei allen argentinischen Plätzen inklusive Buenos Aires, infolge der durchweg einstöckigen Häuser verhältnismäßig groß ist, sondern die Anlage der Straßen, öffentliche Gebäude Hotels, Hafen, das Geschäftsleben überhaupt. In auffallendem Gegensatz dazu steht dann die Tatsache, daß die Stadt noch keine elektrische Bahn, sondern nur eine ganz elende und schlecht gelegte Dampfbahn hat, die ebenso wie die elektrischen Beleuchtungsanlagen im Besitze der Pacificbahn sind. Hier wäre offenbar ein Feld für die Deutsche Elektrische Gesellschaft, da die Engländer – in elektrischen Angelegenheiten rückständig – allein nicht im Stande zu sein scheinen, die notwendige Elektrifizierung durchzuführen. Nicht angenehm scheint das Klima zu sein. Man sagt mir, daß der Wind, der heute durch alle Straßen fegt und den Leuten mit dem Pampa-Staub die Augen entzündet, das ganze Jahr und manchmal viel schlimmer bläst – den Staub braucht er nicht von weit her zu holen, da man mitten in der Stadt auf der großen Plaza San Martin stehend am Ende mehrerer von hier ausgehenden Straßen die Pampa, d. h. das unverbesserte Weideland an den Grenzen der Stadt sehen kann.

Nach dem Lunch suchte ich den Banco Alemán bzw. seinen hiesigen Leiter, Herrn Blessing, auf[59]. Den ersten Eindruck, den ich bekam, habe ich Dir nachher durch eine Ansichtskarte zu übermitteln gesucht. In einer der beiden Hauptgeschäftsstraßen – außer der Plaza San Martin – liegen nebeneinander das prächtige oder wenigstens sehr stattliche Gebäude der ehemaligen Bank of Tarapacá und das mehr als schlichte einstöckige Häuschen, in dem der Banco Alemán zur Miete wohnt. Die Bank of Tarapacá handelt dabei nicht unökonomisch, indem sie den nicht gebrauchten Raum als Büro vermietet, während andererseits der Banco Alemán, dessen Geschäft hier so groß wie das der Bank of Tarapacá und der London Bank zusammengenommen ist, 400 Pesos monatlich Miete zahlt für ein Gebäude, das er eventuell für 50–60 000 Pesos erwerben könnte. Außer den erwähnten beiden englischen Banken haben sich jetzt oder früher noch die spanische, französische und italienische Bank eigene Häuser in bester Lage gebaut, was sie bei dem schnellen Wachstum der Stadt nicht gereuen wird. Bei dem jetzt herrschenden Hausse-Taumel wäre aber vielleicht am besten bis zu einem Rückschlag zu warten, den Glaeser heute wieder für 1910 prophezeite.

Blessing, der Junggeselle, der hier geboren und nie in Deutschland gewesen ist, trotzdem aber deutsch ohne Akzent spricht, ist ein aufgeweckter, freundlicher, selbständiger Mann, wenn auch kein Himmelsstürmer. Dazu ein wenig Bauer. Ich hörte von ihm mancherlei über das Geschäft, das zur Zeit allerdings noch ziemlich klein zu sein scheint und das er mit sechs anderen Leuten zusammen bewältigt.

An Depositen haben sie ca. 1 000 000 Pesos, davon ein großer Teil Sparkassengelder meist kleiner jüdischer Leute, für die sie wie in Buenos Aires durchweg 4% zahlen. Für langfristige Depositen zahlen sie bis 6%; im Kontokorrent 1%, während die meisten Banken gar nichts zahlen. Kontokorrent-Kunden sind meist die hiesigen Importeure und Konsignatäre; leider ist der größte Importeur überhaupt, die größte Firma am Platze und gleichzeitig die Stütze des Deutschtums D. Meyer & Co., Vertreter von D. Fuhrmann & Co. in Antwerpen und Buenos Aires, nicht Kunde des BAT, nachdem er sich bei Errichtung der Filiale mit dieser entzweit hat. Nach Blessing ist überdies an den ganz großen Häusern nicht viel zu verdienen, da diese natürlich immer die besten Bedingungen herausdrücken. Dazu käme, daß gerade diese Häuser von den *nicht* hier etablierten Banken, namentlich dem Banco Germánico und dem Banco de Galicia günstigere Offerte hierher gelegt bekämen – für Diskonte – als irgend eine der hiesigen Banken machen könne. Die großen hiesigen Exporteure – Lahusen, Hardt, von jetzt an Staudt – unterhalten keine Kreditsalden hier, da die Finanzierung der Einkäufe über Buenos Aires geht. Das einzige Geschäft mit ihnen ist der Ankauf ihrer Schecks auf Buenos Aires, durch die sie sich Geld zum Ankauf der Häute und Wolle machen. Hierfür berechnen die Banken, die für ihre Ziehungen auf Buenos Aires Zinsen zahlen müssen, wie der BAT ½ Promille, während der Banco de la Nación[60] durch den Satz von ¼ Promille das Geschäft an sich ziehen kann, da er für sein Geld der Zentrale keine Zinsen zu zahlen braucht.

Noch in einem anderen Geschäft macht sich die Konkurrenz des Banco de la Nación unangenehm fühlbar, beim Verkauf von Devisen. Da für die einzelnen Filialen dieser Bank nicht der erzielte Gewinn, sondern nur der Umsatz berechnet wird, verkaufen sie fremde Währungen zu Kursen, die ihnen keinen Gewinn lassen können, wie Blessing sagt; so z. B. Mark, die sie auf die Deutsche Bank Berlin ziehen, regelmäßig billiger als der hiesige BAT. – Einen Aufschwung sieht Blessing im Inkassogeschäft, doch bedauert er, daß ihm in New York, von wo der Konkurrenz auf diesem Gebiet sehr viel zu verdienen gegeben werde, so gut wie kein Geschäft gebracht wird.

Im allgemeinen scheint er mit dem Geschäftsgang zufrieden, doch erwartet er in Anbetracht des sechs Monate lang ausgebliebenen, erst in den letzten Wochen eingetroffenen Regens, der sehr viel Vieh hat fallen lassen, das Notleidend-Werden einiger Papiere in seinem Portefeuille (während meiner Anwesenheit wurden zwei Kunden insolvent). In der Tat soll hier im Süden die Trockenheit so schlimm gewesen sein wie in vielen Jahren nicht. Man hört mancherlei Geschichten von ganzen Herden, die der Trockenheit oder späten Frösten nach der Schur (Schafe) erlegen sind.

Nach Tisch fuhr ich mit Blessing nach dem Hafen. Es ist bezeichnend für die Auslegung der hiesigen Trambahn, daß sie nach keinem der drei Häfen fährt. Wir fuhren also 10 Minuten mit der Eisenbahn bis zu »Puerto Ingeniero White« d. h. der Station des Südbahnhafens, die nach seinem Erbauer heißt[61]. Außer dem militärischen Hafen haben beide hier hereinkommenden Bahnen ihren eigenen Hafen. Der von uns besuchte von der Südbahn ist der ältere, nicht sehr große, aber sehr geschickt längs in der Mündung des Flusses angebracht und auf der anderen Seite durch eine große Sandbank geschützt. Das Wasser scheint allmählich zurückzutreten, und die Südbahn hat bereits große Terrains für Frachthöfe dadurch gewonnen. Ihre Docks scheinen durchaus aus Holz, aber ich konnte keine Anzeichen sehen, daß das Salzwasser die Pfähle angriff. Eher mögen die Schienen unter dem stark salpeterhaltigen Boden des Ufers leiden. Augenblicklich waren die Docks leer, da noch keine Häute oder Wolle verladen wird.

Der Hafen der Pacific-Bahn soll solider, d. h. mit Stahldocks gebaut und seine Elevatoren noch größer als die bereits recht stattlichen der Südbahn sein. Die Pacific-Bahn, die mit ihren Hafen- und elektrischen Unternehmungen zunächst sehr mächtig in Bahia Blanca zu werden schien, soll in letzter Zeit infolge Geldmangels etwas in den Hintergrund gedrängt worden sein. Der Bau einer langerwarteten Strecke von hier südlich nach der in reichem Gebiet dicht an der Küste gelegenen Stadt Patagones ist eingestellt worden. Übrigens hat auch die Südbahn den Weiterbau ihrer von hier westlich nach Neuquen gehenden Linie vorläufig eingestellt, die von dort über die Anden nach Chile gehen sollte. Man bringt diese Baueinstellungen mit den Verlusten der frachtbringenden Estancieros infolge der großen Trockenheit in Zusammenhang. Die beiden Bahnen, die früher keinerlei Verkehrsabmachungen besaßen, haben neuerdings unter dem Druck der hiesigen Kaufmannschaft begonnen, Frachtwagen von einem System zum anderen zu übergeben.

Gegen Abend fanden wir Glaeser, der mit dem nächsten Zug gekommen ist und hier in dem besseren Hotel Sudamericano wohnt. Er ist hier in der Freiheit ganz anders als in Berlin und von allen Staudtschen Partnern derjenige, der dem verstorbenen Staudt am ähnlichsten ist. Laut, überströmend herzlich gegen die Freunde des Hauses und selbst in gesellschaftlichen Kleinigkeiten so stürmisch bemüht, seine Absichten durchzusetzen, daß man ihm meist den Willen läßt, weil es sich nicht lohnt zu widerstreben. Er lud Blessing, ein paar seiner Herren und mich für heute abend ein. Seine Firma ist hier in Bahia Blanca für den *Ver*kauf schon längere Zeit durch einen Reisenden vertreten; den *Ein*kauf hier wollen sie aber erst neu wiederanfangen, nachdem sie ihn früher schon einmal infolge schlechter Erfahrungen aufgegeben haben.

Bahia Blanca, 21. Oktober 1909

Heute morgen fuhr ich mit Gutekunst, dem Oberbuchhalter und ersten Prokuristen der Filiale, nach Puerto Militar hinaus, wie der Name sagt, der Militärhafen, der am Eingang der Bay gelegen ist. An der Strecke der Südbahn dorthin liegen die großen Baracken der Importeure Drysdale, D. Meyer, Hartcastle sowie die der beiden größten deutschen Exporteure für Wolle und Häute, Hardt und Lahusen; desgleichen die Getreidebaracke von Bunge & Born. Von der Bahn aus sieht man auch die zahlreichen kleinen Ziegelbrennereien, die fast an Ort und Stelle für den Bedarf der Bauern produzieren – daher das mir aufgefallene Vorherrschen von Ziegelhäusern – und die nach Gutekunst eine Gefahr fürs Land bedeuten. Die Leute benutzen nämlich den guten Humusboden, mischen ihn mit Viehmist, lassen die Mischung von Pferden durchtreten und brennen sie zu Ziegeln. Das gibt zwar gute Steine, soll aber bei dem starken und immer steigenden Bedarf für Ziegel einen immer wesentlicheren Teil des guten, zum Ackerbau benutzbaren Bodens fortnehmen, der sich nicht schnell wiederbildet und nur die unbebaubare sogenannte Tosca (versteinerten Schlamm) oder ebenso schlechten Lehm als Oberfläche zurücklassen.

Der Militärhafen, der von Dirks & Dates 1902 erbaut ist, scheint groß und gut angelegt zu sein; am interessantesten ein riesiges Trockendock von über 30 Fuß Tiefe. Die großen Pumpen zur Leerung des Dockes sind von Haniel & Lueg, Düsseldorf, desgleichen einige der Dynamos für die benötigte Elektrizität deutsches Fabrikat, doch findet sich auch englische Maschinerie dabei. Im Hafen lagen zur Zeit vier kleine argentinische Kreuzer; als Kuriosität wurde uns ein kleines plumpes Boot gezeigt, das jetzt als Wasserkessel dient und das noch den Krieg mit Paraguay 1864 mitgemacht hat. Die Schienen für die strategische Bahn, die innerhalb der Hafenanlagen läuft und sie mit der Südbahn verbinden, sollen teilweise aus Rußland kommen, was ich mir nicht erklären kann[62].

Hinter dem Militärhafen sind die Anfänge zum Bau eines neuen Handelshafens sichtbar, und zwar soll dies der Hafen der vielbesprochenen neuen französischen Bahn Rosario–Bahia Blanca werden. Hinter dieser Bahn, die Anfang nächsten Jahres schon fertig sein soll, scheint ein sehr starkes Konsortium fast sämtlicher großer Pariser Banken zu stehen, dem auch Creuzot angehört. Die Bahn hat den Vorzug, die sämtlichen von Nordost nach Südwest verlaufenden Linien der Südbahn zum ersten Mal in umgekehrter Richtung, d. h. von Nordwest nach Südost zu durchschneiden. Der Hafen soll – bei einer natürlichen Tiefe von 36 Fuß – einer der besten des Landes werden.

Wir aßen zu Mittag bei einem Mann namens Ferrandi, einem Kunden der Bank, der uns herumgeführt hatte. Der Mann hat das größte Almacén-Geschäft des Platzes Puerto Militar, d. h. er ist Inhaber eines für den hiesigen ländlichen Bezirk typischen Betriebes, eines Ladens, der aus einer großen und hohen, bis an die Decke mit Waren aller Art angefüllten Halle besteht. Er verkauft en detail wie en gros aufs Land, ist wegen seiner Kundschaft, der er viel Kredit geben muß, sehr von der Ernte und dem Viehbestand abhängig und hat einen Umsatz, der in die Millionen Pesos geht. Ferrandi, bei dem wir aßen, ist offenbar ein wohlhabender Mann, hat sich ein hübsches Haus gebaut und ringsum einen Garten gezogen, in dem bei reichlicher Pflege und Bewässerung alles kommt, während in der Umgebung der salpeterhaltige Boden zum Teil noch wie Wüste aussieht. – Dem nationalökonomischen Satz: »Das Schaf weicht der Kultur« könnte man einen kulturhistorischen: »Die Gastfreundschaft weicht der Kultur« an die Seite stellen. Die Gastfreundschaft dieser einfachen Umgebung ist noch so herzlich und reichlich, wie man sie bei uns in Europa selten findet. Nach einem aus sieben Gängen – und zwar gut gekochtem – bestehendem Mittagessen, das seine freundliche Frau offenbar hatte bereiten helfen, gab er mir noch eine Empfehlung an einen Freund in Mendoza mit. – Dabei schuldet der Mann der Bank nur 10 000 Pesos, bei einem wahrscheinlich 20 mal größeren Vermögen und einem gut gehenden Geschäft. Bei dem Durchkriechen durch einige Stacheldrahtzäune vermied ich schließlich doch nicht, mir ein großes Dreieck in meine einzige und gleichzeitig beste Hose zu reißen. Gleich nach unserer Rückkehr nach Bahia Blanca war ich daher gezwungen, bei der Filiale von Gath & Chaves, den mehrfach erwähnten Warenhaus-Leuten, eine neue für $ 17 zu kaufen, die nicht so schön wie meine alte ist.

Nachmittags sah ich in der Bank ihre Monatsbilanzen seit Gründung der Filiale durch. Sie haben mit ihren $ 1 000 000 Depositen augenblicklich ihren höchsten Punkt erreicht. Namentlich die langfristigen Depositen (800 000 Pesos) und die Sparkassen-Konten (300 000 $) sind noch nie so hoch gewesen, während sie an den Kontokorrent-Krediten früher bereits mehr als heute geschuldet haben. Bei günstigem Ausfall der Ernte erwartet Blessing 200 000 bis 300 000 $ Zuwachs an Depositen. Wieviel Anteil die Bank verhältnismäßig am aktiven hiesigen Geschäft hat, zeigt die beifolgende Statistik pro Juni 1908, leider die letzte, die veröffentlich ist. Daraus geht hervor, daß sie damals, wenn auch an Depositen an vorletzter Stelle, doch als Diskonteur an zweiter Stelle rangierte. Diese Aktivität ist natürlich nur durch Benutzung der Mittel der Buenos Aires-Zentrale möglich. Interessant ist die aus der Statistik zu ersehende Zurückhaltung der London-Bank im Diskontgeschäft. Ihre hohe Depositenziffer rührt wohl von den großen Guthaben der beiden englischen Bahnen bei ihr her. – Ich brauche nicht zu erwähnen, daß die Tabelle die beiden Staatsbanken (Banco de la Nación und Banco de la Provincia[63]) wegläßt, die beide natürlich im Depositen- als auch im Diskontgeschäft eine sehr große Rolle spielen.

Gegen Abend fuhren wir um die äußere Stadt, die noch wenig an Villen oder Anlagen bietet; ein größerer Park ist im Entstehen. In einigen Privatgärten, die reichlich bewässert werden, gute Obst- und Blumenkulturen, namentlich Wein und Rosen, von denen ich zwei richtige Bäume sah. Jeder soll $ 200 jährlich an Blumen geben.

Zum Diner hatte ich Blessing, Gutekunst und Glaeser gebeten. Glaeser, der wohl etwas überarbeitet ist, zog sich früh zurück. Mit den beiden anderen und einer ganzen Gesellschaft deutscher junger Leute ging ich noch in ein Tingeltangel, das für die Größe der Stadt reichlich lebhaft und selbst amüsant war. Nach Schluß verließ ich die Gesellschaft, die sich nach deutschem Brauch noch irgendwo zum Bier vereinigte.

Eine sehr gute Terrainchance, von der ich hier wiederholt habe sprechen hören, die aber noch kaum genügend ausgenützt wird, scheint in Patagones, der schon erwähnten Stadt an der Mündung des Rio Negro, zu sein. Die Stadt hat bereits ca. 5 000 Einwohner und liegt inmitten besten Weizenbodens, der aber noch kaum bebaut wird, da noch keine Kolonisten hinauskommen. Die Schiffe können die Flußmündung bis zur Stadt hinauskommen, aber Bahnverbindung besteht bisher nicht. In Anbetracht des riesigen Hinterlandes, guten Bodens und günstiger Hafengelegenheit kann Patagones ein zweites Bahia Blanca werden. Vorläufig ist in der Umgebung der Hektar noch mit 50 Pesos zu haben, in welchem Preis vielleicht die künftige Bahn zum Teil schon diskontiert ist. Es kann in diesem Lande, wenn man sich Zeit zum Aussuchen läßt, kein Kunststück sein, viel Geld zu verdienen.

Buenos Aires, 23. Oktober 1909

Gestern früh fuhr ich mit Glaeser auf den Victoria-Markt in Bahia Blanca, d. h. den dortigen Woll- und Häutemarkt, dessen Baulichkeiten im Besitz der Pacific-Bahn sind. Im Gegensatz zu dem großen quadratischen, zweistöckigen Markt in Buenos Aires sind es in Bahia vier parallele, einstöckige lange Schuppen, zwischen die die Bahn hineinfährt und die durch unterirdische Gänge unter den Bahnschienen weg miteinander verbunden sind. Bahia Blanca exportiert 26 Millionen Kilo Wolle gegen 100 Millionen, die aus Buenos Aires gehen und 50 000 bis 60 000 Häute gegen 750 000 aus

Buenos Aires. Die Wolle ist zu drei Fünftel *feine* Wolle, während in Buenos Aires das Verhältnis umgekehrt ist (Montevideo hat sieben Achtel *feine* Wolle).

Sodann besahen wir ein Grundstück von 120 m Länge und Tiefe, das Richard & Küster für 2.30 $ per vara (etwas weniger als 1 m^2) gekauft haben und das sie der Firma Staudt für eine zu bauende Baracke verkaufen wollen. Der Preis ist jedenfalls sehr billig; der Boden liegt dicht bei den Baracken Hardts und Lahusens, allerdings nicht wie diese direkt an der Bahn, sondern durch eine Straße davon getrennt. Doch meint Glaeser, daß man hier leicht Gleise über die Straße gelegt bekäme.

Die Baracken der Franzosen liegen sämtlich ziemlich weit von hier fort und zwar liegt diese unpraktische Verteilung an den Bahnverhältnissen. Die Südbahn, die eigentlich für Verlader bedeutsamer ist als die Pacific-Bahn und an der eben die anderen Baracken liegen, kommt nicht in die Nähe des Marktes. Etwas erleichtert die Lage, daß die Bahnen neuerdings Wagen von den Gleisen der einen auf die der anderen überschalten; allerdings auch wohl nicht kostenlos.

Nach dem Lunch fuhren Glaeser und ich auf einer etwas längeren Route der Südbahn, d. h. über Tornquist und La Madrid, hierher zurück. Die Gegend sieht gut aus, ist in der Nähe von Bahia Blanca älter angebaut als die auf dem Hinweg passierte. Unter anderem kommen wir an der 100-Quadrat-Meilen umfassenden Kolonie Curamalan Barings und Tornquists vorbei, von der sie die Hälfte bereits parzelliert haben. Nach dem Regen – auch während unserer Fahrt fällt wieder welcher – sieht Weide wie Saat gut aus. Nach Glaeser liegt die Schuld an dem großen Viehsterben infolge von Trockenheit zum Teil auch an den Besitzern, die zu viel Vieh auf zu kleines und nicht genügend Weide gebendes Gebiet stecken. Auf eine Quadratmeile *guten* Landes rechnet man hier 1 500 Stück Rindvieh und 3 000 Stück Schafe.

Sehr interessant war mir Glaesers Mitteilung, daß er und Leucke Dir eines Abends bei Frau Staudt einen Anteil an ihrem bolivianischen Geschäft angeboten hätten, den Du ausgeschlagen hättest. Ich kenne Deine Gründe zwar, bedauere aber, daß Du in diesem Falle keine Ausnahme gemacht hast. Der Ankaufspreis ist nach Glaeser also tatsächlich 10 cts. per Hektar, d. h. $ 100 000 papel für das ganze Terrain, und sie erhalten den Titel, sobald die Vermessungsarbeiten beendet sind, die augenblicklich von Staudtschen, von der bolivianischen Regierung bestätigten, Leuten vorgenommen werden und bis Ende 1910 fertig sein sollen.

Glaeser, der aus Almrich bei Pforta stammt, dem Ort, wo wir uns als Primaner zu betrinken pflegten – sein Vater ist dort Ortsvorsteher, also wohl ein wohlhabender Bauer – erzählte mir von seinem Wunsche, sich zu verheiraten; natürlich verlangt er »Herz und Gemüt«, glaubt aber nicht, die Zukünftige bereits zu kennen.

Heute früh 6.30 Uhr trafen wir hier ein.

Buenos Aires, 24. Oktober 1909

Ich bereitete gestern meine Reise nach dem Norden vor, die ich Euch morgen telegrafisch avisieren werde. Ich denke über Rosario, Bell-Ville und Córdoba nach Tucumán und eventuell nach Salta zu gehen. Vor dem 7. November, an dem hier ein Bazar und damit Gelegenheit zum Sehen einer Menge Deutscher ist, will ich zurück sein, um dann etwa am 8. November eine kurze Fahrt nach den Estancien Entre Rios' anzutreten, von der ich vor Mitte November zurück sein will. Im Anschluß daran dann denke ich nach Chile zu gehen und nach meiner Rückkehr mit einem der Mitte Dezember von hier angehenden Boote nach drüben zu fahren. Es tut mir leid, dadurch außerstande zu sein, Weihnachten bei Euch zu feiern, aber ich kann es kaum anders einrichten, ohne Sehenswertes auszulassen. Daß ich keine Zeit vergeude, werdet Ihr aus meinen Briefen sehen.

Frederking jr. hatte es in seiner liberalen Liebenswürdigkeit als selbstverständlich hingestellt, daß Jonas mich auf der Reise nach dem Norden begleiten würde. Jonas selbst, der gern mitgekommen wäre, war im letzten Augenblick bedenklich, ob er hier in der Bank abkömmlich sei. In der Tat sagte mir Albert, daß Jonas als der einzige, der ihm augenblicklich, in Lingenfelders Abwesenheit, etwas Arbeit abnähme, schwer für eine Woche oder länger zu entbehren sei. Ich zog meine Bitte daraufhin natürlich gern zurück, um so mehr als Albert freundlicherweise gestattete, daß Jonas die ersten zwei bis drei Tage meiner Reise mitkäme, nämlich bis Rosario, wo die Bank keine Filiale hat und Jonas besonders gut Bescheid weiß. Wir werden also morgen abend zunächst nach Rosario fahren.

Von neuen Geschäften hörte ich auf der Bank gestern nur, daß der Geologe Dr. Schiller die Petroleumvorkommen in der Gegend von Rivadavia doch jetzt besser als zu Anfang beurteilt und daß er wahrscheinlich für die Deutsche Bank hinausgehen wird. Mich wundert, daß die Standard Oil Co. noch nicht Hand auf die Lage gelegt hat, die doch schon seit über Jahresfrist auf dem Markte sind – wenn sie wirklich etwas wert sind.

Heute am Sonntag ritt ich mit Richard Staudt und Jonas im Park von Palermo spazieren, auf einem in der Reitbahn meines Vetters entliehenen, guten Pferde. Ich hatte dabei interessante Gelegenheit, etwas von den berühmten Heuschrecken zu sehen, die dieses Jahr ausnahmsweise soweit südlich wie Buenos Aires gekommen sind. Diese Heuschrecken kommen im Frühling jeden Jahres aus dem Chaco, dem Urwald an der Grenze von Brasilien, Bolivien, Paraguay und Argentinien nach dem Süden, d. h. nach Argentinien in ungeheuren Schwärmen. Die alten – fliegenden – Tiere, die ca. 5 cm lang sind, sind weniger schädlich als die viel gefräßigeren, nur hüpfenden jüngeren, die von den alten auf ihrem Wege südlich als Eier deponiert werden und nach kurzer Zeit bereits den alten folgen. Gegen Ende des Jahres ziehen sich dann die Jungen nach dem Chaco zurück, während die alten meist auf der Reise sterben sollen. Der Schaden, den sie anrichten, ist unermeßlich. Ein Schwarm soll ein beliebig großes Weizen- oder Maisfeld in drei Sekunden völlig kahl fressen können. Wenn sie hungrig sind, fressen sie selbst tote Gegenstände wie Wäsche, Stiefel, Gardinen und dergleichen an. Zu tun ist sehr wenig gegen sie, solange man an ihren Herd, den Chaco-Urwald, der noch zum großen Teil unerforscht ist, nicht heran kann. Außerdem fließt wohl von dem vielen Geld, das die argentinische

Regierung jährlich für Versuche zur Steuerung der Plage ausgibt, viel in private Taschen. Gegen die Hüpfer haben meilenweit in ostwestlicher Richtung gezogene tiefe Gräben einigen Erfolg, an deren Südrand eine verhältnismäßig hohe Blechwand gezogen ist. Die Tiere wollen auf ihrer Reise über den Graben, springen gegen die Wand, fallen in den Graben und verhungern. Im Grunde ein sehr primitives Mittel.

Die Tiere, die ich heute in Palermo sah, sind Flieger und sollen nur der dünne Ausläufer eines richtigen Schwarmes sein. Trotzdem ist an manchen Stellen der Boden direkt braun von ihnen und wenn man sie von einer Wiese aufscheucht, verdunkeln sie in der Tat den Himmel.

Gegen mittag ritt ich mit Richard, einer Aufforderung von Frau Martin Meyer folgend, nach einem draußen am Rio gelegenen Restaurant. Die Wege – Reit- und Fahrwege sind eins – die im Park von Palermo noch leidlich gut sind, werden niederträchtig, sobald man hinauskommt. Die Pferde sind gottlob daran gewöhnt und vorsichtig – aber den Reiter wundert es, wenn er mitten auf der Straße plötzlich bis an die Absätze im Schmutz versinkt. Auch das Restaurant, das das ehemalige Schloß der spanischen Vizekönige ist und hübsch auf einer Anhöhe am Fluß liegt, ist durchaus nicht auf Wagen und Pferde eingerichtet. Man muß die Tiere im Garten an einen Baum binden und lange laufen, ehe man einen Eimer zum Trinken findet.

Zum Frühstück versammelten sich zu Pferd und per Automobil außer uns Frau Meyer, die Euch grüßen läßt, ihre reizende Tochter Maria[64] mit einem famosen 7monatigen Sohn, ihr Sohn Bernhard mit seiner argentinischen Frau und Schwägerin und Carlos Meyer Pellegrini mit seiner hübschen und liebenswürdigen Schwägerin Sansinena.

Nach langem, gesundem Ritt kehrte ich ins Hotel zurück, um den Abend bei Frederkings zuzubringen, die mich mit ihrer Gastlichkeit fast erdrücken.

Buenos Aires, 25. Oktober 1909

Gestern abend erzählte mir Frau Frederking, daß ihnen vom nordamerikanischen Gesandten *$ 8 000 monatlich* als Miete für ihr Haus während der Zentenarfeier geboten sind. Ich würde es begreiflich finden, wenn sie angenommen hätten.

Nach dem Essen nahm mich der jüngere Sohn Otto, Junggeselle, Landwirt und Lebemann, zu einer Fahrt durch die Stadt mit, die gelegentlich der San Martin-Denkmal-Enthüllung[65] in Boulogne nicht übermäßig reich, aber geschmackvoll illuminiert war.

Beim Frühstück erzählte mir Küster, daß für Land, dem ihren in Bolivien benachbart und noch unverbessert, zur Zeit $ 2 verlangt werde, gegen ihren Kostpreis von $ 0.10. Er würde aber selbst für $ 2 augenblicklich nicht verkaufen.

Frederking hielt mir in der Bank einen Vortrag über die Notwendigkeit weiterer Filialen, namentlich in Mendoza und Salta, deren eines auf dem Wege nach Chile, das andere auf dem nach Bolivien liege[66]. Lingenfelder sei aber neuen Filialen wegen der »Tantiemenfressenden anfänglichen Abschreibungen« abgeneigt.

An dem Petroleumfund scheint sich die Deutsche Bank nun doch zu interessieren. Nach einem heute eingetroffenen Telegramm geht nun der Geologe Schiller auf drei Monate, gegen $ 6 000 Entschädigung, nach dem Süden. Selbst zu den ungünstigsten Bedingungen, die die Regierung gestellt hat – nur 40% des Reingewinnes an die Unternehmer – könnte es ein großes Geschäft werden, *wenn* genügend Petroleum da ist.

Heute nachmittag wollte ich Frau Moller den lange versprochenen Besuch abstatten, traf aber nur ihre Schwägerin Frau Bohnen, bei der sie wohnt, an[67].

Rosario, 26. Oktober 1909

Gestern abend 10 Uhr verließen Jonas und ich Buenos Aires mit dem Schnellzug des Ferrocarril Central Argentino. Die Schlafwagen auf dieser, gleichfalls den Engländern gehörigen, breitspurigen Linie sind gleich denen der Südbahn. Der Verkehr war so stark, daß von den zwei ungefähr gleichzeitig abgehenden Zügen einer ganz besetzt war, während wir im anderen zwei Betten in einem vollbesetzten Coupé von vier Personen nehmen mußten. Wir gingen daraufhin spät zu Bett, und Jonas erzählte mir vorher einiges aus seiner bewegten Vergangenheit. Die harte Schule, die er durchgemacht hat, hat ihm moralisch wohl sicher geholfen, indem sie aus dem leichtsinnigen Lebemann einen sehr genau rechnenden, manchmal sogar *zu* sparsamen Menschen gemacht hat. Leider hat er unter den körperlichen Strapazen seiner Londoner und ersten hiesigen Zeit – manchmal wohl, was er nicht direkt sagte, Unterernährung – physisch ziemlich stark gelitten, ist rheumatisch und mit seinen Nerven nicht in Ordnung.

Das Land, von dem wir wegen der Nachtfahrt nicht viel sehen, gehört wahrscheinlich zum besten der Republik. Heute früh, in der Umgebung von Rosario, sah es aus wie der oftzitierte Garten, prachtvolle schwarze Erde, auf der alle Arten von Gemüsen wuchsen.

Das Hotel d'Italia, in dem ich diese Zeilen schreibe, ist ganz ähnlich dem Hotel in Bahia Blanca gebaut. In der Mitte des Gebäudes liegen verschieden offene Höfe, um die in jedem Stockwerk eine offene Galerie herumläuft und die durch übergespannte weiße Segel von oben gegen die Sonne zu schützen sind. Die Zimmer liegen um diese Galerie herum und sind zum Teil durch schmale Gänge mit je einem nach der Straße heraus liegenden Vorderzimmer verbunden. Trotz des ziemlich luftigen Arrangements sind die meisten Zimmer dunkel, was durchaus in der Absicht der Erbauer liegt, die sich gegen die starke Sommerhitze nur durch Durchzug und Dunkelheit einigermaßen schützen können.

Unser erster Besuch war beim Hause Staudt, an das uns Richard eine Karte mitgegeben hatte. Sie besitzen hier ein hübsches Terrain in guter Lage, auf dem augenblicklich ein schlechtes Haus steht, das sie aber bald besser ausnutzen wollen. Einer ihrer Hauptartikel hier ist Yerba, d. h. das aus Paraguay kommende Tee-Kraut, das sie in ihrem eigenen Geschäftshaus per Elektrizität zu Mehl mahlen und in Argentinien verkaufen, wo es überall unter dem Namen »Mate« getrunken wird.

Von dem Leiter des hiesigen Staudtschen Geschäftes, einem sehr liebenswürdigen und intelligenten Italiener, hörten wir auch einiges über die Stadt. Rosario hat 180 000 Einwohner und ist damit die zweitgrößte Stadt Argentiniens. Über die Hälfte der Einwohner sind Italiener; Spanier und Franzosen sind auch stark vertreten, Deutsche dagegen weniger (1 500). Jonas, der hier vor zwei bis drei Jahren gearbeitet hat, findet die Stadt stark verändert, vor allem ist seither in der inneren Stadt sehr viel gutes Holzpflaster gelegt worden. In der äußeren Stadt, durch die wir nachher per Automobil fahren, sind die Wege so miserabel, wie ich sie nirgends in Nordamerika gefunden habe. Es ist in der Tat oft nicht möglich, mit einem starken Automobil durch die metertiefen Löcher durchzukommen.

Ganz hübsch, aber nicht groß genug ist ein kleiner Park, der dem Palermo Park bei Buenos Aires nachgebildet ist. Hier hat auch ein deutsch-englischer Sportclub sein Haus – eine erfreuliche und sonst leider nirgends übliche Vereinigung der Nationalitäten. Der italienische Circle, in den uns der Staudtsche Vertreter bringt, hat eine große, aber nicht behagliche Mietwohnung. Dagegen hat der deutsche Club hier in der Stadt, den wir aufs Geradewohl aufsuchten und in den wir uns durch einen zufällig anwesenden alten Bekannten von Jonas einführen ließen, ein sehr behagliches eigenes Heim mit guter Küche.

Unser nächster Besuch war beim Banco Español, mit dem der BAT Buenos Aires noch arbeitet, während Berlin und Hamburg zum Banco de la Nación übergegangen sind, nachdem der Banco Español beschlossen hat, in Hamburg eine Filiale zu eröffnen[68].

Die Bank, die hier ein großes Geschäft macht, hat ganz wie in Buenos Aires eines der schönsten Bankgebäude. Der Direktor empfing uns besonders liebenswürdig und führte uns herum; er beschäftigt ca. 80 Leute. Ganz besonders interessierte Jonas die Anordnung ihrer Auskünfte, die sie auf auswechselbaren Karten führen. Der Direktor fragte nach der vor einigen Tagen wieder in der »Nación« von Buenos Aires erschienenen Nachricht, daß der BAT einen Pachtvertrag für eine neue Filiale in Rosario abgeschlossen hätte. Auf unsere Antwort, daß wir von nichts wüßten, meinte er höflicherweise, in Rosario wäre wohl noch für eine neue Bank Platz[69]. Dasselbe sagte der Staudtsche Leiter, der keine starke Konkurrenz zwischen den hiesigen Banken findet. Ein Unterschied von ¼% im gebotenen Diskontsatz sei schon eine Ausnahme.

Nach dem Lunch sahen wir uns den Hafen an. Rosario, Hauptstadt der Provinz Santa Fé, liegt am Paraná, dem westlichen Hauptarm des La Plata, den große Dampfer bis nach der Stadt Santa Fé hinauffahren können. Der Flußhafen hier in Rosario wird von einer französischen Gesellschaft seit Jahren gebaut, ohne bisher fertig geworden zu sein. Die Wasseranlagen scheinen sich auf Ufer-Regulierungen auf beiden Seiten des sehr breiten Flusses zu beschränken. Kaimauern und Docks wenigstens sind bis jetzt nicht zu sehen, nur solide Holzrampen, an die die Schiffe anlegen. Die Länge des Hafens scheint mindestens 3 km, d. h. sehr groß zu sein. Die Rampe trägt ca. 60 nicht sehr große Kräne, zahlreiche Schuppen, einen großen, modernen Elevator und natürlich Bahngleise und zwar dreischienige, für Breit- und Schmalspurbahnen.

Die ganze Länge der der Rampe entlang laufenden Gleise hat, zum Teil wohl mit großen Kosten, der sich dicht hinter dem Ufer erhebenden Hügelkette abgewonnen werden müssen, die zu diesem Zweck vielfach abgetragen ist. An dieser Kette liegt auch, daß an einzelnen Stellen das zum Hafen gehörige Gelände ungünstig schmal hat bleiben müssen.

Die nach Rosario kommenden Bahnen – bis jetzt in Betrieb – sind die Central Argentino (breitspurig, englisch) und die Compagnie Générale de Buenos Aires (schmalspurig, französisch), beide zwischen Buenos Aires und Rosario gehend, und eine schmalspurige Bahn zwischen Rosario und Córdoba. Genauer gesagt, Central Argentino, außer der Südbahn das größte System Argentiniens, hat zwei Linien von Buenos Aires nach Rosario, eines davon früher der übergeschluckten Buenos Aires y Rosario-Bahn gehörig. Sie hat an Hauptlinien außerdem eine Linie von Buenos Aires direkt westlich nach Andino sowie je eine Linie von Rosario nach Córdoba und Tucumán. Sie macht infolgedessen in Rosario das größte Frachtgeschäft. Speziell mit Buenos Aires war sie bisher von hier aus etwas im Nachteil, weil ihre Sätze ungünstiger als die der französischen Bahn waren. Seit aber die Sätze nach Vereinbarung ganz gleich gemacht worden sind, ist sie sogar im Vorteil, da ihre Frachthöfe hier wie in Buenos Aires günstiger liegen als die der französischen Bahn. Rabatte, die die Bahnen laut Vereinbarung nicht gewähren dürfen, geben sie im geheimen doch und zwar natürlich am meisten da, wo die meiste Konkurrenz ist. Aber selbst bei verhältnismäßig geringer Konkurrenz wie hier in Rosario geben sie nach Angabe des Staudtschen Gerenten unter Umständen bis 25%.

Rosario, 27. Oktober 1909

Wir saßen gestern abend im deutschen Club mit einigen Herren zusammen, darunter Leack von der italienischen Bank, der uns eingeführt hatte. Die Leute können nicht glauben, daß der BAT noch immer nicht nach Rosario kommen will und halten unsere Beteuerung, daß wir von nichts wissen, für mehr oder weniger geschickten Schwindel. Geschäftlich erwartet man hier für 1911, d. h. das Jahr nach dem Zentenarrummel, einen gewissen Rückschlag infolge von Überladung seitens der hiesigen Importeure. Auch in Terrains, städtischen wie ländlichen, wird im Zusammenhang damit ein gewisser Rückschlag erwartet. Andererseits wird wieder geltend gemacht, daß sich die Importeure in letzter Zeit und speziell in diesem Jahre sehr zurückgehalten hätten und erst die Güte der Ernte erwarten wollten, ehe sie ihre Ordres gäben. Das mache das Geschäft zur Zeit noch sehr still, bürge aber für solidere Entwicklung der Verhältnisse.

Gestern abend beim Zubettgehen fand ich mich von Flöhen halb aufgefressen. Diese Tiere sind nächst dem Staub die unangenehmste Zugabe zum Reisen in Argentinien. Mit Rücksicht auf sie habe ich meine prophylaktische Reiseapotheke, die neuerdings auch Chinin gegen Fieber enthält, noch um das berühmte Insektenpulver Bufack vermehrt. Ein Viertel Pfund, in meine Unterwäsche verschüttet, blieb vorläufig ohne jeden Erfolg.

Heute vormittag besuchten wir die Werkstätten der Central Argentino Bahn, bei der Jonas früher als kleiner Buchhalter gearbeitet hat. Die Bahn hat hier ihre Hauptwerkstätten zentralisiert und beschäftigt ca. 4 000 Leute; ich habe aber auch nirgends in Amerika ebenso große Eisenbahn-Werkstätten zentralisiert gefunden. Die Anlagen machen einen ganz vorzüglichen Eindruck, indem sie die englische Solidität mit amerikanischem modernen Geist und amerikanischen Arbeitsmethoden verbinden. Die gastfreundliche Art der Herumführung, die man uns angedeihen ließ, war zum Teil ganz unenglisch und amerikanisch; ebenso die riesigen, nicht abgeteilten Arbeitshallen, in denen sie einen großen Teil von Ersatzteilen für Lokomotiven selbst fabrizieren und Kessel und anderes reparieren. Englisch dagegen ist die Solidität der Konstruktion, die durchweg massiv Stein bzw. Stahl ist.

Sie sind augenblicklich in Erweiterung und Modernisierung ihrer Anlagen begriffen, die noch nicht ganz beendet sind. Hauptveränderung ist der Übergang von Dampfkraft zu Elektrizität. Weshalb sie zur Ergänzung letzterer nicht das Wasser des Paraná verwenden, sondern Kohle, weiß ich nicht (es soll hier nirgends genügend Fall sein). Die elektrische Anlage ist zum größten Teil von Westinghouse (Birmingham), zum kleineren von Siemens Brothers gemacht. Das einzige fertige Material, das sie zur Zeit noch importieren, scheinen Lokomotiven und Stahlschienen zu sein. Ihre Wagen bauen sie fast sämtlich selbst. Schwellen sägen sie gleichfalls selbst aus Quebracho, Stahlschwellen, die sie früher viel gelegt haben, ersetzen sie jetzt so schnell wie möglich mit Quebracho.

Nach Tisch gingen wir mit Sassoli, dem Staudtschen Gerenten, der uns auch durch Besorgung von Statistiken und dergleichen in jeder denkbaren Weise unterstützt, zum Direktor des Banco de

Italia, der uns einige Auskünfte über den Umfang des Bankgeschäftes in Rosario gab. Nach ihm – die Banken veröffentlichen hier keinerlei Zahlen – sind in den Banken Rosarios im ganzen ca. 60 Millionen Pesos Depositen, davon ca. 50 Millionen bei den vier bedeutendsten, Banco de la Nación, de Londres, Español und de Italia. Die französische Bank, die noch nicht lange hier ist, soll schlecht arbeiten – wir hören später, daß sie ungeschickt geleitet ist – ebenso die Tarapacá- und die Provinzbank.

Die elektrische Bahn in Rosario, die 8% Dividende zahlt, ist im Besitz einer belgischen Gesellschaft; es soll aber nicht alles klappen. Nach einer heutigen Zeitungsmeldung hat sie der Stadt angeboten, deren ganzen Schuldendienst – heute 350 000 Pesos per Jahr betragend – zu übernehmen gegen Verlängerung ihrer jetzt schon bis 1961 laufenden Konzessionen um weitere 15 Jahre. Die Compañia Alemana sollte wirklich mit ihrem gut arbeitenden Apparat in die Provinzstädte gehen, in denen noch viel mit elektrischen Bahnen zu verdienen ist. An Plätzen, wo der BAT Filialen hat, würde sie ihm gleichzeitig ein sehr wertvolles Konto bringen durch die dauernd notwendigen beträchtlichen Guthaben.

Nachmittags brachte uns Sassoli noch zu Mr. Lubin, einem der Leiter der mehrerwähnten, neuen französischen Bahn Rosario-Belgrano, die also die beiden wichtigen Häfen Rosario und Bahia Blanca verbinden wird. Das Bankiersyndikat hinter der Bahn besteht hauptsächlich aus Bénard & Jarislowsky, A. J. Stern & Co. und der Banque de Paris. Sie haben den Versuch der Engländer, sie aufzukaufen, abgelehnt. Ihr Kapital sind 5 Millionen Frs. Gründeraktien, 10 Millionen Frs. Stammaktien und nahe an 100 Millionen Frs. Obligationen. Die Bahn ist breitspurig, d. h. gleich den englischen Linien, die sie auf ihrer 805 km langen Strecke über 20 mal in rechtem Winkel schneidet und mit denen sie infolge ihrer günstigen, konkurrenzlosen Fahrtrichtung ein sehr lebhaftes Frachtgeschäft machen wird. Auf Durchfrachten rechnen sie – wohl mit Recht – wenig. Der Bau der Bahn ist dadurch verbilligt worden, daß sie von den Anwohnern das Wegerecht meist kostenlos überlassen erhalten haben und ebenso die Terrains für Stationen und Frachthöfe. Von ganz kostenlosem Bau, wie er den Engländern seinerzeit infolge glücklicher Terrainspekulationen möglich gewesen ist und wie er den Seebers für ihre neue Linie vorschwebt, ist natürlich nicht die Rede gewesen. Technisch hatten sie keine Schwierigkeiten, keine Tunnel auf der ganzen Strecke.

Nach ihren Werkstätten und Frachthöfen, die 5 km von Rosario liegen, wollte uns Mr. Lubin heute nachmittag hinausbringen, aber der Weg war so schlecht, daß das Automobil nicht durchkam und wir umkehren mußten. Ihre Anlage dort soll weniger groß (ca. 2000 Arbeiter), aber auch moderner als die des Central Argentino sein. Ihre elektrische Kraftanlage ist von einer französischen Firma, aber zum Teil mit Siemens & Halskeschen Motoren gemacht. Auch einen Teil ihrer Lokomotiven beziehen sie aus Deutschland, von Schwartzkopff. – Sie rechnen damit, im Februar die Schienen verbunden zu haben, wollen aber schon im Dezember 250 km dem Frachtverkehr übergeben und sind sehr siegessicher. Lubin selbst übrigens ist ein außergewöhnlich intelligenter Mensch. – Die mir in Bahia Blanca aufgefallene Tatsache, daß sie Schienen aus Rußland beziehen, klärt sich dahin auf, daß nur noch Spanien und Rußland die gleiche breite Spur haben und daher diese Schienen in Rußland, allerdings mit französischem Kapital, gemacht werden.

Schließlich besuchten wir in Rosario noch die Zuckerraffinerie, die als das größte industrielle Werk Argentiniens gilt. Tornquist & Co. sind an dieser Raffinerie mit über 50% beteiligt. Sie raffinieren zum größten Teil den Zucker einer dem gleichen Syndikat gehörenden Produktionsgesellschaft in Tucumán, jedoch kaufen sie dort auch fremden Zucker.

Córdoba, 28. Oktober 1909

Gestern in der Bahn mußte ich wegen des starken Schüttelns aufhören und setzte hier im Hotel fort.
Um den argentinischen Markt zu kontrollieren und den Import

von raffiniertem Zucker gar nicht erst aufkommen zu lassen, kaufen sie in Jahren, in denen die hiesige Produktion den Konsum nicht deckt, in Europa noch rohen Rübenzucker auf, um ihn hier zu raffinieren. Das kommt trotz der hohen Fracht- und Zollspesen noch profitabel aus. So haben sie für dieses Jahr zum Beispiel für 20 000 Tonnen europäischen Zucker abgeschlossen. Sie kontrollieren im ganzen wohl über die Hälfte des argentinischen Konsums.

Die Fabrik, die über 800 Leute beschäftigt, sah nicht so sauber aus, wie man es von einer Zuckerraffinerie erwarten dürfte und wie sie in Frankreich und Nordamerika auch gehalten werden. Der Beamte, der uns in Abwesenheit des Direktors herumführte, besaß nicht die Gabe, seinen Betrieb zu erklären, so daß mir die Technik des Verfahrens völlig dunkel blieb. Ich weiß nur, daß sie durch Zentrifugieren, Kochen, Destillieren und so weiter den ca. 88%igen Zucker, den sie erhalten, zu 100%igem umwandeln. Ihr Durchschnittsquantum ist die Verarbeitung von 280 000 Kilo Rohzucker täglich.

Gestern abend entschloß ich mich dann plötzlich in Anbetracht, daß mein projektierter Aufenthalt in Córdoba gerade in die Feiertage (31.10. und 1.11.) fallen würde, meinen Aufenthalt in Bell-Ville aufzugeben und gleich nach Córdoba durchzufahren. Ich versäume an Bell-Ville nur die Estancia des dortigen Gerenten Miller. So verließ ich Rosario gestern abend um 10 Uhr.

Jonas, der mich für meine Rechnung nach Rosario begleitet hatte, fuhr schon um 9.30 Uhr nach Buenos Aires zurück, Feuer und Flamme für die Errichtung einer Filiale in Rosario. Er ist ein angenehmer Gesellschafter und der geborene Grandseigneur, woran auch die erhaltenen Nackenschläge nichts geändert haben. Die Selbstverständlichkeit, mit der er jeden gebotenen Vorzug in Anspruch nimmt und mit der er zum Beispiel noch zuletzt, als er seinem Eisenbahnabteil zuschritt und ein Gepäckträger bereits seine Handtasche trug, mich mit seinem Überzieher über dem Arm hinter sich hertrotten ließ, sind mir für ihn ebenso charakteristisch wie sein durchdringender geschäftlicher Blick und seine prägnante Intelligenz.

Nach angenehmer Nachtfahrt durch ein Gebiet, das im allgemeinen fruchtbar und gut kultiviert sein soll, erreichte ich heute früh Córdoba, über das ich in meinen nächsten Zeilen schreiben will.

Córdoba, 28. Oktober 1909

Das Hotel San Martin, in dem ich schreibe, entspricht in seiner spanischen Bauart ganz den anderen, früher erwähnten argentinischen Hotels Bahia Blanca und Rosarios. Das Zimmer, in das man mich heute früh zuerst einquartierte, ähnelte dadurch mehr einer Gefängniszelle, daß es nur ein einziges 2½ m über dem Boden liegendes Fenster, einen Stuhl und eine Bettstelle ohne Matratze hatte. Der Protektion Krugs, des hiesigen Gerenten vom BAT, gelang es, mir später ein besseres Zimmer zu besorgen, obgleich das Hotel ziemlich voll von hohen Beamten aus Buenos Aires ist.

Zunächst muß ich noch einen, in einem der letzten Briefe berichteten Irrtum richtigstellen: Ich nannte die Stiche, die mir in den letzten Tagen an meinem Körper aufgefallen sind, Flohstiche, während es in Wirklichkeit Wanzenstiche sind. Neuerdings sich mehrende, authentische Flohstiche haben mich den Unterschied kennen gelehrt. Zu meiner Verwunderung konstatiere ich, daß ich bis jetzt noch frei von Läusen bin.

Nachdem ich derartigen Aktstudien mich hingegeben hatte, galt mein Besuch dem BAT, der dicht neben dem Hotel in einem sehr würdigen Hause zur Miete wohnt. Herr Krug empfing mich sehr freundlich und machte mich im Laufe des Tages mit seiner Bank bzw. Córdoba bekannt. Er ist offenbar ein sehr verständiger, klarer Kopf, nur vielleicht eine Idee Schwätzer. Seine leitende Stellung im hiesigen Handel als Direktor einer der ersten Banken hat ihn in nahe Beziehungen zur Politik der Provinz gebracht; er hat sich am Sturze der bisherigen, dem Handel sehr ungünstigen Verwaltung beteiligt und hat dafür aus dem Kreis der Berufsgenossen auch sichtbare Zeichen der Anerkennung gefunden; will aber mit Recht sich von jetzt ab von der zeitraubenden und im Grunde fruchtlosen politischen Betätigung zurückhalten.

Als Bankier hat er, wie es scheint, hier einen schönen Erfolg erzielt. Der BAT steht in Córdoba nach seinen Angaben – Statistiken werden nicht veröffentlicht – zusammen mit dem Banco de la Nación an erster Stelle. Beide haben ca. 4 Millionen Pesos Depositen. Daneben spielen die beiden anderen hier arbeitenden Banken keine Rolle; der Banco Español, der drei Jahre hier und bei den von Natur den Spaniern freundlichen Córdovesen sehr unbeliebt ist, mit 1 Million Depositen und der Banco de Córdoba, die offizielle Provinzbank, mit einem pompösen Palast, aber – nach Krug – ganz ohne Depositen. Sie kann nicht einmal Verwendung für ihr – hohes – Kapital von 4 Millionen Pesos finden und war vor kurzem nahe daran, dem BAT einen größeren Betrag mit festem Termin zu überlassen.

Die 4 Millionen Depositen des BAT bestehen zu über 50% aus Sparkassenguthaben, auf die 4% gezahlt wird; fast der ganze Rest sind Kontokorrent-Kreditoren, von denen die meisten keine Zinsen erhalten. Langfristige Depositen finden sich in Büchern und Bilanzen sehr wenig und zwar, weil die Provinz auf diese vierteljährlich eine Steuer von 1‰, also im Jahr fast ½% erhebt. Krug hofft, daß die neue Regierung dies Gesetz abschaffen wird. In der Zwischenzeit hilft er sich aber damit, daß er derartige Konten auf Kontokorrent oder Caja de Ahorros übernimmt und mit den Kunden einen entsprechenden guten Satz vereinbart »für den Fall«, daß sie das Geld sechs bzw. neun Monate stehen lassen. Kontokorrent-Kunden mit lebhaftem Umsatz hat er nur ganz wenige.

Seine Stadt-Kundschaft besteht zum großen Teil aus Mitgliedern der Córdoveser Gesellschaft. Córdoba als älteste Universitätsstadt Südamerikas hat ein kräftiges Patriziat, das mit einem gebildeten Proletariat eng verschwägert ist. Nirgends sieht man so viele Schilder von »Abogado's« wie hier, wo jeder junge Mann seinen juristischen Doktor macht und dann gewöhnlich keine Praxis findet. Diese Leute, sowenig wünschenswert sie selbst als Kunden sind, sucht Krug als Schlepper ihrer wohlhabenden Verwandtschaft zu benutzen. Ganz demselben Zwecke dient sein Personal, das sich, wie mir scheint, *ausnahmslos* aus jungen Leuten unter 30 Jahren zusammensetzt. Die meisten von diesen sollen guten Córdoveser Familien angehören, die natürlich gern in die Bank kommen, wo ihre Söhne und Verwandten hinter dem Schalter stehen.

Die kommerzielle Stadtkundschaft ist nicht sehr zahlreich. Die deutsche Kolonie ist verschwindend klein – nur ein einziges größeres deutsches Haus existiert hier. Die vier oder fünf anderen, meist spanischen großen Häuser, sind mehr Konkurrenz als Kunden der Banken, indem sie ihr großes Kapital dazu benutzen, selbst Geld auszuleihen, aber ihre Kundenpagarés nicht weiterbegeben.

Seine Landkundschaft nimmt der BAT hier zum weitaus größten Teil aus dem Norden. Die Provinz Córdoba, von der man noch vor zehn Jahren nicht glaubte, daß sie Weizen produziere, kam nach den Ausweisen des letzten Jahres als Weizenproduzent an zweiter Stelle, gleich nach der Provinz Buenos Aires und noch vor der Provinz Santa Fé. Diese Weizenproduktion findet aber nur in den südlichen Teilen der Provinz und ein wenig im Osten statt, d. h. gerade in dem Gebiet, in dem die Filiale Córdoba nicht arbeitet. Sie verzichtet darauf, einmal wegen der meist italienischen Bevölkerung dieses Weizenlandes, die ihr nicht sicher genug ist, vor allem aber, weil die größere südliche Hälfte der Provinz Córdoba wirtschaftlich Hinterland von Rosario bzw. Buenos Aires ist. Das Land-Gebiet der Filiale Córdoba sind hauptsächlich die Provinzen La Rioja, Catamarca und Santiago del Estero, die von Nutzholzwaldungen – noch wenig ausgebeutet, Holzkohle, Maisbau und vor allem von der Viehzucht leben. Die Kohlen- und Metall-Lager der beiden westlichen Provinzen werden vorläufig zum größten Teil noch lange nicht abbaufähig sein. Eine Ausnahme macht die Famatina-Kupfermine in La Rioja.

Der übliche Satz des BAT Córdoba für Pagaré seiner Kunden ist 8%, von welchen er in besonderen Fällen bis 7% heruntergeht. Die anderen Banken sollen bis 6% diskontieren. Diskonte und Debetsalden auf Kontokorrent entsprechen bei der Filiale ungefähr der Gesamtsumme der Depositen. Ihre ganze Schuld in Buenos Aires inklusive ihres Kapitals entspricht andererseits ihrem Kassensaldo, was mir für diesen ganz besonders hoch scheint.

Córdoba, 29. Oktober 1909

Das einzige Devisen-Geschäft — außer dem Verkauf von kleinen Beträgen an Eingewanderte —, das hier gemacht wird, ist Ankauf gewisser Pfundwechsel. Hiesige Viehzüchter schicken ihr Vieh über die Pässe im Norden nach Chile und verkaufen es dort. Der chilenische Käufer eröffnet dann dem hiesigen Verkäufer durch eine Bank in Chile Kredit in London, gegen den der Verkäufer zieht. Leider scheinen die Filialen des BAT in Chile gar nicht die dortige Seite des Geschäftes in die Hand bekommen zu können. Wenigstens sagt Krug, daß die Kredite meist durch die Tarapacá-Bank eröffnet würden.

Gestern abend führte mich Krug durch die Stadt und einen Teil der Umgebung. Wenn man Córdoba zuerst sieht, könnte man meinen, man wäre
> zu Köln in der Stadt,
> die viele hundert Kapellen
> und stattliche Kirchen hat.

Die Stadt, die heute über 100 000 Einwohner haben soll, ist eine alte Klosterniederlassung. Außer den vielen und — wie mein Baedeker versichert —, von innen sehr reichen Kirchen, sind tatsächlich noch Mönchs- wie Nonnenklöster vorhanden; den Mönchen begegnet man auch jeden Augenblick, wo sie in Trupps auf den Straßen spazieren gehen. Die Nonnen dürfen ihre Klöster nie verlassen und nur einmal im Jahr Besuch ihrer Verwandten empfangen. Die »tote Hand« ist demgemäß auch noch im Besitz sehr wertvollen Grundes und Bodens, namentlich in den Hauptstraßen. Sie haben aber so wenig kaufmännischen Sinn, daß sie überall kaum vermietbare, alte Baracken stehen lassen und sich mit einer minimalen Rente begnügen, wo sie mit etwas Initiative viel mehr erreichen könnten.

Das Pflaster in der inneren Stadt ist gutes Holzpflaster, dessen Holz wenige Meilen von Córdoba her kommt. Krug ist stolz darauf als auf ein Denkmal seiner Tätigkeit in der hiesigen Stadtverwaltung.

Die Straßenbahnen sind zum großen Teil in jüngster Zeit elektrifiziert; der noch mit Pferden betriebene Rest soll es gleichfalls werden. Sie sind durchweg im Besitz einer nordamerikanischen Gesellschaft, die gleichfalls das zur Erzeugung der Kraft benutzte Wasserwerk in der Nähe der Stadt hat. Sie versorgt vorläufig die industriellen Werke Córdobas mit Kraft und hat für die Stadtbeleuchtung einen noch zehnjährigen Kontrakt. Mit der Konkurrenz dieser Gesellschaft also hat die neue Gesellschaft zu rechnen, von der mir Kozel (Brauss Mahn & Co.) in Buenos Aires erzählte, die eine Konzession etwas weiter von der Stadt entfernt (30–40 km) erworben hat und die von der spanischen Bank gegründet worden ist. Von chemischer Fabrikation, für die wahrscheinlich die Grundbedingungen hier gegeben wären und die der neuen Gesellschaft eine ständige Abnahme für ihre produzierte Kraft garantieren würde, hört man – nach Krug – hier zur Zeit nichts mehr. Er meint infolgedessen, daß die Sache, deren Aktien meist hier in Córdoba plaziert sind, zunächst jedenfalls ein Fehlschlag sein wird.

Die Stadt Córdoba liegt, soweit ich bei der Rundfahrt sehen konnte, auf beiden Ufern des Rio Primero – hier in der Provinz sind die fünf Flüsse nur nach Zahlen genannt, Rio secundo, tercero usw. – im Tale. Auf den Höhen dicht an der Stadt soll man des sandigen, weichenden Bodens halber schlecht bauen können. Die wohlhabenden Familien gehen im Sommer etwas weiter hinaus in die Berge des Westens, wo sie Villen haben. – Abends ist auf der Hauptstraße mittelmäßig besuchter, deutlich uneleganter Korso – obwohl, nach Krug, neuerdings von Buenos Aires importierter Luxus auch hier alte Einfachheit verdrängt.

In der heutigen Post war ein Avis der Deutschen Bank Berlin über Zahlung von M 30 für mein Konto seitens der Firma Cotta. Das entspricht einem Absatz von ca. 25 Exemplaren meiner Doktorarbeit im Jahre 1908[70].

Heute früh brachte ich eine halbe Stunde in der hiesigen Kathedrale zu. Ich habe sonst für Kirchen nicht viel übrig, und die hiesige Kathedrale imponiert weder durch ihre Größe noch besitzt sie irgendwelche besonderen Kunstwerke an Bildern oder Holzwerk.

Aber allein das altbekannte, katholisch-phantastische Milieu und der Zusammenhang mit der alten Kultur, in die man sich plötzlich versetzt fühlt, tun in einem Lande wohl, wo man in der Regel von diesem Zusammenhang nichts oder nur seine unangenehmen Seiten spürt. – Krug sagt, Córdoba hätte noch eine merkbare alte Tradition; wenn man aber durch die Stadt geht, in der die alten Häuser und die historischen Erinnerungen selten sind, merkt man von der Tradition nicht viel.

Eine kleine Entschädigung für manches, das man vermißt, bietet hier, wie auch schon in Rosario, der Anblick der Frauen. Die eingeborene Rasse – natürlich mit Spaniern vermischt – mit ihren ovalen Gesichtern, schwarzen Augen und Haaren und dunklem, fast schwarzem Teint, sind ganz etwas anderes als die gepuderten Puppen, die man am Nachmittag in Buenos Aires spazieren fahren sieht. Schon in der Zuckerraffinerie in Rosario war mir aufgefallen, daß ich noch nie eine durchschnittlich so hübsche Gesellschaft von Fabrikarbeiterinnen gesehen hatte. Wenn die Mädchen hier in Córdoba am Abend nach spanisch-argentinischem Brauch an den offenen, bis zum Boden reichenden Parterrefenstern stehen, die mit ihrem kleinen Balkongitter ein Mittelding zwischen Tür und Fenster bilden, möchte man manches Mal Schumanns Hidalgo sein, der die Zither wie die Klinge aus toledanschem Stahl trägt und Blumen oder Wunden morgens nach Haus trägt.

Anstatt dessen werde ich morgen auf die Kolibrijagd gehen. Ich besuchte eben meinen Reisegefährten vom Cap Ortegal, Oberst Kettler, der hier bei seinem Bruder, dem Chef-Ingenieur an der englischen Schmalspurbahn und deutschen Konsul, zu Besuch ist. Der letztere, ein behaglicher, offenbar wirtschaftlich nicht überaus orientierter Junggeselle, bestätigt mir, daß Córdoba kein geschäftlich lebhafter Platz ist. Sein Bruder, mein Reisegefährte, beschäftigt sich in komischer Verzweiflung, weil er nichts anderes tun kann, mit dem Züchten einer gewissen Art hiesiger Fische, die lebendige Junge zur Welt bringen, und mit der Kolibrijagd, zu der er mich für morgen einlud.

Die beiden nächsten Tage, Sonntag und Montag, beides Feiertage, will ich dann mit Krug in die hier benachbarte sogenannte argentinische Schweiz fahren. Daß ich mich hier in Córdoba und Umgegend so lang aufhalte, liegt außer an den Feiertagen, mit denen sonst doch nichts anzufangen ist, an der schlechten Bahnverbindung zwischen hier und Tucumán, wo zwischen Sonnabend und Dienstag kein Zug geht.

Krug erzählte mir heute, daß er im Westen der Provinz Córdoba 3000 ha (ca. gleich 12 000 Morgen) Land besitzt, davon einen Teil mit einem anderen zusammen. Das Land, das er teilweise für 45 Pesos per ha gekauft hat, ist heute über 100 Pesos, streckenweise bis 170 $ wert. Es ist Weizenland und ist wie größere Weizenlatifundien hier meistenteils an Kolonisten verpachtet gegen einen Prozentsatz von deren Ernte. Krug erhält nur 12%, was sehr wenig ist, besonders in Anbetracht, daß er das tatsächliche Resultat der Ernte nicht kontrollieren kann und auch in *der* Beziehung, wie er selbst überzeugt ist, noch bestohlen wird. Der Zweck dieser Verpachtungen ist aber bei ihm wie bei den anderen Grundbesitzern nicht die erzielte Rente, sondern die durch wiederholtes Umpflügen und Bestellung mit Weizen erzielte Verbesserung des Bodens, die sich auch im Werte ausdrückt, indem sie den Boden immer geeigneter für künftige, intensive Viehwirtschaft macht.

Córdoba, 30. Oktober 1909

Gestern abend besuchte ich mit Krug erst seinen Sohn in dessen eigenem Geschäft und aß dann bei den Leuten zu Abend. Sein Sohn, ein 19jähriger, netter Junge war früher beim Vater auf der Bank und hat nun die Vertretung des Bordeaux-Hauses Calvet & Co. sowie einiger Zigarren- und Konservenfirmen von Buenos Aires für die Provinz Córdoba, zum Teil für den ganzen Norden. Der Vater, der ihm das natürlich durch seine Freunde hier und in Buenos Aires besorgt hat, hat ihm in guter Gegend ein Haus gekauft, in dem er sein Büro und seine Musterzimmer hat, und Krug gestand mir lächelnd, daß sein 19jähriger Sohn in diesem Geschäft mehr verdient als er, der Vater, selbst bei der Bank.

Abends lernte ich Frau Krug, eine bescheidene und rheumatische Frau in einem geräumigen, unbehaglichen, nach hiesiger Sitte wegen des unausbleiblichen Ungeziefers nicht einmal tapezierten Mietshause, kennen.

Heute früh kam von der Bank in Buenos Aires an Krug ein von Albert gezeichneter Brief, nach dem der Bank in Buenos Aires ein über 1600 qm bedeckendes Haus zu 100 Pesos per qm hier in Córdoba zum Kauf angeboten worden war. Krug, der um seine Ansicht gefragt wurde, sprach sich entschieden ungünstig aus, einmal wegen der Lage – das Gebäude liegt gegenüber der Universität und der Jesuitenkirche, aber außerhalb des Geschäftsviertels – dann, weil das schon baufällige Gebäude als Bankgebäude gar nicht zu verwerten wäre; schließlich wegen des Preises, den er für zu hoch hält. Andererseits meint er, wenn die Bank im Prinzip nicht abgeneigt wäre, eine so große Summe hier in Córdoba für ein Bankgebäude auszugeben, so ließe sich bestimmt etwas Geeigneteres finden; er wird sich in diesem Sinne umsehen.

Betreffs des in Frage stehenden Hauses bin ich Krugs Ansicht, soweit ich die Verhältnisse bei oberflächlicher Beaugenscheinigung beurteilen kann. Dagegen sehe ich in der Anfrage Alberts noch keine prinzipielle Bereitwilligkeit der Zentrale, $ 150 000 bis $ 200 000 in einem Córdoveser Bankgebäude festzulegen. Es handelte sich wohl mehr um eine Anfrage »der Ordnung halber«, während Lingenfelder wahrscheinlich die ganze Sache unter den Tisch hätte fallen lassen. Schließlich sehe ich für Córdoba auch selbst nicht so dringend die Notwendigkeit eines Bankgebäudes wie z. B. für Bahia Blanca. Die Bank hat hier einen ungewöhnlich günstigen, noch sieben Jahre laufenden Kontrakt für ein gut gelegenes, sehr stattliches Banklokal – sie zahlt nur $ 300 pro Monat. Córdoba ist keine so rasch wachsende Stadt, daß man erwarten müßte, die Bodenpreise würden in diesen sieben Jahren bis ins Unerschwingliche steigen. Außerdem scheint mir aber, als vollziehe sich gerade jetzt eine Verlegung des geschäftlichen Schwerpunktes der Stadt und als setze man sich durch einen Ankauf in diesem Augenblick der Gefahr eines Fehlkaufes aus. Doch sind dies meinerseits nur sehr allgemeine Eindrücke, die auf sehr geringer Sach- und Lokalkenntnis basiert sind.

La Falda, 31. Oktober 1909

Bei starker Kälte sitze ich in der Bar eines großen Hotels, der »Argentinischen Schweiz«, das man etwa einem Davoser Hotel vergleichen könnte. Wegen seiner hohen Lage und verhältnismäßig guten Klimas ist nämlich die Stadt Córdoba nebst dem bergigen Hinterland der Zufluchtsort von Schwindsüchtigen geworden. Dieses Hotel ist voll von ihnen und auch das Hotel, in dem ich in Córdoba wohnte, soll viele von ihnen beherbergen. Nur daß dort niemals jemand stirbt. Um den guten Namen des Hotels zu wahren, werden Gäste, die in den letzten Zügen liegen, durch eine dem Publikum geheime Tür in das Nebenhaus gebracht, das offiziell nicht zum Hotel gehört. Ganz gewiß, Krug hat recht: Córdoba besitzt eine Tradition, und ich werde davon noch verschiedene Beweise geben können.

Bei dem miserablen Wetter fiel unsere Kolibri-Jagd gestern traurig aus. Anstatt der bunten kleinen Vögel, die sich nur bei Sonnenschein sehen lassen, erlegten Oberst Kettler und ich nur eine Schwalbe und einen Sperling, und zwar mit einer mir bisher unbekannten Jagdflinte in der Form eines Spazierstockes. Man entfernt dessen untere Spitze, schiebt eine Patrone zwischen Stock und Griff und die Mordwaffe ist fertig. Ein sehr bequemes Instrument in der Nähe von Städten, wo Schießen natürlich überall verboten ist. Unsere Jagdbeute ließen wir einem italienischen Jungen, der aus einer die ganze Stadt umgebenden Erdhütten herausgekrochen und uns überall gefolgt war. Er strahlte in der Vorfreude, sich aus dem Geflügel eine Suppe zu machen.

Wie überall im Ausland, hörte ich auch hier wieder die Klage über die deutsche Kolonie. Am besten scheint davon noch die deutsche

Schule zu florieren, die vom Schulverein, vom Reich und letzthin auch von Waldthausen ($ 3000) einmalige bzw. regelmäßige Donationen erhält und die von den Söhnen der besten hiesigen Familien besucht wird. Aber gerade die Leute, die sich am ehesten um sie kümmern sollten, die deutschen Professoren an der hiesigen Universität, tun nichts für sie. Diese Leute beziehen hohe Gehälter gegen geringe Leistungen. Von einem erzählte man hier, er habe ein ganzes Semester lang nur einen einzigen Zuhörer gehabt. Im nächsten Semester habe dieser Hörer, um nicht immer allein zu sein, einen Freund mitgebracht. Über seine Tätigkeit zu berichten aufgefordert, habe darauf der Professor an das Ministerium nach Buenos Aires gemeldet: Seine Vorlesungen entwickelten sich vortrefflich; die Zahl seiner Hörer habe sich verdoppelt.

Den Abend verbrachte ich bei einem deutschen Arzte, der eine selbst für europäische Begriffe ungewöhnlich schöne Antiquitätensammlung hat. Besonders interessant die bolivianische Heiligenbilder-Malerei, bei der die Köpfe von weißen Mönchen, Körper und Staffage aber von Indianern nach Anleitung gemalt sein sollten.

Heute früh fuhren wir dann, Krug und ich, mit dem Ferrocarril Córdoba Nord-Oeste hierher ins Gebirge, weniger der Landschaft wegen, als weil Krug mir seine hiesigen Interessen zeigen will. Die schmalspurige Bahn ist vor über 20 Jahren mit Provinzialgarantie und Zuschuß per Kilometer gebaut worden. Die Erbauer bauten sie daraufhin möglichst lang und kurvenreich; die Provinz konnte ihre Garantie nicht zahlen, und die Bahn ging bankrott, bis sie vor einigen Jahren vom jetzigen Präsidenten der Republik unter der Hand aufgekauft und mit einigem Privatverdienst an die Nationalregierung verkauft wurde. Sie ist für eine hiesige Bahn schlecht gebaut – man sagt, daß Damen in den häufigen Kurven wegen des Schaukelns oft seekrank werden.

Die Bahn selbst wie das Gelände, durch das sie geht, mit seinen mancherlei Bodenschätzen, erinnert vielfach an die Schwindelepoche vor 1890. Zunächst allerdings geht sie durch Villenvorstädte, in denen wohlhabende Córdoveser schöne Obst- und Gemüsegärten haben. Je mehr man aber in die einförmigen, mit unansehnlichem, dichtem, kaum mannshohem Gestrüpp bewachsenen Berge hineinkommt, treten die Spuren von mehr oder weniger entwickelten Industrien zu Tage. Kalkstein- und Granitbrüche, eine Kalzium-Karbid-Fabrik; selbst Goldminen sollen hier früher bearbeitet worden sein; und das große, für hiesige Verhältnisse großartige Hotel, in dem ich schreibe, ist gleichfalls mit den wiederholten Pleiten, die es für Tornquists Rechnung in früheren Jahren erlebt hat, ein Denkmal verfrühter Bewertung der hiesigen Naturschätze.

Von dauerndem Wert sind die Wasseranlagen gewesen, die man von der Bahn aus sehen kann. Zunächst Bewässerungsanlagen des Rio Primero-Tales, die noch immer nicht von den Umwohnern genügend ausgenutzt werden. Dann, etwas weiter flußaufwärts, das schon erwähnte elektrische Kraftwerk, das der Stadt Córdoba Licht und Kraft liefert. Schließlich und vor allen Dingen aber am Rande des Hochplateaus, auf das die Bahn hinaufführt, ein Wehr, Dique San Roque genannt, hinter dem sich die größte Wassermenge staut, die überhaupt irgendwo in der Welt in einem Reservoir aufgespeichert wird. Im Augenblick ist das Wasser stark gesunken infolge der seit zwei Jahren andauernden Trockenheit. In feuchten Jahren aber gleicht das Reservoir einem See etwa von der Größe des Jungfernsees in Potsdam, und der ganze Druck des Wassers lastet auf einer ca. 40 m hohen Mauer, die den Talausgang sperrt und aus deren unterem Rande das Wasser ausströmt. Seit Jahren fürchtet man, daß einmal die Mauer nachgeben könnte – in dem Falle würden die herabstürzenden Wassermassen wahrscheinlich die ganze Stadt Córdoba fortreißen. Man streitet über diese Möglichkeit, tut aber nichts zur Verstärkung der Mauer.

Die Ausnutzung der Wasserkraft dieses Wehres bildet die Konzession der *neuen* elektrischen Kraft-Gesellschaft, die ich in früheren Briefen wiederholt erwähnt habe. Ein großer Nachteil muß für die Gesellschaft die Ungleichmäßigkeit der benutzbaren Wasserkraft sein. Selbst für die vorerwähnte Kalzium-Karbid-Fabrik, die die Gesellschaft auch aufgekauft hat, soll der zur Zeit erzeugbare Strom nicht ausreichen.

Eine interessante Neuerung will hier die Central Argentino-Bahn einführen, von der eine Zweiglinie in einiger Entfernung von der von uns befahrenen Bahn läuft. Sie will Verbindungsgleise zu dieser herüberlegen und dann auf den beiden Strecken über Córdoba einen Ringbahn-Dienst mit Benzinwagen für Passagiere einrichten, um dadurch die Villenvorstädte leichter erreichbar zu machen. Wie sie allerdings über die Schwierigkeit der verschiedenen Spurweite hinwegkommen will, ist mir nicht klar (sie wird drei Schienen legen!).
– Interessant ist, daß die Bahn hier ebenso wie die Kalkstein-Brennereien mit dem hier leicht erreichbaren Knüppelholz heizen anstatt mit Kohlen.

Hier in La Falda lernte ich dann den Kalksteinbruch kennen, auf den Krug ganz besondere Hoffnungen setzt. Er hat daran für nicht sehr viel Geld ein Viertel Anteil erworben, während ein Kalkbrenner die Hälfte und ein gemeinsamer Freund namens Zulueta das letzte Viertel besitzt. Dieser letztere, ein Baske von niederer Herkunft, aber offenbar ein Geschäftsmann ersten Ranges, hat Krug bereits an mehreren anderen Geschäften viel Geld verdienen lassen und hat es hier unternommen, diesen durch seine Größe wie die Güte des Steines ausgezeichneten Bruch zu einem guten Geschäft zu machen. Mit bescheidenen Kosten sind sie im Begriff, eine 3 km lange Bahn zur Verbindung des Bruches mit der Stadtbahn zu bauen. In den nächsten Monaten, gleich nach Vollendung der Bahn, wollen sie mit dem Verkauf des leicht von der Oberfläche weg abzubauenden Kalksteines beginnen. Ihre Kunden sollen nicht nur die Kalkbrenner, sondern auch die Kupferschmelzer werden, die Kalkstein für ihre Erz-Koks-Ladung brauchen. Selbst die entfernte Famatina hat sich deswegen an sie gewandt. Wegen der günstigen Abbau- und Frachtbedingungen, der Güte und Reichhaltigkeit seines Materials, der Größe der Nachfrage und der abnehmenden Lieferkraft der Konkurrenz, glaubt Krug – ohne es offen auszusprechen –, daß sein Anteil in absehbarer Zeit Millionenwert repräsentieren wird. Ich glaube jedenfalls, wenn die angegebenen Daten stimmen, daß das hineingesteckte fünfstellige Kapital bald doppelten Wert haben wird. Ihre Hauptschwierigkeit scheint die aller hiesigen Industrien, der Arbeitermangel zu sein. Die Leute laufen der großen Einsamkeit halber fort, sobald sie können.

Damit auch das Romantische nicht fehlte, besuchten wir schließlich noch eine, auf Krugs Grund und Boden gelegene, auch in meinem Baedeker angegebenen »Grüne Grotte«, d. h. eine Berghöhle, aus der ein Gang fast senkrecht in die Erde geht. Es sollen Leute bereits 80 m tief hineingegangen sein, ohne das Ende zu finden. Natürlich knüpfen sich allerhand Legenden über Goldschätze aus der spanischen Kolonialzeit daran. Es zeigt, wie wenig die europäische Sensationslust noch bis hierher vorgedrungen ist, daß eine solche Naturmerkwürdigkeit noch immer unerforscht sein kann.

Córdoba, 1. November 1909

Heute früh wachten wir im Eden Hotel, La Falda, bei herrlichem Wetter auf, und ich bekam eine Idee von der Schönheit dieser Berge. Sie können sich mit den Alpen deshalb nicht vergleichen, weil sie weder Schnee noch Seen haben, sondern nur gleichmäßig mit niederem Gestrüpp bewachsen oder kahl sind. Aber an Höhe, Weite des Blickes und Schroffheit der Formation bieten sie doch ein imposantes, fesselndes Bild.

Das Hotel Eden, in dem wir wohnten, das beste der ganzen Umgegend, wird von einer deutschen Pastorentochter geleitet, die hier mitten in der Wildnis einen großen Betrieb mit zahlreichem männlichem Personal nicht allein selbständig besorgt, sondern auch zu einem guten Geschäft gemacht hat.

Krug führte mich heute vom Hotel aus nach einem anderen Terrain, das er gleichfalls dort in der Gegend gekauft hat. Es liegt ganz dicht bei der Station La Falda, kostet ihn und Zulueta mit dem er es zu gleichen Teilen besitzt, je $ 5000 und enthält Granitlager, denen Zulueta noch einen größeren Zukunftswert zuspricht als ihrem Kalksteinbruch. Um nicht zu viel Sachen zu gleicher Zeit in

Arbeit zu haben, lassen sie ihr Granitgeschäft vorläufig noch beinahe ruhen; die zur Probe angehauenen Steine und die Lager, die ich sah, machten allerdings einen guten Eindruck.

In Krug selbst mischt sich – seinen Privatgeschäften gegenüber – die solide Schule der deutschen Bank, die kein Geschäft für gut hält, ehe sie nicht das bare Geld daraus auf dem Tisch sieht, mit der naiven Freude des Besitzers, der seinen Kalkstein oder Granit wie einen Hund tätschelt und dazu vor innerem Vergnügen lacht. Sein Sozius Zulueta erinnert mich im Äußeren wie Wesen an Staudt. Er überwacht und leitet die Arbeiten an dem Kalksteinbruch und der damit verbundenen Bahn Tag und Nacht. Er scheint übrigens in ganz Córdoba als gerissener, rücksichtsloser und erfolgreicher Geschäftsmann bekannt zu sein. Seine Freundschaft mit Krug soll auf Dankbarkeit beruhen.

Mit Vergnügen sah ich auf der Rückfahrt von La Falda heute nachmittag auf einem Bahnhof eins jener Froschspiele, wie wir es im Garten in Potsdam hatten und wie ich es seitdem nicht wiedergesehen habe. Es soll hier nicht viel gespielt werden.

Córdoba, die Stadt der Traditionen! Ich ging heute abend nach Dunkel-Werden nach dem Fluß hinunter, nach dem verrufensten Teil der Stadt. Kettler hatte mir eine bestimmte Ecke bezeichnet. Es war eine alte kahle Mauer, an deren Fuß ein paar unbehauene Steine, zum Teil zu einem Haufen aufgeschichtet, an der Straße lagen. Auf und zwischen den Steinen eine Wachskerze neben der anderen, die mit ihrem rötlichen Licht ein seltsam leuchtendes Bild in der von irgendwelcher Straßenbeleuchtung unberührten Umgebung ausmachen. Während ich dastand, kamen nur junge Frauen, fast nur junge, meist in ganz leichter Gewandung, um noch eine neue Kerze aufzupflanzen, einen Rosenkranz zu sprechen, ein Kreuz zu schlagen – und auch wohl ein kurzes Schwätzchen zu machen. Alles in allem in der Tat ein merkwürdiges Bild.

Die Geschichte dazu ist einfach und rührend. Leider erlaubten mir meine spanischen Sprachkenntnisse nicht, eine der frommen Kerzenträgerinnen aufzusuchen und aus ihrem eigenen Munde die genaueren Details der Ursachen dieses Brauches zu hören. So kann ich nur hersetzen, was mir der deutsche Konsul darüber zu sagen wußte: Vor vielen Jahren – er erinnert sich, daß diese Spende bereits vor 25 Jahren, als er hier ankam, geweiht wurde – vor vielen Jahren ist einmal an dieser Ecke, an einem Montagabend, ein Jüngling ermordet worden, der bei den jungen Damen dieses Stadtteiles ein häufiger Gast und der Hahn im Korbe gewesen ist. Sein Andenken ehrten die zahlreichen Hinterbliebenen, indem sie jeden Montag nach Dunkel-Werden je eine Kerze auf seine Todesstätte pflanzten, und ihre Nachfolgerinnen sind dem Brauche treu geblieben. Der deutsche Konsul konnte meinem Verdacht, es seien vielleicht noch gar keine Nachfolgerinnen, sondern es handle sich am Ende noch um die selben jungen Damen, die seiner Zeit Zeuginnen seines traurigen Endes gewesen seien, nicht energisch genug entgegengetreten. In der Tat scheint hier eine echte, lokalcordovesische Tradition vorzuliegen, von der ich durch ein paar sorgfältige fotografische Zeitaufnahmen mir eine Erinnerung zu bewahren gesucht habe.

Zum Schluß des Abends sah ich mir noch einen Blumenkorso nebst Bazar an, den die gute Gesellschaft heute veranstaltete. Das einzige Charakteristische daran war, daß am Petit-Chevaux-Spiel, wo sich die Crème des Damenflores sammelte und wo ich mir für $ 1 ein Spielbillet kaufen wollte, nicht eine einzige Frau französisch auch nur verstand.

Ich reise morgen nach Tucumán weiter und werden diese Zeilen noch von hier abgehen lassen.

Tucumán, 3. November 1909

Gestern früh hatte ich mich vor Geschäftsanfang mit Krug im Büro seines Sohnes verabredet, wo er mir dessen Geschäftsbücher vorlegte, um mich von dessen wirklich außergewöhnlich hohen Einnahmen zu überzeugen. Er hat die Vertretung des Weinhauses Calvet & Co. zu so günstigen Bedingungen, daß er bei den Verkäufen für eigene Rechnung ca. 50% durchschnittlich, bei den Kommissionsverkäufen ca. 25% durchschnittlich verdient. Sie arbeiten erst zwei Monate und rechnen bei konservativer Schätzung mit einem Jahres*rein*gewinn allein aus der Vertretung Calvet von $ 80 000, von denen sie 25% an einen tüchtigen Reisenden abgeben müssen. An Kapital stecken kaum $ 10 000 im Geschäft. Über die Verteilung des Gewinnes zwischen den beiden Partnern (Krug jr. & Zulueta) haben sie noch nichts abgemacht, da sie Zulueta offenbar als ganz zur Familie gehörig betrachten. Durch ihn, der früher Inhaber des größten cordovesischen Hotels war, ist ihnen auch die günstige Calvetsche Vertretung zugekommen. Die außerordentlichen Verdienste im Weingeschäft, denen diejenigen in ihrem Zigarren-, Konserven- und Mehlgeschäft natürlich nicht annähernd entsprechen, erklären sich einmal aus dem guten Namen, den Calvet & Co. im Norden Argentiniens haben, sodann aus deren Liberalität, man kann vielleicht eher sagen Laxheit – die Leute scheinen selbst so viel verdient zu haben, daß sie ihr Geschäft gar nicht mehr übersehen; schließlich aus der Dummheit des hiesigen Publikums, das teuer bezahlen *will*, sobald es sich um bessere Weine handelt.

Mittags brachte mich Krug an die Bahn und erbot sich schließlich *aus freien Stücken*, mich über seine Erfolge mit dem Kalksteinbruch auf dem laufenden zu halten. Ich lege seine, einem Fremden gegenüber ungewöhnliche Offenheit in Privatgeschäften dahin aus, daß er die – nicht ausgesprochene – Absicht hat, seinen industriellen Besitz in La Falda einmal in Gesellschaftsform zu gründen und europäisches Kapital eventuell mithineinzuziehen – in welchem Zusammenhang es natürlich in seinem Interesse liegt, seine allgemeinen materiellen Verhältnisse als so gefestigt als möglich zu erweisen.

Meine Reise nach Tucumán ging über die Central Córdoba-Bahn, eins der bedeutendsten und, ich glaube das längste schmalspurige Bahnsystem. Es ist in englischem Besitz und läuft von Buenos Aires über Rosario, San Francisco und Córdoba nach Tucumán. Die Strecke Rosario–Buenos Aires ist eben erst eröffnet und zwar auch erst nur für Frachtverkehr. In Rosario wurde mir davon noch nichts gesagt, offenbar weil sie noch kein Faktor im Frachtgeschäft sind.

Auf der Strecke Córdoba–Tucumán haben sie noch einige bedeutende Zweiglinien, eine östlich nach Santiago del Estero und eine westlich nach Catamarca.

Man hatte mich vor dieser Fahrt als einer besonders anstrengenden gewarnt. Ich habe aber bisher in Argentinien noch nirgends und auch sonstwo selten eine im Verhältnis zur Länge der Fahrt so angenehme Reise gemacht. Der Schlafwagen, in dem ich ein zweibettiges Coupé ohne Zuschlag für mich allein hatte, sowie der Speisewagen waren äußerst praktisch und ansprechend. Beide sind in Córdoba von Kettler, dem deutschen Konsul, der Chefingenieur an der englischen Bahn ist, gebaut. Die Schlafwagen hat er sehr geschickt aus amerikanischen Pullman-Wagen umgebaut, indem er einfach die in der Längsrichtung hintereinander liegenden Betten durch feste Wände in Einzelabteile voneinander trennte und so den sonst nirgends bestehenden Vorteil von kleinen Abteilen mit Betten in der Fahrtrichtung gewann. Der Vorzug der Speisewagen ist, daß die Küche nicht im gleichen Wagen ist. – Was mir aber wohl die Reise am meisten erleichterte, war das fast völlige Ausbleiben des sonst hier meist unerträglichen Staubes. Der reichliche Regen der letzten Tage und die auch gestern noch verhältnismäßig kühle Temperatur ließen Staub nicht aufkommen.

Auch die Central Córdoba-Bahn heizt auf ihren Strecken nördlich Córdoba mit dem hier üblichen, billigen Knüppel-Holz. Ein wesentlicher Teil der Strecke nördlich Córdobas, die ich durchfahre, ist mit diesem niedrigen, gestrüpppartigen Wald dicht bestanden. Es soll im Norden der Provinz Córdoba und namentlich in der Provinz Santiago del Estero noch richtige Waldungen von hartem Nutzholz geben, die im Gegensatz zu den Waldungen des Chaco noch immer im Besitz der Hiesigen sind. Die Wälder des Chaco, die großenteils Quebracho sind, sind vielfach in den letzten Jahren von Europäern der Regierung abgekauft worden, die sie bis auf weiteres noch liegen lassen. Das war mit den Wäldern Santiagos nicht möglich, weil diese von den ursprünglichen einheimischen Besitzern seit Jahren auf deren Erben und Erbeserben übergegangen sind, ohne daß in den meisten Fällen die Erbschaft durchs Gericht liquidiert worden sei.

So bestehen heute noch an großen Waldkomplexen die mannigfachsten verschiedenen und schwer zu verfolgenden Rechte, und es würde einen eventuellen Käufer jedenfalls viel Zeit und gerichtliche Schwierigkeiten kosten, um zu einem, dann allerdings sehr wertvollen Besitz zu gelangen.

Nach Verlassen der Provinz Córdoba geht die Strecke der Bahn an der Grenze der Provinzen Catamarca und Santiago del Estero entlang, bis sie in die Provinz Tucumán einmündet. Trotz des Alters dieses Landes – alle diese Provinzen sind von den Spaniern bereits Ende des 16. oder Anfang des 17. Jahrhunderts begründet und zum Teil angebaut – ist das Land, sobald man die Umgegend der Stadt Córdoba verlassen hat, meist Gestrüpp und unverbesserte Weide. Eine Ausnahme macht, im Norden der Provinz, die kleine Stadt Jesus Maria, eine ehemalige Jesuitenniederlassung, in deren Umgebung noch heute etwas Weinbau getrieben wird und in deren Nähe auch die Estancia des General Roca[71] liegen soll.

An der Station bieten einheimische Frauen wenig Vertrauen erweckende, hiesige Gerichte und scheußlich bunte, offenbar nur für den Fremden-Verkauf gemachte Flecht- und Federarbeiten an.

Die übrigen Stationen, die ich im Laufe des Nachmittags und Abends sah, waren trostlos und meist nichts als Holz- und Wasserladestellen. An der Grenze der drei Provinzen Córdoba, Catamarca und Santiago eine riesige, 150–200 km lange Salzwüste, die an die ähnlichen Strecken Utahs und Nevadas erinnert. Es soll hier Salz gewonnen werden, wovon ich aber nichts sah. Der Hauptmangel der anderen Strecken, die ich durchfuhr, scheint Wassermangel zu sein.

Heute früh, ¾ 6, traf ich in Tucumán ein. Die Gegend um die Stadt steht in weitem Radius unter Kultur. Das Hotel das üblich-argentinische mit den Zigaretten-Resten des Vorgängers auf dem Tisch und dem zur Zimmereinrichtung gehörigen Kamm mit den vielen herausgebrochenen Zähnen neben der Waschschüssel. – Ich möchte wohl wissen, wozu ihn die anderen benutzen; ich kratze mir immer damit den hartgewordenen Schmutz von den Stiefelsohlen.

Gegen 9 Uhr suchte ich den hiesigen BAT und seinen Direktor Vogt[72], der gleichzeitig hier deutscher Konsul ist, auf. In Übereinstimmung mit den anderen Banken haben sie hier bereits tropische Kassenstunden, d. h. von 7 ½ bis 11 ½, angenommen. Vogt, der früher Prokurist bei Onkel Gustavs Schwiegervater Cohn gewesen zu sein scheint, macht einen liebenswürdigen, wenn auch nicht überwältigend tüchtigen Eindruck. Für seine Bank hat er ein eigens gebautes geräumiges Lokal in guter Gegend zu dem noch zehn Jahre laufenden, ungewöhnlich günstigen Kontrakt von $ 250 per Monat. Natürlich wäre ihm trotzdem ein eigenes Haus lieber, zumal die Nación-Bank eben an einer guten Ecke einen ähnlichen Prachtbau wie in Córdoba aufführt und auch die spanische Bank, die erst seit zwei Jahren hier ist, der Nación-Bank gegenüber eine wertvolle Ecke erworben hat. Das Geschäft ist an Umfang heute etwa dem gleich, was der BAT seinerzeit, d. h. vor drei Jahren vom Banco de la Provincia übernommen hatte. Bei dem starken Wachstum Tucumáns gerade in diesen drei Jahren, das Vogt selbst hervorhebt, ist die Tatsache, daß der BAT nicht mitgewachsen ist, wohl in erster Linie mit der Konkurrenz der hier ein Jahr jüngeren spanischen Bank zu erklären, die hier wie überall liberaler mit Krediten ist als der BAT. Vogt meint, daß die spanische Bank heute an Depositen und Kontokorrent-Kreditoren ebenso viel hat als er selbst; die Nación-Bank hat natürlich mehr als sie beide, während die Provinzbank, die schwerfällig ist, und die eben installierte französische Bank, die noch nicht recht ins Geschäft gekommen ist, weniger haben. Ich möchte bei der Bedeutung Tucumáns eher annehmen, daß nicht nur die Nación-Bank, sondern auch die spanische wesentlich mehr Depositen haben als er. Er hat je etwa ½ Million Pesos unter Kontokorrent-Gläubigern und unter Sparkassenkonten; langfristige Darlehen nur $ 40 000 – warum davon so wenig, konnte er mir nicht erklären, da hier die Steuer auf solche nur ½ Promille (gegen ½ % in Córdoba) ausmacht. Im Gegensatz dazu werden sie hier durch einen Stempel von 5 cts. auf jede Kontokorrent-Quittung belastet, die im Monat ca. $ 100 ausmacht.

Auch hier spielt unter der Kundschaft die deutsche Kolonie keine Rolle. Deutsche Häuser gibt es kaum, eher schon Schweizer, von denen das bedeutendste, Gruman, einer seiner besten Kunden ist.

Die beiden großen deutschen Konzerne, die in der Zuckerindustrie eine Rolle spielen, sind nicht Kunden der BAT, offenbar aus Gründen, die außerhalb Tucumáns zu suchen sind. Das eine ist die Compañia Azucarera de Tucumán, Tornquists großer Konzern; das andere die durch Vermittlung von Lindenberg Neller & Co., von Duhnkrack in Hamburg voriges Jahr für $ 1 400 000 gekaufte Zukkerfabrik.

Vogt ist stolz auf Beliebtheit am Platze und auf seine Sprachkenntnisse, die ihm gestatten, mit den Kunden der verschiedenen Nationalitäten in ihrem Idiom zu sprechen. Leider nützt ihm dies um so weniger, je mehr Banken hierher kommen: Bereits ist der Leiter der London Bank hier eingetroffen, die demnächst, wie in Córdoba, auch hier ihre neue Niederlassung aufmacht und an die der BAT jedenfalls das gute Konto der hiesigen englischen Licht- und Kraft-Gesellschaft verlieren wird. Auch die italienische Bank wird demnächst hier eine Filiale aufmachen. Vogt schiebt einen Teil der Schwierigkeit, sich hier gegen die Konkurrenz zu behaupten, auf die Verhältnisse, die die hiesige zweifache Währung mit sich bringt. Neben den Nationalbanknoten kursiert hier noch von der Provinz garantiertes Papiergeld, das allerdings von der Provinzbank eingezogen werden soll, für dessen endgültige Tilgung aber kein Termin festgesetzt ist. Auf Ordre von Berlin muß Vogt nun von seinen Kunden getrennte Buchführung für die beiden Währungen verlangen, was dem kaufmännisch wenig geschulten Publikum natürlich unbequem ist und was auch die anderen Banken nicht vom Publikum beanspruchen.

Nach kurzem Aufenthalt in der Bank – Vogt ist naturgemäß über sein Geschäft weniger mitteilsam als seine günstiger arbeitenden Kollegen in Córdoba und Bahia Blanca – nahm er mich auf eine Rundfahrt durch die Stadt, auf der er mir, gerade umgekehrt, nichts schenkte; Bakteriologisches Institut (von innen), Kirchhof (von innen), ein historisches Häuschen, über das sie zum Schutz eine größere massive Halle gebaut haben (von innen) und (von innen) auch den Zoologischen Garten. Ich war solange in keinem Zoologischen Garten gewesen und hatte offenbar auch meinen Reuter[73] ganz vergessen, daß ich mir wie ein Anfänger vom Lama ins Gesicht spucken ließ.

Die Stadt Tucumán, die heute 80 000 Einwohner zählt (höchstens), ist ungefähr gleich alt wie Córdoba, aber, obwohl geringer an Einwohnerzahl, lebhafter im Straßen- und geschäftlichen Verkehr. Eine Reihe hübscher plastischer Kunstwerke verdankt es einer einheimischen, jetzt in Rom lebenden Bildhauerin namens Lola Mora[74] – einer der wenigen gut bildhauenden Frauen. Die elektrische Bahn, die vor kurzem aus einer Pferdebahn in eine solche umgewandelt worden ist, ist im Besitz einer französischen Licht- und Kraft-Gesellschaft, die in Konkurrenz mit der vorerwähnten englischen Gesellschaft Tucumán versorgt. Leider haben sich die Deutschen auch hier das zukunftsreiche Feld nehmen lassen. Eine Viehausstellung, die wir schließlich besuchten, bot nicht viel Interessantes, wie denn die Provinz Tucumán als Viehzüchter ohne Bedeutung ist und nur die Häute des hiesigen, mit englischem Blut noch nicht vermischten Viehes gesucht werden.

Zum Lunch nahm mich Vogt, der mich leider liebenswürdigerweise von 9 Uhr früh bis 5 Uhr nachmittags keinen Augenblick verließ, an seinen üblichen Mittagstisch im Kreise spanischer Junggesellen, in einem Privathause, mit. Im Laufe der ungezählten Gänge setzte plötzlich jemand, angeblich wegen der Hitze, eine jener tief verhaßten elektrischen Windmühlen-Fächermaschinen in Bewegung, die sich, außer in ihrem natürlichen Kreise noch um ihre eigene Achse drehen und jeden von Zeit zu Zeit plötzlich wie mit Grabeshauche anwehen. Wer im richtigen Winkel dazu sitzt, bekommt unweigerlich einen steifen Hals davon. Heute abend werden wir wieder in diesem gastfreien Hause essen. –

N. B. Aus Kleinigkeiten wie diesen, über die ich früher gelacht hätte und über die ich mich jetzt ärgere, merke ich, daß ich nervös bin und daß es gut ist, daß ich bald nach Hause komme.

Nach Tisch fuhren wir nach der Zuckerfabrik Guzman hinaus. Zucker ist die Grundlage Tucumáns und das Problem für die hiesigen Banken. Ein großer Teil der Provinz ist mit Zuckerrohr bepflanzt, und in der unmittelbaren Gegend der Stadt gibt es etwa 35

Fabriken. Die Kultur wird seit ca. 150 Jahren betrieben, seit etwa 31 Jahren rationell. Nachdem vor sechs Jahren in der hiesigen Zuckerindustrie ein Zusammenbruch infolge Überproduktion eintrat, ist in den letzten zwei bis drei Jahren die Produktion wesentlich unter dem Konsum geblieben. Zwar wurde die Anbaufläche vermehrt, aber die Bevölkerung vermehrte sich bzw. ihre Konsumfähigkeit verhältnismäßig mehr. Einen Anteil an der verhältnismäßigen Verringerung der Produktion hatten auch die Witterungsverhältnisse, die das Rohr in den letzten Jahren weniger ergiebig als früher machten. So konnten z. B. dieses Jahr aus dem Rohr nur 7% extrahiert werden, so daß die Gesamtzuckerernte des Jahres gegen das Vorjahr um 30% zurückging, obgleich mehr Rohr verarbeitet wurde.

Die Zuckerfabrikanten beanspruchen fast alle dauernden Bankkredit. Eine Ausnahme macht der größte von ihnen, Hileret, ein Franzose, dessen Jahreseinkommen aus seinen Fabriken man auf 1 Million Pesos schätzt. Noch bedeutender als er ist die vorerwähnte Tornquistsche Compañia Azucarera, die hier fünf Fabriken besitzt außer ihrer Raffinerie in Rosario. Die anderen Fabrikanten aber beanspruchen durchweg Kredit von $ 50 000 bis $ 100 000 und mehr. Der BAT scheint diese Kredite nur mit Zurückhaltung zu gewähren, im Gegensatz zur Konkurrenz. Frederking Vater und Sohn, die, wie ich höre, selbst an Zucker interessiert sind, wandten sich mir gegenüber in diesem Punkt gegen den in Berlin eingenommenen Standpunkt und waren speziell entrüstet, daß Herr Krusche von Tucumán ohne größere Vorliebe für die Zuckerindustrie zurückgekehrt sei[75]. Wie die Zukunft Tucumáns durchaus von der Zuckerindustrie, so wird die Zukunft der hiesigen Filiale des BAT jedenfalls großenteils von ihrer Haltung dieser Industrie gegenüber abhängen. Es gibt offenbar zu denken, daß eine Stadt, die seit *vielen* Jahren eine anscheinend äußerst lukrative Industrie beherbergt, an Größe der Bevölkerung und Umfang des allgemeinen Geschäftes noch nicht weiter ist als Tucumán heute. Andererseits muß man zugute halten, daß die sogenannten Zuckerbarone bisher nicht nur ihr in der einen Hälfte des Jahres verdientes Geld in der anderen Hälfte in Buenos Aires und Paris auszugeben pflegten, sondern daß sie auch, solange es hier noch wenige Banken gab, ihre geschäftlichen Transaktionen meist in Buenos Aires abwickelten. Ebenso ist zu bemerken, daß sich in den letzten drei Jahren speziell in der Stadt ein wesentlicher Fortschritt gezeigt haben muß und daß ich auf der Rundfahrt eine ungewöhnliche Zahl im Entstehen begriffener, meist öffentlicher Gebäude bemerkte.

Während vor einigen Jahren für die hiesige Zuckerindustrie die Möglichkeit des Exportes der springende Punkt in ihrer Weiterentwicklung war, scheinen sich augenblicklich die Meinungen an der Frage zu erhitzen, ob der derzeitige Schutzzoll bei der ungenügenden Produktion aufrechtzuerhalten sei oder nicht.

Die von uns besuchte Fabrik Guzman, die dritt- und viertgrößte von Tucumán, die in der Krisis vom BAT gestützt wurde, liegt am Ende eines Dorfes, das von ihren Land- und Fabrikarbeitern mit Familien gebildet wird. Die Fabriken besitzen meist selbst Zuckerrohrland, das sie von ihren eigenen Arbeitern bestellen lassen. So beschäftigen sie die Leute im Sommer, die im Winter, d. h. von Juni bis Oktober, in der Fabrik arbeiten. Da aber den meisten Fabriken das selbstgezogene Rohr nicht genügt, so kaufen sie noch Rohr dazu, das von sogenannten Kolonisten auf gepachtetem Land gezogen wird. Das Land gehört meist wohlhabenden Leuten aus allerhand Berufen, die zum Teil selbst Rohr bauen, zum Teil verpachten und großenteils 50% mit ihrem Kapital machen sollen. Auf diese Weise ist hier ziemlich jeder irgendwie an Zucker interessiert.

Am Ende des Dorfes Guzman liegt die gleichnamige Zuckerfabrik, deren Begründer neben seinem Werk ein schloßartiges Haus mit schönem Garten hat. Er wohnt hier natürlich nur zur Zeit der Ernte und Verarbeitung des Zuckers, die gerade jetzt – vor ca. acht Tagen – aufgehört hat. Ein paar deutsche Büroangestellte empfangen uns und gestatten uns mit einer Unmanierlichkeit, deren sich kein Nord- oder Südamerikaner schuldig gemacht hätte, uns die Fabrik anzusehen, ohne uns ihre oder sonst irgendwelche Begleitung anzubieten. Man findet wie überall, auch hier in Tucumán gebildete Deutsche in zahlreichen Vertrauensstellungen nicht-deutscher Betriebe. Das ist unser Export geistiger Arbeit, der unserem Kapital-

Export leider immer noch voraus eilt. Die meisten Techniker und kaufmännischen Leiter der hiesigen Zuckerfabriken sollen Deutsche sein.

Die Fabrik arbeitete selbst nicht mehr und war ohne Führer nicht sehr interessant zu besehen, namentlich da ich den Betrieb aus Louisiana schon kannte. Dort sah es allerdings wesentlich sauberer aus, auch schien mir die Maschinerie dort moderner. Ihre Kapazität hier ist 1000 Tonnen Zuckerrohr per Tag. Die zurückbleibende Melasse verwerten sie auf ihren Alkoholgehalt hin. Schließlich raffinieren sie noch einen Teil ihres Zuckers selbst. Hiermit bilden sie in Tucumán eine Ausnahme, das zur Zeit erst eine einzige Raffinerie besitzt. Hileret, der vorerwähnte größte der Zuckerbarone, ist im Begriff, eine zweite zu bauen. Der meiste Zucker aber geht nach Rosario zur Raffinerie, während ein wesentlicher Teil unraffiniert in den Handel kommt.

Den Abend beschlossen Vogt und ich mit wiederholtem Aufenthalt in Kinematographen-Theatern und einem Spaziergang über die Plaza, auf der sich die hübschen Tucumán-Mädchen von 9 bis 12 Uhr nachts bei Musik dem Herrenpublikum produzieren.

Tucumán, 4. November 1909

Heute früh fuhren Vogt und ich für einen Ausflug nach Tafí Viejo hinaus mit der Staatsbahn Central Norte, die gerade in Tafí Viejo ihre neuen Zentralwerkstätten anlegt. Tucumán hat drei Bahnverbindungen mit dem Süden, ihrer Bedeutung nach genannt der Central Argentino (breitspurig, englisch), der Central Córdoba (schmalspurig, englisch) und der Central del Norte (schmalspurig, staatlich). Von diesen geht nach dem Norden weiter allein die Staatsbahn und zwar bis an die Grenze Boliviens. Außerdem besitzt Tucumán (Provinz) noch eine schmalspurige Bahn Norte-Oeste Argentino, an der ein großer Teil der Zuckerfabriken liegt.

Der Staats-Eisenbahnbetrieb rentiert hier noch nicht, wahrscheinlich weil zu viel gestohlen wird. Nach Aussagen eines deutschen, dort arbeitenden Ingenieurs, sollen auch die Anlagen der neuen Werkstätten in Tafi Viejo, die weit von der Stadt abliegen und eines der ersten derartigen großen Unternehmungen der Regierungen bedeuten, nicht durchweg ökonomisch angelegt sein. Gut sollen die elektrischen Anlagen sein, die von Siemens & Halske mit Borsigschen Maschinen gemacht sind. Übrigens versucht die Regierung bereits wieder, eine Bahn aus ihrem Besitz zu verkaufen und zwar die in den Provinzen San Luis und Córdoba laufende, nicht bedeutende Transandino. Wahrscheinlich wird der Central Argentino sie kaufen, außer für den sie nur für die Pacific-Bahn Wert hätte[76].

Buenos Aires, 5. November 1909

In Tafi Viejo hatte uns Dr. Padilla, der Advokat des BAT (und gleichzeitig der Central Argentino-Bahn) ist und dort ein Landhaus mit schönen Zuckerländereien besitzt, ein paar Pferde zum Ritt in die Berge zur Verfügung gestellt. Padilla gab uns außerdem noch seinen Capataz, zu deutsch Großknecht, mit, einen Mann von wohl 2 m Länge auf einem ganz kleinen Maultier; Don Quijote auf Sancho Pansas Esel. Gleich nachdem wir das Dorf verlassen, kommen wir in den Urwald. Derartige dichte Urwälder mit starken, aber vom Boden ab schief- und krummgewachsenen Stämmen und ungleichmäßigen Verästelungen bedecken hier alle Berge der Umgebung und sind jedenfalls auch der Typus der Wälder Santiagos del Estero. Ihr Holz ist hart und ungleich gewachsen, daher gleicherweise beschränkt als Nutz- wie Bauholz verwendbar.

Während unseres Rittes bergan hingen um uns herum Schlingpflanzen, Orchideen, Moos und andere Parasiten von den Bäumen herab; hie und da glühte im dunklen Grün die Goldorange, die in der Wildnis sehr bitter sein soll, und über uns krächzten die im Urwald unvermeidlichen Papageien, Loros genannt. (Daher der Name: Lorchen.)

Ich hatte die deutliche Empfindung, daß ich all dies weit weniger genoß als mancher andere in meiner Lage; aber es wäre doch ganz schön gewesen, hätte Vogt nicht den unglücklichen Gedanken gehabt, er müsse mich auf einen Punkt führen, von wo man Aussicht hat.

Er zwang uns in eine Richtung, in der es so steil bergan ging, daß wir die Pferde nicht mehr mitnehmen konnten. Nachdem ich mir an den harten Dornen auch noch meinen einzigen Rock zerrissen, kletterte ich zu Fuß voran. Bei steigender Tropenhitze ziemlich senkrecht durch den »Urwald«. Ich mußte mir dieses Wort immer wiederholen, um mich bei Stimmung zu halten. Schließlich aber war mein einziger Trost, daß hinter mir der dicke Vogt den gleichen Berg emporkeuchen mußte. Unterdessen ließ ich ein Kleidungsstück nach dem anderen am Wege zurück, teils der Hitze wegen, teils um nachher den Rückweg zu finden. Als ich aber schließlich, mehr nackt als lebendig, oben angekommen war – es war natürlich keine Aussicht infolge der hohen Bäume – erschien fünf Minuten nach mir nicht Vogt, sondern der Capataz Don Quijote: der Senor Gerente del BAT sei gleich bei den Pferden geblieben, weil es so steil ausgesehen habe. Ich kehrte schnell um und verließ den Urwald ohne Bedauern.

Wir lunchten noch mit Dr. Padilla in seinem Landhaus und fuhren mit dem liebenswürdigen und gastfreien Mann in seinem Wagen nach Tucumán zurück, unterwegs noch die solide gebauten Wasserleitungsanlagen der Stadt besichtigend.

Nachdem ich schon in Córdoba 33% der Hotelrechnung abgehandelt, erhielt ich hier sogar 50% Rabatt – wobei die Leute wohl immer noch gut verdienen. Dann fuhr ich gegen Abend mit dem Expreßzug der Central Argentino-Bahn nach Buenos Aires zurück. Nach Verlassen der zum größeren Teil bebauten, aber nicht ausgedehnten Provinz Tucumán kamen wir durch die meist unfruchtbare Provinz Santiago del Estero, und ich hatte Gelegenheit, den richtigen Staub auf einer argentinischen Reise kennen zu lernen. Obwohl alle Fenster geschlossen waren, kamen die Sandwolken zeitweise so dicht in den Speisewagen, daß man sein Vis-à-vis nicht sehen konnte und daß ein eben hingestellter sauberer Teller im Nu mit einer Sandschicht von 1 mm bedeckt war. Dieser Zustand dauerte noch ziemlich die ganze Nacht an, so daß ich morgens unter einer fast fingerdicken Schmutzkruste erwachte. Besser wurde es erst in der fast ganz angebauten Provinz Santa Fé, in der der Weizen meist recht gut stand. Hier passierten wir eine der von der Jewish Colonization Association mit Baron Hirschs Gelde angelegten Kolonien, während die anderen in Entre Rios sind[77]. Die in Santa Fé passierte ist 60 000 ha (ca. 25 Quadratmeilen) groß und hat über 2000 Ansiedler auf vorzüglichem Boden. Außer dem Central Argentino, der drei Stationen auf ihrem Gebiet hat, geht noch die Provinzbahn von Santa Fé mit gleichfalls drei Stationen durch die Kolonie. Über Rosario langte ich dann heute abend hier an, wo Jonas mit mir den Abend verbrachte.

Ich erhielt inzwischen Deinen Brief vom 2. Oktober. Hoffentlich versteht der von Philipp Holzmann & Co. gesandte Ingenieur auch etwas von wirtschaftlichen Fragen, die beim Bahnbau in Argentinien wichtiger als die technischen scheinen. – James Speyers[78] Gedanke einer transkontinentalen Bahn wird in New York wohl mehr vom Ehrgeiz als von ökonomischen Gesichtspunkten eingegeben erscheinen. Hill hat nie diesen Wunsch gezeigt; Harriman erst, als sein westliches System durchaus in sich selbst gefestigt war[79]. Die Lehigh Valley-Bahn ist gut und gibt dem Rock Island-System einen Ausgang nach dem Atlantik, aber der Ausgang nach dem Pacific fehlt noch. – Der Posten von Lehigh Valley shares – und wohl noch ein größerer – war übrigens schon auf dem Markt, als ich in Buffalo war. Er stammt aus dem Tresor irgend einer der großen östlichen Bahnen. – Daß Mankiewitz die Frisco Bonds in Berlin nicht emittieren will[80], verstehe ich. Daß man in Zeiten der Depression versäumt hat, sich die Obligationen der *guten* Bahnen für das deutsche Publikum zu sichern, ist noch kein Grund, ihm in Hausse-Zeiten die Bonds der *schlechten* Bahnen anzubieten.

Dr. Vogelstein, München[81], schickte mir seinen gut geschriebenen Aufsatz über Banken und Industrie aus dem »Bank-Archiv«, 8. Jahrgang, Heft 22-24, der Dich eventuell interessieren wird.

Buenos Aires, 7. November 1909

Gestern, Sonnabend, traf ich in der Bank Lingenfelder, der tags zuvor angekommen war. Nachmittags besuchte ich seine in der Tat sehr gewöhnliche Frau in ihrem nicht sehr repräsentativen Haus. Das sehr hübsche Dienstmädchen, das mir zuerst mit hochgeschürztem Rock und Ärmeln aufgemacht hatte, entpuppte sich später als die Tochter des Hauses.

Inzwischen ist endlich ein Einvernehmen in der »Hafen und Kanal von Buenos Aires«-Angelegenheit zwischen Deutsche Bank, Holzmann und Goedhart zustande gekommen, an dem Frederking sich das Verdienst zuschreibt. Hoffentlich erhält nun die einzureichende Offerte den Zuschlag, denn abgesehen vom Verdienst wäre das Geschäft eine große Reklame für die deutsche Industrie.

Die Verhältnisse bei der Deutsch-Ueberseeischen Elektrizitätsgesellschaft scheinen dagegen noch sehr ungeklärt. Die Leitung befindet sich dauernd auf der Reise zwischen Berlin und hier.

Lebhaft besprochen wird hier zur Zeit die Lage der Pacific-Bahn, die überall ihre Arbeiten an neuen Linien eingestellt hat und sogar auch den Bau an ihrem neuen Bahnhof in Bahia Blanca. Sie scheint sich etwas zu schnell ausgedehnt zu haben, und ihre augenblicklichen Einnahmen sollen sehr unbefriedigend sein. Trotzdem hat sie eben mit der Central Argentino-Bahn zusammen die in meinen letzten Zeilen erwähnte, bisher dem Staate gehörige Andino-Bahn im Westen der Republik erworben.

Gestern abend und heute nachmittag war ich auf einem Bazar, der zum Wohle der hiesigen deutschen Schule stattfand. Ich traf unter anderem Mollers dort, die ihre Einladung auf ihr Gut wiederholten. Vielleicht gehe ich übernächste Woche wirklich hin, obgleich ich mir bereits mehrfach geschworen habe, es nicht zu tun. Vorläufig hoffe ich, übermorgen für eine knappe Woche nach der Provinz Entre Rios zu gehen, der bekannten fruchtbaren Provinz nördlich Buenos Aires, zwischen dem Uruguay-Fluß und dem Parana. De la Torre, mit dem ich die Reise machen will und mit dem zusammen ich heute bei Frederkings frühstückte, ist leider augenblicklich durch

Krankheit seiner Mutter verhindert, genauen Abreisetermin anzugeben. Bei Frederkings jr. ist übrigens vor drei Tagen ein Töchterchen angekommen, was ich Euch, um dem stolzen Vater Freude zu machen, morgen telegrafieren will.

Buenos Aires, 9. November 1909

Nun sind meine Reisedispositionen wieder ganz geändert. De la Torres Mutter ist schwer krank; er will also unsere Reise nach Entre Rios aufschieben. In Argentinien habe ich an Städten nichts besonders Sehenswertes mehr zu sehen; Montevideo spare ich mir für den Rückweg auf. Also gehe ich nach Chile. Albert kann erst nächste Woche fort; ich hoffe, ihn dort zu treffen. Martinez de Hoz, der Ingenieur, auf den ich Hoffnungen setzte, reist auch später, so daß ich zunächst allein fahre – es soll aber ein anderer Deutscher noch im gleichen Zuge sein. Mein morgen zu kabelndes Stichwort wird Euch inzwischen benachrichtigt haben.

Gestern erzählte mir Goedhart, der mit der Deutschen Bank in der hiesigen Kanal-Submission zusammengehende Bagger-Unternehmer, von der scharfen Konkurrenz und der persönlichen Animosität zwischen seinem Konzern und Philipp Holzmann. Er behauptet, Philipp Holzmann & Co. seien nach dem Tode des alten Holzmann[82] bürokratisch geworden, hätten in Deutschland und speziell mit der Marineverwaltung in letzter Zeit so ungenügend gearbeitet, daß sie von Marinebehörden prinzipiell keine Aufträge mehr bekämen und machten ihren Verdienst zur Zeit nur durch die von der Deutschen Bank finanzierten Auslandsunternehmungen. Er selbst sei in Deutschland im wesentlichen an ihre Stelle gerückt, und die darauf gegründete Feindschaft Philipp Holzmanns habe eben bisher das Zustandekommen einer Verständigung zwischen ihm, Philipp Holzmann und der Deutschen Bank verhindert bzw. verzögert.

Frederking war heute wieder sehr erregt über Krusche, der in einer »Direktions«-Angelegenheit privatim an Lingenfelder gekabelt hatte. Es scheint mir tatsächlich etwas verletzend für Albert wie Frederking, wenn Krusche, wie er es regelmäßig tun soll, Direktionsangelegenheiten wie Privatangelegenheit mit Lingenfelder behandelt (während Lingenfelders Abwesenheit von hier kabelte er privatim an Albert). Dies ist übrigens der einzige gemeinsame Punkt zwischen den sonst entgegengesetzten Familien Frederking und Firma Staudt & Cia.: ihre gemeinsame, unverhüllte Feindschaft gegenüber Krusche.

Ich komme auf Deinen interessanten Brief vom 16./18. Oktober zu sprechen. Zur Hypothek Miró: das Geschäft scheint gut und sicher zu sein. Die Estancia Mirós liegt in der Nähe der Südküste der Provinz Buenos Aires an einer der Süd-Bahnlinien. Der Boden dort soll, nach Frederking, der beste in der Provinz sein (die von Seeber projektierte Bahn geht dort durch!). Der Besitzer, ein ordentlicher Mann, der das Geld braucht, um seinen in der Trockenheit reduzierten Viehbestand zu erneuern, schätzt sein Land auf $ 300 per Hektar, Frederking auf $ 350–400. Eure Hypothek beansprucht ca. $ 75 per Hektar. Der Satz von 7½%, den der Mann zahlt (davon ½% für den BAT hier), ist für hiesige Verhältnisse nicht hoch. Einheimische Hypotheken-Darleiher, die als Wucherer gelten, verlangen meistens mehr; die sogenannten europäischen Hypothekenbanken hier (Bunge & Born haben ein solches Institut gegründet, Tornquist ein anderes) verlangen ebenso viel und gleichfalls in Gold – diese Hypotheken sind alle in Francs. Dies, d. h. die Hypothekenbanken, ist – nebenbei bemerkt – auch ein glänzendes ebenso sicheres wie rentables Geschäft, das sich die Deutschen haben entgehen lassen.

Endress, den Ihr in der Angelegenheit des Depots der chilenischen Regierung in Verdacht hattet, soll für eine chilenische Filiale des Banco Germánico in Aussicht genommen sein[83]. In Buenos Aires scheint übrigens die Konkurrenz des Banco Germánico weniger schädlich wie die anderer Banken, namentlich der spanischen.

Daß James Speyer bzw. die Rock Island die Missouri Kansas Texas-Bahn erwerben würde, kombinierten Ingersoll[84] und ich bereits, als wir in St. Louis und Dallas die Verhältnisse dieser Bahn studierten. Sie ist jedenfalls eine gut gebaute und ausgelegte Linie.

Auch James Speyers Partnerschaft mit Hawley ist ein geschickter Zug, da Hawley als der geriebenste Eisenbahnmann nach Harriman gilt. Ein transkontinentales System haben sie zwar noch nicht, aber die MKT gibt ihnen einen viel wertvolleren Ausgang nach dem Golf. – Aus dem Börsencourier entnehme ich übrigens, daß die Deutsche Bank schließlich doch noch die von James Speyer angebotenen Frisco Bonds mit Lazard Speyer-Ellissen zusammen übernommen hat.

Alle Hochachtung für Deine selbstlose Vermittlung gelegentlich von Kochs[85] Rücktritt vom Direktorium der Deutschen Bank. Wird damit nun ein Aufrücken aus den unteren Stellen verbunden sein? Mit Verwunderung habe ich unter einem Aufruf für eine Liliencron-Sammlung Gwinner[86] als »Generaldirektor« aufgeführt gesehen.

Puente del Inca, 11. November 1909

Gestern früh 10 Uhr verließ ich Buenos Aires auf der Pacific-Bahn, auf dem Wege nach Chile. Das Billet an sich war schon sehr teuer, und für ein kleines Schlafcoupé für mich allein hatte man mir noch einen Zuschlag abverlangt, der das Gesamtresultat auf fast $ 250 kommen ließ. Zu meinem Erstaunen erschien aber gleich nach Antritt der Fahrt ein gutgekleideter Herr, der mir unter Ausdrücken des Bedauerns, daß man mir zuviel Geld abverlangt habe, $ 70 wieder zurückerstattete. Wieder eine Stunde später allerdings erschien noch ein Mann, der mir nochmals $ 5 für irgendwelchen Zuschlag abverlangte. – Damit scheint die Angelegenheit endgültig geregelt.

Die Pacific-Bahn, gleich den meisten anderen großen englischen Systemen breitspurig und solide gebaut, hat ihre Hauptlinie direkt nach Westen, von Buenos Aires nach Mendoza. Außer einer Reihe bedeutender Zweiglinien nach Norden wie Süden hat sie sodann zwei Linien von Bahia Blanca ausgehend, deren eine, bereits fertiggestellte, die Hauptlinie ungefähr in der Mitte trifft, während die andere, die noch im Bau begriffen ist, direkt nach Mendoza geht. Während mir, der ich aus Nordamerika komme, die solide Konstruktion der Bahn auffällt, hält sich ein mitreisender junger englischer Bahn-Ingenieur, der noch nie im Ausland war, über ungenügende technische Details auf.

Die zuerst durchfahrene Provinz Buenos Aires ist wie überall durchweg unter Kultur. Kurz vor der Grenze der Provinz Córdoba kommen wir an der Station Junin vorbei, in deren Nähe die beiden, zusammen drei bis vier Meilen umfassenden Frederkingschen Estancien liegen. Der Boden ist hier Weideland mit besten Gräsern. Wo noch das alte harte Präriegras steht, wird es mit Absicht belassen, um dem Vieh Ruheplätze und auch wohl im Fall äußerster Trockenheit Futter zu geben.

Während der Nacht und des Morgens fuhren wir durch den südlichen Teil der Provinz Córdoba und die Provinz San Luis. Der südliche Teil von Córdoba ist jenes Gebiet, das Krug in Córdoba (Stadt) nicht zu seiner Sphäre rechnen will, weil es wegen der durchweg ost-westlich laufenden Bahnen wirtschaftlich zu den Häfen der Ostküste gehört. Das Land ist von einem Franzosen, der hier noch immense Ländereien besitzen muß, sehr kolonisiert und zwar meist mit arbeitsamen Italienern bevölkert worden und soll in den letzten Jahren sehr vorangekommen sein. Auch die deutsche Kolonisationsgesellschaft Stroeder besitzt hier viel Land.

Nach der gleichfalls zwischen Ackerbau und Viehzucht geteilten Provinz San Luis geht es durch Mendoza. Hier fällt auf, wie der Wein – die Hauptindustrie der Provinz – im völlig flachen Lande gebaut wird. Von der Stadt Mendoza, die ca. 30 000 Einwohner hat, sahen wir leider wenig, da wir kaum ¼ Stunde Aufenthalt hatten. Sie wird in Buenos Aires oft als wirtschaftlich zukunftsreich genannt und wird zweifellos stark von der Vollendung der transandinischen Bahn profitieren. Rings um die Stadt sieht man noch mehr aus Schmutz gebaute Hütten als sonst in argentinischen Vorstädten. Der Schmutz hier scheint sich ganz besonders zu Bauzwecken zu eignen. Man macht nicht nur Ziegel daraus, die *un*gebrannt zum Hausbau verwendet werden – man sieht auch großen Granitblöcken ähnliche Quader, die zu massiven Mauern zusammengesetzt werden.

In Mendoza verließen wir den bequemen Zug der Pacific-Bahn für einen nur aus drei Wagen bestehenden der schmalspurigen Trans-Andino-Bahn. Diese Bahn, die richtige Gebirgsbahn mit scharfen Kurven und steilen Steigungen, auf der es aber nicht so staubt wie auf der Pacific-Bahn, soll später einmal bis nach Chile hineinführen. Ich konnte bisher nicht feststellen, ob sie ein selbständiges System darstellt. Die Berge, in die wir von Mendoza hineinkommen, sind durchweg kahl; je höher man hineinkommt, desto schroffer werden die Formationen. Trotzdem bleibt das Bild selbst in den sogenannten wildesten Felsgegenden ziemlich nüchtern, weil die Szenerie wegen der Kahlheit wenig Abwechslung bietet. Nur die Farbschattierungen von Stein, Himmel und später Schnee bringen etwas Leben hinein. Zum Teil liegt die Nüchternheit wohl auch darin, daß das Tal des Mendoza, in dem die Bahn entlang läuft, fast durchweg ziemlich breit bleibt. Sein Wasser ist, wohl weil es nicht reichlich genug fließt, nirgends für ein Kraftwerk ausgenutzt.

An verschiedenen Stellen finden sich dicht am Flusse warme, mineralhaltige Quellen. Zuerst in Cachenta, wo ein Badehotel eingerichtet ist. Hier soll in der Gegend auch Petroleum gefunden worden sein; im Bett des Flusses sehen wir einen Mann Sand waschen, wahrscheinlich nach Gold.

Die zweite Heilquelle findet sich hier in Puente del Inca, so genannt nach einer sich über den Quellen wölbenden natürlichen Brücke, unter der ein Schatz der Inca-Könige verborgen sein soll. Wir müssen hier fahrplangemäß übernachten, obgleich die Reise ganz gut fortgesetzt und wir dann morgen früh in Valparaiso sein könnten. Aber das Hotel gehört der Bahngesellschaft, die den Zug einfach heute nicht mehr weitergehen läßt und durch diese Wegelagerei ihre Passagiere noch über das Fahrgeld hinaus erleichtert. Die Gegend ist zwar, soweit das nach dem vorher Beschriebenen möglich, ganz schön; aber man ist so hoch über dem Meer (2700 m), daß die meisten Passagieren Kopfschmerzen haben und mir nach jeden zehn Schritten der Atem ausgeht.

Um den Nachmittag totzuschlagen, benutze ich eins der unter der Brücke in den Fels gehauenen, heißen Naturbäder, in denen die Kohlensäure wie bei Apollinaris herausprickelt. Während ich mich diesem angenehmen Gefühl hingebe, bemerke ich leider zu spät, daß mir Schwamm und Seiflappen durch den selbsttätigen Abfluß aufgesogen und damit wohl zum Schatz des vorerwähnten Inca-Königs versammelt werden.

Valparaiso, 14. November 1909

Durch den liebenswürdigen Empfang, den ich hier in Valparaiso finde, bin ich gezwungen, meinen Reisebericht kurz zu fassen. – Auf der letzten Strecke argentinischer Eisenbahn hörte ich vorgestern, daß zur Zeit die drei Bahngesellschaften des Pacifico, des Transandino und des Gran Oeste (des einzigen großen Systems, auf dem ich in Argentinien noch nicht gefahren bin; es läuft südlich des Pacifico dem ungefähr parallel) ein großes System bilden. Die Lokomotive vor unserem Zug übrigens eine Borsig Modell 1905.

Die Bahn geht zur Zeit nur bis Las Cuevas, das ca. 3200 m hoch liegt. Von hier wird ein spiralförmiger Tunnel gebaut, der Januar 1910 durchgebrochen und April 1910 eröffnet werden soll[87]. Die Bahn läuft darin zur Zeit mit 8% Steigung und mit Zahnradschutz.

Vorläufig muß man von Las Cuevas bis Portillo auf chilenischer Seite reiten. Im Sommer, wenn weniger Schnee liegt (d. h. Dezember bis Februar), kann man auch mit Wagen über den Paß fahren. Während die ganze, meist aus Engländern und Yankees bestehende Reisegesellschaft sich für diesen Ritt nicht extra präpariert hat, erscheint ein deutscher Leutnant zum Vergnügen der übrigen in kokettem Reitkostüm mit Rittersporn – für die Mulas. Sehr amüsant ist die Unterhaltung zwischen ihm und einem Peruaner, der im Zusammenhang mit dem peruanisch-bolivianischen Grenzstreit nach Argentinien kommandiert war. Die beiden »Diplomaten« suchen sich vergeblich in der Diplomatensprache miteinander zu verständigen. Wie wir auf chilenischer Seite an einer Weiche auf einen entgegenkommenden Zug warten, sagt der Leutnant: »On écoute déjà le train!« Worauf der Peruaner erwidert: »Si, mais nous avons espéré ici il fait une demi heure!« (Hemos esperado ya hace media hora.)

Der Ritt bergan auf argentinischer Seite fand bei herrlichem Wetter statt und war in der starren Felslandschaft, in der wir jetzt erst allmählich die Schneegrenze überschritten, sehr angenehm bis auf den scharfen Wind, der viel Staub mitbrachte. Erst auf der Höhe stellte sich starke Kälte ein, so daß man am besten dem Maultier die Zügel überließ und die Finger in die Tasche steckte. Ganz oben auf dem Pass in 3900 m Höhe ist ein großes Christusbild gerade an der chilenisch-argentinischen Grenze errichtet. Der Abstieg auf chilenischer Seite war wesentlich steiler und durch den gleichen heftigen Wind, den diesmal aber bedeckter Himmel und leichter Schneefall begleitete, wesentlich unangenehmer gemacht. Die ganze Reittour dauerte ca. zwei Stunden und war trotz der Steilheit frei von jeder Gefahr, wenn auch anstrengend – ich bewunderte ein Hochzeitspaar sowie eine Mutter mit zwei kleinen Kindern, die die Tour ganz vergnügt mitmachten. Von der wilden Hetze, als die Dr. Sußmann den Ritt in seinem Reisebuch schildert[88], merkte ich nichts. »Immer nur vorwärts«, schreibt er ungefähr, »und wenn ein Tier am Wege liegen bleibt, wird es erschossen!« – »und der Reisende der Einfachheit halber gleich mit«, glaubt man zwischen den Zeilen zu lesen.

In Portillo wird wieder die schmalspurige Transandino-Bahn genommen und nun geht's in sehr starker Senkung die Täler hinab. Auf chilenischer Seite bietet die Landschaft entsprechend dem schnelleren Fall mehr Abwechslung. Man sieht viel Schnee, verschiedene Täler und gleichfalls starre und interessante Formationen. Wir kommen durch eine ganze Reihe solide gebauter Tunnel und Schneestützen, was es beides auf argentinischer Seite nicht gegeben hatte. Die Stationen, solange wir noch in den Bergen sind, natürlich nichts als die Stationsgebäude. In Los Andes schließlich, am Fuß der Kordillere, steigen wir in die breitspurige Staatsbahn um – nicht ohne daß die Engländer uns ein letztes Mal vergewaltigt hätten: der

Zug hielt auf der letzten Strecke vor Los Andes so oft ohne jeden Grund mitten auf der Strecke, daß wir den fahrplanmäßigen Anschluß in Los Andes nicht mehr erreichten und statt dessen in dem, natürlich der Bahngesellschaft gehörigen, dortigen Hotel zu Abend essen mußten. Von Los Andes fuhr man schließlich in sehr luxuriösen, aus Nordamerika bezogenen Pullman Chair Cars, für die aber natürlich extra Platzkarte zu lösen ist, bis Valparaiso. In einem der Vororte stieg Herr Hüttmann[89] in den Zug, der mir hier im Hotel Royal bereits ein Zimmer belegt hatte und mich ins Hotel brachte. Um dies gleich vorwegzunehmen: die hiesige Direktion ist offenbar viel gewandter (gesellschaftlich) und urbaner als die in Buenos Aires und spielt auch wohl gesellschaftlich eine andere Rolle. Die Art, wie ich hier und wie ich in Buenos Aires von der Bank aufgenommen worden bin, ist jedenfalls wie Tag und Nacht – wobei ich nicht verkenne, daß besondere Umstände mitsprechen, z. B. die Größe der Plätze, daß Albert Dich nicht kennt und sehr beschäftigt war, usw.

Gestern besuchte ich zunächst die hiesige Bank. Ein sehr praktisch gebautes, helles, schmuckloses Gebäude in guter Gegend, offenbar billig gekauft und noch Raum für Ausdehnung bietend. Umso mehr wunderte es mich, von Hüttmann zu hören, daß er auf dringende Order von Berlin vor ca. vier Wochen das ebenso große Nebenhaus für den hohen Preis von £ 28 000 hat kaufen müssen. Hüttmann selbst kann es sich nicht erklären und ist – zu dem gezahlten Preise – mit dem Kaufe nicht einverstanden. Der Vorbesitzer, ein alter Mann, hat es vor vier Jahren für £ 12 000 gekauft, und Hüttmann glaubte es nach dessen Tode aus dem Nachlaß eventuell billig erwerben zu können.

Das Bankgebäude besitzt unter dem großen Kassenraum eine von Arnheim eingerichtete Safe-Abteilung nach Berliner Muster sogar mit Kontrollgang. Von den ca. 400 vermietbaren Fächern – die kleinsten zu $ 25 – sind beinahe die Hälfte vermietet, vielfach an Damen für Schmuck. Die Sache ist natürlich vorläufig mehr Reklame als Verdienst.

Besonders übersichtlich und geschickt schienen mir die Sekretariats- und Archivsammlungen angelegt, wohl ein Verdienst von

Hollebens, der im übrigen unter Kratzer[90] die Filialen kontrolliert. Außer diesen beiden sah ich noch von früheren Bekannten Herrn Grebin[91]. Merkwürdigen Eindruck macht die schlechte Ansicht, die Hüttmann wie Kratzer von dem Lande haben, in dem sie arbeiten. Sie halten die eingeborene Bevölkerung für faul und dem Suff ergeben; den Parlamentarismus für verkommen, weil die besseren Elemente sich von der Politik fernhalten und meinen, daß durch das fremde im Lande arbeitende Kapital dem Lande allmählich die letzten Goldwerte entzogen werden. Selbst die reichen Hiesigen aber, deren Vermögen durch den wachsenden Wert von Grund und Boden namentlich im Süden des Landes entstanden sei, legten einen wesentlichen Teil davon im Auslande in Gold an.

Inzwischen scheint der BAT hier im Lande große Fortschritte gemacht zu haben. Nächst dem Banco de Chile, der die ganzen Regierungsgeschäfte und infolgedessen allerdings beinahe den dreifachen Geschäftsumfang des BAT hat, ist dieser die bedeutendste Bank im Lande. Erst nach ihm kommt die spanische Bank, und die ganz gleichzeitig gegründete deutsche Konkurrenz (Bank für Chile und Deutschland[92]) macht heute nur die Hälfte des Geschäftes des BAT. Von den beiden englischen Banken ist die Tarapacá-Bank die bedeutendere, während die River Plate Bank hier Schwierigkeiten zu haben scheint, ins Geschäft zu kommen. Neue Konkurrenz wird die Dresdner Bank bringen, deren neuer Direktor Endress bereits im Januar hier erwartet wird (ferner eine französische und eine Yankee-Bank). Er scheint sich bereits von Europa aus um Kunden zu bemühen. Hüttmann legt ihm übrigens trotz seines Leugnens die Mitteilung der Konversionsgelder-Angelegenheit an die Dresdner Bank zur Last. Die Dresdner Bank scheint von der chilenischen Regierung zum Dank für die abgegebene Offerte das Versprechen erhalten zu haben, künftig angesammelte Konversionsgelder anvertraut zu erhalten.

Der BAT Chile ist in umgekehrter Lage wie der in Buenos Aires. Er ist seit Jahren nicht mehr in Unterdeckung gewesen; er hat zur Zeit sogar nicht einmal mehr Verwendung für seine Depositen, die seit 1903 von ca. 8 Millionen auf ca. 34 Millionen Pesos gewachsen sind.

Selbst wenn der zur Zeit herrschenden Depression Rechnung getragen wird, ist das für das Land kein gutes Zeichen. Kratzer erklärt es hauptsächlich mit der Inflation von Papiergeld, die in Hausse-Zeiten stattgefunden habe und von der sich der nicht notwendige Überschuß jetzt in den Banken ansammle. Diese Anhäufung muß natürlich dazu beitragen, den Wechselkurs niedrig zu halten. Das Anwachsen der Depositen macht sich speziell in Plätzen bemerkbar, in die besonders viel Papiergeld hineingepumpt worden ist, wie Antofagasta, während der Mangel an Verwendungsmöglichkeit ganz besonders in Valparaiso zutage tritt, dessen Aktivgeschäft zur Zeit sehr ruhig ist und das – nach Hüttmann – 8 Millionen Pesos mehr Kasse hält als notwendig.

Man macht hier einen Unterschied zwischen Diskonten und Prestamos, der, wenn man ihn in Buenos Aires machen würde, manche Schwierigkeiten und Unklarheiten über das dortige Geschäft aufheben würde. *Technisch* unterscheidet sich das Diskontpapier als Zwei-Namen-Papier vom Prestamo als Ein-Namen-Papier (pagaré), eventuell mit einem zweiten Namen als Garantie. *Sachlich* ist es der Unterschied zwischen kommerziellem und Sola-Wechsel. Eine strenge Zugrundelegung des *sachlichen* Unterschiedes, auf die Hüttmann genau zu achten scheint, gibt ihm dauernd die Möglichkeit, seine nicht kommerziellen Engagements scharf zu kontrollieren. Solange solche Geschäfte notwendig sind, wäre es auch für Argentinien nützlich, sie *für den inneren Betrieb* zusammenfassend als eine besondere, besonders zu beurteilende und zu behandelnde, Gruppe von Wechselengagements zu stempeln.

Besonders stolz ist Hüttmann auf sein Devisengeschäft. Der Markt dafür liegt mehr im freien Verkehr als auf der Börse, die nicht von Käufern und Verkäufern, sondern nur von den ca. 60 Maklern besucht wird. Der BAT ist der Konkurrenz bisher dadurch voraus gewesen, daß er als einzige Bank besondere telefonische Verbindung mit drei oder vier Maklern hatte. Jetzt hat ihm die Konkurrenz das allerdings nachgemacht. Um vom Schwanken des Kurses verhältnismäßig unabhängig zu sein, müssen die Devisen-Engagements jeden Tag nahezu glatt gestellt sein; praktisch ist eine Unterdeckung bis zu 5000 oder 6000 £ keine Seltenheit, die dann aber den nächsten Tag immer glatt wird. Erleichtert wird die Glattstellung durch den telegrafischen Verkehr der chilenischen Filialen unter sich, von denen Iquique, Antofagasta und Valdivia gewöhnlich Abgeber, Valparaiso, Santiago und Concepcion in der Regel Nehmer von Devisen sind. An diesem Geschäft, bei dem an den Makler 1‰ von einer Seite zu zahlen ist, ist in den letzten Jahren durchschnittlich je 1 Million Pesos verdient worden (in Valparaiso allein?).

Einen sehr subtilen Unterschied scheint man hier betr. »Prima«-Wechsel zu machen. Unbestritten prima scheinen hier nur die Ziehungen der größten kommerziellen Häuser auf erste Londoner Banken zu sein. Der BAT bemüht sich, Foelsch & Martins derartige Ziehungen als Prima einzuführen. Dabei muß er aber mit seinen eigenen Ziehungen auf die Agency sehr vorsichtig sein, damit sie nicht einmal von der englischen Konkurrenz als nicht »Prima« beanstandet werden. Der Banco de Chile trotz seines Renommees als Staatsbank und des Umfanges seines Geschäftes und die River Plate Bank trotz ihres guten Namens am La Plata und in London können ihre Ziehungen auf ihre Londoner Niederlassungen noch viel weniger als »Prima« begeben. Die anderen Banken natürlich erst recht nicht.

Auf das Inkasso-Geschäft, das in Argentinien, in Buenos Aires wie in den Filialen, sehr beliebt ist und mit dem sie weit mehr als ihre ganzen Geschäftsspesen verdienen, legen sie anscheinend in Chile weniger Wert, sei es, daß der Kursverdienst infolge der starken Konkurrenz zu klein wird, sei es, daß die einzuziehenden Abschnitte hier durchschnittlich kleiner als in Argentinien und die Spesen dementsprechend höher sind.

Die deutsche Kolonie, die hier sehr stark ist und im wesentlichen mit dem BAT arbeitet, macht doch keinen wesentlichen Faktor für den Verdienst des Geschäftes aus. – Hier wie überall im Ausland haben die Deutschen ihr Kapital im Geschäft stecken und sind in ihren Ansprüchen, namentlich an die deutsche Bank, so scharf wie möglich. Ihr Geld muß die Bank daher an den Einheimischen verdienen. – In keiner Stadt habe ich übrigens, einschließlich St. Louis und Milwaukee, außerhalb Deutschlands auf der Straße, in Bädern und Straßenbahnen (letztere der Deutsch-Uebrseeischen Elektrizitätsgesellschaft gehörig, aber noch kaum rentierend) soviel deutsch sprechen hören wie in Valparaiso.

Zum Frühstück nahm mich Hüttmann gestern nach der Villenvorstadt Viña del Mar hinaus, wo er mit seiner netten, bescheidenen Frau und drei Kindern ein hübsch eingerichtetes, geräumiges Haus in guter Gegend bewohnt. Valparaiso liegt im innersten Winkel einer Bucht des Ozeans am steilen Abhang der Küstenhügel. Die Vorstädte schließen sich der Stadt an beiden Seiten, der Küste des Meeres entlang, an. Nach Tisch fuhren wir zu den gleichfalls in Viña del Mar auf der dortigen Rennbahn stattfindenden sportlichen Spielen (Gymkhana's) des englischen Clubs hinaus. Von Deutschen beteiligten sich aktiv nur Grisar von Vorwerk & Co., und Berckemeyer, Leiter der Bank für Chile und Deutschland. Ich kann mir kein angenehmeres sportliches Schauspiel vorstellen, als den Direktor der Konkurrenz Polo spielen zu sehen.

Auf der Rückfahrt kamen wir an dem Terrain vorüber, das die Bank zum Bau von Wohnhäusern für verheiratete Beamte erworben hat. Es ist ein Platz für fünf Einfamilienhäuser, in hübscher Gegend, die zu $ 75 monatlich gegen sonst übliche $ 250 vermietet werden. Ein Kapital von ca. $ 100 000 wird sich dabei mit etwa 4% verzinsen. Zwei reflektierende junge Hausstände sind bereits vorhanden. Wie mir scheint, ein glücklicher Gedanke Hüttmanns, der sich dadurch einen Stamm von Beamten fesseln will.

In unmittelbarer Nähe von Viña del Mar liegt Miramar, das Bad von Valparaiso, ein kaum 300 m langer Strand, an dem die jungen Leute spazieren gehen und von dem aus man eine herrliche Aussicht über das Meer und die an der anderen Seite der Bucht liegenden, mit dünnem, niedrigen Kiefernwuchs bedeckten Sandhügel hat. Mich erinnerte die Gegend ein wenig an die der Havelseen.

Heute – Sonntag mittag – war ich mit Hüttmanns zum Lunch bei Grebins, die gleichfalls in Viña del Mar wohnen; in einem viel kleineren Haus – sie haben keine Kinder – aber oben auf einem Felsen und mit schönem Blick übers Meer. Sie, eine liebenswürdige,

Kombinierter Fahrdienst
der Hamburg-Südamerikanischen Dampfschifffahrts-Gesellschaft
und der Hamburg-Amerika Linie
nach CHILE.

Buenos Aires — Chile und vice versa.
über die
Cordillera de los Andes.

Fahrplan 1908/1909*)
Gültig vom 21. September 1908 (bis auf weiteres).

Höhe in Metern über dem Meeresspiegel	Entfernung in Kilometern von Buenos Aires	Entfernung in Kilometern von der letzten Station	Stationen	Abfahrts- und Ankunftszeiten				Stationen	Abfahrts- und Ankunftszeiten			
			Argentinien/Chile					**Chile/Argentinien**				
5	0	0	Buenos Aires... Abf.:	Montag und Mittwoch	10 h 00 a. m.		F. C. Pacifico	Valparaiso ..... Abf.:	Dienstag und Donnerstag	7 h 45 a. m.		
514	689	689	Villa Mercedes...	„ „ „	11 h 20 p. m.			Santiago .... Abf.:	„ „ „	8 h 00 a. m.		
753	1048	359	Mendoza .... Ank.:	Dienstag und Donnerstag	9 h 05 a. m.		F. C. Trasandino Argentino	Los Andes ..... Ank.:	„ „ „	12 h 05 p. m.		
			„ „ Abf.:	„ „ „	9 h 35 a. m.			„ „ Abf.:	„ „ „	2 h 00 p. m.		
2780	1208	160	Punta del Inca... Abf.:	„ „ „	4 h 45 p. m.			Juncal .... Ank.:	„ „ „	5 h 00 p. m.		
3151	1223	15	Las Cuevas .... Ank.:	„ „ „	6 h 00 p. m.			*Uebernachten*				
			Uebernachten					Las Cuevas .... Abf.:	Mittwoch und Freitag	6 h 00 a. m.		
			Las Cuevas .... Abf.:	Mittwoch und Freitag	5 h 00 a. m.		Maultiere bezw. Kutschen	„ „ Ank.:	„ „ „	11 h 00 a. m.		
3990	1231	8	La Cumbre..... Abf.:	„ „ „	7 h 00 a. m.			„ „ Abf.:	„ „ „	12 h 30 p. m.		
2222	1252	21	Juncal .... Ank.:	„ „ „	12 h 00 a. m.			Mendoza .... Ank.:	„ „ „	7 h 05 p. m.		
			„ „ Abf.:	„ „ „	2 h 45 p. m.		F. C. Trasandino Chileno	„ „ Abf.:	„ „ „	8 h 50 p. m.		
830	1295	43	Los Andes ..... Ank.:	„ „ „	5 h 00 p. m.			Buenos Aires... Ank.:	Donnerstag und Samstag	6 h 45 p. m.		
			„ „ Abf.:	„ „ „	6 h 25 p. m.							
	1344	49	Llai-Llai....... Ank.:	„ „ „	8 h 30 p. m.							
			„ „ Abf.:	„ „ „	8 h 50 p. m.		F. C. del Estado Chileno					
569	1436	92	Santiago....... Ank.:	„ „ „	10 h 15 p. m.							
5	1439	95	Valparaiso ..... Ank.:	„ „ „	11 h 00 p. m.							

*) unverbindlich.

Fahrpreise
von **Buenos Aires** nach **Valparaiso** oder **Santiago de Chile**.

	I.	II.
	Eisenbahnklasse.	
für Erwachsene und Kinder über 12 Jahre	ℳ 265.—	ℳ 165.—
„ Kinder von 3 bis 12 Jahren	„ 155.—	„ 95.—

50 kg Freigepäck pro volles Billet, Uebergewicht zahlt 5 sh für 5 kg.

Fahrplan Buenos Aires – Valparaiso.

Karl Hüttmann, Direktor des Banco Alemán Transatlántico in Valparaiso.

ein wenig hysterische Wirtin; er, witzig und jungenhaft, aber offenbar geschäftlich tüchtig. Ganz besonders gut gefällt mir nach wie vor Hüttmann mit seiner ruhigen Liebenswürdigkeit und seinem vergnügten Humor.

Nach mehrfacher Besprechung mit ihm beabsichtige ich jetzt folgendes Reiseprogramm: von hier über Antofagasta, Oruro, La Paz, Arequipa, Mollendo, Lima und Iquique wieder hierher zurück und gleich nach Santiago; von dort, falls Zeit ist, noch kurz nach Valdivia, wo ich Grebin und Frau, die dorthin auf Urlaub gehen, noch treffen würde; dann zurück nach Buenos Aires, wo ich unter Aufgabe der Reise nach Entre Rios noch Fray Bentos und Montevideo sehen und möglichst noch den Dampfer vom 30. Dezember abfassen würde. Diese Verlängerung meiner Reise, die mir jedenfalls viel Schönes zeigen wird, wird mich wahrscheinlich in die Notwendigkeit versetzen, mir durch die Abgabe eines Wechsels auf Dich Geld zu machen. Ich möchte nach Ausnützung meines Akkreditivs beim BAT Buenos Aires mein Berliner Konto nicht weiter belasten – es ist bereits stark überzogen – und setze Deine freundliche Einwilligung zu meiner Ziehung auf Dich voraus. Ein paar Code-Worte, laut denen ich Dich rechtzeitig per Kabel avisieren werde, füge ich bei und erwarte auf diese im Falle Deiner Einwilligung *keine* Kabel-Antwort.

Valparaiso, 15. November 1909

Gestern abend aß ich mit einem Dr. Koch, Leiter der Auskunftei des hiesigen BAT, Sohn des Berliner Vertreters von Dreyfus-Paris, und Dir in Berlin und Gastein vorgestellt. Er spricht einen wesentlichen Teil am Verdienst der guten inneren Organisation des hiesigen BAT Nisch[93] zu, der besonderes Organisationstalent habe. Wie er mir sagt, hat er Kochs, Lückes[94] und Deine schriftliche Zustimmung zu dem Kauf des der Bank benachbarten Hauses gesehen, was mich wunderte. Das andere, für künftige Beamtenwohnungen erworbene

Grundstück scheint – nach ihm – nicht aus rein humanen Rücksichten, sondern zum Teil, um von einer faulen Forderung wenigstens etwas zu retten, erworben worden zu sein.

Von ihm hörte ich einiges über die Schiffahrt hier in Valparaiso. Der natürliche, nach Norden offene Hafen soll bei Stürmen, speziell bei Nordwinden sehr gefährlich sein. Augenblicklich liegen die drei hier verkehrenden Passagierlinien im Kampf, der Kosmos (deutsch), die Pacific Mail (englisch) und die Compañia Sudamericana de Vapores (chilenisch), wodurch die Raten bis 50% billiger sind. Neu ist hier eine von der japanischen Regierung subventionierte Passagier- und Frachtlinie, die Salpeter nach Japan bringen und alle zwei Monate hier einlaufen soll. Sie scheint alte Boote vom Norddeutschen Lloyd gekauft zu haben.

Der deutsche Club, den ich abends noch kennenlernte, liegt zentral, aber in gemietetem Haus und hat nicht sehr große Räume; luxuriös ein kleiner Eßsaal für Privatfestlichkeiten.

Heute früh sah ich in der Bank wieder einiges von der geschickten Organisation ihres Betriebes. Hüttmann selbst läßt das gesamte laufende Geschäft, vor allem das Devisengeschäft, von seinem Personal unter Grebin machen, und zwar wickelt sich das laufende Geschäft parterre ab, während er selbst im ersten Stock sitzt. Er behält dadurch seine ganze Zeit für Direktionskorrespondenz und Kreditgeschäfte frei, ist aber andererseits durch sehr genau 14tägig geführte Statistiken über die Bewegungen jedes einzelnen toten Kontos der einzelnen Filialen gut in der Lage, das laufende Geschäft zu kontrollieren, sobald er will. Bedauerlich scheint mir nur, daß auch hier – in der Wildnis hätte ich beinahe gesagt – das Berliner System herrscht, das dem Kunden den Zutritt zur Direktion erschwert: Wer kommt, muß seinen Namen und Gesuch auf einen Zettel schreiben, der ihm voran in die Direktion gesandt wird.

Die Filiale Valparaiso ist zur Zeit in der anomalen Lage, ihre sämtlichen kurzfristigen Verbindlichkeiten jeden Augenblick aus ihren Kassenbeständen bezahlen zu können. Mit 12 000 000 Pesos Kasse hält sie ungefähr 10% des im Lande umlaufenden Papiergeldes! Sie leidet darunter, indem einen großen Teil davon die Depositen der anderen Filialen ausmachen, denen sie 6% vergüten muß; sie soll diesen Satz aber nicht heruntersetzen, um die betreffenden Filialen nicht zu veranlassen, die Annahme von Depositen etwa zu unterlassen, die in anderen Zeiten sehr nützlich werden können. Ich wundere mich, daß die Schiebungsdifferenzen es verbieten sollten, die überschüssige Kasse vorübergehend in London als tägliches Geld auszuleihen. – Per 1910 erwartet Hüttmann übrigens unter diesen Umständen weniger Netto-Verdienst.

Ich orientierte mich heute tagsüber etwas über Salpeter, auf den ich später noch zurückkomme, sowie über die komplizierte und für meinen Freund Vogelstein[95] nicht durchweg rühmliche Angelegenheit der von ihm erworbenen Kupfermine in Coquimbo. Nach dem mit Hüttmann im Club eingenommenen Lunch sah ich mir mit Kratzer die Stadt Valparaiso (keine 200 000 Einwohner!) nebst näherer Umgebung an. Von Erdbebenspuren[96] merkt man nur noch etwas in dem auf angeschwemmten Sand, in einer Ecke des inneren Hafens gebauten Stadtteil Almendral. Der obere Teil der Stadt, der mit dem Hafenviertel durch Drahtseilbahn-Aufzüge verbunden ist, ist ebenso wenig schön wie jener. Wenig Grün, sehr wenig schöne Häuser, nichts als die hübsche Aussicht über Hafen und Meer.

Kratzer machte mir einen besonders guten, seriösen Eindruck. Er müßte sich aber verheiraten. Ich mußte öfters an Jonas in Buenos Aires denken, der mir, obwohl er ein Jahr älter ist, für eine leitende Stelle doch nicht so reif erscheint wie Kratzer.

Aus seinen wie Hüttmanns Bemerkungen erhalte ich einen gewissen Begriff von der chilenischen Währung. Nachdem die Goldwährung Mitte der neunziger Jahre zusammengebrochen war, ist das jetzt kursierende Papiergeld ohne Deckung durch verschiedene Emissionen geschaffen worden, deren letzte in der letzten Hausse-Periode den Zweck hatte, den durch ihre Anlagen unliquide gewordenen nationalen Banken auf den Damm zu helfen. Von dem dadurch erfolgten Sinken des Wechselkurses haben die Großgrundbesitzer auf Kosten der Rentenbezieher und Konsumenten profitiert, indem die Großgrundbesitzer ihre Hypothekenzinsen in dem im Wert gestiegenen Papierdollar bezahlten, während ihr Boden ihnen

Goldprodukte lieferte. Eine gewisse, teilweise Deckung für die Währung schaffte eine Anleihe, deren Betrag als Konversionsfonds figuriert und die die umlaufende Papieremission mit etwas über 10 d deckt. Es besteht aber die Sorge, daß dieser Konversionsfonds für die chronischen Defizite des Budgets angegriffen wird. Einen richtigen Konversionsfonds, etwa nach argentinischem Muster, könnte dem Lande nur eine aktive Handelsbilanz schaffen, während die Handelsbilanz Chiles vorläufig und auf absehbare Zeit hinaus markiert passiv ist. Unter diesen Umständen glaubt Hüttmann, daß, wenn eine Rückkehr zur Goldwährung stattfände, diese nur auf der Basis von 12 d per Pesos anstatt von 18 d stattfinden wird.

Valparaiso, 16. November 1909

Heute vormittag brachte ich in der Bank mit dem Studium der Mappen »L. Vogelstein & Co.« und »Banco Mobiliario«[97] zu. Der Erwerb einer Option auf eine Kupfermine in Coquimbo seitens einiger Bostoner Kupferleute, die Vogelstein vertritt, ist in mehrfacher Beziehung interessant. Kupfer ist der zweitbedeutendste Exportartikel Chiles, etwa 20% des Gesamtexportes ausmachend (nach 75% Salpeter). Amerikanisches Kapital könnte viel zur Modernisierung der großenteils wegen ihrer alten Anlagen wenig rentablen Kupferwerke hier zu Lande beitragen. Eine Schwierigkeit aber bildet das hiesige Minengesetz, nach dem ein Hypothekengläubiger eine Mine nicht zum Zwangsverkauf bringen, sondern höchstens in eigene Verwaltung nehmen und sich aus den Erträgnissen bezahlt machen kann. Vogelsteins Partner bei dem Geschäft in Coquimbo sind jedenfalls alles ernsthafte Leute.

Ein anderes Metallgeschäft, von dem hier zur Zeit viel gesprochen wird, ist die Hochofenanlage von Schneider-Creuzot in Valdivia, die Ende des Jahres in Betrieb genommen werden soll und die ich möglichst noch sehen will. Man will, was meines Wissens noch nirgends in größerem Maßstabe versucht ist, an Stelle von Kohle

Holz zum Verkoken bringen, das die Wälder der Valdivia-Gegend reichlich liefern und von dem die Regierung der französischen Gesellschaft viele Quadratmeilen für diesen Zweck umsonst zur Verfügung gestellt hat. Das Erz soll zu Wasser vom Norden, von Coquimbo, wo auch die Kupferminen Vogelsteins liegen, herunter kommen. Die aus vier Hochöfen bestehende Anlage, von der zur Zeit zwei gebaut werden, wird von der deutschen Firma Dingler & Co. hergestellt. Ihre Produktion scheint zunächst den Eisen- und Stahlkonsum Chiles stark zu übersteigen, doch sollen sie einen Kontrakt betreffend Lieferung der Schienen für die auf Staatskosten zu bauende Longitudinalbahn haben. Eine technische Schwierigkeit, die sich erst neuerdings herausgestellt hat, soll im Holz liegen, das nicht trocken, wie vorausgesetzt, sondern feucht ist und sich darum schwer zum Verkoken eignet. Übrigens soll es im Hochofen selbst und nicht etwa in extra Koks-Öfen verkokt werden. Als erstes Eisen- und Stahlwerk Südamerikas sicher ein höchst interessanter Versuch.

Mittags nahm mich Hüttmann nach der Börse, in der die Makler nach der anglo-amerikanischen Organisation $ 20 000 bis $ 40 000 per Sitz bezahlen. Es werden Wechsel (London), Gold, Aktien und Pfandbriefe gleichzeitig gehandelt und zwar versteigert bzw. submissioniert ein Angestellter auf einem Katheder jedes ihm aus dem Saal zugerufene Gebot unter allen anwesenden Mitgliedern. Natürlich ist diese sehr praktische Methode nur auf einer Börse möglich, auf der wenig verschiedene Werte gehandelt werden und die nur von einem kleinen Händlerkreis besucht wird.

Zum Frühstück hatte mich ein junger Goldenberg aus Hamburg, Freund von Richard Staudt und Angestellter der Bank für Chile und Deutschland, eingeladen, ein netter, begabter Mensch, der, wahrscheinlich das Urteil seiner Vorgesetzten nachsprechend, über Chiles Zukunft im allgemeinen die gleichen pessimistischen Ansichten äußert wie die Herren vom BAT. Trotz der Propaganda, die die Regierung nach dem Erdbeben vorübergehend für europäische Einwanderung gemacht hat, hat die Bevölkerung aus dieser Quelle nicht zugenommen. Die Löhne sind hier für Landarbeiter so niedrig und gutes Land so wesentlich billiger in Argentinien zu erwerben, daß alle Einwanderung sehr bald über die Kordillere nach Osten abzieht.

An Bord »Oronsa«, von Valparaiso
nach Antofagasta, 17. November 1909

Gestern abend hatte Hüttmann ein kleines Diner für mich gegeben, an dem unter anderem auch Grebins, Kratzer und Grisar teilnahmen. Nachdem ich heute früh die Angelegenheit der Konversionsgelder noch etwas studiert, verließ ich nach dem Frühstück, mit Briefen an die verschiedenen, bereits drahtlich avisierten Filialen versehen, Valparaiso. Kratzer brachte mich an Bord des am Kopfe dieses genannten Pacific Line Dampfers, auf dem ich bis Antofagasta fahre. Ich möchte hier noch einmal die ganz besondere Liebenswürdigkeit und Gastlichkeit hervorheben, mit der ich von allen Seiten in Valparaiso aufgenommen worden bin.

Die »Oronsa« ist ein ziemlich großes, breit gebautes Schiff mit anständigen Kabinen und schönen Decks. Verpflegung habe ich noch nicht probiert; Bedienung natürlich englisch und schlecht – von 4 bis ½ 6 Uhr ist man auf sich selbst angewiesen, weil die Stewards Teestunde haben und im Rauchzimmer zweiter Klasse Bridge spielen. Sauberkeit mäßig; Gesellschaft sehr international, aber uninteressant. Ich gebe einer alten Engländerin, die mit ihrer derbknochigen Gesellschafterin nach allen Orten im Inneren Südamerikas reisen will, die historisch interessant und praktisch schwer erreichbar sind, Reise-Tips, als ob ich in diesem Lande geboren wäre.

Von Antofagasta aus denke ich eine oder mehrere Salpeterfabriken auf dem Wege nach Oruro zu besuchen und hörte mich daraufhin schon in Valparaiso über die Salpeterindustrie um. Salpeter wird in Chile nur in den zwei nördlichen Provinzen Tarapacá und Antofagasta gefunden, die es vor dreißig Jahren Bolivien nach einem Kriege abgenommen hat. Beide Provinzen produzieren zur Zeit noch ungefähr gleich viel, doch soll Tarapacá (Haupthafen Iquiqe) bereits viel mehr abgebaut sein als Antofagasta. Der Abbau von Salpeter in Chile begann schon 1830 und liegt heute außer in chilenischen in englischen und deutschen Händen. Die beiden größten Abbau-Gesellschaften sind deutsche (Slomans und Foelsch & Martin); sie haben zusammen mit einer dritten deutschen Gesellschaft (Gildemeister) ca. 15% der Produktion; sonst allerdings ist deutsches Kapital nur noch in einigen englischen Aktiengesellschaften als Minorität vertreten. Auch als Exporteure stehen wieder zwei deutsche Firmen an der Spitze, Foelsch & Martin und Weber & Co. An dritter Stelle kommen die Amerikaner W. R. Grace & Co., während die früher bedeutenden Vorwerk & Co. sich in diesem Geschäft stark eingeschränkt haben und jetzt hauptsächlich Maschinerie für Salpeterwerke importieren. Als Konsument für Salpeter kommt Deutschland gleichfalls an erster, Amerika an zweiter Stelle.

Hafen von Coquimbo,
18. November 1909

Nach glatter Nachtfahrt an der meist unfruchtbaren Küste entlang waren wir heute früh 7 Uhr im Hafen. Während die Umgebung auf sonst ansteigenden Hügeln wenigstens etwas, wenn auch nicht viel, Boden für Weide- und Ackerland bietet, so liegt die Stadt selbst merkwürdigerweise, wahrscheinlich aber der Erdbebengefahr wegen, auf ziemlich steil aus dem Meer aufsteigendem hellgelben, scheinbar bröckeligem Gestein. Ich ging an Land, um Vogelstein von einem Platz seiner südamerikanischen Wirksamkeit eine Ansichtskarte zu schicken, die ich nur nach vieler Mühe fand. Von innen wie von außen ein trauriger Platz. Das größte deutsche Haus hier wohl Hengstenberg & Co. Trotzdem sah ich drei Banken, Banco de Chile, de Tarapacá und Español. Auch das Büro von Vogelsteins Freund sah ich, auf dessen Mine er gegen einen Vorschuß von amerikanischen $ 150 000 eine Option hat. Der Mann scheint im Hauptgeschäft Weinagent.

Sobald ich wieder an Bord war, traf auch Lewin[98] ein, Leiter Eurer Antofagasta-Filiale, der gerade auf Urlaub nach dem Süden kommt, dessen Schiff zufällig hier vor Anker liegt und der mich besuchen kam. Er scheint in Antofagasta alles für meinen Besuch in der Stadt und in der Salpeterpampa sehr nett vorbereitet zu haben und macht einen sicheren Eindruck, wie ihn mir Hüttmann auch schon als tüchtigen und zukunftsreichen Mann genannt hatte. – Gegen 9 Uhr stechen wir wieder in See.

Auf See, 19. November 1909

Heute nach dem Lunch denken wir in Antofagasta zu sein, nachdem die Reise ohne weitere Zwischenfälle verlaufen ist. Die Verpflegung fand ich unerwartet gut, so daß ich keinerlei Besorgnis habe, später von Buenos Aires eventuell mit englischem Dampfer heimzukehren. Originell ist die Kapelle an Bord, die aus drei Männern besteht, einem rheumatischen jungen Geiger, einem etwas zu kurz geratenen Klavierspieler, der den Takt mit dem Kopfe schlägt und einem weißhaarigen Flötisten, der aussieht wie ein alter Oberst aus den Kolonien. Der merkwürdigen Zusammensetzung der Kapelle entspricht aber auch Programm und Spielweise, die den harmlosen Hörer immer wieder zu seinem Vergnügen ins Rokoko zurückversetzt.

Antofagasta, 19. November 1909

Gegen Mittag näherte sich heute die »Oronsa« der chilenischen Küste wieder, deren kahle, steile Berge direkt aus dem Meer aufragten. Allmählich wurde die Stadt Antofagasta sichtbar, an einer Stelle des Ufers erbaut, die zwischen Meer und Felsen noch eine schiefe Ebene freiläßt. Kleine graue Häuser in regelmäßigen Straßen, die vor den mächtigen, dahinter aufsteigenden Felsen winzig erscheinen, dazu alles grau in grau – ein trostloser Anblick. Was das Bild etwa Grandioses haben könnte, ist ihm durch die scheußliche Art der Reklame genommen, die in Nordamerika so üblich ist und die Roosevelt, vorläufig ohne Erfolg, dort als »Nature-Faking« gebrandmarkt hat: Schon lange ehe man die Stadt sieht, kann man an den darüber hinaus ragenden Felsen in Riesenbuchstaben Reklamen für Haarwasser, Stiefel und dergleichen lesen, die sicher mit enormen Mühen und Kosten dorthin gepinselt sind.

Auf der Reede von Antofagasta, wo wir ankerten, kam an Stelle des verreisten Lewin sein Vertreter Wiegold an Bord mit einem Telegramm aus Valparaiso, das Deine und Krusches Ansicht betreffend Überflüssigkeit meiner Reise nach dem Norden enthielt und noch einen Zusatz Krusches, daß Ihr Euch freuen würdet, mich Weihnachten zurück zu sehen.

Wegen Weihnachten weißt Du, daß ich es seit längerem aufgegeben habe, bis dahin in Berlin zu sein. Daß ich Bolivien und Peru nicht unbedingt gesehen haben muß, ist wohl richtig, aber ich habe zur Zeit eine Chance dafür, die nicht bald wiederkommt. Ich kann hinzufügen – was ich an Krusche, dem ich sonst im gleichen Sinne schrieb, natürlich *nicht* gesagt habe – daß ich diese Reise durchaus nicht als Vergnügungsreise empfinde, daß ich den nächsten Wochen in mehr als einer Beziehung mit Mißbehagen entgegensehe und daß mir selbst nichts erwünschter wäre, als noch heute direkt nach Berlin umzukehren. Ich halte mich aber für verpflichtet, die Gelegenheit auszunutzen. Du wirst mir im Grunde beipflichten.

Wir fuhren bei hoher See im Ruderboot von der Oronsa an Land – Antofagasta gilt nach Mollendo für den schlechtesten Hafen der Westküste – wobei ich beinahe seekrank wurde. Dicht um das Boot tauchten Schwärme von Seehunden, die ganz zahm sind, weil sie nicht geschossen werden dürfen.

Die Stadt macht aus der Nähe einen ebenso trostlosen Eindruck wie aus der Entfernung. Sie liegt in der Salpeterzone, deren Charakteristikum ist, daß es niemals – das ganze Jahr nicht – regnet. Infolgedessen, und da die Straßen nicht gepflastert sind, ein gräßlicher Staub und Schmutz. Augenblicklich legen sie allerdings eine neue Kanalisation an, die Wasser aus dem Meer nach oben pumpen und zu Spülzwecken durch die Stadt laufen lassen soll. Vorläufig natürlich nur eine Quelle neuen Staubes. Ihr Trinkwasser bekommen sie in Röhrenleitung aus 300 km Entfernung. Die Stadtverwaltung (Stadt zählt 30 000 Einwohner) sehr schlecht; weil sie die Gasgesellschaft nicht bezahlt hat, hat diese die Gaslieferung eingestellt, was die Gesellschaft zwar pleite, aber die Stadt dunkel gemacht hat. Eine Straßenbahn – die einzige – von Maultieren gezogen.

Seine Bedeutung verdankt Antofagasta augenblicklich ganz dem Salpeter, seit die Metallindustrie hier stark zurückgegangen. Der Schmelzer der Huanchaca-Mine (Silber) liegt seit Jahren still, und die meiste Maschinerie des südlich der Stadt liegenden Werkes ist verkauft (desgleichen liegen zwei Kupferschmelzer seit Jahren still); fast nur bolivianische Erze kommen durch Antofagasta und auch diese gehen schon vielfach über Mollendo und werden nach Fertigstellung der argentinisch-bolivianischen Bahn meist nach der Ostküste gehen. Auch für Salpeterexport hat Antofagasta starke Konkurrenz und zwar wegen seines schlechten Hafens in dem etwas nördlich gelegenen Hafen Mejillones.

Die Bank hat ein voriges Jahr für £ 8000 – Wiegold sagt billig – erworbenes eigenes kleines Haus in der Hauptstraße, dicht bei der Plaza, also in bester Lage. Sie soll die erste Bank am Platze sein; nach ihr kommt die Tarapacá-Bank, die bereits wieder anfängt, large in Krediten zu sein und infolgedessen bei jeder Pleite dabei ist, und die Bank für Chile und Deutschland, bei der eben bedeutende Durchstechereien des Gerenten entdeckt worden sind. Man spricht von $ 250 000. Der schuldige Gerent selbst, der in Deutschland schon lange säße, trinkt augenblicklich an der Bar des Hotels, wo ich dies schreibe, mit Freunden Cocktails. Sein Komplize soll sich noch im Fremdenklub sehen lassen – der übrigens das reichhaltigste Zeitschriftenlesezimmer hat, das ich irgendwo in Südamerika gefunden habe.

Das Geschäft in Antofagasta ist natürlich verhältnismäßig klein, da die großen Leute entweder ihre Finanzen selbst machen oder mit den Valparaisoer Hauptbanken arbeiten, die die großen verlangten Kreditsummen eher geben können. Der BAT hier hat $ 2 Millionen langfristige Depositen, von denen er über drei Viertel nicht anders anlegen kann und darum in Valpo zu 6% p. a. liegen hat. Täglich fällige Depositen und Kontokorrent-Kreditoren hat er nochmal $ 1 Million gegen beinahe ebenso viel Debitoren, dazu ca. $ 700 000 im Portefeuille. Sie rühmen sich, fast alle guten Häuser des Platzes zu Kunden zu haben; von deutschen Dauelsberg, Schubering & Co., Lihn & Co., Gildemeister & Co.; von Engländern u. a. die Borax Cons. Co., die eben wieder neuentdeckte Felder in Bolivien zu sehr günstigen Bedingungen für den Verkäufer erworben hat. Zur Zeit ist das Geschäft offenbar sehr ruhig.

Wiegold, ein etwas zu bescheidener junger Mann, und Haase[99], der, wenn ich Hüttmann recht verstanden habe, künftig Wiegolds Stelle einnehmen soll, ein netter, frischer, ehemaliger Offizier, führten mich durch die Stadt und machten mich auch mit dem deutschen Konsul, der leider etwas taub ist, bekannt. Abends aßen wir zusammen im Grand Hotel, in dem ich wohne und in dem ich bereits die untrüglichen Anzeichen lebhafter Wanzenbewegung bemerkt habe. Mir ist noch nirgends so wie hier zum Bewußtsein gekommen, welcherlei und wieviele Entbehrungen junge Kerls wie diese in einem derartig verlorenen Nest auf sich nehmen. Keine Natur, keine geistige Anregung, kein Familienverkehr – nicht einmal gesunde Verpflegung und Wohnung – und dazu teure Preise und viel Arbeit – letzteres vielleicht noch als Wohltat. Trotzdem verlieren diese Leute ihren Humor nicht – Haase denkt im Ernst daran, seine Braut hierher kommen zu lassen und zu heiraten, während die meisten Engländer und Chilenen, die hier arbeiten, ihre Frauen im Süden wohnen lassen.

Eine interessante und längere Unterhaltung hatte ich schließlich mit einem Freund der Bank, einem Italiener, der gut über das Salpetergeschäft orientiert schien, aber offenbar von Parteistandpunkt aus darüber sprach. Das Hauptinteresse der Engländer am Salpeter liegt in der Provinz Tarapacá und stammt aus der Zeit, als diese noch peruanisch war. Ein Schmiedegeselle organisierte in den achtziger Jahren die Mehrzahl der jetzt bestehenden englischen Gesellschaften Tarapacás. Als dann die ersten Funde in der Provinz Antofagasta gemeldet wurden, erklärte er den dortigen Boden als minderwertig – er ist in der Tat weniger gut als der Tarapacás – infolgedessen hielten sich die Engländer zurück, während Chilenen die Titel zu den hiesigen Salpeterländereien erwarben. So erklärt sich das Vorherrschen chilenischer Gesellschaften in Antofagasta.

Die Salpeterindustrie habe immer unter dem Egoismus der Agenten, d. h. Salpeter-Exporteure und Maschinenimporteure, gelitten, die als Gründer und Gläubiger der Salpetergesellschaften deren Leitung in Händen, aber mehr Interesse daran hatten, selbst tüchtig zu verdienen, als den eventuellen Verdienst ihrer Gesellschaften mit den anderen Aktionären zu teilen. So hätten die betreffenden Exporteure immer die Verbesserung der minderwertigen Hafenanlagen in Iquiqe und Valparaiso verhindert, weil solche das Geschäft von ihren Privat-Molen fortgenommen hätte. Erleichtert worden sei ihnen diese Verhinderung durch die Politik der Regierung, die in der Hand einer kleinen Oligarchie von Großgrundbesitzern des Südens sei, die naturgemäß wenig Interesse an den ausländischen Salpeter-Aktionären hätten.

Während mein italienischer Gesprächspartner den Vorwurf der Ausnutzung der Salpeterindustrie Deutschen und Engländern gleichmäßig macht, wirft er den Engländern allein – und daneben allerdings auch den Chilenen – vor, daß sie selbst ihre Werke durch Anstellung unfähiger Techniker und Beamten haben verkommen lassen. Ein Beispiel dazu liefern allerdings die dem Banco Mobiliario verschuldet gewesenen, jetzt unter dem englischen Regime stehenden Werke, die noch immer ganz verwirtschaftet sein sollen.

Oficina Cecilia, Pampa Central
21. November 1909

Gestern morgen nahm ich in Antofagasta den Zug der Antofagasta & Bolivia Railway, um nach dem am Kopfe genannten Salpeterwerk zu fahren, in dem mir Herr Lewin meinen 2½ tägigen Besuch vermittelt hat. Die Antofagasta & Bolivia-Bahn ist die bedeutendste Privatbahn Chiles, das sonst meist Staatsbahnen hat und gleichzeitig die bedeutendste Bahn Boliviens, namentlich nachdem sie voriges Jahr die von Speyer & Co. und der Deutschen Bank unternommene Bahn von Oruro nach La Paz aufgekauft hat. Der größte Teil des Kapitals und ein wesentlicher Teil der Debentures sollen in Händen von J. H. Schroeder & Co., London, sein. Die Bahn hat die schmalste Spur, die ich noch gesehen habe, nicht einmal drei Fuß weit, also wie eine Kleinbahn; dabei aber ziemlich lange Wagen, und schien mir, soweit ich sie im übrigen bis jetzt gesehen habe, gut gebaut. Dagegen soll ihre hiesige Verwaltung korrupt sein, wozu die Entfernung vom Hauptsitz London und der ständige geschäftliche Verkehr mit kapitalkräftigen Unternehmungen reizt, und es sollen immer wieder daraufhin Wechsel in den leitenden Stellen vorgenommen werden. Die Bahn gilt als der Lebensnerv Antofagastas, dem sie bolivianische Erze und den Salpeter der hiesigen Pampa zuführt und dessen Bevölkerung außerdem zum großen Teil aus Angestellten der Bahn besteht. Dagegen nutzt die Bahn, wie natürlich, den Salpeterwerken gegenüber, nach deren jeden sie einen eigenen Schienenstrang hat, ihr Monopol durch möglichst hohe Frachtsätze aus. Diese Sätze sind auf der Kilometerbasis aufgestellt, die Frachten sind in Gold bzw. zu einem festen Kurs zahlbar, und eine Grenze ist der Bahn nur durch die vom Staat festgesetzten Maximalfrachtsätze geboten. Der lokale Passagierverkehr scheint lebhaft zu sein, wenigstens war unser Zug dauernd voll besetzt.

Beim Verlassen von Antofagasta fiel mir die markante Ähnlichkeit dieser Stadt mit Butte, Montana, auf. Gleichzeitig unansehnliche, regelmäßig auf den Wüstensand aufgebaute Häuschen, und weit und breit kein grüner Halm zu sehen. Man sagte mir, daß ein Mann in der Nähe der Stadt durch Auffahren künstlicher Erde und künstliche Bewässerung etwas wie einen Garten geschaffen habe, aus dem er Veilchen zum Preis von $ 0.50 per Stück verkauft.

Sobald man die Stadt verlassen hat, ist man in der Wüste, die sich von anderen dadurch unterscheidet, daß auf gleichmäßig grauem Sand unzählige faust- bis kopfdicke Felsstücke lagern, offenbar vulkanischen Ursprung andeutend. Die Bahn steigt allmählich in die Höhe, während sich die Szenerie bis Pampa Central, ca. 150 km landeinwärts, wo ich aussteige, nicht verändert. Nirgends Halm, Strauch oder Baum, außer wenigen, ganz kümmerlichen Weiden um die einsamen Stationsgebäude.

In Antofagasta waren eine Reihe von Leuten, meist Frauen mit der für Chile charakteristischen kleidsamen schwarzen Mantilla eingestiegen, die Kopf, Hals, Brust und Schultern bedeckt und nur das Oval des Gesichtes frei läßt. Alle hatten sie einen großen Korb mit, den mir Wiegold – er brachte mich an die Bahn – auf meine Frage als Materialien für ihre Angehörigen in der Pampa enthaltend erklärte. Als ich aber gegen Mittag hungrig zu werden anfing, machten die anderen Leute ihre Körbe auf und fingen an zu essen, während ich schon anfing, mich ganz ohne Diner für den Tag bescheiden zu wollen. Da fand ich gegen 1 Uhr auf einer Station einen Teller Suppe, im Freien gedeckt und wohl schon seit einer Stunde auf den Zug, der Verspätung hatte, wartend. Ich konnte mich nicht nur satt essen, sondern endlich einmal dem Ideal meiner Kindheit nachleben und die abgeknabberten Suppenkochen, anstatt auf den Teller zurück, unter den Tisch werfen.

Unterwegs setzte sich ein katholischer Pfarrer zu mir, der, sehr zu meinem Verdruß, seine ganz ungenügenden englischen und französischen Sprachkenntnisse an mir ausprobieren wollte. Um ihm den Mund zu stopfen, gab ich ihm einen Band Bierbaumscher Geschichten in die Hand, die er natürlich nicht lesen konnte, an deren Ausstattung er sich aber nach Kinderweise freute. Durch ein paar lateinische Worte, die darin vorkamen, wurden wir auf dies Bindeglied der studierten Leute der ganzen Welt gebracht, und nun verwickelte er mich auf ganz amüsante Weise in eine lateinische

Diskussion über die Grundlehren des katholischen und des evangelischen Glaubens. Der alte Streit, ob der Mensch durch den Glauben allein selig werde oder ob gute Werke dazu gehören. Ich muß leider gestehen, daß ich mich seit Jahren nicht mehr mit lateinischer Diktion und mit der Kritik der Heilswahrheiten befaßt habe. Ich fürchte daher, daß ich weder meinem alten Latein- noch meinem Religionslehrer viel Ehre gemacht habe – während dem Pfaffen natürlich die Zitate aus den vier Evangelisten (Übersetzung Vulgata) vom Munde gingen wie Wasser. Als wir schieden, rief er mir im Pflichtenstreit kastilianischer Höflichkeit mit religiösem Eifer und gleichzeitig in gräßlichstem Kauderwelsch nach: »Linguae latinae consuetudo very good, fide autem errores muy malos!«

In Pampa Central holte mich Herr Denker, Leiter der Oficina (hier Name für Fabrik) Cecilia, ein liebenswürdiger, ca. 35jähriger Mann ab, mit dem ich die ca. 4 km nach seinem Werke hinausritt. Die Cecilia ist eins der drei Werke der Amelia Nitrate Co., einer englischen Gesellschaft mit deutschem Kapital, deren beiden anderen Werke in der Provinz Tarapacá liegen. Der Boden des hiesigen Werkes ist von den Advokaten Barrios & Co. an Gildemeister & Co. verkauft worden, welch letztere auch die Maschinen geliefert haben. Weber & Co., die Verkaufsagenten sind, und J. H. Schroeder & Co., von denen ein Teil des Kapitals kommt, sind außerdem noch mit je ca. einem Drittel beteiligt. Die Beteiligung von Schroeders, der Hauptaktionäre der Eisenbahn, ist für die Gesellschaft wegen ihrer Beziehungen zur Bahn sehr wertvoll. Die Oficina Cecilia ist erst seit einigen Monaten im Betrieb und hat also ganz moderne Maschinerie, die ihr, zum Teil wegen des niedrigen Kurses, zu dem der größte Teil der Aufstellungsarbeiten hier ausgeführt worden ist, sehr niedrig einstehen soll.

Auf meinem Rundgang durch das Werk bekam ich folgenden Eindruck von den technischen Operationen: das salpeterhaltige Gestein, Rohsalpeter oder Caliche genannt, wird auf einer von Orenstein & Koppel gelieferten Kleinbahn mit gleicher Spurweite wie die Hauptbahn vom Felde in die Fabrik geschafft. Der Rohsalpeter der zu diesem Werk gehörigen Ländereien enthält ca. 18%

Reinsalpeter, was etwa dem Durchschnitt des Bodens in der Provinz Antofagasta entspricht. Die als Salpeterland ältere Provinz Tarapacá hat bis zu 70% Salpetergehalt aufgewiesen; in Antofagasta ist aber derartig guter Boden nie gefunden worden; der relativ beste, durch den natürlich die Antofagasta & Bolivia-Bahn mitten hindurch geht, ist in Händen der Compañia de Salitres, der einzigen gut rentierenden, rein chilenisch geleiteten Salpetergesellschaft, die, wie Denker sagt, unter europäischer Verwaltung noch besser rentieren würde.

Der Rohsalpeter also, der auf Schienen in die Fabrik gebracht wird, wird aus dem Wagen direkt in per Dampf arbeitende Mörser gestürzt und in kleine Stücke zermalmt, die wieder in Wagen fallen und mit diesen per hydraulischen Aufzügen in die Höhe befördert werden. Der zermalmte Rohsalpeter wird dann in große Kessel gestürzt, die von Heißluft-Röhren durchzogen sind und in denen er mit Wasser vermischt wird. Durch die Heißluft-Röhren gerät die Mischung ins Kochen, und der Erdgehalt setzt sich zu Boden, während die salpeterhaltige Mutterlauge, wie grüngelbliches Wasser aussehend, in Kühlbassins abgelassen wird. Der zurückbleibende Erdgehalt, Ripio genannt und rotbraun aussehend, enthält noch immer ca. 4% von den ursprünglichen 18%, die also hiermit verloren gehen; denn der Ripio wird in einem immer wachsenden Bergplateau neben der Fabrik als wertlos aufgestapelt. Die Mutterlauge, die im ersten Kühlbassin die auszuscheidenden Salze absetzt, wird dann in ein zweites Kühlbassin geleitet, wo der Salpeter sich zu Boden setzt und das überschüssige Wasser – Agua vieja genannt – abgelassen wird. Der Reinsalpeter, der dann ca. 95% rein ist, wird schließlich aus den Bassins herausgeschaufelt, auf Haufen geworfen und in Säcke gepackt, fertig zum Versand und zum Konsum.

Die Agua vieja, die nicht ihren ganzen Salpetergehalt abgegeben hat, geht nicht verloren, sondern wird immer wieder in die Lauge-Kessel zurückgepumpt und wieder ausgekocht. Dies rettet nicht nur Salpeter, sondern spart auch an Wasser, was für die Salpeterwerke in der Wüste ein großer Faktor ist. Die Cecilia z. B., die auf ihrem Boden kein Wasser gefunden hat und für vielleicht erfolglose Bohrungen kein überflüssiges Geld ausgeben wollte, hatte Wasser-Kaufkontrakte mit der Antofagasta & Bolivia-Bahn, die ihre eigene Wasserleitung für mehrere 100 km hat. Die Cecilia hat eine mehrere Kilometer lange Leitung nach der Leitung der Bahn legen müssen und pumpt ihr Wasser von dort. Dank ihrer guten Beziehungen zur Bahn via Schroeders ist der Preis, wenn auch hoch, so doch erschwinglich. Das Nachbarwerk dagegen sucht bereits seit drei Jahren vergeblich nach Wasser; augenblicklich versucht einer der Besitzer sein Glück mit der Rute, die hier in der Gegend bereits gute Ergebnisse gehabt haben soll.

Teurer noch als Wasser und nächst der Arbeit der materielle Hauptfaktor der Salpeterproduktion sind die Kohlen, die teils aus England, teils aus Australien kommen, da chilenische Kohlen nicht genug Heizkraft haben. Die Arbeiter sind zur Zeit durchweg Chilenen; Ausländer sind als Arbeiter unbeliebt, mußten aber während der Hochkonjunktur vor einigen Jahren eingestellt werden, während jetzt, trotz reduzierter Löhne, das Angebot chilenischer Arbeiter mehr als hinreicht. Das ist die Folge davon, daß namentlich in der Provinz Antofagasta mit ihrem weniger reichen Boden bereits eine Reihe von Fabriken bei den heruntergegangenen Salpeterpreisen trotz des niedrigen Wechselkurses nicht mehr konkurrenzfähig sind und zugemacht haben. Bei einem Kurs von 15 d und 16 d müßte bei jetzigen Preisen, nach Denker, die ganze Provinz Antofagasta die Arbeit einstellen.

Das einzige hier fabrizierte Nebenprodukt, das aber von großer Bedeutung zu sein scheint, ist Jod. Die Agua vieja wird, ehe sie wieder den Heizkesseln zugeführt wird, mit schwefeliger Säure, die sie sich selbst fabrizieren, versetzt, und setzt dann in besonderen Kesseln, die das Wasser durchfiltern, das Jod ab. Das ganz schwarz und wie Teer aussehende Jod wird in Tücher gewickelt und in Form von kopfgroßen Käsen ausgepreßt, die ihrerseits sublimiert, sorgfältig in Tonnen verpackt und als Wertfracht nach Europa versandt werden. Die gesamte Jodproduktion Chiles ist parzelliert, und zwar liegt der syndizierte Verkauf in Händen von Antony Gibbs & Co. in London, die dadurch den Preis hochhalten, zur Zeit ca. $ 1000 per Zentner. Einzige äußere Konkurrenz soll aus Frankreich kommen,

wo Jod aus Seetang fabriziert wird, soll aber nicht bedeutend sein.
Die Cecilia wird erst ab 1. April 1910 ihre Quote am Syndikate
zuerteilt bekommen, hofft aber auf eine sehr bedeutende, da sie bis
zu 8 Zentner Jod per Tag herstellen kann.

Oficina Cecilia, Pampa Central
22. November 1909

Heute vormittag ritt ich auf einem hübschen, gut gerittenen kleinen Rappen mit Denker in die Pampa hinaus, wo die Salpeterbrüche liegen. Das Salpeterland, das äußerlich der übrigen Wüste (hier Pampa genannt) völlig gleicht, liegt rings um die Fabrik herum und wird per Estaca (= 1 km^2 oder 100 ha) gemessen. Der Entdecker von Salpeterland erhielt nach dem Gesetz eine sogenannte Descubridora, die aus drei Estacas bestand. 7 km von dieser Descubridora entfernt durfte dann kein Finder eine neue Descubridora beanspruchen. Da es aber wertvoll war, möglichst viel zusammenhängendes Land zu besitzen und auch schon der Eisenbahn-Verhältnisse wegen, benutzten die ursprünglichen Eintrager von Salpetertiteln eine Lücke im Gesetz, um vermittels langer schmaler Landstreifen, der sogenannten Cachimbas, die von der 7-km-Grenze bis an die betreffende früher eingetragene Descubridora herangingen, ihre neuen Titel dicht benachbart den älteren einzutragen. Die Regierung hat sich gegen diese Gesetzesumgehung nicht zu schützen gewußt, so daß die Landkarte der Salpeterpampa von Antofagasta heute das merkwürdige Bild von in Gruppen zusammenliegenden, rechteckigen Besitztiteln bietet, die nach allen Seiten viele Kilometer lange, schmale Streifen in die Pampa hinaussenden. Die Oficina Cecilia besitzt ca. 13 Estacas, was ziemlich viel ist.

Während im allgemeinen der salpeterhaltige Boden, Caliche genannt, unter einer 1–2 m tiefen Schicht kiesiger, harter Erde, dem sogenannten Panqueque, gefunden wird und der Caliche dann wieder auf einer ziemlich weichen Erdschicht aufliegt, liegen auf dem

Terrain der »Cecilia« die Verhältnisse fast durchweg anders. Der Caliche liegt beinahe an der Oberfläche, d. h. nur unter einer 5–10 cm dünnen, harten Erdstaubschicht, aber auf festem, steinigem Grunde, mit dem er fest verbunden ist. Während man also gewöhnlich, z. B. überall in Tarapacá, den Panqueque fortzusprengen hat und dann den Caliche, der sich von dem weichen Untergrunde leicht löst, ohne Schwierigkeit heraushauen kann, braucht man hier zwar keine Überschicht fortzusprengen, muß statt dessen aber den Caliche selbst durch Sprengstoffe vom harten Untergrund ablösen. Die Schwierigkeit dabei scheint nun, möglichst wenig von diesem Untergrund, Banco genannt, der natürlich beim Sprengen zum Teil auch gelöst wird, mit in die Maschine zu bekommen. Die Kapitalisierung und Ertragsberechnung für das Werk sind auf Grund eines Minimumgehaltes von 14% Salpeter im Caliche gemacht worden, d. h. alles Material, das weniger als 14% enthält und in die Maschine gebracht wird, bedeutet ebenso Verlust, wie alles über 14% enthaltende Material, das als wertlos fortgeworfen wird.

Es besteht nun dazu ein ganzer Stab von Beamten, die Qualität des auf die Wagen kommenden Caliches nachzuprüfen. Denker selbst ist jeden Vormittag, wie heute, unterwegs, überall das aufgeschüttete Material mit einer brennenden Zündschnur, die bei der Berührung mit Salpeter heller brennt, auf ihren Salpetergehalt zu untersuchen. Die Arbeiter, denen in Gruppen je ein Stück des Bruches zugeteilt ist und die per Wagenladung bezahlt werden, haben natürlich nur ein Interesse an der Zahl der Ladungen ohne Rücksicht auf die Qualität, so daß ihnen ab und zu ein Wagen als »Banco« zurückgewiesen wird. – Die Caliche-Schicht ist übrigens auf den Terrains der Cecilia nicht mehr als 2–4 Fuß.

Der in Stücke gehauene Caliche wird entweder auf Maultierwagen geladen, die ihn an den Wagen der Kleinbahn schaffen oder aber direkt in diese letzteren geworfen. Dies letztere ist das Erstrebenswerte, weil es die sehr kostspielige Arbeit der Maultiere spart. Es verlangt dafür aber ein dauerndes Nachrücken der Eisenbahnschinen dicht parallel zum Steinbruch. Die Behandlung des per Kleinbahn in die Fabrik geschafften Caliche habe ich vorher geschildert.

Das gesellschaftliche Leben, das ich in den letzten drei Tagen hier beobachtet und mitgemacht habe, ist nicht unoriginell. Ich kam allerdings mit etwas zu hohen Erwartungen. Die junge Frau eines Salpeterindustriellen aus der Taltal-Pampa, die ich in Valparaiso kennengelernt habe, hatte mir von dem Luxus vorgeschwärmt, den sie mitten in der Wüste und als einzige Dame auf Meilen in der Umgegend entfalten könne. In der Tat sind derartige, durch ihre Eigenart in die Einöde verbannten Betriebe von hoher Rentabilität dazu prädestiniert, ihren Leitern als Ersatz für alle gesellschaftlichen Genüsse des Stadtlebens ein möglichst hohes Maß rein materiellen Komforts zu bieten.

So ist hier in der Oficina Cecilia das Wohnhaus auch in der Tat ein sehr großes, einfach, aber geschmackvoll gebautes Holzgebäude mit hohen, bequemen Zimmern und ausgestattet mit einer ganzen Zahl guter Stiche nach ersten englischen, niederländischen und spanischen Meistern. Bewohnt wird es von sechs Junggesellen, deren einer der Chef des Werkes, mein liebenswürdiger Wirt Denker ist. Er hat sich seine zwei Zimmer ganz besonders behaglich mit Fellen ausgestattet. Die übrigen Hausbewohner sind Ingenieure und Kontorbeamte. Damen gibt es unter diesen Umständen im Umkreise der »Cecilia« nicht. Die einzige Zerstreuung, die diese sechs Junggesellen außer den reichlichen und für hiesige Verhältnisse in der Tat sehr gewählten Mahlzeiten von Zeit zu Zeit zusammenbringt, sind Billard und Victor-Grammophon. Dies letztere wird vom Hauptingenieur, einem Berliner, bedient. Noch windet sich Isolde Fleischer-Edel in den höchsten Nöten des Liebestodes, da heißt es: »Kenn' Se Caruso'n? Wer'k'n gleich ma andanzen lassn!« Und so geht es den ganzen Abend, daß die einsame chilenische Pampa abwechselnd vom Repertoire der Melba und dem der Pariser Cabarets widerhallt.

Oruro, 24. November 1909

Als ich vorgestern nacht von der Oficina Cecilia fortritt – auf einem faulen, dicken Schimmel, der noch dazu eine elektrische Mähne hatte und mir richtige elektrische Schläge versetzte, sowie ich ihr nahe kam – als ich um Mitternacht in die Pampa hineinritt, meinen Handkoffer auf einem Maultier neben mir und einen Gaucho zur Begleitung im Schmuck aller seiner Waffen, da glaubte ich nicht, daß ich um 3 Uhr wieder in meinem bequemen Bett in Denkers Haus liegen würde. Aber bei Erreichen der fast eine Meile entfernten Station hörte ich, daß mein Zug wegen Maschinenbruchs Antofagasta nicht verlassen habe und erst den nächsten Mittag in der Station Pampa Central eintreffen würde. Also hieß es mit Mann und Maultier umkehren.

Gestern mittag faßte ich den Zug denn auch richtig in der Station ab. Es ist der einzige Zug in der Woche (!), der zwischen Antofagasta und Oruro verkehrt. Die Bequemlichkeiten, die er bietet, sind für Bolivien wohl gute, fallen aber ab gegen Argentinien und auch gegen das, was ich von Chile gesehen habe. Ziemlich enge Schlafwagenabteile zu zweit und zu viert – eng schon wegen der schmalen Spur –, in denen die Betten allerdings zum Teil in der Fahrtrichtung liegen. Sehr unsaubere, unappetitliche Speisewagen mit miserabler Kost und hohen Preisen. Ungeschickte, auf Trinkgelder ausgehende Bedienung.

Oruro, 25. November 1909

Wiegold, der Prokurist des BAT Antofagasta, hatte mir, trotz meiner ausdrücklichen Bitte, mir ein Coupé für mich reservieren zu wollen, nur ein Bett belegt, wahrscheinlich aus Sparsamkeit. Natürlich war es ein oberes Bett in einer Abteilung zu vieren, in der die drei anderen Betten mit französischen Handlungsreisenden von unangenehmen Sitten belegt waren. Ich war zunächst wütend, konstatierte aber im Laufe der Reise mit ebensoviel Verwunderung wie

Vergnügen, daß ich doch noch nicht so verwöhnt bin, als daß derartige »Entbehrungen« mir dauernd die Laune verderben könnten.

Die Fahrt von Pampa Central bis Oruro bietet im Verhältnis zu ihrer Länge (28 Stunden) wenig Abwechslung. Zunächst fährt man noch eine kurze Strecke durch die Salpeterpampa. Die Gleise, die hier überall von der Hauptlinie zu den Salpeterofizinen liegen, sind sämtlich für Rechnung der betreffenden Oficina gebaut, in der Weise, daß diese der Bahn £ 1000 per km für den Bau hat zahlen müssen. Trotzdem bleibt die Zweiglinie in Besitz und Betrieb der Hauptbahn, die der Oficina von den Frachten allmählich die gezahlte Summe – ohne Zinsen – zurückvergütet. Ein glänzendes Geschäft für die Bahn. – Wie weit übrigens in dieser, namentlich in ihrem bolivianischen Ende, amerikanische Interessen beteiligt sind, habe ich noch nicht feststellen können. Auffallend viel rollendes Material ist amerikanischen Ursprungs, und eine Reihe im Zug befindlicher Ingenieure waren typische Yankees.

Vorgestern abend erreichten wir noch Calama, ein unansehnlicher kleiner Platz in der Pampa, der eine gewisse kommerzielle Bedeutung hat durch den Import von Vieh, der sich hinterher über die Kordilleren von Salta, Argentinien, aus vollzieht. Der BAT Antofagasta finanziert einen guten Teil dieses Geschäftes, das übrigens nicht, wie das weiter südlich, von Córdoba aus betriebene, gleiche Geschäft, über London, sondern direkt in Buenos Aires ausgeglichen zu werden scheint. Trotz ihres also offenbaren Bedarfes an argentinischem Guthaben genierten sich die Herren in Antofagasta, die ich für einige Zahlungen mit Schecks Buenos Aires bezahlen mußte, nicht, mich etwa 20 Punkte (!) am Kurse zu schneiden! Auch die – sehr verdünnte – Form, in der dies als Tantieme an Papa zurückkommt, konnte mich mit dieser Tüchtigkeit des Herrn Wiegold nicht versöhnen.

Während sich der Charakter der Wüste nur wenig änderte – an Stelle der steinigen Salpeterpampa trat allmählich mehr sandiger, aber immer noch vegetationsloser Boden – stiegen wir allmählich immer höher. Pampa Central war 1500, Calama 2200 m hoch gewesen; in der Nacht überschritten wir die Küstenkordillere in Höhe von 3900 m und stiegen dann auf das bolivianische Hochplateau hinab, das bis Oruro durchgehend ca. 3700 m hoch ist.

Als ich gestern früh in dieser Höhe aufwachte, fühlte ich etwas wie Atembeschwerden, die ich aber nach Verlassen des Abteils auf die Anwesenheit meiner drei expansiven französischen Schlafgenossen zurückführen konnte.

An der chilenisch-bolivianischen Grenzstation stieg gestern früh ein bolivianischer Zollbeamter in den Zug, der sich bis zur nächsten, etwa eine Stunde entfernten Station damit beschäftigte, das Handgepäck der europäischen Reisenden zu durchwühlen. Nicht aus Bosheit oder um etwas Zollpflichtiges zu finden, sondern aus kindlicher Neugier und aus Vergnügen an einer in Bolivien noch großenteils unbekannter Kultur. Einmal allerdings wurde er offiziell – er glaubte bei einem russischen Ingenieur etwas Verdächtiges gefunden zu haben, ein Instrument, das er für ein Bomben-Katapult hielt. Es war ein Hosenspanner.

Überhaupt ändert sich, wenn auch nicht das landschaftliche, so doch das kulturelle Bild wesentlich, sobald man das Hochplateau von Bolivien betritt. Hier ist man wirklich in einem fremden Erdteil, unter einer anderen Menschenrasse. An Stelle der europäischen Tracht der Männer und der schwarzen Mantilla der Frauen in Chile, treten in Bolivien die alten Indianerkostüme, Ledertrachten der Männer, und lebhafte, satte Farben bei den Frauen, die sich und ihren Kindern vielfach das Gesicht mit Mehl bemalen. Die erste größere Stadt nach großer unbewohnter Salzwüste ist Uyuni, das auch im Farbenanstrich seiner Häuser die Farbenfreudigkeit der Bolivianer kundtut. Am Bahnhof warten statt Lastwagen eine Herde von 30 bis 40 Lamas, die hier die Maultiere als Lasttiere ersetzen. Sie sind ebenso genügsam wie diese, können allerdings nicht annähernd so viel tragen. Das ganze Bild der niedrigen, aus Erde gebauten, zum Teil noch neugedeckten Häuser mit großen, von hohen Erdmauern eingezäunten Höfen erinnert stark an die Indianer-Dörfer New Mexikos, mit deren Bewohnern der Typus der Bolivianer auch eine gewisse Ähnlichkeit hat.

Auch nach Uyuni ist noch wenig von Besiedlung zu merken, obgleich von hier ab die Wüste mehr und mehr als Weide für Ziegen, Maultiere und Lamas benutzt zu werden scheint. Es hat tatsächlich den Anschein, als nährten sich diese Tiere von Sand und Erde. – Die dünne Luft erleichtert offenbar die Spiegelungen, denn nirgendwo habe ich Miragen (Fata Morganas) so nahe und so täuschend gesehen wie hier. Ca. 150 km vor Oruro tritt die Bahn in das Plateau zwischen der Hauptkordillere (östlich) und dem Lago Poopó (westlich), und hier erst fängt eine dichtere Besiedlung an. Die Dörfer liegen durchweg am Abhang der Berge, und an den Abhängen hinauf erstrecken sich kleine Stücke intensiven Weide-, Gemüse-, Obst- und Ackerbaulandes. Ermöglicht ist dies durch die von den Bergen herabkommenden Schneewässer, während das flache Land, das die Bahn durchschneidet, nach wie vor Wüste oder mindestens Prärie bleibt. In der Stadt Poopó, der letzten vor Oruro, sehe ich sogar ein paar Schornsteine rauchen, die zu einem Erz-Schmelzer gehören. Sonst habe ich auf der Fahr von Metallindustrie so gut wie nichts gemerkt, selbst nicht in Uyuni, in dessen unmittelbarer Nähe die berühmten, jetzt allerdings kaum mehr arbeitenden Huanchaca-Silberminen liegen.

Gegen 8 Uhr abends kamen wir gestern in Oruro an, ein kleiner Platz von 15 000 Einwohnern und von zurückgehender kommerzieller Bedeutung. Auf dem Bahnhof mußte ich meine Handtasche einem halbwüchsigen Jungen aufladen und zu Fuß nach dem ziemlich entfernten Hotel laufen, was mir bei der dünnen Luft für den Rest des Abends Übelkeit einbrachte. Im Hotel, in dem mir vom BAT Zimmer reserviert sind, traf ich auf den Prokuristen Breuer, der mich an der Bahn verfehlt hatte. Lehmann[100], der Leiter, war von einer der letzten Stationen aus zufällig im gleichen Zug wie ich gekommen, leider kannten wir uns nicht und wußten nichts davon.

Den größten Teil des Vormittags brachte ich damit zu, zwischen Hotel und Zollamt hin und her zu fahren, um meinen Koffer herauszubekommen. Bald war das Zollamt geschlossen, bald hatte ich meinen Schlüssel nicht mit – schließlich gelang es. Dann ging ich zur Bank (unansehnliches Mietshaus, wie hier alle Banken!), auf der ich den sogenannten »kleinen Lehmann« traf. Von ihm und Breuer, mit denen ich frühstückte, hörte ich einiges über das hiesige Geschäft. Der allgemeine Geschäftsgang ist nach der Krisis der beiden letzten Jahre noch recht schlecht, wie das bei einem Land natürlich, das trotz seines zum Teil sehr fruchtbaren Bodens noch zum großen Teil auf seinen Metallexport angewiesen ist. Selbst die besseren Metall-, vor allem Zinnpreise können noch nicht helfen, da vielen Zinnproduzenten, die in der Hausse-Zeit vor ca. drei Jahren mit ungenügendem Kapital kapitalisiert und in der Krisis dann herumgegangen sind, augenblicklich vielfach die Mittel fehlen, die Produktion wieder aufzunehmen. Die Banken, die ohne Ausnahme infolge von Metallvorschüssen starke Verluste gehabt haben, scheinen vorsichtiger geworden zu sein. Natürlich haben unter den schlechten Verhältnissen, die die Konsumfähigkeit verringert haben, in erster Linie die Importeure zu leiden, die zum größten Teil hier deutsche Häuser sind. Beim Durchwandern der Stadt fällt einem auf, daß eigentlich jede größere Firma deutsch ist, während das englische Element, das in Chile noch stärker als das deutsche ist, ganz zurücktritt. Eines der am schwersten getroffenen deutschen Importhäuser sollen Hardt & Co. sein, die sogar ihre hiesige Niederlassung ganz aufgelöst haben. Sie haben trotzdem noch hier wie in La Paz beim BAT größere Kredite. Ich nehme an, daß sich auf die hiesige Verhältnisse jene Zurückhaltung empfehlende Bemerkung in der Kreditliste von Buenos Aires bezieht, die mir dort seinerzeit auffiel.

Außer den einheimischen Banken, die infolge ihres Notenprivilegs und ihres stark entwickelten Hypothekengeschäftes in einem gewissen Gegensatz zu den fremden Banken stehen, sind hier die beiden auch in Chile arbeitenden deutschen Banken und die Bank of Tarapacá. Von diesen macht – nach Lehmann – der BAT trotz der im letzten Jahr geübten Zurückhaltung noch immer das größte Geschäft. Die Bank für Chile und Deutschland soll hier relativ noch bedeutender als in La Paz, die Tarapacá Bank nichts als eine Agentur und ohne jedes Geschäft sein.

Die Haupttätigkeit des BAT scheint allerdings noch immer hauptsächlich in der Regelung unglücklicher Engagements zu bestehen, die der frühere Direktor Wulff entriert hat[101]. In der Sache der Mine San José, die ich heute nachmittag noch besuchen will und für die bereits große Abschreibungen gemacht sind, ist es in diesen Tagen, d. h. nach 1½ Jahren, endlich gelungen, bei deren Direktion in Santiago die Anerkenntnis des Schuldbetrages durchzusetzen. Die Mine soll von Anfang nächsten Jahres von einer guten hiesigen Firma für Bol. 50 000 jährlich in Pacht genommen werden. Das würde der Forderung des BAT, die ca. 50% der Gesamtforderungen ausmacht, immerhin eine, wenn auch unbedeutende Liquidationsquote in Aussicht stellen. In der Angelegenheit Weiner, dem zweiten »Clavo« dieser Niederlassung, scheint es Lehmann geglückt zu sein, seine Forderung als allen anderen bevorrechtigt durchzudrücken. Er rechnet daraufhin mit einer Quote von 50% des Engagements.

Das Devisengeschäft, dessen Angebotseite hier völlig mit dem Metallgeschäft zusammenfällt, ist in letzter Zeit von den fremden Banken, die mit Konsignationen resp. Bevorschussungen von solchen sehr zurückhaltend geworden sind, mehr in die Hände der einheimischen Banken übergegangen. Dazu hat auch die Regierung beigetragen, die, um den Kurs zu halten, den Exporteuren empfohlen hat, ihre Wechsel an die einheimischen Banken zu verkaufen. Das ganze Devisengeschäft ist aber hier noch sehr klein; Termingeschäft z. B. gibt es noch gar nicht.

Auch das Kontokorrentgeschäft des BAT, das er hauptsächlich mit den deutschen Importeuren macht, scheint nicht sehr groß zu sein – trotz einzelner recht bedeutender Kredite an erste Häuser. An Depositen haben sie Bol. 200 000.

Heute nachmittag besuchte ich mit Breuer die Mine San José, in die Wulff seinerzeit nach und nach £ 30 000 hineingesteckt hat. Einer der neuen Pächter, ein Dalmatiner, führte uns herum. Das Werk besteht aus Mine und Konzentrierwerk, die Mine wieder aus Zinn- und aus Zinn-Silbermine. Das ganze liegt mit dem Wagen keine Viertelstunde von der Stadt und ist durch Schienenstrang mit der Bahn verbunden. In viertel Höhe eines Berges ist der Eingang zu beiden Minen dicht nebeneinander und zwar wird die Zinn-Mine nach oben, die Zinn-Silbermine nach unten abgebaut. Die Silbermine stammt noch aus spanischer Zeit, d. h. wird schon über 100 Jahre bearbeitet und ist zur Zeit 310 m tief. Sie hat acht Schichten, es werden aber nur noch die unterhalb 200 m liegenden abgebaut. Das Silber kommt zum Teil frei, zum Teil mit Zinn zusammen vor, immer aber, wie mir schien, mit Schwefelzusatz. Schon in der Mine wird das reine Silbererz vom Zinn-Silbererz getrennt. Jenes wird durch Handarbeit vom Gestein möglichst gereinigt, in Konzentratoren wie üblich durch Wasser und Schwerkraft noch weiter konzentriert, gemahlen und in Säcken zum Schmelzen nach Europa geschickt. Das Konzentrat soll 10% Silber enthalten. In einzelnen Stücken, von denen sie mir eins mitgaben, kommt Silber bis zu 20% vor.

Das Zinn-Silbererz, das ca. 4% Zinn und 5% Silber enthalten soll, wird nun zerschlagen und in Wagenladungen an ein anderes Werk, gleichfalls ein schlechter Schuldner des BAT, verkauft, das derartige arme Erze selbst chemisch verhüttet. Natürlich geht für die Mine San José bzw. ihre Pächter bei diesem Verkauf viel Profit verloren. Sie suchen daher Kapital, ein solches Hüttenwerk für arme Zinn-Silbererze selbst zu bauen – sie meinen es für Bol. 50 000 herstellen zu können.

Das reine Zinn-Erz endlich, aus der Zinn-Mine, wird gemahlen, auf überaus primitive Weise, bei der unzweifelhaft viel verloren geht, gewaschen, konzentriert, getrocknet und in Säcken nach Europa verkauft. Es soll 55% bis 65% rein Zinn sein.

In mancher Beziehung interessant ist die Arbeiterfrage. Durch den Bahnbau der Umgebung, der besser Löhne zahlt als den Minen möglich, werden die besten Kräfte entzogen. Zur Zeit arbeiten ungefähr 700, weit weniger als Kapazität, und von diesen ist ein verschwindender Bruchteil Männer. Männer sieht man nur unter Tag, d. h. zum Sprengen, Brechen des Erzes und Schleppen der schweren Lasten. Schon die leichten Lasten (!) werden, auch unter Tag, von Kindern getragen – Altersgrenze scheint unbekannt. Ich habe zwölfjährige Jungen mit Erzpacken auf dem Rücken keuchen gehört, die ich nicht hätte schleppen mögen. Über Tag, d. h. beim Steinzerbrechen, Erzwaschen und Konzentrieren arbeiten fast nur Frauen, davon die meisten jung und viele mit einem Baby neben sich. Eine andere Schwierigkeit bietet die Feuerung. Allerdings ist der Bedarf dafür durch primitive Technik auf ein Minimum beschränkt. Sie brauchen Kraft nur für Wasserpumpen, wenige Werkzeugmaschinen, je einen Brecher und eine Mühle und die ganz primitiven Erz-Aufzüge in der Silber-Mine. Im Sommer nur heizen sie mit Lama-Mist, der von den Indianern gesammelt, getrocknet und verkauft wird. So unglaublich es klingt: diese nützlichen und anspruchslosen Tiere liefern sogar noch den größeren Teil des Brennmaterials sowohl für Haus- wie kommerziellen Gebrauch auf der bolivianischen Hochebene. In La Paz soll in keinem Haus auf dem Herd oder im Ofen etwas anderes als Lama-Mist gebraucht werden. Im Winter, wo er nicht trocknet, muß die San José Mine Kohle kaufen und zwar australische, die sie per Bahn von Antofagasta erhält. Der Preis ist natürlich kolossal. Eine Besserung erhofft man von der Fertigstellung der im Bau befindlichen Bahn nach Cochabamba, wo es gute, aber wegen Mangel an Verbindungen noch nicht aufgeschlossene Kohlengruben geben soll.

Ich aß mit Lehmann und zweien seiner Freunde zu Abend und erhielt nach allem, was ich von Lehmann sah und hörte, den Eindruck eines besonders eifrigen, klar denkenden Kopfes. Hier hält die in der Luft schwebende Anleihe Boliviens von 1½ Millionen Pfund die Geister in Atem. Die Nordamerikaner und andererseits die Dresdner Bank werden als die wahrscheinlichen Kontrahenten genannt. Die Deutsche Bank, der das Geschäft durch Lehmann in offiziellem Auftrage angeboten war, soll abgelehnt haben. Man erwartet von dem Wechselangebot, das auf den Abschluß der Anleihe folgen würde, ein Steigen des Wechselkurses. Die bolivianischen Währungsverhältnisse scheinen im übrigen noch sehr ungeklärt. Meine drei Tafelgenossen, alle drei erfahrene Kaufleute des Platzes, konnten sich z. B. absolut nicht über die Momente einigen, die den Kurs in den letzten Monaten hochgehalten haben.

Eine Persönlichkeit, die augenblicklich im öffentlichen Interesse steht, ist Simon I. Patiño, der Besitzer der reichen Zinn-Mine La Salvadoria, aus der er augenblicklich monatlich 15 000 Quintal (46 Pfund) Zinn verfrachtet. Bei den augenblicklichen Zinnpreisen soll ihm das einen Reingewinn von £ 2 per Quintal oder monatlich £ 30 000 lassen. Er ist der Gründer des Banco Mercantil, einer der hiesigen Notenbanken und läßt seine beiden Söhne in Deutschland erziehen. Durch seine starken Ziehungen auf London macht er den Banken im Devisengeschäft starke Konkurrenz.

Morgen früh muß ich Oruro bereits wieder verlassen, da die nächsten Tage kein Zug nach La Paz geht. Oruro mit seinem lebhaften Indianerleben, seinen bunten Häusern, schlechtem Pflaster und hübschen Frauen ist für kurzen Aufenthalt kein schlechter Platz – wenn man von den Unannehmlichkeiten der hohen Lage absieht. Diese letztere veranlaßt übrigens auch eine Reihe von Familienvätern, ihre Frauen und Kinder nach dem Süden zu schikken und hält andere Leute davon ab, zu heiraten. Das Leben in den Junggesellenkreisen der zahlreichen deutschen Kolonie soll angenehm und natürlich entsprechend feucht-fröhlich sein. Der hier landesübliche Grund zum Trinken ist die Furcht vor dem Typhus. Ich füge diesen Zeilen eine kleine Statistik über die Depositen der Buenos Aires-Banken in den letzten drei Jahren bei, die ich auf der gestrigen Bahnfahrt aus früher gesammeltem Material zusammengestellt habe.

Die Statistik zeigt, daß der BAT in Buenos Aires in dieser Zeit verhältnismäßig recht gut gearbeitet hat. Wenn man von den zwei Staatsbanken (Banco de la Nación und de la Provincia) absieht, die absolut wie prozentual ganz unverhältnismäßig mehr als die anderen Banken zugenommen haben, so ist die einzige Bank, die ein prozentual ebenso gutes (absolut allerdings noch wesentlich besseres) Ergebnis als der BAT geliefert hat, der Banco Español. Beide haben an Depositen seit Ende 1906 40% zugenommen, was beim Banco Español 45 Millionen, beim BAT 11 Millionen ausmacht. Absolut ebenso viel zugenommen wie der BAT (11 Millionen) hat noch der Banco de Italia, bei dem die Zunahme prozentual aber nur 15% ausmacht. Die übrigen vier aufgeführten Banken haben prozentual wie absolut weniger zugenommen als der BAT. Bemerkenswert ist namentlich das stationäre Verhalten der London Bank.

La Paz, 26. November 1909

Heute früh kamen Lehmann und Breuer in Oruro an die Bahn, um mir adieu zu sagen. Zufällig war auch der Direktor des Banco de Chile & Alemania da, um einen Freund zur Bahn zu bringen. Sofort hatten sich die beiden Bankdirektoren gegenseitig in einem Verdacht, der charakteristisch für das Geschäft in Oruro ist. Es scheint nämlich zu den Hauptaufgaben des dortigen Bankleiters zu gehören, die abgehenden Züge zu vigilieren, um das böswillige Entweichen fauler Schuldner zu hintertreiben!

Die Bahn von Oruro nach La Paz ist die von Speyers, der National City Bank und der Deutschen Bank gebaute Linie, die durch Pachtvertrag in die Verwaltung der Antofagasta-Bahn übergegangen ist und von dieser laut Vertrag nach Ablauf der Pacht jedenfalls ganz übernommen wird. Durch dieses Eindringen des englischen Einflusses soll sich letzthin auch wieder etwas Verwendung englischen Materials und englischer Ingenieure bemerkbar machen, während bisher die Amerikaner dominierten. Von Amerikanern sollen allerdings noch die beiden im Bau befindlichen Zweiglinien Oruro–Cochabamba und Rio Mulato–Potosí gebaut werden. Von diesen wird der Bau an der ersteren ziemlich lax betrieben, weil einmal die Linie nicht viel unmittelbares Frachterträgnis verspricht und weil außerdem die letzten 50 km vor Cochabamba große technische Schwierigkeiten bieten. Sehr forciert scheint dagegen die Linie nach Potosí zu werden, wahrscheinlich um für die dortigen Zinn-Erze noch die guten augenblicklichen Preise zu sichern. Diese beiden Linien nach dem Osten sind der erste Schritt, den Osten des Landes, der bisher mit dem Westen keine Verbindung und infolgedessen wenig Beziehungen hatte, zu verbinden. Wie sehr Bolivien als Ganzes nach dem Osten Südamerikas gravitiert, der es mit Europa verbindet, geht daraus hervor, daß selbst jetzt, wo es noch keine Bahnverbindung nach Argentinien gibt, selbst die Post von La Paz und Oruro fast durchweg über Salta nach Buenos Aires geht. Die alte Hauptstadt des Landes, Sucre, am Ostabhang der Hauptkordillere, ist gleichfalls noch ohne jede Bahnverbindung. Es soll eine herrlich gelegene, wenig kommerzielle, aristokratische Spanierstadt sein. Dagegen spricht man Potosí nach Fertigstellung der Bahn große Zukunft zu. Es ist bereits größer als Oruro und soll im Wachsen sein, während Oruro zurückgeht. Lehmann sprach von Potosí als von einem eventuell geeigneten Platz für eine Filiale. Allerdings ist die ungewöhnliche Höhe des Platzes zu bedenken; es liegt ca. 4200 m hoch.

Die Oruro-La Paz-Bahn (Bolivia Railway) hat die gesetzliche Normalspur von Bolivien, d. h. 1 m und ist damit breitspuriger als die Antofagasta-Bolivia-Bahn, die für ihre bolivianische Strecke wahrscheinlich noch eine dritte Schiene für die 1-m-Spur legen muß. Die Bolivia-Bahn scheint gut gebaut, schwere Schienen, solide Stein-Eisen-Brücken, vorzügliche, schwere Lokomotiven, die offenbar viel schneller ziehen können, als ihnen bisher zugemutet. Dagegen wirft man den Ingenieuren vor, die Bahn zu tief in der Talsohle angelegt zu haben, wo sie den jährlichen Überschwemmungen ausgesetzt ist und der Damm auf Jahre hinaus starke Erhaltungsspesen verursachen wird. Die Strecke ist natürlich eingleisig wie alle Linien, die ich bisher an der Westküste gesehen habe – außer der Vorortbahn von Valparaiso. Ihre Hauptschwierigkeit ist Feuerungsmaterial. Sie brennen australische Kohle, die hier £ 10 pro Tonne kosten soll. Ihr Frachtgeschäft soll noch gering sein, da das meiste Geschäft von und nach La Paz über Mollendo geht und zwischen den beiden Plätzen selbst kein lebhafter Geschäftsverkehr besteht.

Die durchfahrene Gegend ist hinter Oruro zunächst Prärie, die zur Weide verwendet wird. Je weiter nördlich man aber kommt, desto besser wird die Gegend. Zur Linken der Bahn dehnt sich da die sogenannte Ebene von Corocoro, die als einer der fruchtbarsten Distrikte des bolivianischen Hochlandes gilt. Sie haben hier einige Flußläufe und bauen namentlich Gerste (als Viehfutter) und Kartoffeln an. Dies Jahr allerdings leidet die ganze Gegend unter der Trockenheit, die die erste Ernte bereits zerstört hat. Wenn jetzt im Dezember noch reichlich Regen fällt, wird wenigstens die zweite Ernte noch gerettet, die als die wichtigere gilt. Auf der rechten Seite der Bahn, an der sich die Vorberge der Hauptkordillere erheben, sind die mit spärlichem Grün bewachsenen Hügel bis auf die Spitzen zur Weide ausgenutzt und durch Erdwälle in verschiedenen Besitz aufgeteilt. Ein wesentlicher Teil des flachen Landes zu beiden Seiten der Strecke ist noch nicht unter dem Pfluge gewesen, doch besteht kein Grund, weshalb dies unter Zufuhr vorhandenen Wassers in absehbarer Zeit nicht geschehen sollte.

Vom Erzabbau sieht man auf dieser Strecke nichts, obgleich man durch eins der reichsten Gebiete fährt. Das gleiche war mir bereits auf der Fahrt von Uyuni nach Oruro passiert, bei der ich die besten Silber-Zinn-Minen passierte, ohne sie zu sehen. Die Borax-Lager, die ich auf jener Fahrt zu sehen erwartet hatte, passierte ich in der Nacht noch vor Uyuni. Heute auf der Fahrt von Oruro nach La Paz blieb ein sehr reiches Kupfergebiet links im Corocoro-Distrikt liegen, während sich rechts in der Hochkordillere die Zinnlager weitererstrecken. Die meisten der hier liegenden Minen werden zur Zeit allerdings nicht bearbeitet, weil sie bankrott sind. Die Krisis scheint das Zinngeschäft augenblicklich in kaum einem halben Dutzend Händen konzentriert zu haben, von denen die bedeutendsten Pinero und Penny & Duncan sind.

Kurz vor La Paz liegt die Stadt Viacha mit ca. 5000 Einwohnern, ein landwirtschaftliches Zentrum, das aber seine Hauptbedeutung als Eisenbahn-Kreuzungspunkt erhält. Die Oruro-La Paz-Bahn geht auf ihrem eigenen Gleise nur bis hierher und benutzt von hier an dasjenige der Bahn, die von Guaqui am Titicaca-See nach La Paz führt. Diese Bahn gehört der bolivianischen Regierung, ist aber von dieser schlecht verwaltet worden und wird zur Zeit von der Peruvian Corporation im Zusammenhang mit ihren peruanischen Bahnen und der Schiffahrt auf dem Titicaca-See verwaltet. Als dritte Bahn wird in Viacha die Arica-La Paz-Bahn münden, an der von den englischen Unternehmern bereits fleißig gearbeitet wird und die der

Oruro-La Paz-Bahn und vor allem der peruanischen Linie einen großen Teil des Geschäftes fortnehmen wird, da sie La Paz auf dem kürzesten Weg mit der Küste verbindet.

Von Viacha an wendet sich die Bahn östlich auf die Hauptkordillere zu, deren schöne weiße Spitzen man bereits längere Zeit während der Fahrt gesehen. Nach wenigen Kilometern wird die Dampflokomotive gegen eine elektrische, die durch Oberleitung gespeist wird, ausgewechselt; der Schienenstrang macht eine scharfe Biegung, und mit einem Schlage sieht man, 200 m bis 300 m direkt unter sich, in einem Tal die Stadt La Paz liegen. Es ist die in den orientalischen Erzählungen, namentlich »Tausend und eine Nacht« immer wiederkehrende Szene, in der der Wanderer tagelang keine menschliche Spur gesehen hat und nun plötzlich an den Rand eines Abgrundes tritt, in dessen Sohle sich wie ein Paradies die wunderbare Stadt ausbreitet. Der erste Anblick von La Paz wirkt ganz so überwältigend wie ein Märchen.

Die elektrische Leistung, die den Zug dann in steilen Kurven ins Tal hinab und in die Stadt bringt, wird vorläufig noch durch Dampfkraft erzeugt. Ein Wasserkraftwerk – basiert auf die Schneewässer aus der Kordillere – ist aber im Bau und soll sogar die ganze Guaqui-Bahn elektrifizieren, was – wenn ökonomisch ausgeführt – eine große Ersparnis gegenüber dem Kohlenkonsum bedeuten würde. Die Gesellschaft, die das Kraftwerk baut, soll von Frankreich aus kapitalisiert sein, aber die Anlage soll bereits in den Anfängen verfehlt sein.

An der Bahn in La Paz empfing mich der Leiter des hiesigen BAT, Herr Gwinner (bürgerliche Linie), ein liebenswürdiger junger Mann, der mich ins Hotel brachte und mit dem ich dort nachher zu Abend aß. Das Geschäft ist hier – nach Gwinner – zur Zeit mehr als still und zwar sind hier die einheimischen Banken noch zurückhaltender als die fremden Banken. Die Politik der einheimischen Banken scheint durch die Reibereien der inneren Politik bestimmt, indem die Banken die verschiedenen Parteien vertreten. So unterstützen die beiden angesehensten, der Banco Nacional und der Banco Argandoña, deren Hauptsitz in Sucre ist, den politischen Süden, während der Banco Industrial und der Banco Agricola die Interessen von La Paz vertreten. Die beiden erstgenannten Banken haben vor einiger Zeit die Hälfte ihrer sämtlichen Kredite gekündigt und dadurch die Krisis natürlich verlängert. Als Gegenmittel will nun die Regierung von der früher erwähnten Anleihe von 1½ Millionen Pfund einen Teil als Kapital einer neu zu gründenden Staatsbank mit Notenrecht (*neben, nicht anstatt* der anderen Banken) festlegen[102]. Gwinner meint, wenn die Dresdner Bank die Anleihe übernimmt, werde sie auch in La Paz eine Niederlassung eröffnen.

Im Devisengeschäft haben sich die einheimischen Banken auf Veranlassung der Regierung, die den Kurs halten will, verpflichtet, nicht unter 18 ¾ d zu verkaufen. Den Erz-Exporteuren müssen sie dagegen ihre Wechsel zu besserem Kurs abnehmen. Um sich für den Verlust zu entschädigen, nehmen die Banken einmal im Kontokorrent- und Prestamogeschäft höhere Zinsen; sodann aber verkaufen sie so gut wie keine Pfundwechsel. Abschnitte über £ 100 geben sie überhaupt nicht her. Auf diese Weise sammeln sie in London große Guthaben und halten in der Tat den Kurs, was aber künstlich ist und überhaupt unmöglich wäre, wenn nicht der Import stark zurückgegangen, sondern große Nachfrage nach Wechseln wäre.

Der BAT hier kann von dieser Situation im Devisengeschäft, die ihm eigentlich, weil er nicht im »Convenio« drin ist, gute Verdienstchancen bieten sollte, nicht genügend profitieren, da er nicht so viel Wechselmaterial in die Hand bekommt als er verkaufen könnte. Rimessen aus Europa, wie sie in der Hausse-Zeit Kapital nach Bolivien brachten, kommen zur Zeit gar nicht vor, und aus dem Erzgeschäft erhält die Bank wegen der großen Vorsicht, die sie auf Order von Berlin darin übt, nur mehr wenig Material. Eine leidliche Verdienstquelle für die Bank sind im Wechselgeschäft nur noch die Ziehungen auf Argentinien, Brasilien und andere außer-englische Länder, in denen ihnen die hiesigen Banken keine Konkurrenz machen. Das früher gute Geschäft mit Peru hat der Banco de Bolivia & Londres zerstört; ein Gleiches erwartet Gwinner für das übrige Ziehungsgeschäft von der Dresdner Bank.

La Paz, 27. November 1909

Heute früh besuchte ich den hiesigen BAT, der in einer Nebenstraße ein kleines, licht- und luftloses, als Bankgebäude völlig unzureichendes Mietshaus bewohnt. Gwinner nahm mich dann bald mit nach dem Neubau, in dem die Bank jedenfalls vom nächsten Jahr ab installiert sein wird. Dies Haus liegt in besserer Straße, eine Cuadra von dem Hauptplatz entfernt, an einer Ecke und ist nicht wesentlich teurer, obgleich es mehr Raum bietet. Den oberen Stock wird eine Hypothekenbank einnehmen. Ein Bankenviertel, wie es sonst in Südamerika eigentlich jede Stadt hat, fehlt merkwürdigerweise in La Paz. Die acht hiesigen Banken liegen zum Teil sehr weit auseinander; der BAT wird allerdings auch durch seine neue Lage in den Mittelpunkt des Verkehrs kommen.

Aus der Tagesbilanz ersah ich, wie sehr das Geschäft der Filiale zurückgegangen ist. Im Kontokorrent haben sie noch je ca. Bol. 300 000 Schuldner wie Gläubiger. Die ersteren aber, von denen E. & W. Hardt über ein Viertel ausmachen, werden vor Ablauf des Jahres infolge gekündigter Kredite noch um 20% zurückgehen. An Depositen haben sie Bol. 200 000 langfristige und 80 000 täglich fällige; ganz verschwindend dagegen ist ihr Engagement in Diskonten (Bol. 30 000), von denen Gwinner sagt, sie seien hier kaum zu finden, da es für die größeren Häuser nicht üblich ist, die Akzepte ihrer Kunden bei einer Bank zu diskontieren. Auch an Prestamos haben sie nur ca. Bol. 50 000. Im Devisengeschäft haben sie infolge dessen beinahe soviel wie im Zinsengeschäft verdient. Den Minderverdienst des Jahres erklärt Gwinner mit dem Verlust des Kontos einer bolivianischen Gesellschaft, die das Alkohol-Monopol für das Land hat und der sie auf Order von Valparaiso den Kredit haben entziehen müssen. Auch der Verdienst am Konto der Bolivia-Bahn, der dem Jahre 1908 zugute kam, fällt für dies Jahr nach Schluß der Bahnarbeiten fort.

Mit vielem Vergnügen wanderte ich dann den Rest des Vormittags durch die Stadt, die mir umso besser gefällt, je mehr ich davon sehe. Schon die starken Steigungen in den Straßen beleben das Straßenbild, mehr noch tun es aber die verschiedenen Typen menschlicher und tierischer Bevölkerung, die ständig die Straßen füllen. Außer Europäern bemerkt man Bolivianer, aber nur wenige. Dagegen viel Vollblut-Indianer in bunten Farben und mit nackten Beinen und ebenso viele Mischlinge von Weißen und Indianern, die sich von diesen hauptsächlich in dem etwas europäisierten Kostüm unterscheiden, dafür die Indianer aber wie Hunde behandeln. Schließlich gewinnt La Paz sehr durch seine Architektur, die vielfach noch rein spanisch ist und in alten wie neuen Häusern meist sehr hübsche, bewachsene oder mit Blumen geschmückte Höfe aufweist. Der Hauptplatz mit einigen Regierungsgebäuden und dem Torso einer Kathedrale, an der seit 1836 gebaut wird, macht trotz der Unabhängigkeit, in der seine Gebäude voneinander entstanden sind, einen sehr stilvollen Eindruck.

Auf meinen Wanderungen suche ich charakteristische Kleinigkeiten zu kaufen und habe dabei bis jetzt, wie mir scheint mit Glück, für den Verkauf zahlreich hergestellte Ware vermieden, indem ich den Indianern und Indianerinnen ihre Taschen und Shawles direkt vom Leibe wegkaufte. Silber und Tonware habe ich bisher leider nicht gefunden.

Ich lunchte im Hotel mit Levy, Prokurist von Staudt & Cia., der bereits seit einem Monat in La Paz ist, um einige Zusätze zu ihrer Landkonzession im Kongreß durchzudrücken. Natürlich ist er dabei sehr auf »nützliche Ausgaben« angewiesen. Er hofft, in diesen Tagen fertig zu werden und setzt – allerdings nicht für die nächste Zukunft – große Hoffnungen auf das Projekt. Ihrer Kolonisationspflicht scheinen sie in der Tat durch Indianer nachkommen zu wollen, von denen sie annehmen, daß sie sich ganz von selbst auf ihrem Boden ansiedeln werden, sobald der im Bau befindliche Bewässerungskanal fertig ist. Die argentinische Bahn von Salta nach Ledesma ist im Weiterbau begriffen und soll – nach Levy – in drei Jahren soweit sein, daß das Staudtsche Terrain in sieben Tagen per Bahn von Buenos Aires zu erreichen ist. Eine Fortsetzung dieser Linie bis Santa Cruz und Cochabamba sei zur Zeit von einer englischen Gesellschaft geplant. An einer Verbindung mit dem Westen Boliviens liegt Staudts aber offenbar nichts. – Die kommerzielle Lage Boliviens heute bezeichnete Levy als eine Finanzkrisis, hervorgerufen durch ungenügende Kapital- und Kreditfazilitäten der hiesigen und fremden Banken.

Nachmittags besuchte ich mit Gwinner die Maschinenfabrik und Tischlerei von Casanovas & Co., die beim BAT nach E. & W. Hardt den größten Debetsaldo im Kontokorrent aufweisen. Das nicht sehr umfangreiche, aber offenbar ganz modern eingerichtete Werk ist an der Stelle, wo es steht, nämlich auf dem Hochplateau Boliviens, eine ganz einzigartige Erscheinung. Sie verlegen zur Zeit ihre Fabrik und erneuern sie dabei komplett, was die Kreditanspannung erklärt. Gleichzeitig sind sie so beschäftigt, daß der Neubau nur sehr langsam und etappenweise fortschreitet. Sie stellen in der Tischlerei Wagen und einfache Möbel, in der Maschinenwerkstatt landwirtschaftliche Maschinen sowie jede Art von Ersatzteilen für Maschinerie überhaupt und vor allem Minen-Maschinen her. Ihre Materialbeschaffung ist interessant: Holz beziehen sie aus Oregon, USA, via San Francisco; Eisen aus Deutschland; Werkzeug-Maschinen aus England, Deutschland und Amerika; gelernte Arbeiter meist aus Peru; ihre Kraft erzeugen sie durch Deutzer Gasmaschinen, für die das Petroleum von der Ostküste der Vereinigten Staaten kommt. Natürlich liegt eine Hauptschwierigkeit in der teuren Bahnfahrt Mollendo–La Paz, die sich für sie wesentlich beheben wird, sobald die Arica-La Paz-Bahn fertig ist, auf die überhaupt ganz La Paz sehnsüchtig wartet[103]. Eine andere, kaum zu behebende Schwierigkeit liegt in dem Mangel einer Schienenverbindung ihrer Fabrik mit der Bahn in La Paz, der an den eigentlichen Raumverhältnissen der Stadt liegt.

Abends aß ich bei Gwinner, der ein sehr behagliches, mit vielen zoologischen Schätzen ausgestattetes Heim mit hübschem altem Garten und ebenso hübscher junger Frau hat. Nachher gingen wir in den deutschen (Kegel-)Club, in dem sich das übliche Treiben bierfeuchten Lärmens bis in die Morgenstunden ausdehnte.

La Paz, 28. November 1909

Den heutigen Sonntag verbrachte ich auf die angenehmste Weise, mit verschiedenen Bekannten durch die Stadt bummelnd und Stücke kaufend, die mir für das Land charakteristisch schienen. Ich bringe eine ganze Reihe Amuletts, deren kleinstes ich beifüge, mehrere hübsche Handgewebe, ein paar Tonteller und zwei silberne Spangen mit, ohne für das ganze mehr als Bol. 30 gezahlt zu haben.

Gwinners, bei denen ich heute wieder lunchte, sind in jeder Beziehung reizend zu mir gewesen. Sie haben mich mit allerhand Kleinigkeiten sowie einem Koffer zum Verpacken meiner Ankäufe beschenkt; er nahm mich heute vormittag auch nochmal in den deutschen Club, der ein gemietetes geräumiges, aber nicht behagliches Lokal hat. Wie überall, wo deutsche Frauen sind, scheint in der hiesigen Kolonie das Cliquenwesen stark entwickelt.

Da ich auf alle Fälle den Mollendo am 5. Dezember verlassenden Dampfer erreichen will und die Verbindung über den Titicaca-See sehr unregelmäßig ist, hatte ich nur die Wahl, entweder morgen früh La Paz schon zu verlassen und dann einen mehrtägigen Aufenthalt in Arequipa zu haben oder aber bis Freitag hier zu bleiben und dann nach Mollendo durchzufahren, ohne in Arequipa mehr als eine Nacht zu bleiben. Obwohl ich mich jetzt, wo ich an das Klima gewöhnt bin, in La Paz so wohl fühle wie bisher in keiner Stadt Südamerikas und obwohl Gwinner mich – ernsthaft gemeint – sogar aufgefordert hat, aus dem Hotel in sein behagliches Heim zu ziehen, habe ich mich doch entschlossen, morgen weiter zu fahren.

Bolivien ist ein Land, in das ich noch mal kommen möchte – als Forschungsreisender oder als Globetrotter, mit unbegrenzter Zeit zur Verfügung. Wie mir ein Handlungsreisender sagte: »Das Land ist eigentlich zu schön, um darin Geschäfte zu machen!«

An Bord »Coya«, Titicaca-See
29. November 1909

    Heute früh um 6 Uhr mußte ich mein Gepäck vom Hotel in La Paz an die Bahn schaffen, obwohl der Zug erst gegen 8 Uhr ging. Die englische Gesellschaft nutzt ihr Monopol so lange als möglich aus, indem sie sonntags keine Gepäckabfertigung vornimmt und am Montag früh dann das Gepäck in besonderem Zug voranschickt. – Ich lud, wie das hier üblich, meine Koffer und Taschen ein paar Indianern auf den Rücken, die man zu jeder Tages- und Nachtzeit auf allen Straßen herumlungern sieht. Die Eingeborenen und vor allem die Mischlinge bezahlen für solche Dienste, die kein Indianer sich zu verweigern traut, in der Regel mit einem Fußtritt. Ich gab einen Boliviano, der hohes Erstaunen erweckte.

    Vor der Abfahrt ging ich noch zu Gwinners frühstücken. Die junge Frau, die nichts zu tun hat, als sich um ihre 20 Hühner zu kümmern, steht jeden Morgen um 6 Uhr auf. Sie kam auch noch mit ihrem Mann an den Bahnhof, wo ich als Reisebegleiterinnen wieder meine Freundinnen von der »Oronsa« vorfand. Den Vormittag füllte die Fahrt auf der der bolivianischen Regierung gehörigen, von der Peruvian Corporation betriebenen Guaqui-Bahn von La Paz nach Guaqui. Die Gegend entspricht ungefähr der kurz vor La Paz, von Oruro kommend, passierten. Meist kultivierte Prärie, teils in kleinen Stükken in Indianerbesitz, teils Großgrundbesitz, der gleichfalls von Indianern bewirtschaftet wird. Alles natürlich nur für eigenen Konsum, da Boliviens Landwirtschaft überhaupt nicht für den Export arbeitet. – Wir passierten, kurz ehe wir den Titicaca-See erreichten, die berühmten Ruinen von Tiahuanaco, die die ältesten Denkmäler der Menschheit und lange vor der Inca-Zeit entstanden sein sollen. Man sah von der Bahn aus wenig, nur einige hohe Götzenbilder und soll auch bei längerem Aufenthalt nicht viel mehr sehen.

    Guaqui, die Endstation der Bahn am Titicaca-See, das wir mittags erreichten, ist eine meist von Indianern bewohnte Stadt von wenigen Tausend Einwohnern. Es verdankt seine – relative – Bedeutung wohl nur der Bahn, während als Hafen wohl das etwas nördlich gelegene Chililaya bedeutender ist, von wo der bolivianische Gummi, soweit er nicht durch Brasilien nach dem Osten verfrachtet wird, über den See nach Puno und von da nach Mollendo verladen wird. In Guaqui scheint die hauptsächlich ausgehende Fracht Erze zu sein, die zum Teil mit der Bahn, zum Teil aber auch aus dem Corocoro-Distrikt auf dem Desaguadero-Fluß in flachkieligen Fluß-Dampfbooten nach Guaqui kommen. Dauelsberg, Schubering & Co. sind hier das einzige größere Haus, beschäftigen sich aber hier fast nur mit dem Import von Mehl, Zucker und anderen Groß-Konsum-Artikeln.

Herr Wilker vom Hause Dauelsberg, Schubering & Co., dem ich die meisten obigen Mitteilungen verdanke, war telegrafisch von Gwinner von meiner Ankunft avisiert worden. Er war liebenswürdig genug, meine beiden Begleiterinnen, denen gegenüber er noch weniger Verpflichtungen hatte als mir, mit mir zusammen zum Frühstück aufzufordern, und seine hübsche kleine Hamburger Frau, die außer einem 14monatigen Jungen unerwartet fünf Gedecke anstatt zweier zu befriedigen hatte, fand sich mit der Aufgabe in liebenswürdiger Weise und durchaus zu unserer Sättigung ab.

Verschiedene Beispiele junger deutscher Frauen, die sich unter den harten Verhältnissen der bolivianischen Einöde so überraschend bewähren, legen mir den umgekehrten Gedanken nahe, wie wenig deutsche Mädchen eigentlich die Verwöhnung vertragen können, die sie als Frau eines jungen Mannes etwa meiner Lage unumgänglicher Weise genießen würden. Andererseits kann man doch auch nicht nach Bolivien gehen, um ein deutsches Mädel zu heiraten.

Nach dem Frühstück bestiegen wir heute in Guaqui den gleichfalls der Peruvian Corporation gehörigen Dampfer »Coya« zur Fahrt über den Titicaca-See. Vor der Abfahrt bemerkten wir dicht an der Küste, im Wasser, in unregelmäßigen Zeit- und Ortabständen aufsteigende Petroleumquellen. Das Vorkommen von Petroleum hier in Guaqui war selbst den hier ansässigen Dauelsberg, Schubering & Co. unbekannt. Dagegen existiert eine Gesellschaft zur Ausbeutung der Petroleumvorkommen am peruanischen Ufer des Sees, bei Puno, die aber ihre Arbeiten wieder eingestellt hat.

Die Fahrt heute nachmittag war bei bewölktem Himmel ziemlich kalt. Die Szenerie ist zeitweise schön, namentlich wenn die mit Indianeransiedlungen bedeckten Küstenhügel von der Schneekette der Kordilleren überragt werden. Am Abend, schon im Dunkeln, war es ein besonders hübscher Anblick, wie eine Gesellschaft mitreisender Dominikaner-Mönche in ihren weißen Kutten beim Passieren der Enge von »Peter und Paul« während der Fahrt unter Bestrahlung durch einen starken Scheinwerfer in ein Ruderboot ausgebootet wurden.

Arequipa, 30. November 1909

Wir langten heute früh bei leichtem Regen in Puno, dem Westhafen des Titicaca-Sees, an und stiegen vom Dampfer direkt in die Eisenbahn, die uns in zwölfstündiger Fahrt hierher brachte. Die Linie gehört bzw. wird verwaltet von der Peruvian Corporation; es läßt sich aber wenig Gutes darüber sagen. Sie ist sehr breitspurig gebaut und würde wahrscheinlich bei guter Unterhaltung mehr Spesen verursachen, als der Verkehr rechtfertigt. So sind die Schienen zum Teil völlig ausgefahren, die Wagen sind alt, schmutzig und während eines Schnee- und Hagelsturmes regnete es an zahlreichen Stellen durch das Wagendach. Speisewagen existierte nicht. Auch die Maschine schien der Last des nur kurzen Zuges nicht gewachsen; der Zugführer holte sich auf bergab gehenden Strecken gewöhnlich einen Anlauf für den nachfolgenden Anstieg, was als gefährlich und materialruinierend selbst von den unbedeutendsten Bahnen Nordamerikas aufgegeben ist.

Von Puno, einer leblosen alten Stadt von wenig Tausend Einwohnern, geht die Strecke zunächst ca. 40 km nördlich bis Juliaca. Hier zweigt sich eine Linie nach Cuzco, der alten Inca-Hauptstadt, ab. Cuzco, das bei den langsam fahrenden Zügen nur in zwei Tagen zu erreichen ist, ist für den Archäologen wahrscheinlich interessant; Kenner finden dort auch noch reichlich alte Silber-Kunstwerke;

meine Reisegenossinnen, die dort waren, sind aber in jeder Weise enttäuscht zurückgekommen. Kommerziell ist Cuzco als Endpunkt der Bahn und Stützpunkt der in das peruanische Hinterland arbeitenden Häuser nicht ohne Bedeutung.

In Juliaca kaufte ich noch einigen Indianern ein paar Tücher ab. Die Indianer sind hier, auf peruanischer Seite, im Typus nur wenig von den bolivianischen verschieden, scheinen mir aber schmutziger zu sein. Behandelt wurden sie von den Weißen offenbar ebenso schlecht wie in Bolivien. Ich sah einen Mann im Ärger darüber, daß eine Indianerin mit einem großen Brett voll Backwerk bei einem Gedränge *vor* ihm eine Tür erreichte, ihr absichtlich das Brett aus der Hand schlagen, so daß ihre ganze Ware unter die Füße der Passanten kam; was die Indianerin natürlich nicht hinderte, die aufgesammelten Kuchen an uns Reisende zu verkaufen. Ich nahm einen aus Mitleid, der sehr gut schmeckte.

Die peruanische Seite des Sees scheint fruchtbarer als die bolivianische. Man sieht selbst auf der Höhe des Sees (3800 m) Ackerbau; wo dieser fehlt, meist Schafweide. Die Strecke steigt von Juliaca noch über 100 km lang an, bis sie in Crucero Alto die Küstenkordillere in Höhe von 4500 m schneidet. Bis auf den Kamm hinauf findet man Schafe, Lamas und die diesen sehr ähnlichen Alpakas und Vikunjas. Die Grasvegetation wird auf diesem Abhang der Küstenkordillere überhaupt nur durch Sümpfe und größere Seen unterbrochen, deren einzelne über 4000 m hoch liegen. Daß man in diesen kolossalen Höhe ohne Beschwerden leben kann, und vor allem, daß sie schneefrei sind, erklärt sich nur durch die relative Nähe des Äquators.

Nach Überschreiten des Kammes bleibt die Bahn zunächst noch auf langsam abfallendem Hochplateau mit Grasvegetation und Weide, um dann sehr scharf nach der Küste zu in felsiger Formation abzufallen. Die landschaftlichen Reize dieses Teiles der Strecke gingen uns in dem herrschenden Unwetter und den Bemühungen, seinen Spuren innerhalb unseres Wagens zu entgehen, verloren. Mir fielen nur an den spärlichen Stationen große Stapel pilzförmiger Moose auf, die hier in der Gegend als Feuerung dienen und auch die

Bahnlokomotiven speisen. Dicht vor Arequipa tritt dann außer einigen anderen Schneebergen der Vulkan Misti hervor, der 6300 m hoch ist und in der Form an den Fujiyama erinnert.

An der Station Arequipa, die wir gegen 7 Uhr erreichten, erwarteten mich, von Gwinner avisiert, Valentin Koch[104], der an Stelle von Thiel die Filiale des BAT hier leitet, und sein Prokurist Schlesinger, den ich von der Ueberseebank in Berlin her kannte. Ich aß mit ihnen hier im Central Hotel, wo sie mir Zimmer reserviert hatten und machte nachher einen kleinen Rundgang durch die Stadt, bei welcher Gelegenheit sie mich in den Internationalen Club einführten.

Arequipa, 1. Dezember 1909

Heute früh machte ich einen Spaziergang durch Arequipa, eine freundliche Stadt von weniger ausgeprägtem Charakter als die bolivianischen, mit ca. 30 000 Einwohnern und von Schneegebirgen umgeben. Viele Leute kommen des guten Klimas wegen her – die Stadt liegt über 2000 m hoch – trotzdem leiden die Menschen, die länger hier leben, unter einer merkwürdigen chronischen Krankheit – Nevada genannt –, die sich in Kopfschmerzen und allgemeiner Depression äußert und namentlich auftritt, wenn auf den umliegenden Bergen Schnee gefallen ist.

In der Bank traf ich schon um ½ 9 Uhr Koch, der leider mit einem hartnäckigen Magenleiden zu tun hat und augenblicklich gar nichts essen darf. Die Bank liegt in der Hauptdetailgeschäftsstraße, während die englische Bank, ihre Hauptkonkurrenz, etwa 10 Minuten davon liegt. Die Banken und anderen größeren Häuser scheinen sich hier auf zwei Hauptstraßen zu verteilen.

Arequipas Hauptbedeutung liegt im Wollexport, hauptsächlich Schafwolle, doch auch etwas Alpaka. Dieser Export liegt hauptsächlich in englischen Händen, namentlich bei Gibson, Stafford, Grace und dem hiesigen Haus Irriberry. Außer Wolle wird noch Gummi von hier über Mollendo exportiert, der größere Teil des peruanischen

Gummis geht aber wie der bolivianische durch Brasilien nach der Ostküste. Noch mehr als für Bolivien scheint nämlich für Peru zu gelten, daß der Osten des Landes durch die Kordilleren völlig vom Westen getrennt ist. Das geht in Peru so weit, daß man von Lima nach Iquitos, dem im Osten des Landes gelegenen Mittelpunkt der Gummi-Industrie, über New York reisen muß. Natürlich sucht Peru diese Anomalie schon aus politischen Gründen zu überwinden und augenblicklich sollen drei Projekte schweben, Osten und Westen zu verbinden. Das gereifteste ist die von einem Amerikaner McCune projektierte Bahn, die von Oroya, einem Punkt der von Lima ins Innere nach den Cerro de Pasco Minen gehenden Bahn, nach dem Ucayali-Fluß führen soll, der schiffbar ist und in den gleichfalls schiffbaren Amazonenstrom mündet. McCune soll bereits £ 30 000 Kaution gestellt haben und zu deren Rettung gezwungen sein, demnächst mit dem Bau der über 200 km langen Bahn zu beginnen.

Ein anderes Projekt wird von A. Koppel & Co. bearbeitet, die auf Veranlassung und Kosten der peruanischen Regierung eine Expedition von der Nordspitze Perus in das Amazonengebiet gesandt haben. Eine hier zu bauende Bahn wäre zwar länger als die McCunes aber weniger kostspielig, weil sie nicht über die Hochkordillere brauchte. Die Stimmung in Lima soll diesem Projekt indes nicht günstig sein, weil die Bahn zu leicht einem Angriff seitens Ecuadors ausgesetzt wäre.

Ein drittes, peruanisches, mehr phantastisches Projekt strebt eine Luftschiff-Linie über die Kordillere von Lima nach Iquitos an. Das Luftschiff, ein Ballon, wird in der Tat in Lima bereits gebaut. Seit kurzer Zeit besteht übrigens die erste tatsächliche Verbindung der beiden genannten Punkte in Form einer von der deutschen Telefunkengesellschaft gelegten, gut funktionierenden drahtlosen Linie Lima – Iquitos.

Außer politisch ist auch kommerziell die Verbindung mit seinen östlichen Provinzen für Peru wichtig, da der ganze Osten des Landes Gummigegend ist. Bisher wird hier nur meist Raubbau getrieben, indem kleine Trupps von Leuten in den, öffentliches Eigentum darstellenden, Urwald gehen, hier die Bäume ganz umschlagen, den

Gummisaft auf die Erde auslaufen lassen und dann den getrockneten, mit Erde vermischten Kautschuk an Aufkäufer verkaufen, die ihn auf den Flußläufen nach den Häfen Brasiliens bringen. Erst neuerdings haben einige der vorgenannten englischen und peruanischen Exporthäuser in Arequipa von der Regierung Landkonzessionen in der Nähe der Linie Cuzco – Puno bekommen, die sie zu regelrechten Gummi-Plantagen benutzen, indem sie ihre Bäume nur anritzen und dadurch erhalten. Um diesen Gummi und um einigen in der Nähe der genannten Bahnlinie aufgekauften handelt es sich bei den in Arequipa finanzierten Gummiexporten, die aber weniger bedeutend als die Wollexporte sind.

Noch weniger bedeutend ist der in Arequipa finanzierte peruanische Erzexport. Der rationelle Bergbau soll in Südperu noch in den Anfängen stecken. Silberminen befinden sich in der Gegend von Puno, Goldminen nördlich von Arequipa; sie werden aber noch kaum abgebaut. Ein sehr großzügiges Kupfer-Unternehmen soll jetzt von einem englischen Syndikat, dessen zwei genannte Mitglieder keine bekannten Namen sind, gestartet werden. Es handelt sich um Minen in Oerrobamba, nördlich Arequipa, die reicher als die Cerro de Pasco Minen sein sollen, d. h. zu den reichsten Minen der Welt gehören. Die Unternehmer sollen bereit sein, von ihren Minen nach der Küste selbst eine Bahn für ihr Erz zu bauen, was allein £ 2 Millionen kosten würde. Der reale Boden dieser Luftschlösser ist jedenfalls ein guter Verdienst im Devisengeschäft für den hiesigen BAT, durch den vorläufig die Rimessen für die hiesigen Arbeiten der Gesellschaft gehen.

Das Importgeschäft Arequipas liegt großenteils in deutschen Händen, obgleich die meisten der vorgenannten englischen Exporthäuser gleichfalls importieren, wie einige der deutschen auch exportieren. Deutsche Häuser sind hier Emmel Hermanos und E. & W. Hardt, die nur Filialen von großen Häusern der Westküste sind, und Fernando Emmel und Guillermo Rathgens, die nur in Arequipa arbeiten. Die Hardtsche Filiale soll gleich der von W. R. Grace & Co. hier nur von geringer Bedeutung sein, weil beide Häuser in Mollendo und La Paz vertreten sind und damit Arequipa für sie nebensächlich wird.

An Banken sind noch der Banco del Peru y Londres und der Banco Italiano hier, ersterer bedeutender als der BAT, weil er länger am Orte ist, die italienische Bank dauernd zurückgehend. Das Geschäft ist übrigens für alle drei Banken zur Zeit sehr stagnierend. Der BAT hat daraufhin im ersten halben Jahr 1909, ohne wesentliche Verluste erlitten zu haben, nur eben seine Spesen gemacht.

Mittags besuchte ich mit Koch seinen größten Kreditkunden, das hiesige Elektrizitätswerk. Die Aktien sollen zum größten Teil in Händen der in Buenos Aires ansässigen, aus Bremen stammenden Familie von der Heyde sein. Der Leiter ist ein Schwager vom ehemaligen Leiter des hiesigen BAT, Thiel. Die Gesellschaft hat ein Wasserkraftwerk 12 ½ km von der Stadt, das ich mir noch ansehen werde, und wo sie mit vier Turbinen theoretisch 1750 PS fabrizieren können, praktisch der Wasserverhältnisse wegen allerdings nur ca. 1000 PS. Sie liefern auf Grund einer Konzession Licht und Kraft in Arequipa ohne Konkurrenz, haben eben einen großen Auftrag in Gestalt der Elektrifizierung der Eisenbahn-Werkstätten erhalten und rechnen in absehbarer Zeit auf Elektrifizierung der noch mit Pferden betriebenen Straßenbahn. Ihre Einnahmen sind in den vier Jahren ihres Bestehens fast um das Dreifache gewachsen, ihre Spesen im letzten Jahre sogar heruntergegangen. Ihren Kredit beim BAT hier in Höhe von £ 15 000 haben sie zum Teil bereits abgedeckt.

Arequipa, 2. Dezember 1909

Gestern kam die telegrafische Nachricht von Richarz in Lima[105], daß die zur Ablösung Eurer Salz-Anleihe zu kontrahierende neue Anleihe an die Franzosen vergeben worden ist; Betrag £ 1 200 000, Zinsfuß 5½%. Nach Koch sollen die Franzosen infolge einer Reihe alter Forderungen an die peruanische Regierung von vornherein die günstigsten Aussichten gehabt haben[106]. Die Stimmung der Zeitungen ist dem Zweck des hohen Betrages der Anleihe, diese alten Schulden zu begleichen, nicht günstig.

Koch ist ein ruhiger, wohlerzogener und liebenswürdiger Mensch. Ob er so begabt ist wie sein Bruder Erwin, der eben bei Müller, Schall & Co. eingetreten ist, kann ich nach der kurzen Bekanntschaft nicht sagen. Seine Beherrschung des Englischen soll ihm hier einen Teil der englischen Kundschaft zugebracht haben, vor allem soll ihm das Verdienst an der Gewinnung des Kontos der hiesigen Peruvian Corporation, d. h. des »Ferrocarril del Sud«, gebühren, die wöchentlich für ihre Einnahmen starke Londoner Rimessen durch die Bank kauft. Eingeschränkt hat Koch den Geschäftsverkehr mit den sogenannten Turcos, d. h. mit den Manufakturwarengeschäften, die von asiatischen Orientalen betrieben werden, die für ganz Südamerika charakteristisch sind und hier in Arequipa besonders hervortreten. Der größte, ihnen gewährte Blanco-Kredit beträgt zur Zeit £ 500.

Eine Eigentümlichkeit des Arequipaer Geschäftes scheint in der peruanischen Währung zu liegen. Während das Land Goldwährung hat, und in Lima alles mit Gold bezahlt wird, herrscht im Süden, speziell hier, eine Silberplethora und ein Goldmangel. Das erklärt sich zunächst damit, daß die Schafzucht betreibenden Indianer seit Jahrhunderten an die spanischen Taler gewöhnt sind und kein Gold annehmen wollen, daß also in der hiesigen Hauptindustrie in Silber bezahlt wird. Sodann ziehen Bolivien und Chile, die nahen Grenzstaaten, dauernd über Arequipa Gold aus dem Lande; schließlich ist Arequipa dauernd an Lima verschuldet, so daß es von dort kein Gold beziehen kann. Die Folge ist, daß sich die Banken nach Möglichkeit dagegen sträuben, größere wie kleinere Summen in Gold auszuzahlen. Die englische Bank, die darin noch rigoroser vorgeht als die deutsche, hat wiederholt ihren Kunden Goldbeträge verweigert und dadurch eine Reihe guter Kunden an den BAT verloren. Usancegemäß können Depots, die in Silber gemacht sind, auch nur in Silber abgezogen werden. Technisch hat dies dazu geführt, daß man Gold- und Silber-Schecks unterscheidet, nämlich die Schecks, die in Sols (Silber) und solche, die in Pfunden (Gold) ausgestellt sind. Natürlich schieben die Banken die gerichtliche Entscheidung nach Möglichkeit hinaus, wie weit dieser Unterschied rechtliche Gültigkeit hat, d. h. ob eine Bank tatsächlich berechtigt ist, die Zahlung eines in peruanischen Pfunden gezogenen Schecks zu verweigern, weil das Guthaben des Ziehers aus einer Einlieferung peruanischer Silber-Sols herrührt. Jedenfalls hat die Situation in einigen praktischen Fällen bereits zu einer effektiven Goldprämie geführt.

Heute vormittag ritt ich mit Schlesinger auf einem seiner zwei guten Pferde nach einem der in der Umgebung Arequipas zahlreichen »Bäder«. Ein Pferd ist hier ein billiger und dankbarer Luxus, es kostet 300 bis 500 Mark und der jährliche Unterhalt noch mal 250 Mark; dafür kann man die in der Tat schöne, meist angebaute Umgebung des Arequipaer Talkessels genießen. Das Bad Jesus, das wir besuchten, besteht aus zwei Gebäuden, einem Blechschuppen, in dem das heilkräftige Wasser auf Flaschen gezogen wird, und einem mittelgroßen einstöckigen Steinhaus, das etwa ein Dutzend Wohnstuben für Badegäste, Wirtschaftsräume und ein Badebassin in Größe eines größeren Zimmers enthält. Hier wohnen, ca. eine Meile von der Stadt entfernt, mittlere Arequipaer Familien ohne jeden Komfort für den Sommer. Im Bassin badeten mit uns zusammen zwei junge Peruanerinnen, während eine Reihe anderer zusah. Man sagt, viele trauten sich nicht ins Wasser, weil sie schwärzer herauskommen würden, als sie hineingingen – indem das Wasser den Puder abwäscht.

Auf dem Rückwege sah ich vor einem Hause eines Indianerdorfes als Eckstein eine Herme in der Art der Alt-Peruaner Götzenstatuen stehen, die hier als Penaten ein praktisch-prosaisches Ende gefunden hatte.

Arequipa, 3. Dezember 1909

Heute früh ritten Schlesinger und ich, einer Einladung des Direktors der hiesigen Elektrizitätsgesellschaft folgend, über den Ausflugsort Tiabaja nach Tingo, wo er sein Sommerhaus hat. Der Weg nach Tiabaja führt an der Grenze des angebauten Gartenlandes von Arequipa hin, d.h. während man zur Linken Obst, Gemüse und

Getreide in Hochkultur hat, beginnt rechts, hart am Wege, die Pampa, d.h. die echte Kordilleren-Sandwüste ohne auch nur einen Kaktus. Alles hängt offenbar hier vom Wasser ab, durch das man der Wüste beliebig viel Terrain abgewinnen kann.

In Tiabaja aßen wir auf einem Bauernhof Eier und Obst und ritten dann nach Tingo weiter, dem fashionablesten Badeplatz in der Umgebung Arequipas. In der Tat ist das Badebassin, das hier unter freiem Himmel liegt, etwa doppelt so groß wie in Jesus, der übrige »Komfort« ist der gleiche. Mit der Frau eines deutschen Importeurs badet friedlich ein Vollblutindianer zusammen, und die scharfen Bestimmungen, die die Badegaroben beider Geschlechter regeln, können nicht verhindern, daß in den nassen, an den Körper geklatschten Badeanzügen die Natur sich in ihrer ganzen Indezenz enthüllt.

Nach – sehr kaltem – Bade gingen wir zu Ugarteches, die das netteste Haus des Ortes bewohnen, zum Frühstück. Ich hatte Gelegenheit, ein paar hübsche peruanische Frauen zu sehen, deren Typ an den französischen erinnert. Das endlose Essen wurde außer durch reichlichen Knoblauch, der hier die Basis der Landeskost ist, durch große Liebenswürdigkeit des Wirtes gewürzt, der mich auch morgen noch zur Besichtigung seines Kraftwerkes senden wird. Er ist, wie wohl schon erwähnt, Schwager von Thiel, dem ehemaligen hiesigen Manager des BAT, der jetzt mit seiner, wie es heißt, bildschönen Frau in Berlin bei der Deutschen Bank ist. Vielleicht hast du Gelegenheit, Thiel zu sehen und ihm ein Wort über die liebenswürdige Aufnahme durch seinen Schwager zu sagen.

Arequipa, 4. Dezember 1909

Nachdem ich noch einige kleine Einkäufe auf dem Markt gemacht, darunter ein wundervoll weiches, handgewebtes Vicuña-Tuch, machte ich mit Koch ein paar offizielle Besuche; bei E. & W. Hardt und bei Emmel Hermanos. Der hiesige Chef des letzteren Hauses, der deutsche Konsul Krämer, sieht ebenso, wie übrigens Koch, einer Besserung der Verhältnisse in Peru entgegen. Krämer erwartet von Dezember an eine Zunahme des Exportes, denkt dabei wohl namentlich an Coca, aus dessen Export seine Firma eine Spezialität macht. Coca-Blätter werden teils hier zu Roh-Kokain gekocht, teils nach Hamburg exportiert, wo der Weltmarkt dafür ist. Emmel Hermanos kaufen speziell für Merck in Darmstadt.

An Bord »Orcoma«
6. Dezember 1909

Vorgestern nachmittag in Arequipa besuchte ich noch das Kraftwerk der bereits erwähnten Electrical Co. Auf Paßpferden ritten wir die 15 km hinaus, die es oberhalb der Stadt liegt. Der Erbauer, von dem es die jetzige Gesellschaft vor ca. fünf Jahren gekauft hat, hat die Überreste einer von den Spaniern vor über hundert Jahren begonnenen Bewässerungsanlage benutzt. Das jetzige Werk ist nicht groß, aber recht modern und sehr sparsam unter Benutzung einer Masse alten Materials angelegt. So wird z.B. die Leitung vom Kraftwerk nach der Stadt durch alte Eisenschienen getragen, die von der Bahn ausrangiert worden sind und die ihnen billiger als Holzpfähle kommen. Die Turbinen sind von Voith, die elektrische Installation von Siemens & Halske. Neu war mir ein Blitzableiter mittels Wasserleitung, gleichfalls ein Siemenssches Patent. Mir fällt auf, wie viel mehr man Siemens & Halske an der Westküste trifft als die AEG.

Gestern früh verließ ich Arequipa, an dessen Station Koch und Schlesinger mir adieu sagten. Ein kleines Essen, das sie mir am Abend vorher als letzte ihrer zahlreichen Aufmerksamkeiten veranstaltet hatten, konnte ich leider wegen meiner Magenbeschwerden nicht genügend genießen.– Die breitspurige Bahn der Peruvian Corporation führte mich in ca. sechs Stunden nach dem Hafen Mollendo. Die Strecke fällt 2 300 m tief, sobald man aus der Oase Arequipas heraus ist, durchweg durch Sandwüste und Felsabhänge.

Charakteristisch für die hiesige Sandwüste sind sogenannte wandernde Sandhügel, d.h. Sandhügel in Halbmondform und von 5 m bis 20 m Durchmesser (und mehr), die vom Wind langsam von der Stelle bewegt werden. – An den Bahnhöfen hört von Arequipa an das Angebot heimischer Handwerkserzeugnisse und indianischer Speisen auf. An dessen Stelle tritt in der Umgebung von Arequipa verschiedenartiges, gutes Obst und an der Küste, kurz vor Mollendo, Zuckerrohr, das ich zum ersten Mal mit Vergnügen schäle und verzehre; das beste, weil natürlich Bonbon.

Das Einschiffen in Mollendo äußerst umständlich. Z.B. muß man sich von einem dortigen Arzt einen Gesundheitsschein ausstellen lassen, obgleich man keine Landesgrenze passiert. Natürlich reine Formalität. – Das Gepäck, das die Träger direkt von der Bahn an den Kai bringen könnten, schleppen sie im Umweg über einen Berg, um mehr Trinkgeld zu bekommen. Ich nahm mich des Gepäcks der Damen an und hatte daraufhin mit den Hafenleuten wegen der Vergütung, die den beiden Damen zu hoch schien, einen moralischen Ringkampf zu bestehen. Schließlich waren natürlich beide Parteien unzufrieden. – Das Einschiffen in den Dampfer, das in Ruderbooten geschieht – Mollendo gilt als schlechtester Hafen an der Westküste –, war bei glatter See sehr leicht, nur das Einsteigen auf die Dampfertreppe etwas erschwert. Meine beiden peruanischen Nachbarinnen im Ruderboot, eine ältere, immer noch sehr appetitliche, und eine ganz junge, kniffen mich dabei vor Aufregung so in die Beine, daß ich noch heute früh im Bade blaue Flecken davon hatte. Dies Volk hat wirklich Feuer.

Die der Pacific Steam Navigation Co. gehörige »Orcoma« ist ihr größtes und elegantestes Boot; wirklich luxuriös eingerichtet, Bedienung anscheinend nicht schlecht. Ich habe eine dreibettige Kabine für mich, da das Schiff nur wenig besetzt.

Lima, 7. Dezember 1909

Nach angenehmer, kurzer Fahrt von 1 ½ Tagen auf der »Orcoma« kam ich heute früh 6 Uhr hier an, wo mich auf Veranlassung von Richarz ein Herr Spremberg vom BAT an Bord empfing und mit meinem Gepäck per Ruderboot und Straßenbahn über Callao, den Hafen der Stadt, hier ins Hotel Mauri brachte, das Herr Sußmann, mein Reiseführer durch Südamerika, als bestes Hotel der Westküste feiert, das aber nicht besser als der Durchschnitt scheint. Spremberg brachte mir Post mit, allerdings weniger als ich erwartet hatte. Ich hoffe nur, daß Papa meine Zeilen speziell über Albert nicht Krusche gezeigt hat, da beide *sehr* intime Freunde sind und Albert sicher davon erfahren würde.

Peru ist kein angenehmes Land zum Reisen. Ich habe schon von den unbequemen Bahnfahrten und den sinnlosen, formal-sanitären Kontrollen im Hafen Mollendo geschrieben. In Callao wurde mein Gepäck noch mal genau visitiert, sogar meine Briefmappe auf geschmuggelte unfrankierte Briefe hin untersucht. Ihre Finanznot werden die Leute durch kleinliche Scherereien der Reisenden nicht beheben. Mir erzählte der Monteur der Electric Co. in Arequipa, er habe seine Familie auf Staatskosten von Hamburg nach Arequipa kommen lassen, d. h. er habe die Reise erst bezahlt und dann ein ordnungsgemäßes Dekret der Regierung erwirkt, nach dem ihm die Kosten ersetzt werden sollen. Das Dokument hat er wiederholt präsentiert, ohne daß es bisher honoriert worden ist. Wie unstabil die Regierung in diesem Lande ist, zeigt die erst vor sechs Monaten stattgehabte letzte Revolution gegen den augenblicklichen Präsidenten, die allerdings niedergeworfen wurde, aber sich jeden Augenblick wiederholen kann[107]. Der jetzige Präsident scheint übrigens auch bei ruhigen Leuten unbeliebt. Speziell Richarz, der es noch immer nicht verwinden kann, daß durch den Mißerfolg mit der Anleihe die Arbeit eines Jahres – solange hat er sich intensiv darum bemüht – umsonst gewesen ist[108], schiebt dem Präsidenten im Zusammenhang mit der Dreyfus-Guano-Angelegenheit und der französischen Gruppe, die schließlich die Anleihe gemacht hat, unlautere Motive unter.

Bald nach Ankunft im Hotel besuchte ich die Bank, die in bester Lage, in unmittelbarer Nähe der Plaza, aber in dunklem, verbautem Mietshaus wohnt. Wie in Valparaiso scheint auch hier von Berlin plötzlich ein neuer Wind zu wehen, denn Krusche scheint entgegengesetzt seinen früheren Direktiven auf Ankauf eines Hauses zu drängen. Richarz bemüht sich infolgedessen um eine der Ecken gegenüber dem Banco del Peru y Londres, die ein von außen sehr stattliches, von innen total verbautes, dunkles Gebäude hat[109].

Mit Spremberg machte ich am Vormittag einen Rundgang durch die Stadt, die entsprechend ihrer Geschichte vielleicht die spanischste von Südamerika ist. In der Kathedrale sah ich die Gebeine des alten Pizarro unter Glas und eine wundervolle Pergament-Folio-Handschrift auf der Kanzel. Der Küster bedauerte auf meine Frage hin noch mehr als ich, daß er sie mir nicht verkaufen könnte. Ich glaube, wenn eine Möglichkeit gewesen wäre, sie unauffällig aus der Kirche herauszuschaffen, ich hätte sie für £ 5 gehabt. Wundervolles Chorgestühl und andere Holzschnitzerei, viel Gold und Silber, schlechte Bilder.– Das kleine Senatsgebäude, früher Inquisitionshaus; Sitzungssaal mit schöner, schwerer Holzdecke. Ein alter Senator, der uns herumführt, zeigt uns, wie modern man in Peru ist. Gestimmt wird nicht durch das Erheben der Hände, sondern jeder Senator hat vor seinem Sitz zwei elektrische Drücker, einen für »Ja« und einen für »Nein«, die hinter dem Pult des Vorsitzenden auf einer Tafel ein rotes bzw. weißes Licht entzünden und dadurch das Zählen der Stimmen vereinfachen. Weniger modern mutet es an, wenn der alte Herr uns die Tür – schöngeschnitzt – zeigt, wo letzthin ein Senator beim Betreten der Kammer erschossen wurde.

Auffallend die vielen hübschen Frauen auf der Straße, die entsprechend dem tropischen Klima anstelle des in Chile und Bolivien üblichen dichten schwarzen Kopftuches ein gleichfalls schwarzes, aber durchbrochenes leichtes Seidentuch über Kopf und Hals tragen.

Zum Frühstück war ich mit Richarz, der mich überhaupt so liebenswürdig wie nur möglich aufnimmt, im Club Nacional, wo er gewöhnlich frühstückt und wo er mich für die Dauer meines Aufenthaltes einführte. Ein geräumiges, solides Klublokal der besten

Gesellschaft. Hier erzählt er mir einiges über die Bank. Sie ist in den fünf Jahren ihres Bestehens an die zweite Stelle unter den hiesigen Banken gerückt, d. h. kommt gleich nach dem Banco del Peru y Londres und seit einem Jahr vor dem Banco Italiano, der in der Krise speziell in Arequipa durch seine Engagements mit dem Credito Urbano gelitten hat. Mit dem Banco del Peru kann der BAT nicht konkurrieren, da jener auf Grund anderer Geschäftsprinzipien larger in seinen Krediten ist. Der BAT ist übrigens die einzige fremde Bank in Peru, was seine Stelle nicht erleichtert. So bestehen z. B. hier eine Reihe finanzieller Institutionen, die älter als die peruanische Abteilung des BAT sind und in deren Mitverwaltung hineinzugelangen infolgedessen nur langsam gelingt. Vergeblich hat Richarz sich bisher so um Eintritt in die Gesellschaft bemüht, die in Peru für Rechnung und zu Gunsten der Regierung die direkten wie indirekten Steuern einzieht; eine der größten, solidesten kommerziellen Gesellschaften des Landes, hinter der vor allem die Bank von Peru steht und die durch Ausschaltung der Politik aus dem Steuerwesen segensreich für Peru wirken soll. Sie hat übrigens beim BAT einen Kredit.– Gelungen ist Richarz, in die Verwaltung der Caja de Depositos zu gelangen, indem er vor einiger Zeit einer in Schwierigkeiten befindlichen hiesigen Bank deren Aktien der Caja abkaufte. Die Caja de Depositos hat gesetzlicherweise die Verwaltung aller mündelsicheren und gerichtlichen Gelder und zahlt 12% auf ihre Aktien. Das Verhältnis des BAT zum Banco del Peru ist übrigens wenig freundschaftlich wegen der scharfen Konkurrenz.

Wie überall an der Westküste ist auch hier das Geschäft zur Zeit sehr still. Nach Richarz ist aber Peru an und für sich ein weit weniger lukratives Feld für den Bankier als etwa Chile. Hier in Peru fallen die Verdienste im Wechselgeschäft weg, die die Bank in Chile infolge der starken Kursschwankungen und des damit verbundenen Termin-Eindeckungsgeschäftes der Kaufleute macht. In Lima gibt es nur Kassa-Geschäft im Wechselmarkt. Dazu kommt die Konkurrenz der Exporteure, die hier ihre Wechsel mehr als anderswo direkt an die Importeure verkaufen sollen. Im Depositengeschäft »leidet« Richarz, wie er sagt, unter dem Vertrauen des Publikums. Obgleich er weniger Zinsen zahlt als der Banco del Peru, hat er mehr Depositen, als er verwenden kann, zur Zeit in ganz Peru ca. £ 900 000. Am aktivsten scheint auf der anderen Seite das Diskontgeschäft mit den hier sehr zahlreichen und noch immer zunehmenden Chinesen zu sein, die sich in schwer oder gar nicht zu kontrollierenden Verhältnissen gegenseitig beziehen, aber – nach Richarz – immer am Ende zahlen.

Nachmittags machte ich mit Richarz einige Besuche, zunächst bei den drei bedeutendsten deutschen Häusern, E. & W. Hardt, Brahm & Co. (Vertreter von Hesse Newman & Co.) und Ph. Ott & Co. Die deutschen Häuser spielen hier in Lima keine erste Rolle, obgleich die deutsche Kolonie hier nach der italienischen die bedeutendste sein soll. Größer als die deutschen Häuser sind die Engländer, vor allem W. R. Grace & Co. (eher Amerikaner), Duncan Fox & Co. und Graham Rowe & Co. Die hiesige Hardtsche Niederlassung soll besonders konservativ sein. Das bedeutendste deutsche Haus Perus scheint außer Gildemeisters, die hier stark an Zucker interessiert sind, der Freund des BAT Hilbck[110] zu sein, der aber kein Haus in Lima, sondern nur Niederlassungen im Norden des Landes hat. Zu meinem Bedauern ist Hilbck selbst zur Zeit dort, so daß ich ihn nicht sehen werde; ich machte mit Richarz bei seiner, wie man sagt, ein wenig verrückten, zweiten, peruanischen Frau Besuch.

Nachdem zunächst meine Absicht gewesen war, während meines hiesigen Aufenthaltes die berühmte Aroya-Bahn bis nach Cerro de Pasco hinauf zu befahren, habe ich mich jetzt aus Mangel an Zeit und – um ganz ehrlich zu sein – aus Bequemlichkeit entschlossen, die vier Tage meines Aufenthaltes in Lima zu bleiben. Die Bahn, die die höchste der Welt sein soll, führt landeinwärts bis Oroya (Peruvian Corporation-Bahn) und von dort, im Besitz der Minengesellschaft, nach den Cerro de Pasco Minen. Dies ist der bedeutendste Minenkomplex Perus, Kupfer-Silber-Erz enthaltend, im Besitze einer amerikanischen Gesellschaft, die von Morgan kontrolliert wird und die dort oben in ca. 5 000 m Höhe ein modernes Riesenschmelzwerk erbaut hat. Der ehemalige, fähige Leiter dieses Werkes ist derselbe McCune, der die Konzession zum Bau der Bahn über die

Kordillere zur Verbindung der Küste mit dem Amazonasgebiet erlangt hat. Die Cerro de Pasco Mining Co. bildet das beste Konto des hiesigen BAT, dem sie monatlich ca. £ 50 000 unter bestätigtem Kredit von Morgan-New York auf Morgan-London gezogene Wechsel verkauft. Hauptsächlich über dies Konto, das früher beim Banco del Peru war und das dieser auf alle Weise zurückzugewinnen sucht, scheint die Mißstimmung zwischen ihm und dem BAT erfolgt zu sein.

Eine andere, deutsche Minenunternehmung ist hier vielleicht im Entstehen, die ein erstes Interesse-Nehmen Deutschlands an der peruanischen Erzindustrie bedeuten würde. Ein Ingenieur der Mansfelder Kupferbau-Gewerkschaft ist zur Zeit hier im Innern mit der ausgesprochenen Absicht, einen noch möglichst jungfräulichen erzhaltigen Bodenkomplex zu erwerben, um darin ihre Reserven zu investieren. Der Mansfelder Bergbau soll seit Jahrhunderten 1 ½prozentiges Kupfererz abbauen. Hier sollen sie Wert darauf legen, auf dem eventuell zu erwerbenden Terrain möglichst auch Kohle bzw. Petroleum sowie Wasserkraft zu haben, was das Finden eines geeigneten Objektes naturgemäß erschwert.

Nachdem ich gestern noch mit Richarz zu Abend gegessen, gingen wir noch etwas spazieren und saßen schließlich im Austausch von allerhand alten Berliner, zum Teil Deutsche Bank-Erinnerungen bis in die Nacht. Dabei kam auch das Wort auf die neue Brüsseler Niederlassung der Deutschen Bank, und Richarz sagte mir, daß er den Posten als deren Leiter gern gehabt hätte, hier draußen aber von diesen Dingen natürlich erst zu spät erführe. Daß er nicht mehr lange in Peru zu bleiben gedenkt, ist selbst bei seinen Untergebenen ein offenes Geheimnis. Er selbst sagt, daß er von v. Koch gelegentlich seines letzten Europa-Aufenthaltes die Zusicherung erhalten habe, demnächst dorthin zurückgerufen zu werden. Sein Aufenthalt hier sei nur noch durch die Bestimmung seines Nachfolgers veranlaßt. Für die Stellung in Brüssel hielt er sich wohl besonders geeignet, weil er von mütterlicher Seite Belgier ist, hier in Lima das belgische Konsulat verwaltet und bei seinem letzten Aufenthalt in Europa mit dem belgischen Ministerium Fühlung genommen hat, außerdem die Stadt bereits kennt. Ich nahm daraufhin an, es sei vielleicht noch nicht ganz zwecklos, Dir heute früh wie folgt zu kabeln: »Streng vertraulich anrege Richarz Direktor Brüssel«. Ich hebe hervor, daß Richarz mich in keiner Weise dazu veranlaßt hat, daß er nicht einmal eine Ahnung von diesem Kabel hat, und daß ich *nicht* beabsichtige, ihm davon Mitteilung zu machen, falls nicht — was ich nicht erwarte — daraufhin von Berlin aus etwas erfolgt.

Lima, 9. Dezember 1909

Gestern war hier katholischer Feiertag; ich besah mir in Gesellschaft von Spremberg die Stadt, suchte eine Reihe altspanischer Silbergeräte aus, auf die ich noch immer handele und fand schließlich ein paar höchst interessante Goldgefäße aus der Inca-Zeit, nach Angabe verschiedener Sachverständiger, zu denen mich Richarz führte, echt Gold und echte Arbeit *vor* der Ankunft der Spanier, in Gräbern gefunden, Goldwert allein ca. £ 20. Ich konnte den Besitzer nur von £ 60 auf £ 50 herunterhandeln und kabelte Dir heute durch die Bank, da ich die schönen, seltenen Stücke (11. oder 12. Jahrhundert) gern für Dich erstehen möchte. Deine Antwort steht noch aus.

Nach dem Frühstück, das Richarz und Spremberg mit mir im Hotel einnahmen, fuhren Richarz und ich spazieren. Ich sah den nicht sehr reichen Kirchhof, auf dem die Särge nach südamerikanischem Brauch nicht in die Erde gesenkt, sondern in dicht aneinandergedrängte Nischen großer, eigens hierzu erbauter Wände geschoben werden. Bei Erdbeben ist die natürliche Folge, daß die Särge wahllos über dem Erdboden durcheinander liegen.— Einen erfreulichen Anblick bildet der, in keiner größeren Stadt Südamerikas fehlende Korso; wenig gute Pferde, aber manche hübsche Frauen.

Mir fiel bei alledem der auffällige Mangel an Luxus und Wohlhabenheit in Lima auf und hörte von Richarz daraufhin, daß in der Tat das Staatsbudget von Peru nur etwa den achten Teil des chilenischen ausmache. Die engen Grenzen des Geldmarktes, speziell des Wechselmarktes in Lima, bezeichnet es, daß oft Kauf oder Verkauf von nur £ 10 000 Kursschwankungen hervorruft.

Wie in Valparaiso Hüttmann, so sieht hier Richarz das Haupthindernis für den Fortschritt des Landes in der Bevölkerung, und zwar hier, wie mir scheint, mit noch mehr Recht. Ein Völkerchaos wie hier in Peru existiert wohl sonst nirgends. Außer Europäern, Abkömmlingen der alten Spanier, und Indianern spielen hier noch Neger, Chinesen (und Japaner) eine Rolle. Im Gegensatz zu Nordamerika vermischen sich alle diese Rassen stark untereinander, und die Produkte sind vielfach geeignet, die Aufstellung einer quasi umgekehrten Darwinschen Theorie zu rechtfertigen: die Theorie von der Entwicklung des Menschen zum Affen.

Gestern abend nahm mich Richarz in die gastierende italienische Oper mit; Ballo en masquera. Es war das eleganteste Publikum zugegen, und ich fing in den vier endlosen Stunden mehr Flöhe als sonst in vier Wochen.

Lima, 10. Dezember 1909

Die letzten beiden Tage vergingen großenteils mit Feilschen über Antiquitäten und Besuchen von Kunstsammlungen. Die Luft in Lima ist tatsächlich, wie mir das bereits gesagt war, so drückend und erschlaffend, daß man die Lust zu ernsthafter Tätigkeit leicht verliert. Ich sah ein von einem Deutschen geleitetes, noch junges Museum, das nicht allzuviel Wertvolles enthält. Für eigene Rechnung erstand ich eine Reihe interessanter Silbersachen aus der Kolonialzeit und zahlte dafür ca. 50% über den Silberwert, was hier nicht für teuer gilt. Ich lasse alle meine Ankäufe hier verpacken und per Fracht nach Europa schicken.

Morgen nachmittag fahre ich nach Valparaiso, acht Tage Seefahrt.

An Bord »Orcoma«
12. Dezember 1909

Ich verließ Lima gestern nachmittag nach einem sehr angenehmen, außer für meinen Magen sehr erholsamen Aufenthalt. Nach dem, was ich von Richarz und anderen deutschen Kaufleuten (Chefs von E. & W. Hardt, Wilsch & Co., Gulda usw.) höre, entwickelt sich das Land Peru nur sehr langsam, was wohl großenteils Schuld der Bevölkerung ist. Seine Produktionsfähigkeit ist sehr mannigfaltig; Wolle, Baumwolle, Reis, Zucker, Gummi, Petroleum, Metalle, Kohle – aber ein großer Teil davon reicht zur Zeit nicht einmal für den Landeskonsum hin. Außer Metallen und Guano, dessen Export keine große Rolle mehr im Vergleich zu früher spielt, ist ihr Zuckerexport nach Chile von Bedeutung.

Für die Bank scheint lokal noch ein Feld der Ausdehnung gegeben; zunächst wohl nach dem Agrikultur-Distrikt des Nordens, Piura-Payta, wo das Haus Hilbck ist. Der Distrikt soll wirtschaftlich bedeutender als der von Trujillo sein. Später käme eventuell das sehr dicht bevölkerte Cuzco im Innern in Betracht. In Lima selbst dagegen meint Richarz, daß das Geschäft die Ausdehnung erreicht hat, die es bei soliden Prinzipien erreichen kann. Alle guten Häuser des Platzes seien seine Kunden. Neues Geschäft kann nur durch Entstehung neuer Unternehmungen erwachsen. Daß diese in Peru aber nicht in jedem Fall ein Erfolg sind, zeigt die von Vogelstein und seinen Freunden gegründete Peruvian Mining & Smelting Co. mit Minen und einem Schmelzer an der Oroya-Bahn, die augenblicklich nicht arbeitet.

Spremberg, der mich auf Richarz' Veranlassung während meines ganzen Limaer Aufenthaltes chaperonierte, geleitete mich gestern noch nach Callao und auf den oben genannten englischen Dampfer, mit dem ich bereits von Mollendo hergekommen bin, der wieder ziemlich leer ist und auf dem ich eine sehr gute Kabine allein habe.

An Bord »Orcoma«
14. Dezember 1909

Bei glatter See, wie für den Stillen Ozean charakteristisch, geht unsere Reise in südlicher Richtung an der immer gleich uninteressanten, steilen und unfruchtbaren Küste Perus und Chiles entlang. Ich halte mich von Bekanntschaften mühelos zurück und verbringe meine Zeit mit Lektüre und Schreiben. Prévost, Gyp, A. France, das beste, was man in Südamerika an moderner Literatur kaufen kann; dazu aus der Schiffsbibliothek Bret Harte, der mich oft an meine eigenen Tage im Westen der Staaten erinnert. Die Küche ist – man merkt es bei längerer Gewöhnung – in der Tat nicht gut, aber verträglich und, was die Hauptsache ist, nicht unverdaulich.

Gestern lagen wir den ganzen Tag auf der Reede von Mollendo, wo der Dampfer große Quantitäten Arequipa-Wolle einnahm. Ich kannte das selbst vom Meer aus erbärmlich aussehende Nest genügend von der Herreise und sah keine Veranlassung, an Land zu gehen. Heute mittag legten wir in Iquique als dem ersten chilenischen Hafen an, und ich benutzte die kurzen drei Stunden unseres Aufenthaltes, der Filiale des BAT einen Besuch zu machen. Herr Rochna[111], der einige Post für mich hatte, nahm mich sehr liebenswürdig auf, fuhr mich durch die Stadt spazieren und erzählte mir in der kurzen Zeit so viel als möglich vom Geschäft.

Iquique ist der Hauptausfuhrhafen für Salpeter. Das merkt man schon bei der Ausschiffung, bei der man zwischen einer großen Zahl von Salpeter ladenden Segelbooten aller Nationen hindurch an den Kai gerudert wird. Der Hafen ist nach Norden zu offen, was sehr günstig ist, da die regelmäßigen Winde von Süden kommen. Weniger günstig ist eine Sand- und Felsenbank mitten im Hafen, über die die Ruderboote scheinbar nur durch die Wellen hinübergetragen werden und die dauernd von zahmen Möven und Pelikanen besetzt ist. Noch vor dem Landen sieht man dann – vom Wasser aus – die großen, an eigenen Kais liegenden Speicher der größten Häuser, die hier meistens englisch sind, wie Inglis Lomas, Gibbs & Co., Lokkett & Co., Mitrovich Hermanos, Gildemeister & Co. und Nitrate

Agencies Ltd. Auch die Banken liegen in unmittelbarer Nähe des Hafens, wie überhaupt die Stadt, wie die meisten chilenischen Küstenplätze, wegen Raummangels eng zwischen Meer und dahinter aufsteigender Bergkette zusammengedrückt ist. Immerhin ist Iquique landschaftlich noch immer reizvoller als z.B. Antofagasta. In Iquique sah ich außer einer ganz hübschen, grünen Plaza, an der die Klubhäuser aller Nationen, auch das deutsche, liegen, die sogenannte Carancha, einen hübschen Spaziergang am Strande, der in Antofagasta fehlt. Gesellschaftlich spielen natürlich hier die Engländer, entsprechend ihrem überwiegenden Interesse am Salpetergeschäft Tarapacás, die Hauptrolle.

Das Geschäft ist noch immer still; nur im Wechselkurs sind letzthin lebhafte Schwankungen gewesen; als andere Neuigkeit hörte ich von dem gestern stattgehabten Brand in Valdivia, dem 19 Häuserblocks, darunter sämtliche Banken, zum Opfer gefallen sein sollen[112]. Rochna glaubt trotzdem nicht, daß der Schaden der Bank groß sein wird.

In Iquique arbeiten drei einheimische Banken (Banco de Chile, Banco Español und Banco Italiano) und zwei fremde, der BAT und die Tarapacá-Bank. Die letztere, die von hier ihren Namen und wahrscheinlich also hier ihr ältestes überseeisches Haus hat – sie liegt unmittelbar neben dem BAT, während die drei einheimischen Banken in einer anderen Hauptstraße liegen – die Tarapacá-Bank ist hier zusammen mit dem Banco de Chile am stärksten, da sie die meisten Konten der großen englischen Häuser hat. Zum Teil allerdings bedeuten diese Häuser für die Banken selbst eine unangenehme Konkurrenz, indem sie mit ihren Wechseln auf London hausieren gehen und indem sie für kleinere Konzerne die Zölle zahlen, was in Gold zu geschehen hat und wegen des Kursverdienstes bisher ein angenehmes Monopol der Banken war. Foelsch und Martin namentlich machen diese letztere unliebsame Konkurrenz. Auf der anderen Seite sind die Konten der großen Salpeterleute, soweit man nicht am Kredit, den sie nehmen, verdient, nicht sonderlich beliebt, weil sie für ihre Offizinen in der Pampa dauernd Papiergeld benötigen und abziehen, das nur mit Kosten aus Valparaiso zu beziehen ist. Für die lebhaften Kontoumsätze und damit verbundene Schreibarbeit zahlen sie keine Kontoprovision.

Hauptsächlich aber erklärt Rochna den starken Rückgang an Einnahmen des Jahres mit dem Übergang des Clark-Benettschen Salpetergeschäftes an W. R. Grace unter dem Namen Nitrate Agencies Ltd. An dieser Firma, bei der sie bis zu £ 50 000 engagiert waren und die dicht vor Zahlungsschwierigkeiten war, scheint der BAT Iquique voriges Jahr beinahe die Hälfte seines Verdienstes gemacht zu haben. Jetzt macht natürlich Grace die Finanzierung selbst, obwohl das Konto noch beim BAT steht. Die neue Gesellschaft soll übrigens – nach Rochna – im laufenden Jahr noch immer verlieren. Es scheinen ca. £ 400 000 Kapital drinzustecken.

Zu Gildemeister & Co. sind die Beziehungen gute, wenn auch nicht herzliche. Wie alle großen Firmen wollen Gildemeister & Co. natürlich auch sich nicht auf *eine* Bank einschwören. Ein junger Gildemeister hier, der aber nicht der geschäftliche Hauptmacher ist, scheint das versöhnliche Element zu sein.

Rochna brachte mich um 3 Uhr auf den Dampfer zurück, auf dem ohne sein Wissen auch sein bester Kunde, ein Dr. Mimbala, angeheirateter Besitzer von Salpeterwerken, mitfährt. Außer ihm lerne ich seine Frau und eine ganz hübsche Cousine kennen.

Die Post brachte Eure Zeilen vom 3. bzw. 6. November. Zu Deiner Mitteilung, daß Ihr für Brüssel einen »schwarzen« Direktor braucht, bemerke ich, daß Richarz selbst diese Bedingung bis zu einem gewissen Grade erfüllt, indem er katholisch ist. – Den Aufsatz von Cohnstaedt über Kanada[113] finde ich nicht schlecht und jedenfalls für eine Zeitung weit geeigneter als meine Briefe.

An Bord »Orcoma«
16. Dezember 1909

Auf der Weiterfahrt legten wir gestern – unfahrplanmäßig – zunächst in Mejillones an, einem guten Hafen der Provinz Antofagasta, der der Haupstadt starke Konkurrenz im Salpeterexport macht.

Ein öder Platz auf weiter, flacher, zwischen die Felsenufer eingestreuter Sandwüste, ohne jedes Grün. Vier Stunden später lagen wir vor Antofagasta. Ich ging an Land, um eine Sendung für Frau Gwinner in La Paz, deren Inhalt ich in Lima erstanden – kolonialperuanischer, silberner Pantoffel-Steigbügel – befördern zu lassen. Vielen Leuten, die mich freundlich aufgenommen haben, gegenüber kann ich mich durch Fotografien erkenntlich zeigen, die ich von ihnen nehme, die namentlich in letzter Zeit oft recht gut gelingen und die dann den Empfängern viel Vergnügen machen. Gwinners hatten aber so besonders viel für mich getan, daß ich mich auch besonders verpflichtet fühlte.

In Antofagasta blieb ich zwei Stunden an Land blieb, Lewin leider erst am selben Abend zurückerwartet wurde. Wiegold, der in der Tat recht ungeschickt ist, geht jedenfalls im Januar fort, wahrscheinlich zur London Agency. Haase, der an seine Stelle tritt und der mich gestern während meines Aufenthaltes in Antofagasta bewirtete, wirklich ein besonders netter, dabei eifriger und – wie es scheint – tüchtiger Mensch. Er wartet darauf, genügend gut zum Heiraten gestellt zu sein, um seine Braut von drüben nachkommen zu lassen. – Die Kursschwankungen mit der Notwendigkeit, sich gegen Käufe und Verkäufe umgehend einzudecken, scheinen auf einem kleinen Platz wie Antofagasta das Geschäft recht zu erschweren. – Abends fuhren wir weiter nach Süden.

An Bord »Orcoma«
17. Dezember 1909

Wir liegen – wieder unfahrplanmäßig – in dem herrlichen (nautisch, nicht landschaftlich!), natürlichen Hafen von Guayacan, der in einer kreisrunden Bucht mit schmaler Öffnung nach Nordwesten besteht. Guayacan liegt unmittelbar südlich von Coquimbo und ist offenbar gleichfalls ein Kupferplatz. Ich sehe dicht am Hafen zwei bis drei in Betrieb befindliche Schmelzwerke, und unser Dampfer nimmt hier Kupfermatte ein. – Das Wetter ist dauernd schön, ist aber in den letzten Tagen, je südlicher wir kommen, merklich kühler geworden.

In einer Novellen-Sammlung von Anatole France, die ich augenblicklich lese, finde ich zu meiner Verwunderung eine hübsche kleine Geschichte von einem Florentiner Bankier – der Zusammenhang liegt auf der Hand – »Mademoiselle Mary Finaly« gewidmet. Das ist das unliebenswürdige Mädchen, neben dem ich mich einen ganzen Abend im Hause ihres Vaters zu Tode gelangweilt habe[114].

Zolas Jugendbriefe, mit denen ich mich schon seit längerem herumschleppe, ziemlich pedantisch und uninteressant.

Wir passierten heute mittag noch Coquimbo, welchen Hafen ich bei meiner Reise nach dem Norden bereits besuchte und sind morgen in aller Frühe in Valparaiso fällig.

Valparaiso, 18. Dezember 1909

Nach im übrigen glatter Reise kamen wir in der letzten Nacht in so starken Nebel, daß wir an Valparaisos Hafen vorüberfuhren und uns heute früh, als der Nebel aufklärte, mehrere Meilen südlich an der Küste fanden. Mit wenigen Stunden Verspätung traf ich heute vormittag im Hotel ein, wo ich völlig unerwartet Willy Schwabacher[115] in der Halle sitzend fand. Nachdem er die Sache mit der Offenbacher Maschinenfabrik aufgegeben, weil ihm die Persönlichkeit seines künftigen Kompagnons nicht gefiel, ist er nach Buenos Aires gegangen, um dort beim BAT einzutreten. Er erwartete, dort große Finanz- und Gründungsgeschäfte mitanzusehen; war sehr enttäuscht, als er fand, daß der BAT Buenos Aires gar kein Sekretariat hat und ist nun, über seine weiteren Pläne unschlüssig, vorläufig mit dem Direktor Zander von der Elektrobank Zürich[116] auf eine kurze Reisen nach Chile gekommen. Zander, der als sehr tüchtig gilt und wegen eines großen elektrischen Geschäftes in Buenos Aires nach Südamerika gekommen ist, scheint sich Schwabachers anzu-

Filiale Lima des Banco Alemán Transatlántico (1906).

Das abgebrannte und das neue Gebäude des Banco Alemán Transatlántico in Valdivia (26. Dezember 1909).

nehmen. Dieser redet viel, ohne einen reifen Eindruck zu machen. Nach drei Wochen Südamerika sagt er, als echter Deutscher, beim Abschied nur noch: »Hasta luego!«

In der Bank wurde ich von Hüttmann und Kratzer wieder freundlich aufgenommen. Ich denke bis morgen abend hierzubleiben, dann drei Tage Santiago, eine Woche im Süden Chiles zu verbringen, Anfang Januar in Buenos Aires zu sein und hoffe, nach einer Tour durch Uruguay (Fray Bentos und Montevideo) den deutschen Dampfer, der Montevideo am 12. 1. 1910 verläßt, zu fassen.

Der Ordnung halber möchte ich erwähnen, daß Schwabacher in großer Entrüstung über Dr. Frederking ist, weil dieser laut Schwabacher, gelegentlich einer erbetenen Auskunft eine grobe Indiskretion begangen habe. Genau dasselbe sei übrigens, sagt Schwabacher, einem anderen Geschäftsmanne (er scheint Zander zu meinen) mit Frederking passiert, der darüber gleich ihm entrüstet sei, da in diesem zweiten Falle sich ein Geschäft an Frederkings Indiskretion zerschlagen habe.

Santiago, 19. Dezember 1909

Nachdem ich gestern mit Kratzer gefrühstückt, beschäftigte ich mich den Nachmittag mit der Akte »Quaet-Faslem«. Eure Forderung an den Mann scheint mir doch nicht so aussichtslos zu sein, wie ich sie wiederholt habe bezeichnen hören. Die in Euren Händen befindlichen Portezuelo-Aktien decken zu dem niedrigen Kurse, zu dem augenblicklich kleine Beträge umgehen, ca. drei Viertel Eurer Forderung, und der Mann hat noch so viel andere Eisen im Feuer, daß er wahrscheinlich wieder zu Gelde kommt, so wie die allgemeine Lage sich bessert.

Große und berechtigte Entrüstung herrscht hier, daß beim Brande in Valdivia bei Eurer Filiale auch der Inhalt eines sogenannten »feuerfesten« Schrankes von Arnheim, Berlin, verkohlt ist. Es wird darüber nach genauer Untersuchung jedenfalls noch nach Berlin berichtet.

Ein Brief von Jonas, Buenos Aires, den ich gestern vorfand, teilt mir *im Vertrauen* mit, daß er Lingenfelders Hauptkandidat für den erledigten Posten in Montevideo zu sein scheint[117]. Bis zum Eintreffen dieser Zeilen ist die Sache wohl schon entschieden. Er scheint ohne Begeisterung zu gehen, weil er damit seine Karriere in einer Sackgasse münden zu sehen glaubt. Dies *sehr* vertraulich, nicht für die Leitung der Deutschen Ueberseeischen Bank.

Abends aß ich bei Hüttmanns in Viña del Mar und besuchte mit ihnen hinterher eine deutsche Aufführung von »Die Pension Schöller«, von der deutschen Kolonie ganz vorzüglich dargestellt, dabei nur Dilettanten mitwirkend. Vor Anfang der Aufführung wurden hintereinander die chilenische und die deutsche Nationalhymne gespielt. Dabei war es auffallend, daß die Leute bei der chilenischen sitzen blieben, bei der deutschen aber aufstanden. Der deutschfreundliche Präsident der Republik[118], der seinen Besuch zugesagt hatte, war im letzten Moment durch den Tod eines Freundes verhindert zu kommen.

Heute mittag frühstückte ich wieder bei Hüttmanns, die beide wirklich von einer herzlichen, aufrichtigen Gastfreundschaft sind. Ich bekam auf meinen besonderen Wunsch, was ich seit über zwei Jahren nicht mehr genossen, saure Milch zu essen. Nachher besuchten wir den Privatpark einer Frau, deren Großvater oder Vater 1840 das ganze Terrain, auf dem heute die fashionable Vorstadt Viña del Mar steht, für $ 80 000 gekauft hat. Der Park ist in Südamerika wahrscheinlich einzig, erinnert sehr an ostelbische Schloßparks, hat aber den Vorzug, sehr groß und bergig zu sein.

Ich verabschiedete mich von Hüttmanns, die wahrscheinlich einen Dampfer nach mir nach Deutschland fahren (am 22. Januar) und ungefähr gleichzeitig mit mir in Berlin ankommen. In Valparaiso kam Kratzer an die Bahn, mir adieu zu sagen und an einer der Vorortstationen Goldenberg vom Banco de Chile y Alemania, dem ich tags vorher die beiden einzigen nachgemachten bolivianischen Silbersachen, die ich im Norden gekauft zu haben glaube, zum Kostenpreis abgegeben hatte – natürlich unter Angabe, daß sie nachgemacht sind.

Die Fahrt nach Santiago auf der Staatsbahn durch meist angebautes, hügeliges Terrain dauerte etwas über vier Stunden – der beste Zug macht es in drei Stunden – und ist in amerikanischen Pullman-Schlafwagen ganz bequem, bis auf starkes Schütteln infolge schlechten Schienenweges. Essen im Speisewagen miserabel, dagegen auf Stationen sehr gutes, verschiedenes Obst käuflich. Nach nächtlicher Fahrt durch das offenbar recht großstädtische Santiago, dessen Straßen noch nach 11 Uhr belebt sind und dessen Hauptstraße mich stark an die Berliner-Linden erinnerte, hier im Hotel Oddó abgestiegen.

Santiago, 21. Dezember 1909

Gestern früh ging ich in der inneren Geschäftsstadt spazieren, die nach Buenos Aires die eleganteste Südamerikas ist, die ich kenne. Gute Läden, viele Leute, darunter gut angezogene, auf den Straßen. Das Geschäftsviertel, Detail und Engros – letzteres hier weniger stark vertreten als in Valparaiso – liegt eingekeilt zwischen der gestern erwähnten großen Hauptstraße, der Alameda, an der die besten Familien ihre Häuser haben, und der Plaza. Hier liegt auch Hotel Oddó sowie die Banken. Das ganze Geschäftsviertel nimmt im Vergleich zur Ausdehnung der Stadt vielleicht verhältnismäßig noch weniger Raum ein als dies schon sonst bei südamerikanischen Städten mit ihrer einstöckigen Bauart die Regel ist. Eine Reihe Regierungsgebäude und Kirchen, meist älteren Datums, machen mehr europäischen Eindruck, wenn man wie ich zuletzt Lima gesehen hat.

Der BAT, den ich zunächst aufsuchte, liegt in einer Hauptgeschäftsstraße in der Nähe der anderen Banken und hat sein eigenes von außen einfaches, aber angemessenes Haus, dessen Parterre ganz von der Kassenhalle und Expedition eingenommen wird, während der obere Stock früher Wohnung des Direktors war und jetzt zum kleineren Teil die Buchhaltung, zum größeren Küche und Eßzimmer für die Beamten beherbergt. Außerdem hat hier oben Dr. Brunswig[119] sein Büro.– Das Haus scheint nicht geschickt gebaut zu sein, wenigstens klagte mir Sembritzky über Einzelheiten, vor allem darüber, daß das Gebäude im Sommer zu heiß, im Winter zu kalt sei. Wegen der in die obere Etage durchgehenden Kassenhalle, in der sich alle Wärme nach oben verflüchtigt, ist das Lokal nämlich nicht heizbar. Raummangel scheint jetzt schon stark fühlbar zu sein. Der Direktor hat allerdings ein kleines Zimmer, aber sein Vertreter und die beiden anderen Prokuristen sitzen stark eingekeilt zwischen den übrigen Beamten des Kassenraumes. Hier in Santiago sind, was ich sonst in keiner Filiale des BAT gefunden habe, die Beamten verpflichtet, ihre Mittagsmahlzeit in der Bank einzunehmen. Ob dies durch die besonderen Geschäftsverhältnisse veranlaßt wird, kann ich natürlich nicht beurteilen (soll bei allen hiesigen Banken der Stadt der Fall sein, wegen der Ausdehnung); jedenfalls nehmen Küche und Speiseräume einen wesentlichen Teil des oberen Stockwerkes fort.

Herrn Nisch traf ich nicht an, da er erst heute von einem kurzen Urlaub zurückerwartet wurde. Statt seiner sprach ich den Kontador Lewin[120], Bruder des Leiters von Antofagasta, und den zweiten Prokuristen Sembritzky, den ich von meinem Aufenthalt bei der Uebersee-Bank in Berlin her kannte und der mich durch das Lokal führte. Ich hatte die Absicht, mir gleich etwas vom laufenden Geschäft anzusehen, womit die beiden Herren auch durchaus einverstanden waren, schob es dann aber doch, der Form halber auf, bis ich Nisch gesprochen hätte. So hörte ich nur, daß das Geschäft hier etwas lebhafter zu werden scheint, speziell das Inkasso-Geschäft, das in Chile ja eine Spezialität Santiagos ist, scheint viel Arbeit zu machen.

Sodann besuchte ich Brunswig, der bei weitem die besten Räume der Bank zu seiner Benutzung hat. Er macht den Eindruck eines einfachen, verständigen Mannes mit gutem Humor und nahm mich sehr liebenswürdig auf. Er wie auch seine Frau, die Dich einmal bei von Gwinners getroffen haben, scheinen Dich beide sehr gern zu haben. Mit seinem Aufenthalt und namentlich mit seiner Stellung hier ist er offenbar sehr zufrieden, nachdem er durch den Abschluß des Depositengeschäftes zunächst mal, wie er sagt, seine Existenzberechtigung erwiesen hat[121]. Die kommende Konkurrenz der Dresdner Bank schätzt er für den BAT etwas gefährlicher ein als Hüttmann, der nicht glaubt, daß hier Platz für drei Banken ist. In *seinem* speziellen, d.h. dem Regierungsgeschäft, auf das Endress es ja wohl hauptsächlich abgesehen hat, glaubt er ihm »in the long run« überlegen zu sein, zum Teil wohl, weil Endress wegen seines schroffen, temperamentvollen Wesens hier nicht allgemein beliebt ist. Persönlich steht Brunswig sich übrigens vorzüglich mit Endress, dessen Wohnung er augenblicklich während dessen Abwesenheit bewohnt und der ihn seinerzeit auch sehr selbstlos in das Geschäft eingearbeitet haben soll.

An größeren Geschäften scheint zur Zeit nichts akut zu sein. Vor der Tür steht allerdings eine Regierungsanleihe, als deren Betrag zur Zeit 3 Millionen Pfund angegeben wird und die zum großen Teil für die Flotte dienen soll. Außer Deutschen und Engländern soll auch eine französische Gruppe unter Führung der Banque de Paris ihre prinzipielle Bereitwilligkeit zur Übernahme der Anleihe ausgesprochen haben. Brunswig glaubt, im Falle die Anleihe zustande kommt und mehr als ein Panzerschiff zur Ausschreibung gelangt, zum wenigsten eins von diesen nach Deutschland vergeben zu sehen. In Valparaiso wurde mir diese Hoffnung als zu optimistisch bezeichnet, weil die Marine hier, im Gegensatz zu dem deutsch gesinnten Heer, stramm englisch sein soll.

Ein noch nicht aktuelles Geschäft, das Brunswig zur Zeit hauptsächlich beschäftigt, ist der Plan für die Elektrifizierung einzelner Bergstrecken der chilenischen Staatsbahn und zwar je eine Strecke zwischen Santiago und Valparaiso und zwischen Los Andes und Santiago (auf der Strecke nach Argentinien). Zum Studium dieses Projektes ist seit vier Monaten Oberingenieur Diercks[122] von Siemens-Schuckert hier. Diese letzteren und die Deutsche Bank unternehmen das Studium für eigene Rechnung, nachdem die chilenische Regierung durch die italienische Westinghouse Gesellschaft auf die Ersparnis aufmerksam gemacht worden ist, die die Elektrifizierung für die Staatsbahnen mit sich brächte. Laut Diercks ist zur Zeit die

Konkurrenz der italienischen Westinghouse Gesellschaft, die gute Verbindungen bei der Regierung hat, noch vorhanden, aber nicht mehr zu fürchten, da die Gesellschaft weder technisch noch finanziell zur Durchführung des Projektes in der Lage sei. Diercks-Brunswig berechnen die Kosten der Elektrifizierung auf 1,7 Millionen Pfund. Die Wasserkraft, die natürlich die Basis der Möglichkeit des Projektes ist, ist bereits erworben, was hier ohne wesentliche Kosten möglich. Es ist ein 40 m tiefer Fall des Aconcagua-Flusses, der zehn Monate reichlich Wasser mit sich führt. Für die übrigen zwei Monate wollen sie, auffallenderweise, nicht durch ein Reservoir vorsorgen, sondern durch eine Dampfreserve. Meine Bemerkung, daß die Zinsen für ein solches, zehn Monate stilliegendes Kohlenkraftwerk in der Regel teurer zu sein pflegten, als die Amortisation eines Reservoirs, gab Diercks für diesen Fall nicht zu. Eine Schwierigkeit scheint hier im Wegerecht für die Hochstromleitung zu liegen, doch glauben sie, auch diese soweit als möglich durch Kontrakte behoben zu haben.

Das ganze soll eine Ersparnis für die Staatsbahnverwaltung von 3–4 Millionen Pesos *Gold* per Jahr bedeuten. Und zwar spielen die beiden Momente, die sonst Elektrifizierung rentabel machen, Stärke der Steigung auf der betreffenden Strecke und Dichtigkeit des Verkehrs, hier nicht die entscheidende Rolle. Der Verkehr ist allerdings an beiden in Betracht kommenden Stellen sehr dicht, und die Bahn braucht bei einer Steigung zwischen 2% und 3% für schwere Güterzüge bis zu vier und fünf Lokomotiven. Aber die Hauptsache ist die Schwierigkeit und Teuerkeit der Kohlenversorgung. Sie besitzen auf den höchsten Punkten zur Zeit Kohlendepots, die durch tägliche Kohlenzüge gespeist werden – und was das Wichtigste sein soll: 10% bis 15% ihrer ganzen Kohlenzufuhr wird glattweg gestohlen. Unter diesen Umständen erklärt sich die große Ersparnis durch Elektrifizierung allerdings – es erklärt sich allerdings auch, daß die ganze Bahnverwaltung, die an der Kohlenlieferung interessiert ist, *gegen* das Projekt gesinnt ist und *für* das Projekt sich außer dem Präsidenten nur die Leute entschieden haben, die durch »nützliche Ausgaben« dafür gewonnen sind. Der Antagonismus der Bahnverwaltung geht soweit, daß Diercks für eine Besichtigung der Strecke, die er heute vornimmt, weder Schienenautomobil noch Lokomotive, geschweige denn einen Extrazug zur Verfügung gestellt erhält, sondern mit gewöhnlichem Zuge fahren muß. – Die Finanzierung denken sich Brunswig-Diercks ohne Anleihe, allein durch einen Bankiervorschuß, der aus den großen Ersparnissen der Elektrifikation in wenigen Jahren zu amortisieren wäre – natürlich das ganze unter Voraussetzung der Genehmigung durch die Kammer. Diercks wird diese Woche mit seinen Arbeiten fertig und wird Mitte Februar in Berlin sein, seinen Leuten und der Deutschen Bank das Projekt zu empfehlen.

Ich frühstückte gestern mit Brunswig im Club de la Union, dem ersten politisch-sozialen Club, der einfach und geräumig ist und für den ich eine Karte erhielt. Brunswig ist hier natürlich noch nicht so bekannt wie z. B. Richarz in Lima, an dessen Tisch beim Frühstück im Club fast jeder hereinkommende Minister oder fremde Gesandte für ein paar Worte herantrat. Brunswig hat aber im Jahre seines hiesigen Aufenthaltes merkwürdig schnell und gut spanisch gelernt, wie mir Dritte erzählen, was umso merkwürdiger ist, als er vorher keine fremden Sprachen beherrschte und auch noch nie im überseeischen Geschäft gearbeitet hatte.

Nachmittags machte ich Besuch bei seiner Frau, der gesprächigen, etwas burschikosen Germania, die Du ja kennst und die sich noch nicht ganz – wie ihr Mann – an das Klima gewöhnt hat. Abends war ich wieder der beiden Gast, im Club de Santiago, einem Familienclub, in dessen hübschen subtropischen Garten wir mit dem Ingenieur Diercks, einem sehr netten Mann, zu Abend aßen.

Santiago, 22. Dezember 1909

Gestern früh traf ich auf der Bank Herrn Nisch, der vom Lande zurückgekommen war und der den letzten Tag seines Urlaubes dazu benutzte, mich in Santiago herumzuführen. Wir liefen den ganzen Tag, von 11 Uhr morgens bis 7 Uhr abends, zusammen herum, nur von einem Mittagsmahl unterbrochen, das ich mit ihm und seiner Frau in deren Haus einnahm. In der Stadt sah ich vor allem zwei Parks, beides Geschenke von verstorbenen Bürgern, den Cerro Sta. Lucia, ein kleiner steiler Felsen, der künstlich in ein halb tropisches Gehölz verwandelt ist, und die Quinta Normal, eine Vereinigung von zoologischem Garten, Kunstausstellung, Park und Musterwirtschaft. Beides ein Beweis von der Fruchtbarkeit des hiesigen Bodens und der Güte des Klimas, sobald genügend Wasser zur Verfügung steht, – aber auch für die Minderwertigkeit der hiesigen Stadtverwaltung, die beide allmählich verkommen läßt.

Unterwegs ließ ich mir natürlich von Nisch, der sehr gern und bisweilen recht gut erzählt, mancherlei erzählen. Er hält die in Santiago erfolgte Trennung in der Organisation der Deutschen Bank und des BAT für sehr günstig für den BAT[123]. Nicht nur, weil nun dessen Leiter seine Zeit für die laufenden Geschäfte freihält, die früher unter denen der Deutschen Bank litten. Der BAT läuft auch nicht mehr Gefahr, durch die oft gefährlichen Manipulationen im Interesse der Deutschen Bank diskreditiert und dadurch in seinem Geschäft gestört zu werden. Moralisch allerdings würde, scheint mir, eine solche Diskreditierung der Deutschen Bank nach wie vor auf den BAT zurückfallen. Aber auch die Erweisung von Gefälligkeitsgeschäften, die oft nicht zu umgehen war, solange Regierungsgeschäfte und laufende Geschäfte von der gleichen Stelle aus gemanaged wurden, ist jetzt dadurch etwas eingedämmt, daß der betreffende Petent von Pontius zu Pilatus geschickt werden kann und daß eventuell die Deutsche Bank für diejenigen Gefälligkeitsgeschäfte das Delcredere übernimmt, die der BAT nur in ihrem Interesse macht.

Der BAT scheint in Santiago, wie in Valparaiso, an zweiter Stelle zu kommen. Nisch ist auf einen guten Abschluß, den er für dieses Jahr erwartet, besonders stolz. Er leidet allerdings wie die meisten chilenischen Filialen, unter Überfluß an moneda corriente, indem er namentlich im Kontokorrent mehr Gläubiger als Schuldner ist. Besonders verdienstbringend ist hier, wie schon erwähnt, das Inkassogeschäft, einmal wegen der größeren Abschnitte, die der größere hiesige Platz mit sich bringt und die in einzelnen Fällen, z. B. von der Firma Schneider-Creuzot, sehr bedeutende Summen aufweisen; sodann weil die Bezogenen hier, im Gegensatz zu manchen anderen Filialen, die Deckungsrimessen gewöhnlich beim BAT kaufen, der hierdurch ein gutes Wechselgeschäft bekommt. Nisch scheint im Wechselgeschäft ferner die Abgabe *kleiner* Beträge zu poussieren, die den anderen Banken meist nicht lohnt, aber guten Verdienst läßt. Der einzige große Wechselkunde – auch dieser erst neuerdings – die später zu erwähnende Elektrische Licht- und Kraft-Gesellschaft, die ihre Reingewinne nach London remittiert. Eine Erschwerung des Wechselgeschäftes bringt der Umstand mit sich, daß der Banco de Chile als Regierungsbank dauernd große Regierungswechsel auf London in die Hand bekommt, die er zu beliebig ungünstigen Kursen abschlachten kann.

Im Kontokorrent- und Prestamogeschäft – das Diskontengeschäft scheint Domäne des BAT hier zu sein (er hat zur Zeit über 2 Millionen Pesos Diskonten im Portefeuille!) – machen außer dem Banco de Chile die stärkste Konkurrenz der Banco Español, der einen großen Teil der Ladenkundschaft hat, aber auch Gründungen macht und nicht für sehr solide gilt; der ähnlich organisierte Banco Italiano und die Tarapacá-Bank, die ein gutes Geschäft mit den Landwirten der Umgebung macht. Starke Depositen und ein ausgebreitetes Hypothekengeschäft, wie übrigens die meisten einheimischen Banken, macht der klerikale Banco Santiago. Die deutsche Nachbarbank[124], deren Haus Rücken an Rücken mit dem BAT liegt, sehr viel größer und schöner als dieser ist und $ 600000 gekostet hat, macht nur etwa das halbe Geschäft des BAT.

Wegen der zweiten deutschen Konkurrenz[125] scheint Nisch dagegen in ziemlicher Sorge zu sein. Besonders fürchtet er für ein Konto, das mit seinen Anhängseln etwa 20% seines Verdienstes hereinbringt, das der Ebner-Brauerei. Der junge Hauptdirektor, Ebner, der mit Endress die Passion der Rennen und einige andere Vorlieben gemeinsam hat und daher mit Endress gut befreundet ist, scheint jetzt schon durch diesen aus Europa unter der Hand bearbeitet zu werden. Nisch hat vernünftigerweise daher neulich die Sache zur

Sprache gebracht und sich das Wort geben lassen, daß ihm das Konto unter normalen Umständen belassen wird. Wie weit dies von Verlaß, bleibt abzuwarten.

Mit den übrigen Leitern der hiesigen Banken ist der persönliche Verkehr ein freundschaftlicher, dagegen ist die Konkurrenz sehr scharf, und speziell die chilenischen Banken, an der Spitze der Banco de Chile, sind den fremden, speziell den deutschen, Banken feindlich gesinnt wegen der Konversionsgelder, um einen Teil von denen sich der Banco de Chile selbst bemüht hat. Man scheint hier in Santiago allerdings wesentlich nervöser auf fremdenfeindliche Auslassungen der Konkurrenz und der Presse zu reagieren als in Valparaiso.

Zum Teil hängt dies mit dem nicht gemachten Geschäft der Arica-La Paz-Bahn zusammen. Fast von jeder Seite, mit der ich hier gesprochen habe, ist mir bemerkt worden, welch eine Zunahme an Prestige sich Deutschland und speziell die Deutsche Bank hat entgehen lassen, indem sie dies Geschäft nicht machte. Die beiden Leute, die hier Deutsche Bank und BAT vertreten, regen sich beide noch beinahe dramatisch auf, wenn sie davon sprechen. Abgesehen von dem wahrscheinlich sicheren Geschäft, das man nicht gemacht hat und das der deutschen Industrie dauernd Nahrung geboten hätte, hat man, wie es scheint, den besten Teil der offiziösen chilenischen Kreise durch das bewiesene Mißtrauen auf lange Zeit hinaus verstimmt. Der noch immer deutschfreundliche Präsident scheint in seiner Vorliebe für die Deutsche Bank stark abgekühlt – dies auch der Grund, weshalb ich ihn nicht aufsuche – und hat persönlich *gegen* die Belassung der Konversionsgelder bei ihr gestimmt. Tragikomisch wirkt, daß der hiesige Rechtsanwalt der Deutschen Bank, der bei dieser letzteren Angelegenheit die intimen Verhandlungen mit Präsidenten und Ministern geführt hat, jedesmal, wenn dabei wieder der Arica-La Paz-Vorwurf gegen die Deutsche Bank erhoben wurde, die ganze Schuld auf Endress schob, an dem, *gegen* die Intentionen der Berliner Direktoren, das Geschäft gescheitert sei! Jedenfalls scheint Arica-La Paz eine Gelegenheit für die Deutsche Bank gewesen zu sein, wie sie in Chile nicht so bald wieder erwartet wird.

Einige andere Geschäfte, von denen Nisch sprach: die hiesige Straßenbahngesellschaft, englischer Name und ursprünglich englisches Kapital, ist zur Zeit eng verquickt mit der Deutsch-Ueberseeischen Elektrizitätsgesellschaft, die ihr, wie für die städtische Beleuchtung, den Strom liefert. Das Stromlieferungsgeschäft scheint längere Zeit prosperiert zu haben, während die Straßenbahn erst in allerletzter Zeit etwas verdient. Die Schuld soll zum Teil an den Tarifen liegen, die übrigens beim Steigen des Kurses auf 14 d einer abermaligen Reduktion um 50% unterliegen. Der Schienenweg ist in so schlechtem Zustand, wie ich ihn noch nirgends gesehen habe. In der Personalfrage scheinen sie bis vor kurzem ähnliche Schwierigkeiten wie in Buenos Aires gehabt zu haben; die jetzige, gleichfalls deutsche Verwaltung, soll dagegen tüchtig und kulant im Verkehr mit der Munizipalität sein, mit der die Gesellschaft bisher meist in Fehde lag. Ihr neues Kraftwerk gilt als berühmte Anlage, dessen Besichtigung ich mir aber schenke, da ich genug Kraftwerke gesehen habe.

Eine der in der Hausse-Periode meist geboomten Gründungen hier war die Compañia Chile-Argentina, die im Süden ungeheure Ländereien erwarb, auf beiden Seiten der Kordillere, über die sie eine Drahtseilbahn zu bauen begannen. Ihre Ambitionen gingen über Kolonisation hinaus bis zur Reederei, so daß sie einen Dampfer zum Verkehr an der Westküste erwarben – der sich übrigens sehr bald als völlig unbrauchbar erwies. Die Gesellschaft, eine Gründung des hiesigen Banco Español, an der aber auch Th. Achelis & Co. in Bremen etwas beteiligt gewesen sein sollen, kam dann sehr schnell herunter und konnte sich vor einiger Zeit nur noch einmal durch den Verkauf eines großen Teils ihrer Ländereien an den Fürsten von Bückeburg über Wasser halten. Der Bückeburger, der 300 000 bis 400 000 Pfund gezahlt haben soll, hat damit einen weit größeren Besitz als sein Fürstentum erworben.

Sehr schlecht zu sprechen ist man hier – wie anscheinend überall an der Westküste – auf Aron Hirsch & Co., die oft wirklich überscharf zu sein scheinen und damit im Gegensatz zu Schneider-Creuzot stehen, der in seinen hiesigen Geschäften beinahe etwas zu large den Banken gegenüber erscheint.

Abends war ich bei Brunswigs, in dem Endressschen Hause, wo ich außer Nisch und Frau noch einen deutschen Generalstäbler Major Moss traf, der als Armee-Instruktor hier ist und in der der deutschen Uniform sehr ähnlichen chilenischen steckte.

Es war mir interessant, in der lebhaften Unterhaltung zwischen den sehr befreundeten Brunswig und Nisch, die sich unter den Wirkungen des Alkohols noch animierter gestaltete, die Unterschiede zwischen diesen beiden tüchtigen Leuten festzustellen. Nisch mit einer sehr umfassenden allgemeinen Bildung, speziell recht guten historischen Kenntnissen des 19. Jahrhunderts, eine Idee Doktrinär, allem, das von ferne dem Spiele oder Unsolidität ähnlich sieht, todfeind, aber ohne den letzten Elan, der den großen Bankier macht. Er hat das Ideal des sorgenfreien Alters in Europa, hat sich der Sicherheit wegen hier nicht auf Tantieme, sondern auf ein Fixum setzen lassen, spart hier in jeder Richtung – ohne doch zu knausern, wozu er zu verständig ist – und wird nach Ablauf seines Kontraktes kaum hier bleiben. Im Vergleich mit ihm ist Brunswig ein Draufgänger, d. h. er ist impulsiv, scheut sich aber nicht im Vollgefühl seiner intellektuellen Überlegenheit, jeden Augenblick einen Irrtum oder eine Übereilung zuzugestehen. Er hat ein meist auf den Kopf zutreffendes, unkonventionelles Urteil, das er manchmal mit einer leichten, harmlosen Dosis von Zynismus äußert, ist von jugendlicher Begeisterungsfähigkeit, bei wahrscheinlich sehr gediegenen juristischen und banktechnischen Kenntnissen und ein richtiger Schwärmer gegenüber der Deutschen Bank. – Er scheint mir in mehr als einer Beziehung so, wie ich mir Gerry von Siemens[126] vorstelle. Sein nächstes persönliches Ziel ist seine Transferierung nach Buenos Aires. – Armer Frederking jr.! (Letzteres natürlich wieder ganz diskret gegenüber der Deutschen Bank!).

Nachdem der Abend bei Brunswigs bereits bis nach 1 Uhr gedauert hatte – die übliche Scheidestunde südamerikanischer Geselligkeit – fuhr ich mit dem Generalstäbler nach dem Hotel. Ein aufgeweckter Mann, der nach der Art intelligenter Laien viel über die vernachlässigten Gelegenheiten für deutsches Kapital in Chile sprach. Er machte den Leuten vom Schlage Brunswig und Nisch den

Vorwurf, sich nicht genügend in chilenischen Kreisen umzutun. Plötzlich kam ihm ein Gedanke: Nach der Bar des Club de la Union! Dem politischen Zentrum Santiagos! Wo Ministerien gestürzt und Millionengeschäfte abgeschlossen werden! »Das müssen Sie gesehen haben!« In der Tat habe ich wiederholt dergleichen gelesen und auch von Brunswig gehört, daß an dieser berühmten Bar unter Umständen wichtige politische und finanzielle Geschäfte zustande kommen. Brunswig selbst verkehrt dort ziemlich viel und schreibt seiner Trinkfestigkeit einen Teil seiner hiesigen Erfolge zu. Ohne Begeisterung ließ ich mich von Major Moss überzeugen, daß ich Santiago nicht verlassen könne, ohne die Bar des Clubs de la Union kennengelernt zu haben. Wir trafen gegen 2 Uhr morgens an der schmucklosen, vom Schanktisch einer Kutscherkneipe nicht verschiedenen Bar einen Kreis von Leuten, die den deutschen Offizier mit lautem Vergnügen begrüßten. Fast durchweg Leute, die weder im Äußeren noch im Wesen irgendwie von der Masse distinguiert erschienen; kaum einer oder zwei, die ein Wort französisch sprachen. Trotzdem erklärte sie mir Moss als bekannte Parlamentarier und sogenannte reiche oder einflußreiche Leute, in allen Lebensaltern und fast ohne Ausnahme bereits unter den Folgen fortgeschrittenen Alkoholgenusses des Abends stehend.

Als deutscher Gast wurde ich sofort Gegenstand und Opfer einer barbarischen Gastfreundschaft. Von drei Seiten wurde Champagner bestellt, obgleich ich mit der Hand auf dem Herzen beteuerte, que sea muy infermo. Ein älterer Mann, dem ich beteuert hatte, ich verstände kein Spanisch, bestand darauf, mir zwanzig Minuten lang einen spanischen Vortrag über die chilenische Armee zu halten, aus dem ich heraushörte, daß er sich anheischig mache, in 24 Stunden in Lima einzumarschieren. – Dabei sprühen diese temperamentvollen Südländer in der Unterhaltung, in der sie dem gedungenen Hörer immer näher auf den Leib rücken, fast ununterbrochen Feuer und Wasser. Mit der Gestikulation ihrer Hände klopfen sie mir in regelmäßigen Abständen auf die Hemdenbrust, und im Eifer des überstürzten Wortschwalles bliesen sie mir fast ebenso regelmäßig ihren Sprühregen ins Gesicht. »So sind die Chilenen«, sagte der Generalstäbler stolz zu mir, »gastfrei und herzlich; das ist sehr gut für Sie, das kennenzulernen.« Ich sagte, ich wolle nach Haus. Während ich auf ihn wartete, machte ich noch kurz die einzige interessante Bekanntschaft des Abends, die Pinis, des Chefs von Vorwerk in Südamerika, der als Vertreter von Krupp augenblicklich eine Kanonenlieferung poussiert und wohl meist zu diesem Zwecke um diese Zeit in diesem Kreis war. Ein sehr glatter, anglisierter Deutscher, Zyniker, der von seinem Portezuelo-Engagement sagte, es sei auf $ 1 abgeschrieben. Obgleich er dies sagte, ohne zu wissen, daß ich irgendwelche Verbindungen mit interessierten Kreisen habe, ist es doch mehr als zweifelhaft, ob es wahr ist.

Um ½ 3 Uhr wurde dann zweien meiner Konviven von den vielen, auf Chile und Deutschland und auf Deutschland und Chile ausgebrachten Toasten unwohl. Einer konnte sich noch zurückziehen, der andere übergab sich wehrlos und glucksend an der berühmten Bar, an der sonst Ministerien gestürzt werden – zur lärmenden Freude der übrigen und zum großen Schaden meiner Hosen. Um ½ 4 Uhr ging Gott sei Dank das elektrische Licht aus und beendete das Verbrüderungsfest. Der Generalstäbler verlangte von mir, ich sollte ebenso begeistert sein wie er. Aber ich wischte mir nur nach dem letzten Redefluß eines meiner neuen Freunde das Gesicht zum zweiundfünfzigsten Male ab und sah mich nach einer Droschke um. Da ging er allein in einen anderen Klub.

Heute mittag frühstückte ich mit Nisch beim hiesigen deutschen Gesandten Freiherr von und zu Bodman, bei dem ich gestern Karte abgegeben hatte. Außerdem war noch sein Sekretär, Freiherr von Welczek, sowie der Kanzler der Gesandtschaft da. Die Einladung, auf die ich nicht gerechnet hatte, erfolgte wohl im Hinblick auf die etwas gespannten Beziehungen, die zwischen der Deutschen Ueberseeischen Bank und dem Auswärtigen Amt zur Zeit infolge des Prozesses über die von dem Raubmörder Beckert gefälschten Wechsel auf die Legationskasse in Berlin bestehen[127]. Du kennst die Angelegenheit jedenfalls, in der die Klage der Deutschen Ueberseeischen Bank notgedrungen die Ordnung in der Geschäftsführung der hiesigen Gesandtschaft angreifen mußte. Die Angelegenheit, die den

Gesandten natürlich etwas gegen den BAT einnehmen muß, hat hier die persönlichen Beziehungen nicht gestört und wurde bei Tisch natürlich nicht erwähnt. Der Gesandte selbst, ein liebenswürdiger Mann ohne wesentliches Charakteristikum, nicht einmal mit dem üblichen Diplomatenton. Von Welczek, ein vorzüglich aussehender, offenbar hochintelligenter ehemaliger Gardekürassier und Erbe eines der größten schlesischen Majorate, zeigt viel Interesse und soll auch Verständnis haben für wirtschaftliche Fragen. Nisch, der höflichen Zuhörerschaft froh, ließ einen Teil seiner historischen und volkswirtschaftlichen Kenntnisse in eindrucksvoller Weise über Fisch, Braten, Dessert und bis lange über Kaffee und Kognak hinaus dahingleiten.

Auf dem Nachhauseweg erwähnte er wieder seine Besorgnisse betreffend Endress, der bereits durch einen liebenswürdigen Brief an den Kontador Lewin sich dem Personal des BAT zu nähern beginnt.

Heute aß ich mit Nischs zu Abend und zwar im Gartenrestaurant des Consiño-Parkes, bei guter Musik und gutem Essen im Freien. Auf dem Rückweg trafen wir in der elektrischen Bahn den Gesandtschaftsattaché von Welczek mit einem auffallend hübschen, aber auch sehr koketten Mädchen und Chaperone. Nisch erzählt, daß es sich hier um einen Roman handelt, in dem der reiche Magnatensohn eine mittellose Chilenin, Verwandte des ehemaligen Präsidenten Balmaceda[128], heiraten will, vorläufig noch gegen den Willen des Vaters. Es soll nichts hinter dem Mädchen stecken. Mir ist es immer merkwürdig, wie derartige exotische Nord- und Südamerikanerinnen selbst auf geistig und kulturell hochstehende junge Deutsche einen fatalen Einfluß gewinnen können. Nisch setzte mir bei Tisch auseinander, daß er nach Ablauf seines Kontraktes – d.h. in einundhalb Jahren – aus dem Konzern der Ueberseebank auszuscheiden denkt, weil er für sich keinen weiteren Fortschritt als eventuell eine kleine Gehaltserhöhung in seiner jetzigen Stellung sieht. Er will daher die Jahre, in denen er noch wandlungsfähig ist und Bewegungsfreiheit hat, dazu benutzen, sich nach einer Stellung mit einer Zukunft umzusehen und denkt dabei wohl mehr ans Warengeschäft, aus dem er hervorgegangen ist. Er scheint auch schon dies oder jenes in dunkler Aussicht zu haben. Er macht sich dabei, wie er sagt, allerdings wegen der Filiale Santiago Vorwürfe, die immer unter dem häufigen Wechsel des Leiters gelitten habe, was hiesige Freunde der Bank wiederholt hervorgehoben hätten. Einen Ausweg aus dieser Schwierigkeit scheint ihm dadurch möglich, daß Herr Brunswig nach seinem (Nischs) Ausscheiden nominell den Titel als Gerent des BAT Santiago erhielte, während Lewin das tatsächliche Geschäft zu machen hätte. Dadurch würde aber wieder die, wie vorher erwähnt, segensreiche juristische Trennung zwischen Deutsche Bank und BAT verlorengehen. Immerhin sind dies Sorgen, die erst in achtzehn Monaten akut werden.

Seit kurzem sind die Düsseldorfer Mannesmann-Werke hier mit einer Niederlassung etabliert. Brunswig und Nisch erzählen, daß der Direktor aus Düsseldorf, der die Gesellschaft hier installiert habe, ein offenbar tüchtiger, aber phlegmatischer Mann, durch keinerlei Rücksichten auf oder Kabel von seinen Direktionskollegen in Deutschland aus seiner Ruhe zu bringen gewesen sei; nur der Gedanke an Herrn Steinthal[129] habe jedesmal umwandelnd auf den Mann gewirkt, der für Herrn Steinthal eine seltsame Mischung von besorgtem Respekt und ehrfürchtiger Zärtlichkeit gehabt habe.

Ich ließ mir gestern auf der Bank den Gegenwert von M 1 000 auszahlen und diese Dir in Berlin belasten. Ich schrieb Dir, daß ich nach Ausnutzung meines Akkreditives in Buenos Aires einen Wechsel auf Dich abgeben und Dich per Kabel avisieren würde, hielt es aber nach Überlegung für einfacher, Dir den Betrag belasten zu lassen und glaubte, dabei überflüssige Kabelspesen sparen zu können, womit ich Dich einverstanden hoffe. Ich nehme an, daß ich in Buenos Aires noch einmal den Gegenwert von M 2 000 zu Deinen Lasten erheben muß, wovon ich Dich dann avisieren werde.

Santiago, 23. Dezember 1909

Nachdem ich heute früh einige kleine Besorgungen gemacht, fand ich in der Bank meine Weihnachtskorrespondenz, Briefe von vom Rath[130] und Jeidels, eine Weihnachtskarte von Mama, Briefe von Ilse und Oskar[131] und Deine Zeilen vom 21. November. Ich verstehe Eure Mißstimmung darüber durchaus, daß ich meine Reise etwas ausgedehnt habe und war auf Vorwürfe gefaßt, kann aber nur wiederholen, daß es sich um eine Gelegenheit handelte, die ich nicht glaubte auslassen zu dürfen. Auch Deinem Alter gegenüber, das Du in Deinem Brief erwähnst, spielen diese vier bis sechs Wochen keinen Unterschied. Ich hoffe also, daß Ihr inzwischen versöhnt seid und Euch ebenso wie ich auf das Wiedersehen im Februar freut.

Das Wort »despanpero« in meinem Kabel aus Antofagasta, das ich nur inspiriert, aber nicht aufgesetzt habe, ist wahrscheinlich dem Code der Deutschen Ueberseeischen Bank entnommen und heißt jedenfalls: »Mein Plan ist nicht mehr zu ändern.«

Dein Rat, der Deutschen Bank die Errichtung einer Agentur in New York zu empfehlen, ist doch nur ausführbar, wenn ich bereit wäre, selbst auf längere Zeit hinauszugehen. Wäret Ihr denn damit einverstanden?

Ich fahre heute abend nach dem Süden von Chile (Concepcion und Valdivia), um in fünf Tagen wieder hier zu sein und dann gleich weiter nach Buenos Aires zu fahren. Da mein Kabel zu Deinem Geburtstag gerade aus Valdivia zu kommen hätte, und ich fürchte, Ihr würdet, aus der Entfernung, in diesem kurzen Abstecher von nicht ganz einer Woche eine neue, wesentliche Verzögerung meiner Rückreise erblicken, so werde ich mich einer kleinen Täuschung schuldig machen: Ich werde meinen Glückwunsch während meiner Abwesenheit von hier aus senden lassen.

Concepcion, 24. Dezember 1909

Ich verließ Santiago gestern abend, nachdem ich in einer letzten Unterredung mit Frau Nisch, einer tüchtigen und einfachen Hausfrau, mit Gewißheit festgestellt hatte, daß meine Koffer und Anzüge voll Wanzen sitzen. Ich ließ daraufhin meine sämtlichen Effekten in Santiago in Behandlung eines Bankdieners, kaufte mir für diesen Ausflug nach dem Süden eine kleine Reisetasche und bin damit diese unerfreulichen Parasiten mit Ausnahme derer, die ich im Anzug auf mir hierher mitgebracht habe, wenigstens für ein paar Tage los.

Die Staatsbahn von Santiago nach Concepcion ist etwa 550 bis 600 km lang. Über den Zustand konnte ich mich in der Dunkelheit nicht orientieren. Die Wagen sind amerikanisches Material, die Pullman-Schlafwagen älteren Modells und nicht gut oder sauber gehalten, namentlich Beleuchtung ungenügend. Der Zug legte bei den vielen Stationen nur 40 km per Stunde im Durchschnitt zurück.

In der Umgebung Santiagos, die wir noch in den Abendstunden durchfuhren, ist die Gegend sehr dicht bevölkert; der Boden steht unter hoher Kultur, meist Weizen. Auch hier soll es allerdings noch vielfach Latifundien-Besitz sein. Nach der Nacht, die ich bei vollbesetztem Wagen trotz Vorherbestellung in einem oberen Bett zubrachte, fand ich mich im Wagen fast allein, da die meisten anderen Mitreisenden in der Nacht nach Valdivia umgestiegen waren, das jetzt natürlich voller Fremden ist. Die heute morgen durchfahrene Gegend ist ein landschaftlich sehr hübsches, leicht bergiges Wald- und Seenland, gleichfalls unter Hochkultur stehend. Weide sah ich verhältnismäßig wenig.

Heute früh suchte ich den BAT auf, der in der Hauptgeschäftsstraße, in unmittelbarer Nähe der Plaza, seit 1898 ein großes eigenes Grundstück mit Gebäude besitzt. Dies letztere befindet sich im Umbau, bereits seit Januar 1909, wird aber nach Fertigstellung stattlich und geräumig sein. Namentlich auch für Archiv und Materialien, die sonst hier an der Westküste gewöhnlich nicht gut wegkommen, wird hier in Concepcion gut gesorgt sein.

Ellwanger[132], der mich freundlich empfing, ein hiesiger Deutscher, der nie in Europa war, schon Vater einer verheirateten Tochter, führte mich am Vormittag durch die Stadt spazieren. Das Geschäftsleben konzentriert sich auf der Plaza und der Hauptstraße, an der auch die Bank liegt, außerdem fällt noch etwas für zwei Parallelstraßen ab. Die Wohngegend liegt um einen großen, angeforsteten Hügel herum, der die Lungen der Stadt darstellt. Concepcion hat 60 000 Einwohner und ist damit nach Santiago und Valparaiso wohl die bedeutendste Stadt Chiles. Es liegt am Bio-Bio kurz vor dessen Mündung ins Meer. Dieser Fluß ist in seinem oberen Lauf schiffbar, versandet aber schon vor Concepcion, so daß dies als Hafen auf das etwa 10 km entfernte Talcahuano angewiesen ist, das ich später erwähne. Concepcion verdankt seine Bedeutung hauptsächlich seinem ausgedehnten Hinterlande, das sich bis an das Indianergebiet erstreckt und ca. 50 Städte umfaßt. Sein Hauptexport ist Weizen, daneben Sohlleder, das vielfach nach Hamburg geht. Bedeutender als der Export ist der Import, der alle Gattungen umfaßt. Die Stadt hat ihren großen, noch andauernden Aufschwung erst in den letzten zwanzig Jahren genommen. Das Klima ist gut, ein Mittelding zwischen dem trockenen Norden und dem feuchten Süden.

Das Bankgeschäft erhält seinen Stempel durch die Eigentümlichkeiten des hiesigen Handels. Im Wechselgeschäft gibt es fast nur Verkauf, während der Ankauf über Valparaiso zu erfolgen hat. Es kommen nämlich wenig Wechsel an den Markt, da das bedeutende Weizengeschäft über Valparaiso finanziert wird und das Sohlledergeschäft nicht umfangreich ist. Im Wechsel-*Ver*kauf-Geschäft klagt Ellwanger über die Konkurrenz der deutschen Nachbarbank[133], die das Geschäft zerstöre. Sonst rangiert nach ihm der hiesige BAT nach Umfang des Geschäftes in Concepcion an erster Stelle, neben, wenn nicht über dem Banco de Chile – trotz gewisser Fehler in der Organisation, deren er noch immer nicht Herr werden kann, von denen mir schon in Valparaiso erzählt wurde und die Ellwanger selbst zugibt. Das Wechselgeschäft wird hier wie namentlich noch in Santiago durch das Inkassogeschäft ergänzt und zwar soll im Inkassogeschäft wie auch durch den Devisenverkauf Frankreich sich als der stärkste Importeur nach Concepcion erweisen. – Hauptgeschäft hier ist das Kontokorrentgeschäft, während Diskonten hier noch nicht üblich sind. Der hiesige Importeur zieht auf seinen Abnehmer im Binnenlande nur im Falle, daß es mit der regulären Zahlung hapert, die usancemäßig per Rimesse zu erfolgen hat. Dagegen ist Wechselreiterei hier häufig. An langfristigen Depositen ist Concepcion mit 4 Millionen Pesos die stärkste Filiale nach Valparaiso. Darin stecken die Gelder der sehr zahlreichen hiesigen Klöster und Kongregationen, die wegen der persönlichen Beziehungen eines Kassierers der Filiale ihr Geld zum BAT bringen. Concepcion arbeitet daraufhin natürlich ohne Kapital und finanziert noch die, vorläufig noch wenig prosperierende, kleine Filiale Temuco.

Ellwanger wohnt mit seiner Familie, deutsch-hiesige Frau, jungenhafte, vergnügte fünfzehnjährige Tochter und zwei kleinere Söhne, über der Bank in schöner geräumiger Wohnung. Ich nahm dort Nachmittagskaffee und schlug eine Einladung zur Weihnachtsfeier für heute abend aus, da man niemandem zumuten kann, Heiligabend einen Fremden bei sich zu haben. Ich vermisse das Fest übrigens umso weniger, als der heiße Sommertag und die an allen Ecken zu billigen Preisen feilgehaltenen Kirschen keine Weihnachtsstimmung aufkommen lassen; außerdem haben mir die wenigen, zum Kaffee bei Frau Ellwanger genossenen, selbstgebackenen Pfefferkuchen bewiesen, daß mein Gebiß noch nicht wieder für solche deutschen Genüsse reif ist. – Ellwanger besitzt übrigens außer seiner Familie noch in unmittelbarer Nähe von Valdivia ein Stück Urwald, an schiffbarem Fluß gelegen, das ziemlich groß zu sein scheint und eventuell einmal wertvoll wird. Bei diesem Kaffee lernte ich auch Schmidt, den ehemaligen Privatsekretär Herrn Krusches kennen, der hier quasi als Schatten – sehr blasser Schatten – von Herrn Krusche an der Westküste zu weilen scheint und daraufhin von allen Leuten natürlich sehr verwöhnt wird.

Nachmittags fuhr ich mit einem Angestellten nach dem Hafen Talcahuano hinaus. Die Verbindung dorthin wird, außer durch die Staatsbahn, durch eine von W. R. Grace & Co. sehr solide gebaute elektrische Bahn geboten, die vorläufig nur Personen befördert, sich aber um eine Frachtkonzession – die ihre Rentabilität wesentlich erhöhen würde – bemühen soll. Diese Bahn steht in finanziellen Beziehungen zur Straßenbahn von Concepcion, die vorläufig nur Pferdebetrieb hat, aber auch – und dann also mit amerikanischem Material – elektrifiziert werden soll.

Der Hafen von Talcahuano erinnert sehr an den von Guayacan (Coquimbo) und gilt als einer der besten Chiles. Es ist eine wesentlich größere, nach Nordwesten geöffnete, kreisförmige Bucht, von der ein Teil Kriegshafen ist. Im Handelshafen mußten bisher die Schiffe per Leichter entladen werden; zur Zeit ist der Bau einer großen Mole im Gange, an der selbst die großen Dampfer anlegen können. Dieser Bau hat den Wert der umliegenden Terrains wesentlich erhöht und ist Veranlassung zu einem großen spekulativen Coup gewesen.

Dicht am Hafen sind die Speicher der großen Import- und Exportfirmen. Der Zahl der Firmen nach halten sich beide Nationen ungefähr die Waage, doch wiegt in Concepcion wie in Talcahuano der englische Einfluß vor, weil die Deutschen sich hauptsächlich mit dem, durch die starke Konkurrenz erschwerten Import befassen, während die Engländer außer ihrem Anteil am Import noch den sehr soliden und lukrativen Getreideexport in Händen haben. Außer Deutschen und Engländern sind noch die Amerikaner durch W. R. Grace & Co. vertreten, die sich in Talcahuano wie vielfach an der Westküste hinter einem Gesellschaftsnamen – Talcahuano Agencies – verstecken. Große deutsche Firmen mit Hauptsitz in Concepcion sind Mauricio Gleissner und Spoerer & Co., beides Kunden des BAT.

Talcahuano ist ein Platz von ca. 30 000 Einwohnern, der noch rascher als Concepcion wachsen soll und hat zur Zeit nur je eine Filiale des Banco de Chile und des Banco Español. Ich höre, daß außer Ellwanger auch Kratzer zu einer dort zu eröffnenden Filiale zugeredet hat. Von den großen Firmen hat zur Zeit allerdings nur eine, Carlos Fruck & Cia., ihr Haupthaus in Talcahuano, während die anderen ihre Hauptgeschäfte in Concepcion machen. Mir scheint aber, als läge die natürliche Entwicklung in der Richtung, daß die großen Importeure nach dem Hinterlande allmählich ihre Sendungen direkt vom Hafenplatze aus dispatchieren anstatt von Concepcion. Eine gute Kundschaft scheint in den sehr zahlreichen, prosperierenden Ladeninhabern vorhanden. Allerdings sind die schlechten Erfahrungen, die letzthin mit kleinen Filialen in Südchile gemacht sind, und der ungesettelte Zustand der Filiale Concepcion selbst, von der eine Niederlassung in Talcahuano abzuhängen hätte, zu bedenken.

Ich bedauerte, daß mir meine Zeit nicht gestattete, nach dem etwa 40 km entfernten Lota zu fahren, dem Haupthafen für Kohlenverschiffung. Die hier in der Umgebung gewonnene Braunkohle, die unter anderem von den chilenischen Staatsbahnen gebrannt wird, ist zum großen Teil im Besitz englischer Gesellschaften. Einer von diesen gehört gleichzeitig die Bahn, die von Concepcion an der Küste entlang nach Süden über Lota und Arauco hinaus fährt und künftig bis Lebu und Cañete gehen soll. Diese englische Kohlenbahn hat zu Lande keine Konkurrenz. Vielleicht kann ich von Valdivia bzw. Corral aus zu Wasser bis Lota und von da per Bahn über Concepcion nach Santiago zurückfahren.

Valdivia, 25. Dezember 1909

Heute bin ich, wohl zur Feier von Weihnachten, zweimal betrogen worden. Zuerst hatte ich mir im Hotel in Concepcion ein belegtes Butterbrot zum Mitnehmen auf die Bahnfahrt bestellt, weil vor der Abfahrt und bis zum Mittagessen nichts erhältlich sein sollte. Ich debattierte lange mit dem Wirt, ob er mir Schinken oder Käse auflegen sollte und zahlte schließlich für »halb-und-halb« 80 cts. Als ich heute früh das dicke Paket auswickelte, fand ich viel Zeitungspapier und zwei harte, trockene Semmeln ohne Butter oder Belag.– Sodann gab mir in der Bahn der Zugführer beim Wechseln einen 10-$-Schein des Banco Mobiliario heraus. Diese letzte Smartheit entdeckte ich zwei Stunden später, glücklicherweise noch rechtzeitig, um den Mann zum Austausch gegen den Schein einer noch nicht bankrotten Bank zu bewegen. Dagegen mußte ich mein trocken Brot zu meinem Ärger allmählich herunterwürgen, da es tatsächlich bis gegen Mittag nichts als unreife Birnen zu essen gab.

Chile muß ein glückliches Land sein, denn ihm schlagen nicht einmal die Bahnhofsuhren. Die Bahnhofsbeamten waren daher heute früh, als ich zur fahrplanmäßigen Stunde um ¾ 5 Uhr am Zuge erschien, im Zweifel, ob sie ihn schon abgehen lassen oder noch etwas warten sollten. Die in genau zwölf Stunden durchfahrene, kaum 500 km lange Strecke hat ziemlich starken Personenverkehr, entsprechend der ungewöhnlich dichten Besiedlung. Der Zug hält beinahe alle fünf Minuten, und immer wechselt das Publikum in den drei Wagenklassen. Die Gegend gleicht unter dem Einfluß des Klimas durchaus einer europäischen Landschaft und zwar ist es das erste Mal, daß mir dies für eine längere Strecke in Südamerika begegnet. Das Gelände ist vielfach koupiert und zwar auf der ersten Hälfte der Strecke, bis etwa Temuco, mehr als auf der zweiten. Auf unangebauten Flächen wächst ohne künstliche Bewässerung üppiges Gras und gesundes Strauchwerk. Meist aber ist der Boden in Weizenland umgewandelt, dessen Frucht gerade zu reifen beginnt.

Auf der zweiten Hälfte der Strecke, von Temuco an, tritt die Holzindustrie, die sich bereits auf der ersten Hälfte bemerkbar gemacht hat, in den Vordergrund. Temuco selbst, wo ja der BAT eine Filiale hat, wo ich aber nur zwanzig Minuten Aufenthalt zum Mittagessen hatte, ist eine junge, rasch aufblühende Landstadt, die bereits ca. 20 000 Einwohner haben soll. Es liegt an der sogenannten »Frontera«, d. h. nicht etwa an der Grenze Argentiniens, sondern an der Grenze des Indianergebietes. In der Tat sieht man in Temuco sowie den nächsten Stationen davor oder danach, vereinzelte Indianer vom sogenannten Araukaner-Stamm in bunten Farben und zum Teil mit hübschem, silbernen Hals- und Ohrenschmuck. Leider konnte ich keine der Frauen zum Verkauf bewegen. Temuco selbst ist ebenso wie die ganzen Dörfer der Strecke aus Holz gebaut, wie ja übrigens selbst Valdivia. Je weiter man nach Süden kommt, umso mehr häufen sich die durch Abbrennen oder oberflächliches Abholzen erst kürzlich gewonnenen Weiden anstelle der älteren, von Baumstümpfen gereinigten in der Umgebung von Concepcion. Ab und zu, aber weniger häufig als in Ost-Kalifornien, trifft man auf tote, d. h. ausgebrannte, aber noch stehende Wälder.

Gegen 5 Uhr traf ich hier in Valdivia ein. Schon auf der Bahn hatte ich um mich herum eigentlich nur deutsch sprechen hören. Hier in der Stadt setzt sich das auf den Straßen fort; auch alle Firmennamen sind deutsch, und, was ich an sonstigen deutschen Plätzen wie Milwaukee oder Valparaiso nicht gefunden habe, sogar die jüngste Generation – die Schuljugend – spricht deutsch.

Ein großer Teil von Valdivia ist bekanntlich vor ca. zehn Tagen abgebrannt. Ellwanger hatte daraufhin an den hiesigen BAT telegrafiert und dessen Leiter, Larsen[134], hatte geantwortet, er reserviere mir ein Zimmer in einem der wenigen, nicht abgebrannten Hotels, müsse aber selbst über die Feiertage nach Osorno. Mein erster Gang vom Hotel aus, das an der Plaza, unmittelbar an der Feuergrenze liegt, ist natürlich durch den abgebrannten Distrikt. Dieser ist ein Streifen, der sich etwa sechs Querstraßen lang am Fluß hinzieht und der Breite nach vom Flusse bis an die Plaza, d.h. etwa drei Querstraßen reicht. Mit dieser Lage ist gleichzeitig gesagt, daß es sich um den Hauptgeschäftsstadtteil handelt, der abgebrannt ist. Für die Bauart von Valdivia ist charakteristisch, daß die Häuser mit wenig Ausnahmen bis glatt auf den Boden herunter wegrasiert sind. Die Erde ist auf der ganzen Brandstätte bedeckt mit einem Meer von der Hitze verbogenen und vom Rauche geschwärzten Wellbleches, das vielfach vier- und fünffach übereinander liegt und zwischen dem ab und zu verkohlte Balken sich durchschieben. Einen merkwürdigen Eindruck machen dazwischen die nicht seltenen Geldschränke, die zum Teil von ihren Besitzern ausgeräumt und vorläufig ihrem Schicksal überlassen sind. Stehen geblieben ist außer einer ganzen Zahl von Bäumen, die vielfach nur am Laube Schaden genommen haben, nur das Wenige, das aus Backstein gebaut war, d.h. die Außenmauern von ein oder zwei Etagenhäusern, einer Kirche, ein paar backsteinerne Pfeiler und Brandmauern und die feuersicheren Safes der Bankgebäude.

Das Feuer hat an dem gleichfalls an der Plaza gelegenen neuen Gebäude des BAT haltgemacht. Dagegen ist das alte Gebäude, das bisher noch benutzt wurde, bis auf den Boden abgebrannt. Nur der aus Backstein erbaute Safe ragt aus den verkohlten Holz- und Wellblechtrümmern hervor. Am anderen Ende der Brandgrenzen hat das Feuer sogar auf oder am Fluß aufgestapelte Waren beschädigt, deren Reste zur Zeit von einem Posten unter Gewehr verteidigt werden. Die Anwandtersche Brauerei liegt nicht auf diesem Ufer des Flusses und ist daher unversehrt geblieben.— Von den Trümmern ist bisher noch nichts weggeräumt, da man die Gelegenheit benutzen will, eventuell die alten Straßen zu verlegen. Inzwischen bewegt der Wind das verbogene Wellblech hin und her und erzeugt merkwürdige Töne, die wie menschliche Stimmen unter den Trümmern hervorkommen. Ich will den Vollmondschein benutzen, um dies seltene Schauspiel eben noch einmal zu genießen.

Valdivia, 26. Dezember 1909

Heute vormittag benutzte ich dazu, auf einem abermaligen Rundgang durch die Stadt eine Reihe von fotografischen Aufnahmen von den Trümmerstellen zu machen. In der Filiale des BAT fand ich die Buchhalter — am Sonntag — mit den Vorarbeiten für die Bilanz beschäftigt und hörte von ihnen, wie auf den Dampferagenturen, daß ich keine passende Verbindung von Corral nach Lota haben werde. Ich muß diesen Plan also aufgeben. Da Larsen noch nicht von Osorno zurück und sonst niemand auf der Bank war, der einen selbständigen Eindruck machte, fuhr ich am Nachmittag allein nach Corral.

Die Verbindung ist zu Wasser drei mal per Tag mit kleinen Dampfern (Größe zwischen Alster- und Haveldampfern), die ⁵⁄₄ Stunden brauchen. Die Fahrt geht den Rio San Pedro hinunter, der sich unmittelbar hinter Valdivia und später noch mehr in mehrere kanalartige Arme teilt und sich an der Mündung in eine größere Bucht ausweitet. An der Westküste dieser Bucht liegt Corral.

Die Fahrt auf dem Fluß durch die Stadt zeigt erst richtig deren industriellen Charakter, vor allem jede Art Industrie, die mit Holz zusammenhängt; eine ganze Zahl Werften fallen auf. Aber auch mehrere Gerbereien. Nach Verlassen der Stadt wird die Landschaft sehr hübsch, durchweg grüne Ufer, meist bewaldete Hügel, dazwischen etwas Weide. Ganz ungewöhnlich erschienen mir die zahlreichen Anforstungen an Stellen, die offenbar früher abgehauen worden sind. Auch die Bucht, an der Corral liegt, ist von allen Seiten von grünen Waldhügeln umgeben. – Auf dem Schiff, auf dem von zwei Dritteln der Passagiere deutsch gesprochen wurde, zeichnete sich das letzte, spanisch sprechende Drittel dadurch aus, daß fast jeder mit einer Bierflasche in der Hand an Bord kam, aus der er ohne Glas trank. Überhaupt ist das deutsche Element in Valdivia offenbar die Bourgoisie gegenüber der spanisch sprechenden Arbeiterklasse. In meinem speziellen Falle – »aus der Pulle« – waren aber auch offenbar dem Kaufmannsstande angehörende junge Leute an der Unmanierlichkeit beteiligt.

Corral, mehr ein hübsches Waldstädtchen als ein Seehafen, sah ich mir kaum an, sondern wanderte gleich nach dem ca. 1½ km von der Stadt gelegenen französischen Hochofenwerk Société des Hauts fourneaux à Corral, die den ersten großen Versuch eines Eisen- und Stahlwerkes in Südamerika darstellt. Ich hörte unterwegs, daß wochentags für die Besichtigung Karten ausgegeben werden, sonntags das Werk aber geschlossen bleibt und mußte mich so an dem zum Teil schwer durchsichtigen Geländer herumdrücken. Da ich außerdem keinen Führer hatte und selbst weit von sachverständig auf dem Gebiet der Hochöfen bin, sind meine Beobachtungen natürlich sehr mangelhaft.

Über die allgemeinen Grundlagen des Unternehmens, dessen Hauptneuerung ist, zum Schmelzprozeß an Stelle von Kohlen Holz verkoken zu wollen, habe ich bereits in einem meiner ersten Briefe aus Chile geschrieben. Das Werk ist noch nicht in Betrieb. Es liegt unmittelbar am Meer in einer Schlucht zwischen zwei Waldhügeln; ein kleiner Bach fließt mitten durch ihr Terrain.

Zur Zeit ist *ein* Hochofen fertig und ein weiterer im Bau. Für weitere Hochöfen, die projektiert sein sollen, müßte erst durch Applanierung Terrain geschaffen werden, da die Schlucht vom Meer weg ziemlich rasch ansteigt. Im Bau befindlich, aber nahezu fertig, schienen mir weiter die Stahlöfen, Werkstätten und Walzhallen zu sein. Die Hochöfen sind jedenfalls wesentlich verschieden von den in Nordamerika gesehenen konstruiert. Die Erz- und Kokszufuhr geschieht in senkrechten Lifts, die mehrere Meter von den Hochöfen entfernt stehen und jedenfalls nicht selbständig in die Hochöfen entladen können. Das Prinzip der Entladung in Corral ist mir nicht klar geworden. In den Stahlöfenanlagen sah ich keinen Raum für Bessemer-Birnen; dieser Prozeß scheint also auch hier aufgegeben zu sein. – Von den Hochöfen ins Hinterland führt zur Holzbeschaffung eine sehr solide gebaute Schmalspurbahn, die nach einigen hundert Metern als Drahtseilbahn auf den Kamm der Hügelkette emporsteigt und dort, wie mir ein Arbeiter sagt, noch 7 km weiter geht. Sie soll später elektrisch betrieben werden. Eine gleiche Bahn führt am Meeresufer entlang nach Corral zu, wo das Werk vorläufig seinen eigenen Pier hat. Ich nehme an, daß sie diesen künftig unmittelbar an ihre Hochöfen verlegen.

Der vorerwähnte Arbeiter sagte, die Eisenherstellung werde aufgenommen, sobald Erz hier ankomme, was etwa in einem Monat der Fall sein solle. Das Erz kommt aus dem Norden, aus der Gegend von Coquimbo, zu See. – Das Ganze macht für Südamerika einen großartigen Eindruck, wenn es auch – was Größe der Anlagen betrifft – keinen Vergleich mit einem der größeren Werke der Staaten aushält.

Temuco, 27. Dezember 1909

Da ich Larsen in Valdivia heute früh noch nicht antraf, ging ich, um die abgehenden Züge festzustellen und gleichzeitig, um die Zeit totzuschlagen, am Vormittag nach dem ca. 45 Minuten von der Mitte der Stadt entfernten Bahnhof hin und zurück zu Fuß. Ich bin längeren Spaziergängen so entwöhnt, daß mich diese 1½ Stunden ganz müde machten.

Um meine Zeit nicht in Valdivia zu verlieren, entschloß ich mich, 18 Stunden früher als beabsichtigt dort fortzufahren und diese Zeit auf dem Rückwege nach Santiago für Temuco zu gewinnen. Zwei Stunden vor Abgang meines Zuges traf ich schließlich Larsen in der Bank an, der sehr aufmerksam war, bedauerte, nichts mehr für mich tun zu können und mir schließlich eine Einführung an den BAT Temuco mitgab. Immerhin hörte ich von ihm noch einiges von dem, was Valdivia augenblicklich am meisten interessiert.

Zunächst natürlich der Brand. Den Hauptschaden sollen die Hausbesitzer erleiden, die ihre Häuser seinerzeit bei niedrigeren Holz- und Arbeitspreisen verhältnismäßig niedrig versichert haben. Die Kaufleute dagegen sollen für ihre Waren besser durch Versicherung gedeckt sein. Larsen rechnet daher bei der Kundschaft kaum mit Verlusten, im Höchstfalle mit $ 10 000. Der unmittelbare Schaden der Bank durch das Abbrennen des alten Gebäudes ist allerdings wesentlich. Viele Geschäfts- und Kopierbücher sind verbrannt, andere zum mindesten unbrauchbar geworden. Eine interessante Bemerkung ist, daß Tinte, Bleistift- und Buntstift-Schrift die Hitze überstanden; dagegen ist alles mit Schreibmaschine Geschriebene oder Hektographierte in der Hitze völlig verschwunden und dadurch manches äußerlich gut erhaltene Dokumente völlig unleserlich geworden. Der schwere Arnheimsche Schrank, der seiner Größe wegen nicht in den feuersicheren Safe genommen werden konnte, ist in der Tat ausgebrannt – die Tatsache wird nur wenig dadurch gemildert, daß es sämtlichen anderen »feuerfesten« Schränken in Valdivia in diesem Brande ebenso gegangen ist. Dem BAT sind dabei eine Reihe Schuldscheine und Kontokorrentverträge verkohlt, die er sich der Sicherheit halber wird neu zeichnen lassen, da er die genauen Daten aus den geretteten Büchern feststellen kann. *Einen* Vorteil hat das Unglück der Bank gebracht: die kleine Tresor-Einrichtung, die im feuerfesten Safe der Bank stand, aber bisher keinen Zuspruch vom Publikum gefunden hatte, hat das Feuer gut überstanden und findet nun mit einem Schlage rege Benutzung. Das *neue* Bankgebäude, das durch seine hohe Brandmauer tatsächlich das Feuer aufgehalten und dadurch einen ganzen Stadtteil gerettet hat, ist selbst immerhin etwas beschädigt worden, wenn es auch von außen nicht sichtbar ist. Es ist ein schöner, geräumiger Bau in bester Lage. Bei der Neuregulierung der Straßen ist nun aber die Gefahr vorhanden, daß die Plaza etwas verschoben würde und dadurch die Bank in eine Querstraße käme. So schlägt es wenigstens eines der drei Projekte vor, die zur Entscheidung in Santiago eingereicht sind. Larsen hofft, daß der Banco de Chile, der an der gleichen Ecke der Plaza liegt und den mithin das gleiche Schicksal treffen würde, seinen Einfluß eventuell zur Aufgabe dieses Planes in die Waagschale werfen wird.

Die Hochöfen in Corral sieht man hier wie überall sonst als ein Experiment an. Wie stark sich die Regierung aber dafür interessiert, zeigt eine Garantie von 5%, die sie auf einen großen Teil des Kapitals zugestanden hat. Zur Zeit scheinen sie Geld für die in ihrem eigenen Besitze befindlichen Erzgruben im Norden zu bedürfen, denn sie ziehen per 90 T/S auf ihre eigene Pariser Niederlassung und remittieren die Erträge in den Erzdistrikt. Der BAT Valdivia hat von diesen Ziehungen erst Frs. 100 000 nehmen können, obgleich ihm mehr angeboten wurde; es fehlt aber noch das von Berlin erwartete Limit. Eine neue Schwierigkeit soll sich für das Werk dadurch ergeben haben, daß sich neuerdings herausstellt: die ihnen von der Regierung konzessionierten Wälder in der Umgebung von Corral gehören zum großen Teil gar nicht der Regierung. Die Privateigentümer haben natürlich Einspruch erhoben, und nun sind die Werke genötigt, ihr Holz, das sie ja in Riesenqualitäten und unbedingt kontinuierlich brauchen, von weiter her und eventuell sogar per Staatsbahn heranzuschaffen, was die Kosten natürlich sehr erhöhen würde. Man spricht auch von einem bedeutenden Holzkontrakt, den sie mit der Co. San Martin, einer der beiden großen chilenischen Land- und Kolonisationsgesellschaften im Süden, abgeschlossen haben sollen.

Als Handelsplatz scheint Valdivia in seiner früheren Exportbedeutung zurückgegangen, dagegen als Importhafen bedeutender geworden zu sein. Die Gerbereien, die früher Valdivias Größe ausmachten, sind zurückgegangen, weil das Rohmaterial teurer geworden ist und heute mehr Rohhäute exportiert werden. Die Anwandtersche Brauerei hält noch immer ihren alten Ruf und Geschäftsumfang aufrecht. Sie ist gerade dabei, sich durch eine Wasserkraftanlage im Landesinneren Elektrizität auf ihre Insel zu übertragen, durch die sie das immer teurer werdende Holz für die Feuerung ersetzen will. Der Import Valdivias ist durch die zunehmende Bevölkerungszahl des Hinterlandes gewachsen. Hinterland für Valdivia ist vor allem der Süden, die Gegend um Osorno, das noch wenig direkt importieren soll. – Das Valdivianer Geschäft ist – nach Larsen – gesund; von der Krisis hat man dort nichts verspürt – hoffentlich machen sich die Folgen des Brandes nicht in dieser Richtung geltend.

Ich verließ Valdivia um 3.20 Uhr nachmittags und erreichte auf der bereits durchfahrenen Waldlinie Temuco gegen 8 Uhr abends. Soviel ich bei der Fahrt nach dem Hotel und nachher bei einem Rundgang nach dem Essen sehen konnte, erinnert die Stadt sehr stark an die rasch aufblühenden, jungen Landwirtschaftszentren in den Staaten, mit denen Temuco wahrscheinlich ja die Existenzbedingungen gemeinsam hat. Breite, gut gepflasterte Straßen mit vielen Neubauten und zum Teil sehr primitiven Häusern; die öffentlichen Plätze noch im Entstehen begriffen; große Regsamkeit der Ladeninhaber, die ihre Geschäfte noch bis in die Nacht hinein offen haben. Hier in Temuco fiel mir die Unzahl sogenannter »Tiendas«, d. h. Kleider- und Stoffgeschäfte, auf. Auch ein Zeichen des Fortschritts, das ich seit dem Plaza Hotel in Buenos Aires – auf dies Paradies des Luxus habe ich einmal zu schelten gewagt! – seit dem Plaza Hotel in Buenos Aires nicht mehr gesehen habe: in meinem kleinen Hotel hier habe ich einen Waschtisch mit richtigem, fließendem Wasser – nicht elegant, aber bequem und hygienisch. Ich hoffe, daß heute mein Kabel zu Deinem Geburtstag, an das ich von Concepcion noch einmal per Postkarte erinnerte, richtig von Santiago abgesandt worden ist.

Santiago, 29. Dezember 1909

Gestern früh besuchte ich in Temuco die Filiale des BAT, die dort seit zwei bis drei Jahren besteht[135]. Die Einwohner von Temuco haben sich schon ein Jahr früher in einer Petition an den BAT Valparaiso wegen Errichtung einer Filiale bei ihnen gewandt. Hüttmann schlug es damals ab; dieselbe Petition wurde an die deutsche Nachbarbank gerichtet, die ihr sofort Folge leistete, und der BAT folgte schließlich doch, ein Jahr später, nach. Die Folge ist, daß in Temuco im Gegensatz zu anderen Plätzen Chiles der Banco de Chile y Alemania ein größeres Geschäft als der BAT macht. Äußerlich dokumentiert er das durch ein großes Haus mit kühnem Turm an einer Ecke der Plaza, das ihn 200 000 Pesos gekostet haben soll. Der BAT hat sich für $ 23 000 ein Grundstück gleichfalls an einer Ecke der Plaza gesichert, für das jetzt schon $ 30 000 geboten werden und auf das er ein Haus im einfachen Stil des Valparaiser Bankgebäudes setzen will. Augenblicklich bewohnt er ein Parterre nicht weit von der Plaza, das für das derzeitige Geschäft völlig ausreicht.

Die Filiale wird von einem Prokuristen Steegmüller[136] geleitet, der einen aufgeweckten Eindruck macht. Er laboriert zur Zeit hauptsächlich an einem »Clavo«, der noch von seinem Vorgänger herstammt. Letzterer, ein von Ellwanger engagierter Restaurateur, der den Platz von klein auf kannte, soll ein braver Mann, aber kein Bankier gewesen sein. Er hat von einem Viehhändler Diskonten hereingenommen, die sich später durchweg als Reitwechsel erwiesen. Der Mann ist neuerdings wegen Viehdiebstahls verhaftet, scheint zahlungsunfähig und seine Mitunterschriften, zum Teil angesehene Leute, entschließen sich auch nur langsam und widerwillig, ihren Verpflichtungen nachzukommen. Das Engagement beträgt $ 40 000, Steegmüller hofft, allmählich alles hereinzubekommen.

Temuco ist noch ein ganz junger Platz, wie ich schon erwähnte; die Stadt soll erst 20 Jahre alt sein. Wie in jedem derartig schnell gewachsenen Anwesen – sie hat heute 30 000 Einwohner – erzählt man sich natürlich Fabelhaftes von der vergangenen wie von der künftigen Steigerung der Grundstückspreise. In Anbetracht der schlechten Verkehrsmöglichkeiten und der wenigen Arbeitskräfte, die zur Urbarmachung des Bodens zur Verfügung stehen, ist der Unterschied im derzeitigen Verkaufswert von städtischem oder in Bahnnähe gelegenen Weizenbodens einerseits und unverbessertem Lande unweit der Stadt andererseits in der Tat groß. Die Urbarmachung erfordert hier wiederholtes Abbrennen des Urwaldes, der das meiste unverbesserte Land bedeckt. In der Asche soll man dann allerdings schon zwei bis drei gute Weizenernten erzielen können. Bei Preisen von $ 0.50 bis $ 2.– per ha sollte für Leute, die es abwarten können, der Kauf von unverbessertem Lande in der Gegend von Valdivia oder Temuco – natürlich genau ausgesuchtes Land! – kein schlechtes Geschäft sein – namentlich, da hier an Latifundienbesitz keine Kolonisationsbedingungen geknüpft zu sein scheinen.

Das Bankgeschäft in Temuco beruht vorläufig noch auf dessen Eigenschaft als landwirtschaftliches Zentrum, ist ein Geschäft mit Holz- und Viehhändlern sowie Weizenbauern. Das Geschäft mit den städtischen Ladenbesitzern ist erst im Werden, doch spiegelt sich deren Bestreben, von Concepcion und Valdivia unabhängig zu werden und direkt von Europa zu importieren, auch im Bankgeschäft wider. Es beginnt nämlich schon ein kleines Inkasso-Geschäft von Übersee sowie einiger Wechselbedarf am Platze. Bisher hat der Banco de Chile y Alemania dies Geschäft allein gemacht, doch der BAT hofft, seinen Anteil davon an sich zu ziehen, seit ihm von Valparaiso ein eigenes Konversionskonto zugestanden und er dadurch konkurrenzfähiger geworden ist. Der Banco de Chile, die

Hüttenwerk Corral.

Filiale Temuco des Banco Alemán Transatlántico.

dritte Bank am Platze, gilt, wie an vielen Plätzen außerhalb Valparaiso und Santiago, für schwerfällig.

Der Banco de Chile y Alemania soll in dem an der Bahn nach Concepcion 2 Stunden nördlich Temuco gelegenen kleinen Platz Victoria, wo er eine Filiale besitzt, mehr Geschäft als in Temuco machen. Victoria ist der Ankunftsplatz für argentinische Viehherden und bringt mithin ein gutes Wechselgeschäft in Pesos argentinos, das die deutsche Nachbarbank, als einzige Bank Victorias, natürlich mit kolossalen Margen ausnützt. Steegmüller hat daraufhin einen dortigen Kaufmann zu seinem Agenten gemacht und hofft, auch von diesem Geschäft einen Teil an sich zu ziehen, was ja in Anbetracht, daß der BAT ein Haus in Buenos Aires hat und der Banco de Chile y Alemania nicht, möglich sein sollte.

Ein weiteres Zeichen für die Prosperität Temucos war mir, daß in jedem zweiten Ladenfenster ein Zettel stand, nach dem männliche oder weibliche Hilfe gesucht wurde. – Nachdem ich noch in der Eile einigen Araukaner-Silberschmuck und ein paar kleine Indianerdekken gekauft hatte (Temuco Zentralpunkt für Araukaner-Kultur), verließ ich Temuco mit dem Mittagszuge, hatte eine sehr heiße und wenig gemütliche Nachmittags-, dagegen angenehmere Nachtfahrt und erreichte heute früh Santiago, das ich heute abend für Buenos Aires verlassen will. – Ich schließe diese Zeilen, um sie mit der gleichen Andenpost abgehen zu lassen.

Los Andes, 29. Dezember 1909

Heute vormittag traf ich in Santiago beim BAT Herrn Hüttmann, der zur Revision hier ist. Ich frühstückte mit ihm zusammen bei dem gastfreien Nisch, nachdem ich den Vormittag meist mit Vorbereitungen zur Anden-Reise hingebracht. Nachmittags, in der Bank, erbat Nisch »meinen Rat« in folgender Angelegenheit: Hüttmann dränge in ihn, sich zu entscheiden, ob er nach Ablauf seines Kontraktes (d. h. in ca. 18 Monaten) sich noch einmal auf drei Jahre binden wolle oder nicht. Hüttmann wolle möglichst Antwort haben, ehe er (Hüttmann) Chile für seinen Urlaub verläßt. Nisch hat nun, wie ich dir wohl schon früher schrieb, von anderer — nicht deutscher Seite — günstige Angebote (Warengeschäft) und fürchtet, wenn er noch länger im Ausland bleibt, zu alt zum Wechseln der Branche zu werden und den Kontakt mit Europa zu verlieren. Andererseits sieht er im Konzern des BAT für sich keine wesentliche Verbesserung mehr möglich und fürchtet, auch keine *angemessene* Stellung bei der Deutschen Bank zu finden, selbst wenn er weitere drei Jahre hier draußen für den BAT gearbeitet hat. Was ich unter diesen Umständen als in seinem Interesse gelegen halte, fragte er. Da ich nicht sah, weshalb er Wert auf meinen Rat legen sollte, nahm ich an, er wolle aus meiner Antwort entnehmen, ob man vielleicht in Berlin noch Besonderes mit ihm vorhabe — oder aber, er wollte seine Empfindungen *indirekt* zur Kenntnis Berlins bringen. Indirekt, denn als ich ihm anbot, die Antwort auf seine Frage von *Dir* einzuholen, lehnte er das taktvollerweise ab, da er nicht hinter Hüttmanns Rücken zu handeln beabsichtige. Ich sagte ihm daraufhin nach meiner Überzeugung, daß ich an seiner Stelle versuchen würde, von der Deutschen Bank schon jetzt eine geeignete Anstellung nach Ablauf der drei weiteren Kontraktjahre beim BAT in Aussicht gestellt zu bekommen. Sollte ihm das nicht gelingen, so läge es bei seinem starken Ehrgeiz vielleicht wirklich in seinem Interesse — sagte ich ihm — schon nach Ablauf seines augenblicklichen Kontraktes eine Offerte eines fremden Konzerns anzunehmen. — Wie weit diese letztere nur Bluff ist, kann ich natürlich nicht beurteilen, und es hängt von der Ansicht ab, die man in Berlin von Nisch hat, wie weit man sich eventuell davon beeinflussen lassen will, um ihn zu halten. Jedenfalls sprich bitte mit Krusche über das Vorstehende *nicht*, ehe ich in Berlin bin.

Nachmittags war ich noch kurz bei Dr. Brunswig, der von einer sehr günstigen Stimmung der Regierung für sein Elektrifikations-Projekt erzählen konnte. Der Ingenieur Diercks soll Ausschreibungsbedingungen ausgearbeitet haben, die der Regierung sehr gefallen und Brunswig wird sich bemühen, den Kongreß zu veranlassen, die Ausschreibungen tatsächlich vorzunehmen. Über die technische Seite des Projektes urteilt Hüttmann, der kein Fachmann, aber lange im Lande ansässig ist, nicht günstig. Er meint, Brunswig und Diercks hätten beide hierzulande noch keine trockenen Jahre mitgemacht und verließen sich zu stark auf Vorhandensein von Wasser. Günstiger urteilt dagegen der Ingenieur, der hier das große Wasserkraftwerk für die Straßenbahn und Stadtbeleuchtung von Santiago angelegt hat und auch schon lange im Lande ist.

Außerdem schwebt zur Zeit der Plan einer Valparaiso-Stadtanleihe mit Staatsgarantie, £ 1 200 000, die Brunswig im Auge behält, wenn er sie auch nicht von Interesse für die Deutsche Bank hält.

Abends ½ 8 Uhr verließ ich Santiago. Meine sämtlichen Bekannten, Herren wie Damen, waren an der Bahn, weniger um mir, als um Diercks und Frau adieu zu sagen, die mit dem gleichen Zuge nach Buenos Aires fahren. Hier in Los Andes, wo wir gegen 11 Uhr ankamen, traf ich auch noch den kleinen Levy vom Hause Staudt & Cia., der von Bolivien zurückkehrt und gleichfalls mit nach Buenos Aires kommt. – Ich verlasse Chile ungern wegen des herrlichen Obstes, vor allem Kirschen und Pfirsiche, die ich in Argentinien kaum so gut und billig finden werde. – Morgen um 4 Uhr früh geht die Reise weiter.

Buenos Aires, Plaza Hotel
1. Januar 1910

Ich schreibe wieder von meinem alten Zimmer im 5. Stock des Plaza Hotels mit dem schönen Blick über ganz Buenos Aires. Nach den Erfahrungen der letzten Wochen will ich nie wieder auf diese Heimat des Komforts schimpfen – wie miserabel auch die Bedienung sein mag.

Über meine Rückreise von Los Andes bis hierher kann ich mich kurz fassen, da ich die Fahrt ja auf der Hinreise beschrieben habe. Wir verließen Los Andes vorgestern früh um 5 Uhr, langten gegen 10 Uhr am derzeitigen Endpunkt der chilenischen Staatsbahn, Carracoles, an und wurden von dort in zweieinviertelstündiger Tour, diesmal per Wagen, über den Paß auf die argentinische Seite befördert. Die Wagenfahrt ist bequemer als das Reiten, das nur in *der* Jahreszeit angewendet wird, in der für Wagen zu viel Schnee liegt. Wir fuhren in ca. viersitzigen Breaks, mit vier Pferden (mit Maultiereinschlag) nebeneinander bespannt, meist im Trabe, zum Teil sogar im Galopp den guten, aber sehr steilen und kurvenreichen Fahrweg hinauf und in der gleichen Gangart auf argentinischer Seite wieder hinunter. Ich teilte meinen Wagen mit Herrn und Frau Diercks, welch letztere vorne neben dem Kutscher saß und – obwohl wir im Hochsommer sind – in der Höhe ziemlich unter dem eiskalten Wind zu leiden hatte. Sie ist ein ähnlicher Typ wie Frau Brunswig, sehr lustig, ein wenig burschikos, infolgedessen als Deutsche oft nicht graziös und manchmal sogar nicht einmal mehr ästhetisch. Nicht hübsch, aber auf der Reise kein Spielverderber, und ihrem Manne scheint sie sogar gut zu gefallen.

Erste Verspätung hatten wir in Las Cuevas, der Anfangsstation der Bahn auf argentinischer Seite, wo wir zwei bis drei Stunden auf unseren Zug zu warten hatten. Wir holten von dieser Verspätung bis Mendoza vorgestern abend wenig ein und bekamen gestern auf der langweiligen, heißen und staubigen Fahrt von Mendoza hierher noch ein paar Stunden dazu, so daß wir hier anstatt abends um 7 Uhr, ganz kurz vor Silvester bzw. Neujahr, gestern nacht um ½ 12 Uhr eintrafen. Wir fuhren dabei über eine neue Strecke der Pacific-Bahn in der Provinz San Luis. Die einzige Rettung bei diesen anstrengenden Fahrten in Argentinien ist ein großer, leichter, alles bedeckender Staubmantel, unter dem man nichts als Hemd und Hose – und manche Leute kaum so viel – anbehält.

Im Speisewagen feierte ich mit Diercks bei einer halben Flasche Champagner Silvester. Dabei erzählte er von den Prinzipien und Schwierigkeiten des überseeischen Geschäftes der deutschen Elektrizitätswerke. Die Gefahr, der seine Firma (Siemens & Halske) verfallen sei, sei, daß man überseeische Geschäfte zu sehr oder gar ausschließlich als ein Ventil bei abflauender heimischer Konjunktur betrachte. Dadurch verliere man nicht nur die Fühlung mit dem

Ausland, d. h. die notwendigen Konnektionen, sondern, indem man Überseegeschäfte immer nur als Gelegenheitsgeschäfte ansehe, bilde man sich auch nicht den dafür notwendigen Stab von Technikern aus, an die ganz andere Anforderungen als in die im Lande tätigen zu stellen seien. Die AEG habe früher diesen Fehler vermieden, indem sie eine Reihe überseeischer Tochtergesellschaften gegründet habe und mit diesen durch Materiallieferung usw. eine Zeitlang dauernd in Konnex geblieben sei. Seitdem sich diese Tochtergesellschaften aber allmählich von der AEG emanzipiert hätten, hätte auch sie die Fühlung mit dem Auslande mehr verloren, namentlich nachdem Rathenau[137] den Stab seines Übersee-Büros reduziert habe. Dadurch sei es Siemens & Halske wieder in letzter Zeit gelungen, der AEG einige überseeische Geschäfte abzunehmen. Eines sei allerdings bei überseeischen Geschäften nicht zu vergessen, was sie für den Industriellen sehr erschwere: daß er dabei außer dem technischen Risiko (indem er für die Güte seiner Arbeit zu garantieren hat) auch noch das finanzielle Risiko des Kurses läuft. Unter augenblicklichen Verhältnissen sei aber die Hauptschwierigkeit bei Übernahme überseeischer Ausführungen – wie auch dem Bankier bekannt – die Personenfrage.

Am Bahnhof in Buenos Aires holte mich Jonas ab, um mich – ungewaschen wie ich war – zur Silvesterfeier des deutschen Klubs mitzunehmen, der der Gesandte sowie einige Spitzen der Kolonie mit ihren Damen in großer Toilette beiwohnten. Ich kam in eine sehr fortgeschrittene Gesellschaft junger Leute, darunter auch Richard Staudt, und fand gegen 3 Uhr mein Bett im Hotel. Im Club saß übrigens am Nebentisch, mit den Honoratioren vom Banco Germánico, Herr Friedrich Endress.

Seit drei Tagen erwartete mich hier Dein Brief vom 2./3. Dezember. Die Schachzüge bei Rudolph von Kochs Übertritt von der Direktion ins Präsidium des Aufsichtsrates sind recht interessant. – Wegen der chilenischen Regierungsanleihe machte sich Dr. Brunswig während meiner Anwesenheit weniger Kopfschmerzen als über andere Geschäfte, da es kaum denkbar ist, daß die Regierung die 3 Millionen Pfund Anleihe der Deutschen Bank zuliebe auf die

Hälfte reduziert angesichts der Bereitwilligkeit der englischen, deutschen und französischen Konkurrenz.

Beim Frühstück im Hotel traf ich heute früh Willy Schwabacher, der morgen seine Stellung als Volontär beim BAT antritt. Ich sehe, nicht ohne großes Bedauern für ihn, aber vor allem mit großer Dankbarkeit Dir gegenüber, wie viel schwerer ihm das geschäftliche wie gesellschaftliche Fortkommen übersee gemacht ist als mir – obgleich er einen Koffer voll Empfehlungen mitgebracht hat und ich eigentlich fast ohne Brief hier angekommen bin.

Ich frühstückte heute mittag im deutschen Klub mit Staudt, Jonas, ein paar an Staudt empfohlenen, halb vertrottelten europäischen Touristen (Agrarier- bzw. Großindustriellen-Söhne) sowie Ley[138]. Dabei kam zwischen dem frisch von Berlin eingetroffenen Agrarier und einem der anderen Anwesenden eine Wette zustande, in der der Agrarier die Behauptung vertrat, Rudolph von Koch werde die »Adamcit«, wie es scheint zur Zeit erste Soubrette am Metropoltheater in Berlin, heiraten. Solche, an sich natürlich unsinnigen Gerüchte über den künftigen Präsidenten des Aufsichtsrates der Deutschen Bank sind sehr unerfreulich. Später hörte ich, daß Richard – wahrscheinlich auf Drängen von Berlin – durch Frau Meyer bei Frau Frederking mère eine Versöhnung zwischen ihr und seiner Mutter hat anbahnen wollen, die diese kategorisch zurückgewiesen hat, wie übrigens in diesem Augenblick zu erwarten. Ich höre auch, daß von Kummers[139] nicht mit Frau Staudt hier erwartet werden und setze das auf Rechnung der Tatsache, daß Kummer von der zweitklassigen gesellschaftlichen Stellung des Hauses Staudt & Cia. in Buenos Aires gehört hat und sich deren Folgen nicht aussetzen will.

Im Klub traf ich auch Albert. Aus seinem kühlen (vielleicht war ich zu empfindlich und Albert nur anderweitig verstimmt) Empfang wie aus einer Bemerkung, die er vor kurzer Zeit Jonas gegenüber gemacht hat, glaube ich schließen zu sollen, daß er via Krusche von meinen – im übrigen ja meist günstigen – Mitteilungen über den BAT Buenos Aires an Dich etwas erfahren hat, was ihm nicht gefallen hat. Ich fürchte, daß Du, wie Du es ja auch wiederholt in

Deinen Briefen andeutest, mit meinen Briefen Krusche, einem *intimen* Freunde Alberts gegenüber, nicht vorsichtig genug gewesen bist und bitte Dich noch einmal *dringend* um *allergrößte* Vorsicht. Speziell von diesen Zeilen *darfst* Du *unbedingt* Krusche keinerlei Mitteilung machen oder ihn etwa in irgendwelcher Form zur Rede stellen, da jede Weiterung auch nur weitere Unannehmlichkeiten zur Folge haben könnte.

Um noch auf eine Äußerung Deines letzten Briefes zurückzukommen: Du sagst, Du sähest, es wäre vielleicht besser für die Bank gewesen, sich auf Industrie- und Terraingeschäfte als auf das abgegraste Bankgeschäft zu werfen. Jonas, dem ich diesen Passus vorlas, bemerkte ganz richtig, daß man recht gut das eine neben dem anderen betreiben könnte und daß es vor allem noch nicht zu spät dazu ist. Im Gegenteil, gerade jetzt, wo das reguläre Bankgeschäft für den dividendenhungrigen Aktionär eine feste Grundlage geschaffen hat, wäre es wohl an der Zeit, dem BAT Buenos Aires (eventuell unter der Firma Deutsche Bank) ein Sekretariat zu errichten. Das ist wahrscheinlich kein Geschäftszweig, für den Lingenfelder Talent oder zum mindesten einer, für den er kein Interesse hat; auch Dr. Frederking mit seiner dahingehenden Begabung kann aber mit seinem augenblicklichen Material, bestehend aus einem sogenannten Direktionskorrespondenten, nicht viel ausrichten. Ich meine, es müsse sich rentieren, ein oder zwei Assessoren oder in Sekretariatssachen geschulte Prokuristen zu Dr. Frederkings Unterstützung herauszuschicken. An zu bearbeitenden Geschäften, die dem BAT hier angeboten werden oder würden, falls man bei ihm Interesse vermutete, fehlt es gewiß nicht; nur an einem geschulten Stab, dessen Aufgabe die Vorarbeit des Sichtens und nachher die fachmännische Durcharbeitung der akzeptablen Geschäfte wäre. Frederkings repräsentative Qualitäten und seine Beziehungen würden diese Fachleute sehr gut ergänzen.

Buenos Aires, 2. Januar 1910

Heute – Sonntag – früh hatte ich eine längere Unterhaltung mit Richard Staudt in seinem Büro. Wie gewöhnlich, wenn man mit ihm unter vier Augen spricht und er vor keinem Dritten repräsentieren zu müssen glaubt, war er verständig, bescheiden und dabei von einem für sein Alter immer wieder überraschenden Blick und Urteil. Ich möchte nicht schriftlich auf die für die Firma wichtigen, aber durchaus nüchternen und zu Ende gedachten Ideen eingehen, die er entwickelte und deren Ausführung zum großen Teil von der hier zu treffenden Entscheidung seiner Mutter, die bereits vorbereitet ist, abhängt.– Küster leidet immer häufiger und schwerer unter seinen Rheumatismusanfällen, die ihn zur Zeit ganz aus dem Geschäft fernhalten.

Den Rest des Tages, an dem ich nichts erledigen kann, verbrachte ich mit Korrespondenz und Ordnen meiner Papiere und war abends mit Jonas zusammen, mit dem ich einige Punkte des hiesigen Geschäftes mit Nordamerika besprach. Nach ihm hat es keinen Sinn, darüber mit Lingenfelder zu sprechen, der diesen Zweig ganz Albert überläßt. Dieser ist aber nervös und mir gegenüber nicht ohne Mißtrauen, so daß ich hier lieber nicht über diese Geschäfte rede, zumal auf Jonas' Veranlassung in diesen Tagen der Deutschen Überseeischen Bank wegen Bevorschussung nordamerikanischer Inkassowechsel geschrieben werden soll.

Mit Nordamerika gibt es hier *A* Inkasso und *B* Remboursgeschäft. Die Inkassowechsel sind gewöhnlich in Pfunden und US-Dollars gleichzeitig – unter Zugrundelegung eines festen Kurses – ausgestellt. Der Bezogene hat in hiesiger Währung zum Ziehungskurse der präsentierenden Bank zu zahlen. Bei einfachem Inkasso besteht also weder für die Bank noch für den Zieher ein Kursrisiko. Anders bei Diskontierung bzw. Bevorschussung der Inkassowechsel, wie sie von New York aus wiederholt dem BAT vorgeschlagen und hier bisher stets abgelehnt worden ist. Die Diskontierung würde auf den US-$-Betrag zum hiesigen Satz erfolgen; der BAT hätte dem Zieher bzw. dem New Yorker Bankier, der dem Zieher den Wechsel mit festem Abschlag abzukaufen pflegt, zum Tageskurs Anschaffung in US-Dollars zu machen und würde dadurch gegenüber der Abdeckung des Bezogenen bei Fälligkeit das Kursrisiko laufen. Da dies offenbar nicht konveniert, hat der BAT sich zur Diskontierung nur bereit erklärt, falls der New Yorker Zieher bzw. sein Bankier, für eventuelle Kursverluste aufzukommen bereit wäre, was New York natürlich ablehnte.– Mir scheint eine Diskontierung auf folgender Basis möglich: Der BAT diskontiere den *Pfund*-Betrag des Inkassowechsels zu einem Satz, der von dem Londoner Privatsatz abhängig, aber natürlich wesentlich höher zu sein hat. Den Pfunderlös stelle der BAT dem New Yorker Kunden per Kabel zur Verfügung und decke den Debetssaldo in London bei Verfall des diskontierten Inkasso-Wechsels mit der von dem Bezogenen gelieferten Pfundrimesse ab. Hierbei besteht weder für den New Yorker Kunden noch für den BAT ein Kursrisiko, und der Verdienst des letzteren bestände in der Marge zwischen den von ihm zu zahlenden Debetzinsen in London und der eigenen Diskontrate in Buenos Aires.– Ich sehe allerdings ein, daß die Möglichkeit solcher Diskontierung für den BAT durch die Grenzen seines Kontokorrentkredites in London wesentlich beengt ist.

Der BAT beabsichtigt, anstelle der Diskontierung die Bevorschussung treten zu lassen. Der Vorschuß wird in einer von Fall zu Fall zu bestimmenden Höhe in Gold-Pesos gewährt und bei Fälligkeit des Inkassowechsels durch die Zahlung des Bezogenen abgedeckt. Hierbei trägt die New Yorker Partei das Kursrisiko, die sich für den Betrag des Vorschusses US-Dollars hat anschaffen lassen.– Abgesehen von der viele abschreckenden Höhe der Debetrate, die wenig unter dem hier üblichen Kontokorrentsatz sein wird, läuft die Bank bei solchen Bevorschussungen die Gefahr, den Kunden für dauernd zu verlieren, falls er bei solchem Geschäft das erste oder zweite Mal gleich von empfindlichem Kursverlust getroffen wird. Hier macht sich wieder die Notwendigkeit eines geschickten Agenten in New York fühlbar, der durch eine genaue Vergleichung der in den letzten Jahren gezeigten Kurven des Sterlingkurses in New York und

Buenos Aires Anhaltspunkte für eine natürliche Jahreskurve des US-Dollarkurses hier in Buenos Aires gewänne. Auf Grund dieser wäre er in der Lage, den Kunden mit gutem Gewissen Jahreszeiten zu raten, in denen sie sich ihre Inkassowechsel mit einiger Wahrscheinlichkeit auf Kursgewinn bevorschussen lassen können und ihnen zu anderen Jahreszeiten davon abzuraten. Goldman Sachs & Co. haben sich durch solche Kursbetrachtungen für ihr Finanzwechselgeschäft zwischen London und New York eine gute Kundschaft erworben.

Auch für das Remboursgeschäft mit New York, das im übrigen einfacher liegt und großenteils über London geht, wäre ein New Yorker Agent nützlich. Er hätte den hiesigen Ankauf von Rembours-Ziehungen durch Abgabe von Kreditbriefen auf Buenos Aires an die New Yorker Importeure zu unterstützen sowie durch dauernde Information des BAT über hierher herauskommende Agenten. Andererseits hätte er Kabel- und Sichtziehungen zur Verfügung der New Yorker Importeure zu halten und dadurch einer Einführung der Buenos Aires Devise auf dem New Yorker Markte vorzuarbeiten.– Allerdings läge hier schon eine Schwierigkeit darin, daß dieselbe Stelle Agentur für die Deutsche Bank wie für den BAT sein sollte. Als Agent der Deutschen Bank hätte sie den Importeur zu veranlassen, seinen Rembours bei der London Agency zu stellen. Als Agent des BAT hätte er denselben Importeur zu bewegen, seine Remboursziehungen in Südamerika beim BAT zu begeben. Die Filialen des BAT nehmen aber nur sehr ungern lange Ziehungen auf die Agency, die sie ihr nicht zum Diskont einsenden dürfen. Ich weiß nicht, wie weit dieser Widerspruch in der Stellung eines gemeinsamen Agenten beider Institute praktische Bedeutung hätte.

Buenos Aires, 3. Januar 1910

Heute früh begann ich damit, beim Agenten eine Kabine auf dem am 11. Januar Buenos Aires verlassenden »Cap Vilano« zu belegen und Euch drahtlich davon in Kenntnis zu setzen. Der Dampfer scheint nur schwach besetzt.

Sodann ging ich zum BAT. Aus dem Frieden und der Harmonie Chiles war ich mit einem Schlage wieder in den unerquicklichen Verhältnissen, die die inneren Beziehungen der Buenos Aires Abteilung der Uebersee-Bank charakterisieren. Mit einem Wort: Der Kampf aller gegen alle. Der leitende Direktor hart gegen seine Leute, die für ihn daraufhin keinerlei Zuneigung empfinden; Mißgunst innerhalb der Lokaldirektion und ein dauernd gereizter Zustand, selbst unverhohlene Entrüstung der hiesigen Subdirektoren gegenüber der Berliner Oberleitung. Ich will detaillieren, so wenig erfreulich die Arbeit:

Ich bat zunächst Lingenfelder – natürlich in genügend vorsichtiger Form – um einen Europa-Urlaub für Jonas; dieser hatte keine Kenntnis von meinem Schritt. Lingenfelder teilte mir seine Absicht mit, Jonas nach Montevideo zur Leitung der Filiale zu schicken und erklärte den Europa-Urlaub unter diesen Umständen für unmöglich. Meinen Hinweis auf den in der Tat schlechten Gesundheitszustand Jonas' erwiderte er damit, daß er sagte, einen kranken Mann könne er in Montevideo allerdings nicht gebrauchen. – Ich mußte also zurückziehen, um Jonas nicht eventuell die Karriere zu verderben.

Kurz darauf hatte ich die Gelegenheit, die aufs Äußerste gereizte Stimmung des sehr nervösen Albert zu beobachten, der durch ein paar schroffe Briefe Krusches seit kurzem so weit gebracht sein soll, wiederholt von seinem Austritt aus der Bank zu sprechen. Ich habe im Vorangehenden auf die enge Freundschaft Krusches mit Albert Bezug genommen. Auf Alberts Seite ist augenblicklich von diesem Verhältnis allerdings wenig zu spüren.

Schließlich bekam ich wieder von Dr. Frederking die üblichen Klagen über Heinemann, Krusche, Lingenfelder und Albert zu hören, von denen er sich nicht genügend geschätzt fühlt. Vor allem verzeiht er Albert bzw. Krusche nicht, daß dieser jenen an Gehalt und Tantieme besser als ihn selbst gestellt hat. Er gesteht offen, nur durch den Willen seines Vaters bei der Deutschen Ueberseeischen

Bank festgehalten zu sein und erklärt sich bereit, zur Konkurrenz (Tornquist) überzugehen, sobald ihm eine Chance geboten wird.

Später orientierte er mich bereitwilligst über die laufenden Geschäfte, aber seine etwas wirre, orakelhafte Weise, die mich früher schon wiederholt zu Mißverständnissen geführt und ihm selbst in seinen Geschäften durch entstandene Mißverständnisse wohl schon mehr als eine Unannehmlichkeit bereitet hat, verhindert mich, hier mehr als die Grundzüge des augenblicklich vorliegenden Stoffes zu skizzieren.

Die Kanal- und Hafen-Offerte ist von der Deutschen Bank mit Philipp Holzmann & Co. und P. C. Goedhart noch in den letzten Tagen vor dem Termin (1. Dezember) eingereicht worden. Für den Hafen submissioniert die Deutsche Bank mit Holzmann allein; für den Kanal mit beiden, Holzmann und Goedhart. Frederking glaubt, daß Holzmann aus Konkurrenzneid bis zum Schluß versucht habe, Goedhart aus dem Geschäft herauszudrängen und schiebt Gwinner als dem Vorsitzenden von Philipp Holzmann & Co. in dieser Sache Schuld zu. Goedhart soll in seinem Zorn auf Philipp Holzmann & Co. so weit gegangen sein, deren Direktoren wesentliche Nebenverdienste bzw. Kommissionen aus den großen Geschäften der Firma nachzusagen. Im Kanalgeschäft ist – nach Frederking – mehr Aussicht auf Erfolg der Offerte vorhanden als im Hafengeschäft. Für jenes sind sechs Offerten eingereicht, von denen die gefährlichste Konkurrenz die von Dirks, Dates & Co. ist.

Auf die Seebersche Konzession, offenbar das interessanteste vorliegende Geschäft, gehe ich erst morgen ein, nachdem ich den heute verreisten Francisco Seeber gesprochen habe. Seinen Sohn Mario, unter dessen Name die Konzession läuft, suchte ich heute auf. Er ist von dem Ingenieur Samwer sehr entzückt.

Das Santa Fé-Hafengeschäft scheint abgewickelt, wenigstens sind die Stücke der von der Regierung zu liefernden Bonds in Händen der Bank und die Kommission von M 150 000 seitens der Deutschen Bank an die Deutsche Ueberseeische Bank gezahlt. Frederking ist unzufrieden, daß für ihn selbst, der viel Mühe von dem Geschäft gehabt und der der Deutschen Bank durch seine eigene Arbeit viel

Rechtsanwalt-Spesen erspart habe, keinerlei Extragratifikation herausschaue.

Nicht durch die Hände des BAT gehen die Geschäfte, für die Zander von der Elektrobank, Zürich, zur Zeit hier ist und über die Frederking infolgedessen nur halb orientiert ist. Ich mußte mir einige seiner Angaben heute abend durch Oberingenieur Diercks von Siemens-Schuckert korrigieren lassen und weiß nicht, wie weit Frederkings übrige Daten korrekt sind. Zwei kleinere elektrische Gesellschaften hier, Gründungen von Herlitzka und Carosio[140] – Vertreter der AEG –, die Cia. Industrial de Electricidad und die Cia. de Electricidad de la Provincia de Buenos Aires – kurz »Provincia« genannt – brauchen Geld. Frederking hat früher versucht, der »Provincia«, die er die bessere nennt, durch konvertierbare Obligationen von der Deutschen Bank Geld zu verschaffen. Aber Carosio, der keinen Einfluß der Deutschen Bank auf seine Gesellschaften aufkommen lassen will, soll dies durch Scholz bei Gwinner verhindert haben. Frederking sr., an den sich Zander gewandt hat, hat das Geschäft mit der »Provincia« als gut empfohlen, von dem mit der Cia. Industrial, die faul sein soll, aber abgeraten.

Diercks (von Siemens-Schuckert), der die elektrischen Unternehmungen von Buenos Aires genau studiert hat, hat von beiden Sachen abgeraten, weil er die Hinterleute für gefährlich hält. Lingenfelder dagegen soll auch zu dem Geschäft mit der Cia. Industrial (Schlieper zur Zeit Präsident) zugeredet haben, indem er über diese eine gute Auskunft gab. Die Gesellschaft ist dem BAT ziemlich viel Geld schuldig; der Kredit ist gekündigt, aber sie kann zur Zeit nicht zurückzahlen, und Dr. Frederking schließt natürlich, Lingenfelder rede Zander zu dem Geschäfte zu, um selber zu seinem Gelde zu kommen[141]! Frederking behauptet weiter, Zander sei hier nicht nur für die Elektrobank, sondern auch für die Deutsche Bank, für welch beide er diese Geschäfte zu gleichen Anteilen machen wolle. Diercks bestreitet dies und sagt, für die Deutsche Bank bzw. die DUEG sei Zander nur in Mendoza und Chile informatorisch tätig gewesen, während das eventuelle Buenos Aires-Geschäft allein für Rechnung der Elektrobank gehe (Frederking scheint recht zu haben).

Zander soll sich übrigens, wie ich auch von seinem Adlatus Schwabacher höre, noch nicht entschieden haben, obgleich er bereits in fünf Tagen abfährt.

Bei Frederking jr. traf ich noch den Dr. Schiller, der für die Deutsche Bank seit Monaten eine Explorationsreise nach Rivadavia (Chubut) wegen Petroleums machen soll und keinen Urlaub von seiner vorgesetzten Museumsbehörde in La Plata durchsetzen kann.

Zum Frühstück war ich bei Frederkings sr., die Eure Gratulationsbriefe erhalten hatten und mich wie immer freundlich aufnahmen. Ich muß sogar mit Beschämung gestehen, daß ich einer Verlockung nicht widerstehen konnte und meine Reise nach Fray Bentos, die für Ende der Woche projektiert, aufgab. Frau Frederking bot mir nämlich ein Abschiedsdiner für Sonnabend an, zu dem sie außer dem Gesandten und den Spitzen der Kolonie auch das sehr pikante Fräulein von Bernard einladen will. Da fiel ich um. Mit Fray Bentos verliere ich übrigens nur einen großen Schlachthof, wie ich deren mehr in Chicago gesehen und gewinne anstatt dessen ein paar, unter den augenblicklichen Verhältnissen recht interessante, Tage in Buenos Aires.– Nach Tisch besuchte ich noch A. Mahn, bei dem ich den letzten Sonntag zubringen werde.

Für den Abend hatten mich Diercks und Frau hier ins Hotel geladen. Er erwähnte beiläufig, daß er gern aus dem Dienst von Siemens & Schuckert in den einer Bank überginge. Er denkt dabei weniger an Begutachtung neuer Projekte, die ja gewöhnlich in der Hand von Ingenieuren der mit der Bank verbündeten Industriellen liegt; er denkt eher an eine dauernde Kontrolle der von einer Bank finanzierten elektrischen Unternehmungen, für die sie noch – finanziell oder moralisch – verantwortlich ist.

Er erzählt – rein akademisch – von einem elektrischen Schnellbahn-Projekt zwischen hier und La Plata (ca. 50 km), dessen Konzession in Händen von Otto Francke, Maschinenimporteur, Freund des BAT und spekulativer Kopf, ist. Kosten 18 Millionen Peso Gold. Francke behauptet, das Geschäft in Paris bereits finanziert zu haben, was Diercks nicht glaubt, da er das Projekt für unrentabel hält.

Buenos Aires, 4. Januar 1910

Nachdem ich mir heute früh die belegte Kabine auf dem Dampfer angesehen, sprach ich auf der Bank zunächst Albert und zwar kamen wir zufällig auf die amerikanischen Geschäfte zu sprechen, da er mich gerade beim Ausziehen einiger Daten über die im Jahre vorgekommenen nordamerikanischen Inkassi antraf. Unser Gespräch förderte keine neuen Gesichtspunkte zu Tage, aber veranlaßte ihn vielleicht, über die von mir vorgeschlagene Art der Diskontierung ohne Kursrisiko nachzudenken, die ihm einleuchtet, und gegen die er bis jetzt nur noch die Erschwerung anführt, die sie in ihren Londoner Kassendispositionen bewirken würde. Übrigens haben sie zur Zeit überhaupt nur zwei Inkasso-Kunden in New York, G. Amsinck & Co. und die Irving National Exchange Bank, von denen die ersteren in einem halben Jahr ca. £ 12 000, die letzteren ca. £ 60 000 eingesandt haben. Einige andere Kunden, wie Knauth, Nachod & Kühne, haben sie verloren, weil sie nicht diskontieren bzw. bevorschussen wollten, und andere haben aus dem gleichen Grunde die Verbindung gar nicht erst aufgenommen. Albert ist gleichfalls überzeugt, daß dies Geschäft noch sehr ausdehnungsfähig ist.

Zum Frühstück nahm mich Richard zu den Küsters mit, die auf meinen Besuch eigentlich nicht eingerichtet waren, da Küster noch zu Bett lag. Ihre bolivianische Angelegenheit scheint sie dauernd lebhaft zu beschäftigen. Du magst recht haben, daß auch dies Unternehmen mit der Zeit viel mehr Geld schluckt als zunächst veranschlagt.

Auf der Bank ließ ich mir zu Deinen Lasten den Gegenwert von M 3 000 auf mein hiesiges Konto gutschreiben. Die hohe Summe kurz vor meiner Abreise erklärt sich *nicht* mit zu zahlenden Rechnungen, sondern einmal mit dem Preis des Billets, das allein beinahe M 1 000 kostet. Sodann will ich mich hier gleich mit Geld für London und Paris versehen. – Von Frederking hörte ich, daß nicht nur er selbst, sondern auch sein Vater gegen die Deutsche Ueberseeische Bank verbittert ist; letzterer, weil man ihn ganz kaltgestellt und nicht einmal während Lingenfelders Abwesenheit gebeten hat, sich ein wenig um den hiesigen BAT zu kümmern.

Nachmittags war ich bei Francisco Seeber, dessen Sohn ich schon gestern aufgesucht hatte. Er empfing mich wieder liebenswürdig, aber doch nicht mehr mit jenem Empressement, das er gezeigt, solange er mit seiner Konzession noch ganz in der Luft geschwebt hatte. Jetzt scheint er – im Gegenteil – schon ziemlich festen Boden unter den Füßen zu fühlen und seiner Sache ziemlich sicher zu sein. Ich hörte von ihm, ebenso wie gestern von seinem Sohn, nur wenige Details über die Angelegenheit und muß mich so auf die Angaben Dr. Frederkings stützen, der, wie Du gleich sehen wirst, ein ganz besonderes Interesse daran hat, mich möglichst genau zu informieren.

Das Geschäft gewinnt dadurch an Interesse, daß Eisenbahndirektor Samwer von Philipp Holzmann & Co. im allgemeinen günstig darüber zu denken scheint. Er soll einen zweiteiligen Bericht nach Europa gesandt haben, der inzwischen jedenfalls in Händen der Deutschen Bank ist, und gleichzeitig in einem Kabel den Erwerb der Konzession, wenn auch nicht den Bau der Bahn, empfohlen haben. Über Samwers Tüchtigkeit als Kenner des argentinischen Bahnwesens wie über seinen praktischen Blick sind sich hier alle Parteien einig, nicht allein Seeber Vater und Sohn sowie Dr. Frederking, sondern auch Moller, den ich heute früh aufsuchte, und der Samwer durch einen merkwürdigen Zufall während dessen Ritt über die Strecke in der Nähe der Mollerschen Estancia kennengelernt und für eine Mahlzeit beherbergt hat.

Dagegen scheinen sich dem Projekt gegenüber hier bereits drei verschiedene Interessengruppen gebildet zu haben, die sich nur in dem einen Punkt einig sind: Der Erwerb der Konzession bzw. der Bau der Bahn ist ein gutes Geschäft und sollte von der Deutschen Bank gemacht werden. Die drei Gruppen werden repräsentiert durch

1. Samwer als Vertreter von Philipp Holzmann & Co.
2. den hiesigen BAT (resp. die Familie Frederking)
3. die Familie Seeber.

Samwer soll, wie vorher erwähnt, noch nicht zum Bau der Bahn geraten haben und zwar nach dem, was er Moller gesagt hat, wie es scheint, weil ihm die Rentabilität noch nicht genügend gesichert erscheint. Er soll sie auf ca. 4% geschätzt haben. Er vertritt natürlich den beiden anderen Gruppen gegenüber die Idee einer Verwaltung mit dem Schwerpunkt in Deutschland. Er hat zunächst erreicht, daß Francisco Seeber der Firma Philipp Holzmann & Co. eine Option auf seine Konzession bis zum 7. Februar eingeräumt hat. Gegen den hiesigen BAT soll er laut Dr. Frederking durch den ständigen hiesigen Vertreter von Holzmann namens Schilbach, bei dem er sein Büro hat, voreingenommen sein. Mir scheint aber fast, als erstrecke sich diese Voreingenommenheit nur auf Frederking, nicht aber auf Lingenfelder, dem gegenüber er weniger zugeknöpft gewesen zu sein scheint.

Die Interessen Francisco Seebers weichen natürlich darin von denen Samwers ab, daß er möglichst viel für sich und die Seinen dabei herauszuschlagen bzw. die Sache eventuell zu einer Art Familienpfründe zu machen sucht. Nach Dr. Frederking soll er im Gespräch die Erwartung ausgesprochen haben, daß ihm selbst der Präsidentenposten (des Aufsichtsrates) zufallen sollte sowie seinem Sohn Ricardo (zur Zeit als Handelsrichter schon guten Ruf genießend) die Stelle als Syndikus. Daß die Grundstücksmakler – Firma Mario Seeber & Cia. – die Grundstücksgeschäfte der Bahn zu besorgen erwartet, versteht sich wohl unter der Hand. Vielleicht übertreibt Frederking aber auch die Ansprüche, die Francisco Seeber stellt, denn in dem Brief, in dem er (Seeber) Samwer die Option auf seine Konzession gibt, und den mir Mario Seeber gestern zu lesen gab (teilweise), ist unter den Bedingungen nur »ein Sitz im Direktorium« und nichts vom Vorsitz erwähnt. Dagegen legt Francisco Seeber, wie er mir heute sagte, darauf Wert, daß der Schwerpunkt der Verwaltung in Buenos Aires liegt.»Er scheint seine Ansicht mehr auf eine Äußerung von Geheimrat Offermann über die günstige Zukunft der hier geleiteten Pacific-Bahn zu stützen als auf die Erfahrungen der anderen englischen Bahnen, die durchweg von England aus geleitet werden. Doch wollte er mir noch statistisches Material zum

Beweise beibringen, daß hiesige selbständige Leitung zur Prosperität einer Bahn beiträgt. Dabei ist er durchaus damit einverstanden, daß die Leitung hier in deutschen Händen, d. h. in Händen von Leuten liegt, die aus Deutschland zur Verwaltung der Bahn nach Buenos Aires herausgeschickt werden. Während früher hier seine Bahn die mittlere Spurweite (1,43 m) beabsichtigte, die ihm durch seine kleine elektrische Bahn in der Nähe von Buenos Aires nahegelegt war, und die sonst fast nur in den, für sich vom Verkehr abgeschlossenen nordöstlichen Provinzen Corrientes und Entre Rios benützt wird, schlägt er jetzt die enge Spur vor (1 m), auf der vor allem die nordwestlichen Bahnen und von den nach Buenos Aires hereinkommenden die Central Córdoba und die neue Compagnie Générale de Chemins de fer de la Province de Buenos Aires (kurz Companie Générale genannt) laufen. Von der Compagnie Générale scheint er bereits ein Angebot betreffend Benutzung ihrer Eingangsfazilitäten nach Buenos Aires erhalten zu haben. Auch mir scheint für die enge Spur wesentlich mehr als für die weite oder gar mittlere zu sprechen, abgesehen von technischen Fragen, die ich natürlich nicht beurteilen kann.

Die dritte Gruppe, Frederking-BAT, hat ein natürliches Interesse daran, möglichst viel von den jetzigen, vorbereitenden Geschäften sowohl wie später von der Verwaltung in ihre Hände zu bekommen. In erster Beziehung stehen mithin ihre Interessen denen Samwers, in letzterer denen Seebers entgegen. Dr. Frederking hat sich – wohl unter dem Eindruck des Samwerschen Urteils – von seiner früheren Absicht bekehrt und hält Erwerb der Konzession wie Bau der Bahn für empfehlenswert. Dagegen hält er Samwer für vollständig ungeeignet für die Durchführung der notwendigen Vorarbeiten. Ohne sein technisches wie kaufmännisches Wissen zu bestreiten, spricht Frederking Samwer Kenntnis der Landessitten ab und nennt ihn ungeschickt und indiskret in Verhandlungen. Einige Beispiele, die er dafür gibt: Samwer hat Francisco Seeber den ersten Teil seines nach Berlin gesandten Berichtes zu lesen gegeben, der Direktion des BAT hier anscheinend nicht. Er hat sich auf dem Brief, in dem ihm die Option auf die Konzession bis zum 7. Februar zugestanden wird, mit der Unterschrift *Francisco* Seebers begnügt, obgleich die Konzession auf den Namen *Mario* Seebers steht. Das könnte bei einer mala fides des etwas leichtsinnigen Mario eventuell Wertlosigkeit der ganzen Option bedeuten. Samwer soll schließlich im Zusammenhang mit den für die Bahn nötig werdenden Terrainspekulationen den Seebers einen größeren Anteil am Verdienst in Aussicht gestellt haben als notwendig gewesen wäre.

Bezüglich der künftigen Verwaltung betont Dr. Frederking, daß Francisco für den Posten als Präsident, auf den er reflektiere, nicht geeignet sei, weil zur Zeit viel über ihn geredet worden sei – ob mit Recht oder Unrecht, sei dahingestellt. Es ist unschwer zu durchschauen, daß Dr. Frederking seinen Vater für den geeigneten Mann an der Spitze eines neuen deutschen Eisenbahnunternehmens ansieht, umso mehr, als der alte Frederking viel davon spricht, seine Stellung bei der Compañia Alemana wegen Scholz niederzulegen und dafür wohl ganz gern repräsentativen Ersatz hätte.– Für die *praktische* Verwaltung wünscht Frederking keine Leute von Europa, sondern hält hiesige Deutsche mit guten Beziehungen in maßgebenden Kreisen für geeigneter. Sein Freund Offermann hat eine bekannte Persönlichkeit im hiesigen Ministerium der öffentlichen Arbeiten, Schneidewind, in Vorschlag gebracht, mit dem die Deutsche Bank übrigens schon wiederholt zu tun gehabt hat.

Es tut mir leid, daß ich Samwer selbst kaum mehr hier kennenlernen werde. Mich durch Moller, der es mir anbot, vorstellen zu lassen, halte ich nicht für angemessen. Eine Vorstellung durch Frederking hätte unter den obwaltenden Stimmungen offenbar negativen Erfolg, und Francisco Seeber, dem ich meinen Wunsch indirekt nahelegte, stellte sich dumm, entweder aus Gleichgültigkeit oder weil er mich zur Gegenpartei Frederking gehörig rechnet.

Buenos Aires, 6. Januar 1910

Auf der Bank hörte ich gestern von dem Projekt eines Hafenbaues in Mar del Plata, dem Seebade der Provinz Buenos Aires. P. C. Goedhart, der mit der Bergbank[142] befreundete Baggerer, hat sich gelegentlich seines hiesigen Aufenthaltes dafür interessiert und noch in letzter Stunde vor seiner Abreise einen Ingenieur engagiert, der entsprechend der Ausschreibung der Regierung ein Projekt ausarbeiten soll. Dieser Ingenieur namens Cooper war bis zum 1. Dezember hier bei Philipp Holzmann & Co. tätig und wurde dann nach Einreichung der Offerte für den Hafen von Buenos Aires entlassen. Jetzt, nachdem er von Goedhart festgemacht, scheint Philipp Holzmann & Co., namentlich die Frankfurter Leitung, zu bedauern, ihn haben gehen zu lassen; auch würde Holzmann in der Mar del Plata-Hafensache anscheinend gern mit Goedhart zusammengehen. Dr. Frederking hat mit Lingenfelders Einverständnis die geschäftliche Vertretung Goedharts für dies neue Geschäft übernommen.

Buenos Aires, 7. Januar 1910

Vorgestern abend fing das Abschiedfeiern mit einem kleinen Essen an, das ich im Plaza Hotel gab, und an dem Albert, Moller sr., Jonas, Mario Seeber, Kozel (Juniorpartner von Brauss Mahn & Co.), Staudt und Schwabacher teilnahmen. Die beiden Brüder Frederking sowie Carlos Meyer Pellegrini hatten abgesagt, weil sie nicht in Buenos Aires waren. Ich hörte den Abend unter anderem, daß Hardts eben 14 Leguas von ihrem Estancienbesitz für $ 2 800 000 Papier verkauft haben. Es blieben ihnen noch ca. 50 leguas. Kozel sprach davon, daß mein New Yorker Bekannter Weigel[143], Neffe von A. Mahn, Ende des Jahres hierherkommen und dann wahrscheinlich allmählich die Stelle seines Onkels übernehmen wird. Gestern abend – es war wieder mal kein Geschäft wegen Feiertags – war ich bei Alberts in Belgrano, dessen Frau eben eine sehr schwere Operation und Krankheit überstanden hat. Frederking erzählt, daß einer der drei zugezogenen Chirurgen allein $ 3 500 Honorar beansprucht hat.

Durch diese Familien- und Geldsorgen wie durch einige Differenzen mit Berlin ist Albert augenblicklich, wie schon erwähnt, so nervös, daß er mir heute früh in der Bank noch einmal sein Herz über Krusche ausschüttete. Er nahm kein Blatt vor den Mund, sprach aber wohl nur aus, was die leitenden Leute hier und in Peru sonst andeuten und was in Chile wahrscheinlich auch gedacht wird. Ich verschiebe Näheres bis auf mündliche Aussprache und brauche Dir bis dahin nicht noch ausdrücklich über diesen Punkt vollste Diskretion zu empfehlen.

Beim Frühstück lernte ich heute Zander von der Elektrobank kennen. Richard Staudt, der einigermaßen orientiert zu sein scheint – zu Frederkings Ärger –, deutete mir über den Zweck von Zanders hiesigem Aufenthalt und seine Hinterleute folgendes an: Rathenau, unzufrieden damit, wie von der Deutschen Bank die Verhältnisse in der Compañia Alemana de Electricidad behandelt werden, will durch Zander die allgemeine Lage sondieren lassen und eventuell noch einmal selbständig hier festen Fuß fassen.

Buenos Aires, 8. Januar 1910

Gestern abend hat mich Lingenfelder mit seiner Familie und dem Kapitän des »Cap Vilano«, mit dem ich fahre, – zufällig – in den deutschen Klub eingeladen. Ich hatte zum ersten Mal Gelegenheit, etwas eingehender mit ihm zu sprechen. Er ist, wie Du gar wohl weist, ein großer Schwärmer für Argentinien, aber er scheint das Land zu kennen, hat keinen engen Blick und gute Argumente. Über die Ernte ist er weniger pessimistisch als andere, z. B. Moller. Obwohl sowohl Weizen wie Leinsaat infolge später Fröste Anfang Dezember, ungefähr 30% weniger exportiert werden dürften als im Vorjahr, so machen die besseren Preise für beide Artikel diesen

Ausfall zum Teil wett. Dazu kommt die Maisernte, die voriges Jahr zu drei Viertel verdorben ist. Selbst wenn sie nur die Hälfte des diesjährigen Bestandes der Felder hereinbringen, ist der Überschuß über das Vorjahr groß genug, um die Verluste auf Weizen und Leinsaat auszugleichen.

Buenos Aires, 9. Januar 1910

Ich hörte vorgestern von Frederking, daß Zander sich auch für die Pacific-Bahn interessiert zu haben scheint (er ist gestern nach Europa abgereist). Die Pacific-Bahn, deren Aktien zur Zeit unter pari stehen, ist eines der drei größten argentinischen Bahnsysteme. Sie besitzt 1 011 Meilen Strecke und betreibt im ganzen 2 461 Meilen. Kapitalisiert ist sie mit 10 Millionen Pfund Obligationen und über 11 Millionen Pfund Aktien. Auf die ordinary shares hat sie 1903 bis 1908 je 7% gezahlt; sie scheint sich aber etwas zu rasch ausgedehnt zu haben, namentlich durch Übernahme des Betriebes anderer Bahnen (Great Western und Transandino), durch ihre Unternehmungen in Bahia Blanca (Hafenbau, Elektrische Licht- und Kraft-Zentrale, Straßenbahn, Wollmarkt), ferner durch die Übernahme von Hotels und Dampferbetrieb. Dazu kommt, daß ihr Betriebskoeffizient in den letzten Jahren sehr stark gestiegen ist, von 54½% auf 63%. Trotzdem bleibt die Bahn mit ihrem gut gebauten, geräumigen Eingang nach Buenos Aires, mit ihren umfangreichen Terrains in Buenos Aires wie an der Strecke und vor allem mit ihrem sehr glücklich ausgelegten Netz, das nicht nur den Verkehr mit Chile kontrolliert, sondern auch die beiden wertvollsten transkontinentalen Linien, Mendoza–Buenos Aires und Mendoza–Bahia Blanca, besitzt, ein sehr zukunftsreiches Objekt. Jetzt, wo sie in der Verdrückung sind, wo ihre Aktien unter 100 stehen und wo sie aus Geldmangel bereits beginnen, von ihrem Besitz einzelne Stücke wie Terrainkomplexe und die elektrischen Unternehmungen in Bahia Blanca loszuschlagen, wäre vielleicht der Augenblick, Einfluß auf das System zu gewinnen. Das könnte allerdings nicht durch die Übernahme von Obligationen, an die Zander zu denken schien, sondern durch die von Aktien geschehen und es würde sich dabei um ein sehr bedeutendes festzulegendes Kapital handeln, da die gesamten ausstehenden 11,2 Millionen Pfund Aktien (ordinary wie I. und II. preferred) gleiches Stimmrecht haben. Meinen Einwurf, daß die in englischem Besitz befindliche Bahn doch zunächst in England das nötige neue Kapital finden sollte, falls das Geschäft wirklich so gut ist, wie es scheint, entkräftet Frederking damit, daß die Pacific-Bahn-Gruppe in London im Gegensatz stehe zu der Clique, von der die sämtlichen anderen anglo-argentinischen Bahnen und großen Unternehmungen abhängen. Diese letztere Clique (das sogenannte »Argentine house«) zerstöre daher der Pacific-Bahn in London nach Möglichkeit den Markt. Immerhin könnte man überlegen, ob man 5 Millionen Pfund lieber zur Reorganisation einer Bahn, die noch vor einem Jahr fast 1½ Millionen Pfund Reineinnahmen hatte oder zum Bau einer neuen Linie verwenden sollte. Frederking malte mir in kühner Phantasie allerdings schon das schöne Bild eines deutschen Systems vor, das aus Pacific-Bahn in Verbindung mit der Seeberschen Bahn gebildet wäre und so einen Kreis um die drei Hauptpunkte Buenos Aires, Mendoza, Bahia Blanca schlösse.

Ernsthafter ist die Ansicht Offermanns und Schneidewinds, die mir Frederking mitteilte und die anscheinend nicht mit Samwers Ideen übereinstimmt, daß die Seebersche Bahn besser *breit-* als schmalspurig zu bauen wäre. Der Gedanke dabei ist, daß die breite Spur der Bahn die Verbindung außer mit dem Norden (durch den Central Argentino) auch mit dem Westen und Chile (durch Gran Oeste und Pacific) geben würde, während die schmale Spur, die durch die Compagnie Générale und den Central Córdoba nach Norden verlängert würde, eine Linie schaffen würde, die parallel zur Wasserstraße ginge und immer deren Konkurrenz zu fürchten hätte. Dabei ist allerdings zu bedenken, daß die breitspurige Südbahn bereits feste Fracht-Beziehungen zu den nach dem Westen gehenden Bahnen hat und daß es daher einer neuen Breitspurbahn zwischen Buenos Aires und Bahia Blanca nicht leicht werden dürfte, mit dem

Westen ins Geschäft zu kommen. Auch ist der Preisunterschied zwischen Breit- und Schmalspur-Konstruktion ganz erheblich.

Ganz besonders scheint Frederking am Zustandekommen des Fomento Boliviano-Geschäftes zu liegen, dessen Syndikat außer der Deutschen Bank auch Tornquist, Borsig und Scholz von der Deutsch-Überseeischen Elektrizitäts-Gesellschaft angehören. Die Central Argentino Bahn soll vom bolivianischen Kongreß, der nicht mehr an die Ausnutzung der obigen Konzession glaubt, eine neue ganz ähnliche Konzession erlangt haben. Der Verdienst beim Fomento Boliviano-Geschäft scheint in den Land-Optionen zu liegen. Bekanntlich sind den Konzessionären im Falle der Ausführung 5 000 leguas Land von ihnen selbst zu ubizieren zum Preis von $m/ 1 0.10 per Hektar für gewöhnliches Land und von $m/1 1.- für Land mit Gummibäumen zur Verfügung gestellt.

Bei Albert traf gestern ein versöhnlicher Privatbrief von Krusche ein, der seine in den letzten Wochen gezeigte Nervosität und Erregung etwas milderte.

Den Abend verbrachte ich bei Frederkings, jedoch im Familienkreise, da eine Erkältung Frau Frederking verhindert hatte, die beabsichtigten Gäste einzuladen.

Heute – Sonntag – früh ritt ich mit Richard Staudt in Palermo spazieren und frühstückte nachher mit Schwabacher, der ein ganz intelligenter Mensch ist und wohl auch einen guten Charakter-Fonds hat, aber durch das – wohl vom Vater ererbte unglückliche – Talent, alles zu wissen – und zwar alles besser zu wissen – kein angenehmer Verkehr ist. Er hat hier auf Anregung Zanders ein Projekt, dessen Gegenstand er geheim hält, ausgearbeitet, wird es durch Zander drüben wohl auch der Deutschen Bank vorlegen lassen und denkt, falls etwas daraus wird, in dessen hiesiger Organisation eine Tätigkeit zu finden. Bitte über Letzteres volle *Diskretion* Schwabacher père gegenüber, falls Du ihn siehst.

Ich komme eben von Küsters, bei denen ich zu Abend aß und hörte dort von Richard Staudt, daß es sich bei Schwabachers Projekt um eine hier zu gründende Hypothekenbank handelt. Staudt hat diese Information von dem in geschäftlichen Dingen offenbar weniger heimlich tuenden Zander erhalten. Trotzdem bitte ich um Diskretion auch der Deutschen Bank gegenüber bis zu meiner Rückkehr.

Buenos Aires, 10. Januar 1910

Heute, am letzten Tag meines Aufenthaltes in Buenos Aires, sprach ich noch eine ganze Reihe verschiedener Leute. Vormittag deutete mir Frederking an, wie er sich künftig seine Stellung wünscht. Er möchte an der Spitze eines hiesigen Sekretariates die hiesigen Geschäfte der Deutschen Bank bearbeiten, ohne doch seine Stellung als Direktor des BAT aufzugeben. Zur Vervollkommnung seiner finanztechnischen Erziehung ist er bereit, auf zwei bis drei Monate nach Berlin zu kommen, um dort im Sekretariat zu arbeiten, aber natürlich nur auf Kosten der Bank. Er schenkte dem Gedanken genügend Aufmerksamkeit, um mir seine täglichen Spesen mit Frs. 150 zu signalisieren (für ihn, Frau und Kind). Ich sprach mit ihm von dem Verhältnis in Santiago, wo Nisch Kredite, die im strikt banktechnischen Sinne nicht zu rechtfertigen sind, nur dann gewährt, wenn Brunswig, mit Rücksicht auf den gesellschaftlichen oder politischen Einfluß des Petenten, im Namen der Deutschen Bank das Delkredere übernommen hat. Aber Frederking scheint diese reinliche Scheidung, die mir auch in Buenos Aires im Interesse sowohl der Deutschen Bank wie des BAT zu liegen scheint, nicht zu gefallen. Er möchte auf keinen Fall seine Stellung als stellvertretender Direktor des BAT niederlegen, ich glaube mehr aus gesellschaftlichen als aus materiellen Gründen.

Der Abschied von Frederkings, bei denen ich heute zum letzten Male frühstückte, war herzlich. Frau Frederking, meine Schwäche kennend, gab mir mehrere Schachteln Süßigkeiten mit, Dr. Frederking beschenkte mich mit einer Brieftasche (die ich sehr nötig hatte).

Auch von Mahn, der mich wegen Krankheit seiner Frau zu Sonnabend wieder ausgeladen hatte, und dessen Einladung zum Früh-

stück ich heute absagen mußte, war der Abschied freundschaftlich.
Nachmittags traf ich auf der Bank den Baumeister Schilbach, Vertreter von Philipp Holzmann & Co., den ich bisher wegen seines etwas gespannten Verhältnisses zu Frederking nicht kennengelernt hatte. Er sprach davon, daß Samwer zur Zeit die Eisenbahnsituation Argentiniens mit dem Blick auf weitere Geschäfte studiere. Schon Frederking hatte mir gesagt, Samwer halte die Seebersche Konzession für sich allein für zu unbedeutend, um eine erstklassige Verwaltung aus Deutschland dafür herauskommen zu lassen. – Die Pacific-Bahn befindet sich – nach Schilbach –, der sie allerdings auch nur sehr teilweise kennt, zur Zeit in sehr schlechtem Zustande. Die Konkurrenz zwischen Pacific-Bahn und Südbahn, die allerdings nur in der Provinz Pampa möglich ist, gibt Schilbach als Grund an, der gegen Annahme der breiten Spur für die Seebersche Bahn spricht. Mit breiter Spur hätte sie nämlich Hand in Hand mit der Pacific-Bahn zu gehen und – laut Schilbach – daraufhin eine scharfe Gegnerschaft der Südbahn zu befürchten, auf deren guten Willen sie allerdings zum Teil angewiesen ist.

Geheimrat Offermann, den ich etwas später sprach, machte mir noch einige Angaben über den Fomento Boliviano. Dies Syndikat, dessen Präsident übrigens der sogenannte reichste Mann von Buenos Aires, der italienische self made man Devoto ist, hat Konzession für ca. 670 km von Porto Suarez an der brasilianischen Grenze bis Santa Cruz und für eine weitere, kürzere Strecke von dort nach Süden bis in das Staudtsche Land hinein. Für diese letztere Strecke hat eine englische Gruppe neuerdings eine Konzession erbeten und tatsächlich vom Kongreß ratifiziert erhalten, obgleich die Konzession des Fomento Syndikates natürlich die Gewährung einer zweiten gleichen Konzession ausschließt. Der Präsident von Bolivien hat sich auf ein Gesuch des Fomento Syndikates hin, daher auch *gegen* den Kongreß in dieser Angelegenheit ausgesprochen; auch ist die Entscheidung des Senates noch nicht gefallen. Mir scheint aber eine bolivianische Bahnkonzession, die leicht zu gefährden ist, nicht viel Garantie für gedeihliche Entwicklung eines Bahngeschäftes zu bieten. Offermann schließt dagegen aus dem Vorfall, daß wesentliches

Interesse für den Bau der betreffenden Strecke besteht, und daß das Fomento Syndikat Teile seiner Konzession wahrscheinlich sehr bald und vor definitiver Herstellung auch nur eines Teils der Strecke verkaufen könnte, sobald nur einmal ein ernsthafter Schritt seitens der Konzessionäre getan, d. h. eine Summe von etwa 10 bis 30 Millionen Mark für die Anfangsarbeiten zur Verfügung gestellt wäre. Die von der brasilianischen Regierung von der Küste nach Porto Suarez angefangene strategische Bahn soll gut fortschreiten. Nach Offermann muß innerhalb der nächsten zwei Jahre etwas geschehen, damit nicht Teile der Konzession verlorengehen.– Frederking möchte gern Offermann, zu dem er unbedingtes Vertrauen hat, der in allen technischen Dingen sein Berater ist, und der seine Zeit offenbar schon sehr vielfach ohne Entschädigung in den Dienst der Deutschen Bank gestellt hat, eine solche Entschädigung in der Form von Aufsichtsratstellen in den eventuellen hiesigen Unternehmungen der Deutschen Bank, vorläufig zunächst in der Deutsch-Ueberseeischen Elektrizitätsgesellschaft zukommen lassen[144].

Francisco Seeber zeigte mir, als ich mich von ihm verabschiedete, einen Brief des ehemaligen Präsidenten Roca über sein Projekt, von dem er mir dann die beifolgende Kopie anfertigen ließ. Er gab mir auch wieder einiges eisenbahn-statistische Material und hofft, in einigen Monaten in Deutschland persönlich mit der Deutschen Bank abschließen zu können.

Schließlich traf ich am Spätnachmittag auf der Bank noch mit Otto Francke, dem Inhaber der Konzession für die elektrische Schnellbahn Buenos Aires–La Plata und mit dem Siemensschen Ingenieur Diercks zusammen, welch letzterer sich für dieses Projekt zu interessieren scheint. Francke behauptete in Frederkings und meiner Gesellschaft, das Geschäft bereits durch eine Gruppe französischer und belgischer Bankiers finanziert zu haben, die durch die Regie des Chemins de fer de France geführt würden und denen sich auch Conrad Hinrich Donner angeschlossen hat. Diercks gegenüber soll er nachher gesagt haben, er habe »noch nicht ganz fest« abgeschlossen, vielmehr habe »ein junger Mann von Dreyfus« das Geschäft vor 14 Tagen mit nach Paris genommen, um es dortigen

Bankiers vorzulegen. Es handelt sich um ein Projekt von 18 Millionen Peso Gold, das hier viel besprochen und sehr verschieden beurteilt wird. Jedenfalls scheint Francke, der ein guter Freund des hiesigen BAT ist, ein großer Bluffer zu sein.

Montevideo, 11. Januar 1910

Gestern abend brachte mich Schwabacher an den um 10 Uhr abgehenden Dampfer im Hafen von Buenos Aires. Von meinen näheren Bekannten hatte ich Dr. Frederking und Jonas, die an den Dampfer kommen wollten, gebeten, es nicht zu tun, da ich wußte, daß sie anderes vorhatten. Staudt sehe ich schon morgen wieder, da er auf dem »Cap Vilano« seiner Mutter bis Rio entgegenfährt. Von Lingenfelder und Albert hatte ich mich kurz in der Bank verabschiedet.

Der ganz bequeme (d.h. für mich, der durch Protektion eine Luxuskabine bekommen hatte) Mihanovich-Dampfer brachte mich in zehnstündiger Nachtfahrt hier nach Montevideo, wo ich morgens den BAT aufsuchte. Zunächst sprach ich Schultz, der nicht den Eindruck macht, als ob er sich über das herannahende Ende seines hiesigen Aufenthaltes klar ist. Er hat, wie er andeutet, gegen zwei Fronten zu kämpfen, einmal gegen die hier in Montevideo besonders starke Konkurrenz, sodann gegen die Zentrale in Berlin. Es gibt hier am Platz zehn Banken, davon drei mit hiesigem Kapital gegründet, davon die bedeutendste die Staatsbank (Banco Nacional del Uruguay), daneben der etwas altmodische Banco Comercial. Von den fremden Banken sind vier englisch, davon die bedeutendste die London & River Plate Bank; außerdem machen der Banco Español, Filiale des Hauses in Buenos Aires, und namentlich der Banco Italiano, ein selbständiges Institut, hier ein sehr großes Geschäft. Als elfte Bank wird demnächst noch die französische Bank aus Buenos Aires herkommen; schließlich ist das Haus Supervielle als Bankier mitzurechnen.

Unter dem dauernden Kampf, den er mit Berlin zu führen hat, versteht Schultz einmal die Last, die der von Berlin verlangte schwere Kontrollenapparat ihm auferlegt und der ihn den anderen Banken gegenüber wegen der damit verbundenen Kosten vielfach konkurrenzunfähig macht. Sodann das Verlangen Berlins, das hiesige Publikum in bezug auf die Form der Kreditbenutzung und andere, mehr technische Punkte, an europäische Geschäftsprinzipien zu gewöhnen, was gerade in Montevideo mit seinem durch die starke Bankenkonkurrenz verwöhnten Publikum kaum möglich ist. Schließlich die Hartnäckigkeit, mit der Berlin ihm (Schultz), immer wieder den einmal gemachten und eingestandenen Fehler in jeder Korrespondenz vorwirft.

Der BAT liegt hier zwar im Zentrum, aber doch schon außerhalb des eigentlichen Blocks, in dem die übrigen Banken liegen. Er ist gleichzeitig fast die einzige hiesige Bank ohne eigenes Haus. Der Nachteil davon macht sich zunächst im Depositengeschäft geltend, das sich ja vielfach zu den Banken mit repräsentativen Gebäuden zieht und in das der BAT hier noch gar nicht hereingekommen ist. Auch Effekten-Depots hat er kaum und zwar, weil seine ganze feuersichere Abteilung in einem Arnheimschen Schrank besteht. Diesen Hausverhältnissen ließe sich abhelfen, wenn jetzt in 14 Monaten der Mietkontrakt des BAT abläuft.

Im Wechselgeschäft leidet er einmal unter der Konkurrenz der Staatsbank, die infolge ihrer Notenemission, der Staats- und anderen Depositen und der großen auswärtigen Kredite über besondere Fazilitäten verfügt und infolgedessen das Geschäft sehr erschwert. Sodann ist für Montevideo kein besonderer Teil der La Plata-Kredite des BAT abgezweigt, sondern Schultz muß für jeden Wechsel, den er nehmen will, erst telegrafisch in Buenos Aires anfragen, was ihn wegen des Zeitunterschiedes zwischen Buenos Aires und Montevideo für die erste Morgenstunde ganz außer Tätigkeit setzt und auch sonst natürlich stark behindert.

Das Inkasso-Geschäft von Europa, das sonst an der Ostküste gern gesehen wird, erschwert hier — laut Schultz — das Geschäft mit den besten Kontokorrentkunden, d. h. mit den großen Importeuren.

Diese sehen in dem direkten Import seitens der europäischen Fabrikanten, die ihre Inkassowechsel dann der Deutschen Ueberseeischen Bank geben, eine Konkurrenz, die von Berlin aus noch besonders unterstützt wird, und haben sich wiederholt darüber beschwert bzw. haben Auskünfte verweigert, die der BAT hier im Interesse der Fabrikanten einholen wollte.

Der Verlust von $ 14 000, mit dem die hiesige Filiale abgeschlossen hat, ist übrigens, wie mir Frederking in Buenos Aires zugab, nicht so groß, wenn man bedenkt, daß der BAT Montevideo dem BAT Buenos Aires immerhin ca. $ 10 000 für Kapitalzinsen zahlt. Es scheint fraglich, ob diese Belastung der Nebenfilialen mit Kapitalzinsen zu Gunsten von Buenos Aires gerechtfertigt ist, wo Buenos Aires keine Kapitalzinsen an Berlin zu zahlen hat. Ich erinnere daran, wie Hüttmann in Chile umgekehrt die Nebenfilialen unterstützt, indem er ihnen in Valparaiso für Depositengelder, die er zur Zeit ebensowenig verwenden kann wie sie, 6% Zinsen vergütet.– Obige Bemerkung wegen der Kapitalzinsen ist mir übrigens *nicht* von Schultz gemacht worden.

An Bord »Cap Vilano«
12. Januar 1910

Der Rest meines gestrigen Tages war natürlich ausschließlich Robert Frank gewidmet, mit dem ich frühstückte und der mich zum Abendessen in seine Wohnung mitnahm. Er sieht mit seinem Spitzbart nicht schlecht aus, und es scheint ihm wie den beiden Jungen – der dritte ist in Buenos Aires bei seiner Schwägerin – ganz gut zu gehen. Er ist immer noch sehr lebhaft – vielleicht ein wenig aus Nervosität – und hat äußerlich den Tod seiner Frau scheinbar ganz verschmerzt. Die beiden Jungen von zehn und fünf Jahren sind nette Burschen, deutsch, für hiesige Verhältnisse sehr wohlerzogen und ganz geweckt. Er bewohnt mit ihnen ein Mietshaus, das jetzt nach dem Tode der Frau zu groß für ihn ist, aus dem ihm vor 14 Tagen ein

Dienstmädchen (Vertrauensperson) mit vielen Silbersachen durchgegangen ist und in dem ihm seither eine deutsche Hausdame die Wirtschaft führt. Er ist zweifellos ein anhänglicher Mensch, erkundigte sich nach allen möglichen Leuten, die er vor zwanzig Jahren bei Euch in Potsdam oder Berlin gesehen, und erinnerte sich an kleine Familienepisoden, die mir natürlich zum größten Teil längst aus dem Gedächtnis entschwunden waren. Man sollte diesen typischen Zug des »armen Verwandten« nicht zu gering einschätzen. Als das Gespräch auf ihn kam, erzählte er mir noch einmal die Reihe von Schlägen, die ihn in letzter Zeit, teils durch seine eigene Schuld, teils unverdient, getroffen haben. Erst der Tod seiner Frau, dann zwölfmonatiges Warten auf seine Anfrage bei Mankiewitz, schließlich im Augenblick, wo er im Begriff war, um Urlaub zu bitten, um seine Söhne nach Europa in die Schule zu bringen, die Antwort von Berlin, die ihm das kaum annehmbare Angebot einer Stelle von M 3 000 macht; dies Angebot begleitet von einem Brief Krusches, der ihm in den härtesten Ausdrücken Unfähigkeit und Mangel an Interesse für die Bank vorwirft, im Zusammenhang mit diesem Brief schließlich Ablehnung seines Urlaubsgesuches in Buenos Aires.

Es ist vor allem dieser letzte Brief Krusches, der ihn beunruhigt und kränkt und, wie mir scheint, nicht mit Unrecht. Dr. Frederking, Saltzkorn und Schultz, mit denen ich in Buenos Aires über Frank gesprochen, haben mir übereinstimmend gesagt, daß er sich in letzter Zeit, d. h. nachdem ihm die Nachlässigkeit im Titel-Department passiert, wesentlich gebessert und wieder ganz als der pedantische, aber zuverlässige und fleißige Beamte erwiesen habe, als der er früher bekannt gewesen. Er legt nun Krusches Brief wohl richtig dahin aus, daß Krusche dies nicht anerkennt, sondern daß im Gegenteil Krusche das verhältnismäßig gute Gehalt Franks für das schlecht rentierende Geschäft Montevideos zu hoch erscheint, daß er Frank daher lieber durch einen billigeren Beamten ersetzen möchte. Wenn dies tatsächlich die Absicht ist, so scheint mir doch die von Krusche gewählte Form des *direkt beleidigenden* Privatbriefes als ungeeignet. Im übrigen bietet das Schicksal Robert Franks, der nach zweiundzwanzigjähriger Tätigkeit im Konzern der Deutschen Bank dicht daran ist, vor die Tür gesetzt zu werden, ein unerfreuliches Beispiel dafür, wie in großen Aktienbetrieben einem Durchschnittsbeamten ein einziger begangener Fehler die ganze Karriere verdirbt.

An Bord »Cap Vilano«
16. Januar 1910

Am 12. verließen wir Montevideo, gestern lagen wir vor Rio und die nächsten zehn Tage werden wir kein Land sehen. Bis Rio waren Richard Staudt, der seiner Mutter bis dorthin entgegengefahrt, sowie Diercks und Frau an Bord. Diercks zeigte mir die Berechnung und Voranschläge, die ihm Otto Francke über seine Schnellbahn Buenos Aires—La Plata mitgegeben hat. Sie sind offenbar unzureichend für ein Studium des betreffenden Geschäftes und Diercks hat vielleicht recht, wenn er annimmt, das ganze Schnellbahnprojekt sei für Francke nichts als ein geschickter Bluff, um seine bekannten, umfangreichen Terrainspekulationen an der betreffenden Strecke zu unterstützen. In Rio hat Diercks einen Dampfer überschlagen, um dort die Frage der Elektrifikation der staatlichen Vorortbahn zu studieren. Die Bahn soll stärkeren Verkehr als unsere Wannseebahn haben. Diercks fürchtet indes, daß das Geschäft in amerikanische Hände geht. Siemens-Schuckert haben früher für ein deutsch-französisches Syndikat (ich glaube unter Führung der Deutschen Bank) eine Straßenbahn in Rio gebaut, die später zum doppelten Einstandspreise an eine amerikanische Gruppe, geführt von dem amerikanisch-brasilianischen Finanzier Pearson, verkauft wurde. Dadurch scheint Deutschland für elektrische Geschäfte aber die Fühlung mit den maßgebenden Kreisen verloren zu haben.

Seit Rio bin ich nun ohne nähere Bekannten an Bord, wo sich keine sehr interessante Gesellschaft zusammengefunden hat. Im ganzen ca. 70 Passagiere, darunter wenig hübsche Frauen. Ein fünfundsiebzigjähriger polnischer Prinz mit Rückenmarkschwindsucht, einer Krücke und einer zwanzigjährigen Pariser Blondine, die wir für seine Enkelin gehalten haben, die aber seine rechtmäßige und ebenbürtige Gemahlin sein soll; die englische Mätresse eines brasilianischen Revolutionärs, die die beste Kabine an Bord hat – man sagt, sie teilt sie mit dem Schiffsarzt, weil sie ihr allein zu groß ist. Gesellschaftlich am besten Familie Arning aus Buenos Aires, der aus einem alten Bankrott dem BAT Geld schuldet, von dem er ab und zu ein wenig abzahlt. Gehört zur besten crème in Buenos Aires. – Und dann, nicht zu vergessen, mein Schützling, eine junge Witwe, Kundin der Bank, die Dr. Frederking mir anempfohlen hat und die im letzten Jahr mancherlei Ärger gehabt hat. Sie ist vor zehn Monaten aus Europa mit ihrem Bräutigam in Buenos Aires angekommen und hat ihn zwei Tage später geheiratet. Tags darauf aber hat ein hitziger alter Freund von ihr ihren neuen Mann über den Haufen geschossen. Den Freund haben die argentinischen Behörden natürlich eingesteckt, aber nicht genug damit, hat sich in Deutschland eine Frau als rechtmäßige Gattin des Verstorbenen gemeldet und Beschlag auf dessen nach Argentinien mitgebrachtes Vermögen legen wollen. Die materiellen Verhältnisse scheinen vorläufig zu Gunsten der hiesigen Gattin erledigt, und nun fährt sie befriedigt nach Hause. Da über diese ihre Vergangenheit mancherlei traurige Gerüchte in der Schiffsgesellschaft zirkulierten, war ich zunächst im Zweifel, ob man sie »aufnehmen« würde. Sie schien die gleiche Sorge zu haben und tat daraufhin das Falscheste, das sie tun konnte: Sie klammerte sich an mich. Nachdem ich ihr leise erklärt, daß sie besser Anschluß an ältere Damen als an alleinstehende Herren suchen sollte, versuchte sie auch das und warf mir jedesmal einen demütig-triumphierenden Blick zu, wenn sie mit einer Untergehakt-Widerstrebenden an mir vorbeiging. Allmählich haben wir sie so lanciert, und als sie heute mit Frau Arning, geborene Frias, ums Deck ging, kannte sie mich vor Stolz kaum mehr. Ich bin befriedigt und kann mich wieder in meine emsige Einsamkeit zurückziehen, in der ich nur abends ein paar Leute zum Skat spreche. Vormittags lese ich meine nord- und südamerikanischen Tagebücher durch, um das Geschehene im Gedächtnis aufzufrischen; mittags schreibe ich an meinen Erinnerungen aus London; und nachmittags arbeite ich an der für das Handwörterbuch übernommenen Arbeit, für die ich einiges Material an Bord habe[145].

Meine leidliche Kabine habe ich gegen Zahlung von M 100 an den Obersteward gegen eine Luxuskabine mit eigenem Bad vertauscht.

An Bord »Cap Vilano«
19. Januar 1910

Heute hatte ich einen kurzen, herzlichen Depeschenwechsel mit Frau Staudt, die uns auf dem »König Friedrich August« passierte. Den Kreis meiner Bekannten an Bord habe ich um den in Rio an Bord gekommenen Carlos Séguin vermehrt. Séguin, ein Franco-Argentinier, der in Buenos Aires bekannt ist wie ein bunter Hund, hat sein Vermögen mit dem »Casino« gemacht, einem Varieté-Theater im Stil des Metropols in Berlin. Er hat daraufhin eine Reihe anderer Unternehmungen aufgenommen, Hotels, Zeitungen und selbst die Licht- und Kraft-Gesellschaft von Tucumán, die großenteils gut rentieren sollen. In Zusammenhang mit seinem Tucumáner Geschäft hat auch der BAT bereits mit ihm gearbeitet. Sein Ehrgeiz geht aber weiter; er will seine politischen Beziehungen, seine Kenntnisse des Landes und seinen bekannten geschäftlichen Namen systematisch ausnutzen, indem er sich zum als Selbstkontrahent auftretenden Vermittler zwischen europäischen Finanzgruppen und den argentinischen Geschäftspolitikern macht. Er scheint sich in dieser Weise bereits bei dem Buenos Aires Hafen- und Kanalprojekt betätigt zu haben. Das Mar del Plata-Projekt nennt er seine eigene Schöpfung; er will, im Falle der Hafen gebaut wird, aus einer Terrainspekulation dort 15 Millionen Frs. verdienen. Jetzt ist er auf der Fahrt nach Paris, um Turretini seine Dienste in der Angelegenheit der Reorganisation der Hypothekenbank der Provinz Buenos Aires anzubieten. Um diese 1890 verkrachte Bank bemühen sich zur Zeit drei Gruppen, der Banco Francés von Buenos Aires; Erlanger, London, und Supervielle, Montevideo, zusammen mit der Banque de Paris.- Séguin, der erst 33 Jahre alt ist, scheint von Dr. Frederking, mit dem er befreundet ist, eine sehr gute Ansicht zu haben. Er erzählt, Frederking habe einmal sogar den Plan gehabt, eine Société anonyme d'influence politique zu gründen, was ich ihm beinahe zutraue.

An Bord »Cap Vilano«
27. Januar 1910

Morgen denken wir in Lissabon zu sein, von wo diese Zeilen fort sollen. Die Reise ist ruhig und ergebnislos verlaufen. Wie in dieser Saison natürlich, haben wir meist lebhaften Nordostwind und damit stürmische See gehabt, die mir aber – im Gegensatz zu vielen anderen Passagieren – bisher nichts getan hat.– Gesellschaftlich das übliche Cliquenwesen. Frau Arning will nicht mit Séguin sprechen, weil er früher einen blühenden Mädchenhandel betrieben haben soll; die Mätresse des brasilianischen Revolutionärs schneidet die junge Frau des polnischen Prinzen, nachdem sich herausgestellt hat, daß sie gar nicht dessen Frau, sondern nur deren Dienstmädchen ist. Ich selbst habe wieder zurückgezogen gelebt und höchstens in deutschen Kreisen zum Skat und in argentinischen zum Poker ein wenig Anschluß gehabt. Bei einem »Skatturnier« anläßlich der Äquatorfeier gewann ich den Ehrenpreis in Gestalt einer Brieftasche – dies bereits die zweite in vier Wochen; ich nehme an, daß mich in Berlin eine dritte erwartet.

Gestern waren wir – unfahrplanmäßig – ein paar Stunden in Madeira, um Kohlen zu nehmen. Funchal, der Hafenplatz, an stark aufsteigendem Hügel gebaut und mit kleinen Steinen gepflastert, deren Spitzen vom Verkehr abgeschliffen sind. An Stelle des Gehens, das auf diesem Pflaster ermüdend und selbst schmerzhaft ist, treten daher eine Reihe anderer Transportmittel. Außer Pferde- und Zahnradbahn, Ochsenschlitten, frei den Berg herabgleitende, von einem

Mann gelenkte Schlitten und Hängematten, die von zwei Leuten getragen werden. Klima sehr gut; das ganze Jahr kein Temperaturunterschied. Ich kaufte eine Reihe der als Madeira-Arbeit bekannten Stickereien sowie etwas einheimische, eingelegte Holzarbeit.

Heute, zu Kaisers Geburtstag, noch mal großes Fest mit Vorträgen und lebenden Bildern, zu deren fotografischer Aufnahme ich mir eigenhändig Blitzlicht-Patronen gemacht habe.

Beim Abschließen dieser Zeilen bemerke ich, daß ich die im Anfang erwähnte Kopie des Rocaschen Briefes an Seeber nicht finden kann. Es war eine Beglückwünschung zu seinem (Seebers) Erfolg mit der Konzession, und der ehemalige Präsident sprach darin gleichzeitig die Hoffnung aus, daß das deutsche Kapital, das bisher dem englischen und französischen das argentinische Eisenbahnwesen völlig überlassen, künftig seinen Anteil zur Aufschließung des Landes beitragen werde. Er macht dabei ein paar für deutsche Unternehmer schmeichelhafte Phrasen, die jedenfalls seine Deutschfreundlichkeit zeigen.

Laune in Anbetracht, daß ich in vierzehn Tagen in Berlin zu sein denke, gut. Morgen telegrafiere ich von Lissabon.

Anmerkungen

1 Der »junge Moller« war Ernst Wilhelm Moller (*1890), Sohn von Ernst Oskar Moller (1863–1935) und dessen erster Ehefrau Adela Kraft († 1902). Seine beiden Schwestern hießen Olga (*1891) und Edith (*1894). 1906 hatte Ernst Oskar Moller in zweiter Ehe die Hamburgerin Martha Pietzcker (*1870) geheiratet.
2 Der Vater von Paul Wallich (1882–1938), Hermann Wallich (1833–1928), gehörte von 1870 bis 1894 dem Vorstand der Deutschen Bank und von 1886 bis 1894 dem der Deutschen Uebersseeischen Bank an. Von 1894 bis 1928 war er Mitglied der Aufsichtsräte beider Institute. Seine Lebenserinnerungen sind veröffentlicht in: Zwei Generationen im deutschen Bankwesen 1833–1914, Frankfurt am Main 1978 (Schriftenreihe des Instituts für bankhistorische Forschung e.V., Band 2).
3 Paul Wallichs Lebenserinnerungen, auf die er sich hier bezieht, sind ebenso wie die seines Vaters veröffentlicht in: Zwei Generationen, op. cit.
4 Die Familie Lahusen betrieb vor allem das Wollexportgeschäft. Ihr Unternehmen, die Norddeutsche Wollkämmerei und Kammgarnspinnerei (Nordwolle), geriet 1931 in Konkurs und trug damit maßgeblich zur Illiquidität der Danat-Bank bei.
5 BAT = Banco Alemán Transatlántico. Nachdem Mitte der siebziger Jahre der erste Versuch der Deutschen Bank, in Südamerika Fuß zu fassen – sie beteiligte sich an der Deutsch-Belgischen La Plata Bank –, gescheitert war, gründete sie 1886 mit einem Kapital von zehn Mio. Mark die Deutsche Übersee-Bank (ab 1893 Deutsche Uebersseeische Bank). 1887 wurde unter dem Namen Banco Alemán Transatlántico in Buenos Aires die erste Zweigniederlassung eröffnet.
6 Wilhelm Staudt (1852–1906) wanderte 1877 nach Argentinien aus. Zehn Jahre später gründete er in Berlin und Buenos Aires ein Import- und Export-Geschäft, das als Staudt & Co. firmierte. Er war verheiratet mit Elisabeth Staudt geb. Albrecht und hatte vier Kinder. 1906 gehörte er für kurze Zeit dem Aufsichtsrat der Deutschen Uebersseeischen Bank an.
7 Ernst Anton Moller (1837–1895).
8 Paul Wallichs Schwester Ilse (*1880) heiratete 1909 in zweiter Ehe Oskar Mulert (1881–1951), einen früheren Klassenkameraden ihres Bruders.
9 Richard Staudt (1888–1955) trat 1905 nach dem Abitur in die Firma seines Vaters ein. Seit dessen Tod 1906 gehörte er zu den Gesellschaftern des Unternehmens, seit 1909 lebte er in Buenos Aires. Von 1919 bis 1955 war er Mitglied im Aufsichtsrat der Deutschen Uebersseeischen Bank.

[10] Ein Milreis (1 000 Reis) entsprach etwa 1,35 Mark.
[11] Karl Glaeser trat 1895 in die Firma Staudt & Co. ein und war von 1905 bis 1923 einer der Gesellschafter.
[12] Wilhelm Jonas (*1879) arbeitete als Prokurist beim BAT Buenos Aires und war im Anschluß daran von 1910 bis 1913 Leiter der Filiale in Montevideo.
[13] Das Plaza Hotel in Buenos Aires wurde am 15. Juli 1909 eröffnet. Es befindet sich noch heute in Besitz von Nachkommen Tornquists (vgl. Anmerkung 25).
[14] Robert Frank war Prokurist beim BAT Montevideo.
[15] Der Gegenwert eines Papierpesos war ungefähr 1,80 Mark (vgl. Seite 2 f.).
[16] Paul Küster, von 1905 bis zu seinem Tod 1916 Gesellschafter bei Staudt & Co.
[17] 1893 hatten Staudt & Cia. ein neues Haus in Buenos Aires errichtet, das als »Casa de fierro« (»Eisernes Haus«) bekannt wurde. Eine der Besonderheiten des Hauses war der erste in Argentinien betriebene Personenfahrstuhl. 1914 mußte es wegen eines Straßendurchbruchs abgerissen werden.
[18] Emil Albert trat, von der Deutschen Bank kommend, im Oktober 1907 als stellvertretender Direktor beim BAT Buenos Aires ein. 1919 wurde er zum Leiter sämtlicher Filialen in Argentinien und Uruguay ernannt. Zum Jahresende 1928 trat er in den Ruhestand.
[19] Gustav A. Frederking, Sohn des ehemaligen Vorstandsmitglieds der Deutschen Ueberseeischen Bank Gustav Frederking, war von 1907 bis Ende 1919 stellvertretender Direktor beim BAT Buenos Aires. Er war verheiratet mit Sara Sahores de Frederking.
[20] Der BAT war 1896 in das Gebäude der früheren Carabassa-Bank, an der Straßenecke Piedad (heute Bartolomé Mitre) und Reconquista gelegen, umgezogen, nachdem ein zwei Jahre zuvor fertiggestellter Neubau sich sehr bald als zu klein erwiesen hatte.
[21] 1910 feierte Argentinien den hundertsten Jahrestag seiner Unabhängigkeit (25. Mai 1810).
[22] Anfang 1906 hatten die Dresdner Bank, die Nationalbank für Deutschland und der A. Schaaffhausen'sche Bankverein die Deutsch-Südamerikanische Bank gegründet, die noch im selben Jahr unter der Firma »Banco Germánico de la América del Sud« in Buenos Aires ihre erste Filiale errichtete.
[23] Die Konzession für die Untergrundbahn wurde kurz darauf auch von der zweiten Kammer genehmigt.
[24] Die Bauunternehmung Philipp Holzmann & Co. arbeitete mit der Deutschen Bank eng zusammen, unter anderem auch beim Bau der Bagdadbahn.

25 Ernesto Tornquist (1842–1908) war eine bedeutende Persönlichkeit im wirtschaftlichen und politischen Leben Argentiniens. 1874 gründete er die Import- und Exportfirma Ernesto Tornquist & Co., die bald in andere Bereiche – einschließlich des Bankgeschäfts – diversifizierte. Sie unterhielt enge Beziehungen zur Berliner Disconto-Gesellschaft.
26 Bei der Firma Goldman Sachs & Co. in New York hatte Paul Wallich 1908/09 etwa sechs Monate als Volontär zugebracht.
27 Das Bank- und Handelshaus Amsinck & Co. gehörte 1870 zu den Begründern der Commerzbank.
28 Gustav Frederking wanderte 1870 nach Argentinien aus und stieg zum Teilhaber der Carabassa-Bank auf. 1893 wurde er zum Mitglied des Vorstandes der Deutschen Ueberseeischen Bank und zugleich zum Leiter des BAT Buenos Aires ernannt. Diese Position hatte er bis 1906 inne. Von 1907 bis zu seinem Tod 1924 gehörte er dem Aufsichtsrat der Deutschen Ueberseeischen Bank an.
29 Carl Lingenfelder war Direktor des BAT Buenos Aires von 1903 bis 1920; ab 1905 leitete er zudem sämtliche argentinischen Filialen.
30 Die Brasilianische Bank für Deutschland wurde 1887 in Berlin von der Disconto-Gesellschaft und der Norddeutschen Bank, Hamburg, gegründet. Ihre ersten Filialen eröffnete sie in Rio de Janeiro 1888, Sao Paulo 1893 und Santos 1895.
31 Die 1862 gegründete London & River Plate Bank war die erste britische Bank, die Filialen in Südamerika errichtete.
32 Carlos Meyer Pellegrini (1874–1944) war der dritte Sohn von Martin Meyer (1845–1930) und Julia Pellegrini, deren Bruder Carlos Pellegrini (1846–1906) von 1890 bis 1892 argentinischer Staatspräsident war.
33 Elkan Heinemann (1859–1941) gehörte von 1906 bis 1923 dem Vorstand der Deutschen Bank an. Von 1910 bis 1912 war er zugleich Vorstandsmitglied der Deutschen Ueberseeischen Bank und von 1912 bis 1923 Vorsitzender deren Aufsichtsrates.
34 Otto Jeidels (1882–1947) hatte Paul Wallich im Wintersemester 1903/04 an der Berliner Universität kennengelernt. 1909 trat Jeidels in die Berliner Handels-Gesellschaft ein, von 1918 bis zu seiner Emigration 1938 war er dort einer der Geschäftsinhaber.
35 Artur Krusche war 1890 in die Deutsche Ueberseeische Bank eingetreten. 1906 wurde er zum Vorstandsmitglied ernannt und hatte diese Position bis Ende 1921 inne. Dem Geschäftsbericht der DUB für 1921 zufolge plante er, nach seinem Ausscheiden nach Argentinien überzusiedeln.
36 Der Bericht der Deutschen Ueberseeischen Bank für 1909 führt dazu aus: »Der Goldbestand der Konversionskasse stieg im Laufe des Jahres von rund 127 Millionen auf rund 172 Millionen Pesos Gold, wogegen sich etwa 391 Millionen Pesos Papiergeld im Umlauf befanden. Der Konver-

sionsfond wurde gleichfalls von Gold $ 25 000 000.– am 31. Dezember 1908 auf Gold $ 28 500 000.– am 31. Dezember 1909 verstärkt, sodaß die Gesamt-Goldhinterlage einschließlich ungefähr 6 500 000.– Pesos Gold, konvertierte Reserve des Banco de la Nación Argentina, ungefähr 207 Millionen Pesos Gold betrug, gegen ungefähr Papier $ 293 000 000.– alte Papierausgabe und ungefähr Papier $ 391 000 000.– neue Papierausgabe, also im ganzen ungefähr Papier $ 684.000 000.–. Dieser Betrag ergibt zum gesetzlichen Kurse von 44 Centavos Gold = 1 Papier-Peso rund Gold $ 301 000 000.– im Umlauf befindliches Papiergeld, gegen rund Gold $ 207 000 000.– Bargoldreserve, also ungefähr 68¾% der ganzen Papiergeldausgabe. Die Stetigkeit der Währung ist damit vollständig gesichert und Argentinien steht in seinen Währungsverhältnissen nicht mehr hinter den großen europäischen Staaten, deren Münzsystem auf der Goldwährung beruht, zurück.«

37 Vgl. S. 169.
38 Die Lederfabrik Eyck & Strasser brach 1909 zusammen. Die Berliner Handels-Gesellschaft, bei der Otto Jeidels zu jener Zeit Prokurist war, erlitt dabei erhebliche Verluste (vgl. Zwei Generationen, op. cit., S. 367).
39 Die »Hoernersche Schule« bezieht sich auf den früheren (seit 1896) stellvertretenden Direktor beim BAT Buenos Aires Ivan Hoerner, der Ende 1908 ausgeschieden war.
40 Bernardo Meyer Pellegrini war ein Bruder von Carlos Meyer Pellegrini. Er starb 1940 in Buenos Aires.
41 Hugh Miller war Leiter der nur von 1907 bis 1910 bestehenden Niederlassung des BAT in Bell-Ville und zuvor bei der Tarapacá-Bank tätig gewesen.
42 Das Leipziger Bankhaus Knauth, Nachod & Kühne betrieb unter der gleichen Firma eine Niederlassung in New York. Paul Wallich hatte sie während seines USA-Aufenthaltes 1908/09 aufgesucht.
43 Müller, Schall & Co. arbeiteten eng mit der Deutschen Bank zusammen.
44 Der amerikanische Bankier und Unternehmer Edward D. Adams (1846–1931) war von 1893 bis 1914 Repräsentant der Deutschen Bank in den Vereinigten Staaten. Paul Wallich hatte ihn 1908 bei seinem Aufenthalt in den USA kennengelernt.
45 Ernst Schultz, von 1906 bis 1910 Leiter des BAT Montevideo.
46 Die Deutsch-Ueberseeische Elektrizitätsgesellschaft war eng mit der AEG verbunden. Sie war im Januar 1898 durch ein Syndikat gegründet worden, an dem die Deutsche Bank führend beteiligt war.
47 Paul Mankiewitz (1857–1924) war von 1898 bis 1923 Mitglied des Vorstandes der Deutschen Bank.
48 Max Fuchs leitete von 1893 bis 1929 das Archiv der Deutschen Bank und trat auch als Herausgeber mehrerer Biographien von Vorstandsmitglie-

dern sowie von gesammelten Aufsätzen seines Freundes August Stein (Berliner Korrespondent der Frankfurter Zeitung) in Erscheinung. Er starb 1937 im Alter von sechsundsiebzig Jahren.

49 Wilhelm Cohnstaedt war von 1906 bis 1934 politischer Redakteur der Frankfurter Zeitung, von 1907 bis 1910 deren New Yorker Korrespondent. Er mußte 1934 aus Deutschland emigrieren und beging 1937 Selbstmord.

50 Die Firma Bunge & Born ist 1884 gegründet worden. Sie besteht als Aktiengesellschaft noch heute.

51 Die »Agency« ist die Londoner Filiale der Deutschen Bank.

52 Ernst Oskar Mollers Estanzia »Peñaflor« befand sich vermutlich etwa zweihundert Kilometer südlich von Buenos Aires zwischen den Eisenbahnstationen Newton und Casalins.

53 Anfang 1910 errichtete die Deutsche Bank eine Filiale in Brüssel, indem sie dort das Bankhaus Balzer & Cia. übernahm. Nach London und Konstantinopel war dies die dritte Auslandsfiliale der Bank. Sie bestand bis 1918.

54 Friedrich Kozel, der Vater, war von 1923 bis 1928 Mitglied des Aufsichtsrates der Deutsch-Südamerikanischen Bank. Bei seinem Tod 1928 hinterließ er den deutschen Institutionen in Buenos Aires eine Million Reichsmark, darin einbegriffen ein Fonds für das alljährlich zu seinem Gedächtnis im Deutschen Club stattfindende »Kozelessen«.

55 Gustav Hardt war ein Sohn von Engelbert Hardt, der das Handelshaus Engelbert Hardt & Cia. aufgebaut hatte und seit 1900 dem Aufsichtsrat der Disconto-Gesellschaft angehörte.

56 Hugo von Bernard war Mitglied im Lokalkomitee des Banco Germánico und von 1912 bis 1926 Mitglied des Aufsichtsrates der Deutsch-Südamerikanischen Bank.

57 Carl Kölle war Leiter des Tiefbauamtes der Stadt Frankfurt am Main und wechselte zum 1. Juli 1909 zur Firma Holzmann über. Nach ihrer Umwandlung in eine Aktiengesellschaft (1917) gehörte er bis zum 31. März 1924 dem Vorstand an.

58 Die Rezension von Oskar Mulerts Buch: »24 ostpreußische Arbeiter und Arbeiterfamilien. Ein Vergleich ihrer ländlichen und städtischen Lebensverhältnisse.« (Jena 1908) erschien in Schmollers Jahrbuch, Jg. 33 (1909), S. 1326–1330.

59 Carlos Blessing leitete die Filiale Bahia Blanca von 1907 bis 1921 und war zuvor Prokurist beim BAT Buenos Aires gewesen. Die Filiale bestand von 1903 bis 1933.

60 Der Banco de la Nación Argentina trat 1891 an die Stelle des Banco Nacional. Ab 1899 verwaltete das Institut den Konversionsfonds.

61 White war Vorsitzender des Lokalkomitees der argentinischen Südbahn.

Die Station war 1899 nach ihm benannt worden; sie hieß vorher »Puerto Bahia Blanca«.
[62] Vgl. Seite 103.
[63] Der Banco de la Provincia de Buenos Aires galt als älteste Bank Argentiniens. Ein Vorläufer des Instituts wurde 1822 mit privatem Kapital gegründet und 1826 von der Provinz übernommen.
[64] Maria Meyer Pellegrini (1880–1980) hatte 1907 Tomás Vallée (senior) geheiratet.
[65] General José de San Martin, argentinischer Nationalheld aus den Unabhängigkeitskriegen.
[66] In Mendoza wurde ein Jahr später, am 1. Oktober 1910, eine Filiale des BAT eröffnet. Sie bestand bis 1934.
[67] Der Aachener Kaufmann Leopold Bohnen (1855–1909) hatte 1886 Else Cäcilie Moller (1864–1935), die Schwester von Ernst Oskar Moller, geheiratet. Das Haus, in dem Frau Bohnen wohnte, befand sich an der Caseros 800, das der Familie Moller gleich um die Ecke in der Straße Piedras.
[68] Die Hamburger Filiale des Banco Español del Rio de la Plata wurde 1910 errichtet.
[69] Am 23. Oktober 1911 eröffnete der BAT in Rosario eine Filiale.
[70] Paul Wallich hatte 1905 in München mit einer Arbeit über »Die Konzentration im deutschen Bankwesen« promoviert. (Verkaufspreis des Buches 4 Mark.)
[71] Roca war von 1880 bis 1886 und von 1898 bis 1904 argentinischer Staatspräsident.
[72] Georg Vogt leitete von 1906 bis 1915 den BAT Tucumán. Er starb 1915.
[73] Lesart nicht gesichert.
[74] Ein monumentaler Brunnen von Lola Mora (1866–1936) befindet sich in Buenos Aires an der Costanera Sud.
[75] Krusche hatte 1908 eine Inspektionsreise zu den lateinamerikanischen Filialen unternommen.
[76] Vgl. Seite 132.
[77] Auf Initiative des seinerzeit als »Türkenhirsch« bekannten Finanziers Moritz von Hirsch (1831–1896) war 1890 die erste jüdische Kolonie Argentiniens in der Provinz Santa Fé gegründet worden.
[78] James Speyer (1861–1941) war Teilhaber des Bankhauses Speyer & Co. in New York.
[79] James J. Hill (1838–1916) und Edward H. Harriman (1848–1909) waren amerikanische Eisenbahnmagnaten, die in heftiger Konkurrenz zueinander standen. »Vielleicht hat nur der Tod Harriman davor bewahrt, den Sieg des weniger genialen, aber dafür ausdauernden und auf solider Grundlage arbeitenden Hill zu sehen«, meinte die Frankfurter Zeitung

(15. Oktober 1909) und nannte Hill »bei weitem die hervorragendste Figur im Nordwesten Amerikas.«

80 Im Dezember 1908 hatten Speyer & Co. eine Anleihe der St. Louis and San Francisco Railroad Co. herausgebracht, von der die Deutsche Bank nach langem Zögern einen Teil übernahm. Vgl. auch Seite 135.

81 Theodor Vogelstein (*1880) war der jüngere Bruder von Ludwig Vogelstein. Paul Wallich hatte ihn 1907 in London näher kennengelernt.

82 Philipp Holzmann war 1904 gestorben.

83 Mit der Angelegenheit des chilenischen Depots ist die Verlängerung der Anlage sogenannter Konversionsgelder der chilenischen Regierung gemeint. Diese Gelder hatte Chile bei der Deutschen Bank, der Disconto-Gesellschaft und der National City Bank deponiert; sie sollten eine Rückkehr zur Goldwährung ermöglichen. 1909 stand eine Verlängerung des Vertrages an, und bei den Verhandlungen über die Konditionen entstanden der Deutschen Bank gewisse Schwierigkeiten.
Friedrich Endress war von 1898 bis 1904 in Brasilien als stellvertretender Direktor bei der Brasilianischen Bank für Deutschland tätig gewesen. 1904 wechselte er zum BAT, zunächst nach Valparaiso, dann von 1907 bis 1909 als Leiter der Filiale Santiago. Von 1910 bis 1912 stand er der Niederlassung des Banco Germánico in Valparaiso vor. Sein tragisches Schicksal läßt sich dem Geschäftsbericht der Deutsch-Südamerikanischen Bank für 1911 entnehmen: »Die Filiale Valparaiso wurde Anfang 1910 eröffnet und zum ersten Direktor Herr Friedrich Endress, der über langjährige Praxis im überseeischen Bankgeschäft verfügte, bestellt. Zum stellvertretenden Direktor wurde Herr Paul Böhnisch ernannt, der ... seit 1906 in unserer Filiale Buenos Aires tätig war, und dem wir glaubten volles Vertrauen entgegenbringen zu dürfen. So hatte ihm auch Herr Endress nach kurzer Zeit die Handhabung des Devisengeschäftes übertragen. Herr Böhnisch hat nun völlig instruktionswidrige Blankoverkäufe von Wechseln auf London vorgenommen, die mehrere Monate unentdeckt blieben. Die Aufdeckung dieser Spekulationen hätte schon weit früher erfolgen müssen, wenn Herr Endress nicht in blindem Vertrauen die notwendigen Kontrollen außer Acht gelassen hätte. Abgesehen hiervon trifft ihn jedoch keinerlei Vorwurf. Wir bedauern aufs tiefste, daß Herr Endress in nervöser Ueberreizung seinem Leben ein Ziel gesetzt hat.«

84 Der amerikanische Ingenieur Colin M. Ingersoll (1858–1948) hatte Paul Wallich im Frühjahr 1909 auf eine Studienreise der amerikanischen Eisenbahnen begleitet.

85 Rudolph von Koch (1847–1923) gehörte von 1878 bis 1909 dem Vorstand, von 1910 bis 1923 dem Aufsichtsrat der Deutschen Bank an. Er war Paul Wallichs Patenonkel.

86 Arthur von Gwinner (1856–1931) war von 1894 bis 1919 im Vorstand und von 1920 bis 1931 im Aufsichtsrat der Deutschen Bank tätig. In einem Brief an das Berliner Tageblatt verbittet er sich am 13. Mai 1912 die Titulierung als »Generaldirektor« mit dem Hinweis: »Die Deutsche Bank hat nie einen solchen gehabt und wird auch, so lange ich Mitglied des Vorstandes bin, keinen erhalten. Unsere Verfassung ist eine demokratische.« (Vgl. Arthur von Gwinner: Lebenserinnerungen, hrsg. von Manfred Pohl, Frankfurt am Main 1975, S. 199).

87 Der Tunnel wurde noch im November 1909 durchgebrochen und der erste »offizielle« Zug durchquerte ihn am 5. April 1910.

88 Vgl. August Sußmann: Eine Reise nach Südamerika, Leipzig 1908, S. 98.

89 Karl Hüttmann begann 1896 seine Tätigkeit in der gerade eröffneten Filiale Valparaiso der BAT. 1904 avancierte er zum Leiter aller chilenischen und bolivianischen Filialen und hatte diese Funktion bis zu seinem Eintritt in den Ruhestand 1924 inne.

90 Hans Kratzer (1881–1966) war seit 1908 stellvertretender Direktor beim BAT Valparaiso. Seit 1920 war er einer der beiden Direktoren, die das chilenische Geschäft leiteten und erlebte in dieser Position noch die Schließung der Filialen 1944. Paul Wallich hatte den damals als Prokurist in der Berliner Zentrale der Deutschen Ueberseeischen Bank beschäftigten Kratzer 1906 während eines Volontariats kennengelernt.

91 Georg Grebin war von 1908 bis 1912 stellvertretender Direktor des BAT Valparaiso. Er kehrte 1912 nach Europa zurück und übernahm 1919 den Posten eines Direktors beim BAT Montevideo. 1926 wechselte er über zur Filiale des Banco Germánico in Rio de Janeiro, wo er 1933 in den Ruhestand trat.

92 Die Bank für Chile und Deutschland war 1895 eine Gründung der Disconto-Gesellschaft, Berlin, und der Norddeutschen Bank, Hamburg.

93 Fabian Nisch war seit 1908 Direktor beim BAT Santiago. Er starb 1910.

94 Ludwig Roland-Lücke gehörte von 1895 bis 1907 – mit zwei durch Krankheit bedingten Unterbrechungen – sowohl dem Vorstand der Deutschen Bank als auch dem der Deutschen Ueberseeischen Bank an.

95 Ludwig Vogelstein, der Bruder von Theodor Vogelstein, gehörte zu Paul Wallichs Bekannten aus der New Yorker Zeit 1908/09. In Wallichs Erinnerungen heißt es über ihn: »Er vertrat unter seiner eigenen Firma, L. Vogelstein & Co., das Metallhaus Aron Hirsch & Söhne, Halberstadt, und hatte es durch Energie, Unternehmungsgeist und Geschick dahin gebracht, daß sein Name international bekannt war und unter der kleinen Zahl der New Yorker Metallexporteure mitgenannt werden mußte«. (Zwei Generationen im deutschen Bankwesen, op. cit., S.298).

96 In Chile hatte am 16. August 1906 ein verheerendes Erdbeben stattgefunden.

97 Der Banco Mobiliario de Chile war 1907 zusammengebrochen.
98 Leopold Lewin leitete die Filiale Antofagasta von 1908 bis 1912. Im Februar 1913 wechselte er über zu der neu gegründeten Filiale Sao Paulo. 1920 avancierte er zum Leiter des gesamten brasilianischen Geschäfts des BAT, 1928 übernahm er die Leitung der Filialen in Argentinien und Uruguay. 1936 mußte er – vermutlich aus »rassischen« Gründen – von seinem Amt zurücktreten. Er starb 1963 im Alter von dreiundachtzig Jahren.
99 Wilhelm Haase wurde, nachdem er zuvor noch in Arica und Concepcion tätig gewesen war, 1916 zum Direktor des BAT Santiago ernannt und hatte diesen Posten bis 1939 inne. Er starb neunundachtzigjährig Ende 1969.
100 Waldemar Lehmann war von 1908 bis 1917 Leiter der bolivianischen Filialen der BAT.
101 Ernst Wulff war Geschäftsführer des BAT Oruro von 1905 bis 1908. Er wurde – laut einer Aktennotiz der Deutschen Ueberseeischen Bank vom 7. Dezember 1912 – »wegen maßloser Kreditüberschreitungen, die uns viel Geld gekostet haben, ca. £ 40 000,–, entlassen, wobei er sich nicht entblödete, den Versuch zu machen, die Bank anläßlich Rückzahlung von Depositen durch Leisten eines Meineids zu schädigen«. Nach seiner Zeit beim BAT war er beim Banco Mercantil tätig.
102 1911 wurde als Notenbank der Banco de la Nación Boliviana gegründet.
103 Die Bahnlinie Arica–La Paz konnte im Mai 1913 in Betrieb genommen werden.
104 Koch wurde 1911 zum Direktor aller peruanischen Filialen des BAT ernannt. 1913 wechselte er als stellvertretender Direktor zur Filiale Hamburg der Deutschen Bank über.
105 Paul Richarz (1874–1967) trat nach fünfjähriger Tätigkeit bei der Deutschen Bank in Berlin im Jahre 1900 in die Deutsche Ueberseeische Bank ein. Ab 1905 leitete er nacheinander die BAT-Filialen in Peru, Brasilien (1911) und Argentinien (1920). 1924 wurde er in den Aufsichtsrat der Deutschen Ueberseeischen Bank gewählt, dem er bis 1935 angehörte.
106 1905 hatte die peruanische Regierung den Ertrag ihres Salzmonopols der Deutschen Bank als Garantie für die Bedienung einer Anleihe verpfändet. Zu den Gründen, warum es der Bank nicht gelang, in diesem Geschäft zu bleiben, vgl. Anmerkung 108.
107 Paul Richarz, der Leiter des BAT Lima, sandte am 2. Juni 1909 einen anschaulichen Bericht über den Umsturzversuch an den Vorstand der Deutschen Ueberseeischen Bank, dem – als kleine Ergänzung zu den mehr über Wirtschaftliches als über Politisches berichtenden Briefen Paul Wallichs – der folgende Auszug entnommen ist:

»Lima ist am Sonnabend den 29. Mai a. c. wieder einmal der Schauplatz wilder Szenen gewesen.
Eine Rotte von Leuten, meist Angehörige der Demokraten-Partei unter Anführung von Isaias Piérola, Sohn des berüchtigten Revolutionärs und ehemaligen Diktators Nicolas Piérola, drang am Nachmittage bewaffnet in den Regierungs-Palast, überrumpelte die Wachen, schoß dieselben bis auf wenige Mann nieder und gelangte mit großer Schnelligkeit bis zu den Räumen des Präsidenten, dessen Person man sich bemächtigte, während sein Adjudant ermordet wurde. Man schleppte darauf den Präsidenten gefangen durch die Straßen, in der Erwartung, Zulauf aus dem Volk zu erhalten und brachte ihn schließlich zu einem öffentlichen Platze (Plaza de Inquisición), auf welchem sich die Reiterstatue des Befreiers von Süd-Amerika, Bolívar, befindet, an dessen Stufen der Präsident seine Abdankung unterzeichnen sollte.
Inzwischen suchten die im Regierungsgebäude zurückgebliebenen Verschwörer sich ganz in Gewalt desselben zu setzen und auch die übrigen von Wachen besetzten Eingänge zu nehmen. Es entwickelte sich ein lebhaftes Feuer und es wäre bei der allgemeinen Panik und Kopflosigkeit, die bei fast allen Behörden ausbrach, den Verschwörern beinahe gelungen, ihren Plan durchzuführen. Man hatte dem Minister-Präsidenten die Pistole auf die Brust gesetzt und von ihm gefordert, einen Befehl an den Höchst-Kommandierenden der Truppen zu unterzeichnen, demzufolge der Widerstand der Armee sofort eingestellt und der Oberbefehl an den Anführer Isaias Piérola übergeben werden sollte. Durch verschiedene glückliche Umstände gelangte dieser Befehl nicht rechtzeitig in die Hände des Kommandeurs, vielmehr hatte dieser sich inzwischen auf die umlaufenden Gerüchte von der Gefangennahme des Präsidenten hin veranlaßt gesehen, eine Abteilung Kavallerie zu seiner Befreiung auszusenden, welche schließlich den Präsidenten an dem oben erwähnten Platze, umdrängt von den Verschwörern und einer großen Volksmasse, fand. Wie durch ein Wunder gelang es dieser Truppe, den Präsidenten, welcher sich standhaft über eine Stunde lang in der peinlichsten Situation trotz aller Drohungen geweigert hatte, die ihm vorgehaltene Akte zu unterzeichnen, unversehrt herauszuholen. – Der Präsident setzte sich alsdann an die Spitze der Soldaten und kehrte mit diesen durch dieselben Straßen, durch welche man ihn vorher als Gefangenen geschleppt hatte, zum Palast zurück. Obwohl diese ganzen Vorgänge nicht länger als drei Stunden gedauert hatten, so hatte sich doch der ganzen Stadt eine enorme Panik und Aufregung bemächtigt, weil allgemein angenommen wurde, daß die Verschwörer ... den Staatsstreich nicht ganz auf eigene Faust unternommen, vielmehr im Einverständnis mit einem Teile des Heeres gehandelt hätten. ...

Zeichner dieses und fast sämtliche Angestellte der Bank befanden sich im Banklokal, als der Streich vollführt wurde. Sobald wir uns von den Vorgängen Rechenschaft geben konnten, schlossen wir sofort Türe und Fenster, brachten unsere Kasse in Sicherheit und verharrten einige Stunden in peinlichster Ungewißheit. Nach den Detonationen zu urteilen, dem Feuer, welches durch die anrückende Infanterie und Maschinengewehr-Abteilung in unsere Straße abgegeben wurde, sowie nach den zahlreichen Schüssen, welche von den Zinnen der Kathedrale sowie von einigen Fenstern des uns benachbarten Hotels, wo sich auch Verschwörer befunden haben sollen, fielen, mußten wir annehmen, daß die Bewegung einen viel größeren Umfang angenommen hatte, als dieses wirklich der Fall war. Erst gegen 7 Uhr abends griff die Zuversicht zu dem endgültigen Siege der Regierung Platz und damit eine allgemeine Beruhigung. Indessen ist dieselbe bis jetzt noch keine sehr tiefgehende und es hat an blindem Alarm seither nicht gefehlt, sodaß am Montag nochmals eine allgemeine Panik ausbrach. Erst heute eigentlich hat das Straßenbild sein früheres Aussehen wiedergewonnen.«

108 Am 4. Dezember 1909 faßte Richarz in einem Schreiben an die Deutsche Bank die Gründe für das Scheitern des Engagements zusammen: »Sie werden verstehen, daß uns der Ausgang der Angelegenheit gerade deshalb wurmt, weil wir die Partie ohne die offenkundige Parteilichkeit des Präsidenten hätten gewinnen müssen, da wir zur Verteidigung unserer Interessen das Menschenmöglichste geleistet haben. Sie werden es kaum ermessen können, welches Quantum von Mühe und Zeit wir seit einem Jahre in der Angelegenheit aufgewandt haben, an deren Abschluß wir das erste Mal durch die Revolution, das zweite Mal durch die bei Ihnen geübte Rücksichtnahme auf Chile während des bolivianischen Konflikts gehindert worden sind.«

109 Anfang 1912 bezog der BAT in Lima einen Neubau.

110 Federico Hilbck war Mitglied im Lokalkomitee des BAT Lima. Von 1909 bis zu seinem Tod 1923 gehörte er dem Aufsichtsrat der Deutschen Ueberseeischen Bank an.

111 Otto Rochna leitete den BAT Iquique von 1908 bis 1915. Er starb 1918 in Brasilien.

112 Vgl. Seite 232 f.

113 Wilhelm Cohnstaedt veröffentlichte im Herbst 1909 in der Frankfurter Zeitung eine Folge von Reiseberichten »Aus Westkanada«.

114 Die Episode hat Paul Wallich in seinen Erinnerungen erwähnt. Vgl. Zwei Generationen, op. cit., S. 269.

115 William Schwabacher (*1881) war ein Jugendfreund Paul Wallichs. 1910 veröffentlichte er eine Untersuchung über den Hypothekarkredit in Argentinien.

[116] Die Bank für elektrische Unternehmungen wurde 1895 in Zürich auf Anregung von Emil Rathenau gegründet. Carl Zander war seit Anfang 1907 Direktor dieser Bank, nachdem er zuvor in der gleichen Position bei der Elektrizitäts-Lieferungs-Gesellschaft in Berlin beschäftigt gewesen war. Er starb 1920.

[117] Nach Auffassung von Hermann Wallich hatte die Bank bei der Besetzung dieser Stelle »keine glückliche Hand. Der erst ernannte Direktor [Schultz] erwies sich als unfähig. Sein Nachfolger [Jonas] war unehrlich«. (Zwei Generationen, op. cit., S. 145).

[118] Pedro Montt war chilenischer Staatspräsident von 1906 bis 1910. Er starb in Bremen am 16. August 1910.

[119] In Chile konzentrierte sich das wirtschaftliche Geschehen in Valparaiso, der Sitz der Regierung war hingegen Santiago. Daraus ergab sich für die Deutsche Bank die Notwendigkeit, in Santiago einen Vertreter zur Bearbeitung der Geschäfte mit der chilenischen Regierung zu installieren. Artur Krusche schrieb am 3. August 1908 aus Valparaiso an seine Vorstandskollegen der DUB: »Unter dem ganzen Personal der Deutschen Ueberseeischen Bank und ihrer Filialen befindet sich kein passender Beamter, demgemäß ist es Sache der Deutschen Bank, schnellstens für einen Ersatzmann zu sorgen.« Zur Wahrnehmung dieser Aufgabe wurde im Januar 1909 Peter Brunswig (1879–1953), ein Mitarbeiter des Sekretariats der Deutschen Bank, nach Santiago entsandt. Er übernahm nach dem Tode des Filialleiters Nisch 1910 die gesamten Geschäfte der Filiale (bis 1918). 1921 kehrte er nach Deutschland zurück. 1933 bis 1934 war er im Vorstand der Deutschen Bank, 1934 bis 1953 Teilhaber von C. G. Trinkaus in Düsseldorf.

[120] Siegfried Lewin, von 1910 bis 1913 stellvertretender Direktor des BAT Santiago.

[121] Beinahe die gleiche Formulierung wählte Hermann Wallich, als er 1916 die Entwicklung der Deutschen Ueberseeischen Bank resümierte: Brunswig habe »durch erfolgreiche Behandlung der uns auch für eine längere Periode überlassenen Gelder des Konversionsfonds den Beweis seiner Existenzberechtigung« erbracht. (Vgl. Zwei Generationen, op. cit., S. 147).

[122] Richard Diercks (1877–1967) leitete ab 1910 die Niederlassung von Siemens-Schuckert in Buenos Aires. In den dreißiger Jahren wurde er zum Mitglied des Vorstands von Siemens & Halske ernannt, dem er bis 1943 angehörte. Nach dem Krieg war er bis 1953 Mitglied des Aufsichtsrates dieser Firma. Das von Siemens und der Deutschen Bank verfolgte Elektrifikationsprojekt wurde nicht realisiert.

[123] Vgl. Anmerkung 119.

[124] Bank für Chile und Deutschland.

[125] Deutsch-Südamerikanische Bank.
[126] Georg von Siemens (1839—1901), von 1870 bis 1900 Vorstandsmitglied der Deutschen Bank.
[127] Die Klage wurde im März 1911 auf Ersuchen der Deutschen Bank von der Deutschen Ueberseeischen Bank zurückgezogen.
[128] José Manuel Balmaceda, chilenischer Staatspräsident von 1886 bis 1891.
[129] Max Steinthal (1850—1940), von 1873 bis 1905 Vorstandsmitglied der Deutschen Bank, gehörte von 1890 bis 1938 dem Aufsichtsrat der Mannesmann-Röhrenwerke AG an.
[130] Julius vom Rath war ein Bekannter Paul Wallichs aus seiner Lehrzeit in Hamburg 1905/1906. Sein Onkel Adolph vom Rath hatte von 1870 bis 1907 dem Aufsichtsrat der Deutschen Bank angehört.
[131] Ilse und Oskar Mulert.
[132] Otto Ellwanger leitete die Filiale Concepcion des BAT von 1908 bis 1912.
[133] Bank für Chile und Deutschland.
[134] Friedrich Larsen, seit 1898 BAT-Mitarbeiter, war von 1908 bis 1921 Leiter der Filiale Valdivia.
[135] Die Filiale in Temuco war am 20. Mai 1907 eröffnet worden.
[136] 1916 wurde Steegmüller zum Direktor der Filiale Concepcion ernannt, die er bis 1925 leitete.
[137] Emil Rathenau (1838—1915), Begründer der AEG.
[138] Carl Ley war Gesellschafter von Staudt & Co. von 1905 bis zu seinem Tode 1921.
[139] Auguste Victoria Staudt, eine Schwester von Richard Staudt, hatte 1908 Wilhelm von Kummer geheiratet.
[140] Herlitzka war bis Ende 1909 technischer Leiter der DUEG in Buenos Aires. Er gründete im September 1910 unter 90%iger Beteiligung des Banco Francés del Rio de la Plata die Gesellschaft M. Herlitzka & Cia., die — nach dem Urteil eines Revisionsberichtes von 1915 — »eine wahre Börse für den An- und Verkauf von Elektrizitätswerken« darstellte. Carosio blieb nach dem Ende seiner Vertretertätigkeit für die AEG in der gleichen Branche und gründete im September 1911 die Compañia Italo-Argentina de Electricidad.
[141] Die Angelegenheit ging für den BAT gut aus, wie aus einem Brief Lingenfelders an Krusche vom 28. Januar 1910 hervorgeht: »Carl Zander hat mir sehr gefallen, er macht den Eindruck eines sehr intelligenten Mannes, der genau weiß, was er will. Die Industrial de Electricidad hat auf unser energisches Dringen die oro $ 31 000 Conto Corrent Saldo bezahlt und Carosio hat uns gleichzeitig blutige Rache geschworen. Auch der alte Schlieper hat den Kriegspfad gegen uns betreten; aber die 31 mille oro sind mir lieber als C. und Sch. zusammen . . . Ich glaube, wir

haben es nur der Abwesenheit Z's und seinen Verhandlungen zu verdanken, daß wir zu unserem Geld kamen, weil die Leute Angst vor uns hatten.«

[142] Bergisch Märkische Bank (1914 mit der Deutschen Bank fusioniert).

[143] In einem Schreiben Max Schinckels (Norddeutsche Bank) an Arthur Salomonsohn (Disconto-Gesellschaft) vom 21. Dezember 1912 heißt es: »Herr Mahn hat zu seiner Unterstützung einen Neffen namens Weigel ins Geschäft genommen, der sehr gut einzuschlagen scheint . . . . Er hat auf mich einen überall vertrauenerweckenden Eindruck gemacht.« Weigel gründete später mit Otto Bohnen die Firma Weigel, Bohnen & Cia., die 1930 liquidierte.

[144] Paul Wallich und Carl Zander wurden 1914 in den Aufsichtsrat der DUEG gewählt; über Offermann ist in dem Zusammenhang nichts weiter bekannt. Hinzuweisen ist jedoch auf einen Aufsatz von ihm, der zur Präzisierung von Paul Wallichs Ausführungen über das argentinische Bahnwesen dienen kann: C. Offermann: Die neueste Entwicklung der Eisenbahnen Argentiniens; in: Archiv für Eisenbahnwesen, Jg. 33 (1910), S. 125–152.

[145] Im Handwörterbuch der Staatswissenschaften veröffentlichte Paul Wallich 1911 einen Artikel »Der Zinsfuß in neuer Zeit«.

Zu dieser Ausgabe

Paul Wallich wurde am 10. August 1882 geboren. Die Stellung seines Vaters Hermann Wallich als Vorstands-, später als Aufsichtsratsmitglied der Deutschen Bank ermöglichte ihm eine intensive Vorbereitung auf den in Aussicht genommenen Bankiersberuf, deren letzte Station jene Reise nach Südamerika bildete, die in den vorliegenden Briefen geschildert wird. Im Februar 1910 versuchte er mit Hilfe seines Vaters, der seinen Sohn „für die Deutsche Bank erzogen hatte", dort eine Anstellung zu finden, doch gab nach längeren Verhandlungen ein besseres Angebot der Berliner Handels-Gesellschaft den Ausschlag. Er stieg rasch zum Geschäftsinhaber auf. Nach der Teilnahme am Ersten Weltkrieg ging er 1919 zu der Privatbank J. Dreyfus & Co. Als dieses Haus während des Naziregimes nicht mehr zu halten war, leitete Paul Wallich 1937 den Übergang an das Bankhaus Merck, Finck & Co. in die Wege. Im folgenden Jahr, gerade von einer Reise in die Vereinigten Staaten zurückgekehrt, setzte er unter dem Druck der Nazis seinem Leben ein Ende. Es war der 11. November 1938.

Über die Zeit von 1901 bis 1914 hat Paul Wallich eigene Aufzeichnungen hinterlassen, die zusammen mit denen seines Vaters unter dem Titel *Zwei Generationen im deutschen Bankwesen 1833–1914* als Band 2 der Schriftenreihe des Instituts für bankhistorische Forschung (Frankfurt am Main 1978) erschienen sind. Henry C. Wallich hat zudem der Neuausgabe des von Paul Wallich mitbearbeiteten Werkes *Berliner Großkaufleute und Kapitalisten* (Berlin 1967) ein Porträt seines Vaters vorangestellt.

Mit der Veröffentlichung der Reisebriefe Paul Wallichs an seine Eltern wird eine Lücke in seiner eigenen Biographie geschlossen. Der Ausgabe liegt eine bereits vor längerer Zeit angefertigte maschinenschriftliche Übertragung der Originalbriefe zugrunde, die geringfügig gekürzt und redigiert wurde. Offensichtliche Fehler sind korrigiert worden, die Orthographie folgt weitgehend den heutigen Regeln. Wallichs sprachliche Eigenheiten wurden nach Möglichkeit beibehalten.

Manfred Pohl

Namenverzeichnis

Kursiv gedruckte Seitenzahlen verweisen auf die Anmerkungen.

Achelis 53
Adams, Edward D. 56, *280*
Albert, Emil 39, 41–43, 50, 54, 56 f., 65, 75–77, 93 f., 112, 133 f., 140, 196, 246, 248, 251, 255, 260 f., 264, 268, *278*
Arning 53, 74, *273, 275*

Balmaceda, José Manuel 223, *289*
Bary, Teodoro de 61, 74, 77
Beckert 222
Bennewitz 27
Berckemeyer, Gustav 144
Bernard, von 75, 254
Bernard, Hugo von 75, *281*
Bierbaum, Otto Julius 158
Blessing, Carlos 84–88, 90 f., *281*
Bodman, von und zu 222
Böhnisch, Paul *283*
Bohnen, Else 96, *282*
Bohnen, Leopold *282*
Bohnen, Otto *290*
Bolívar, Simón *286*
Bonn, Max 59
Bracht 74
Breuer 168–170, 174
Brunswig, Margarethe 212, 215, 244
Brunswig, Peter 212–215, 218, 220 f., 224, 242 f., 245, 265, *288*
Bunge 53, 74

Carosio, Juan 253, *289*
Caruso, Enrico 164
Claassen 27, 29, 32
Cohn 60
Cohn 123

Cohnstaedt, Wilhelm 62, 206, *281, 287*
Cooper 260

Darwin, Charles 202
Denker 159–162, 164 f.
Devoto, Antonio 266
Diercks, Richard 213–215, 242–244, 253 f., 267, 272, *288*
Diercks, (Frau) 243 f., 254, 272
Duhnkrack, Heinrich 124

Ebner 217
Ellwanger, Otto 227–229, 232, 239, *289*
Endress, Friedrich 134, 141, 213, 217 f., 223, 245, *283*

Ferrandi 89 f.
Finaly, Mary 208
Fischer, Adolfo 65
Fleischer-Edel, Isolde 164
France, Anatole 204, 208
Francke, Otto 254, 267 f., 272
Frank, Robert 37, 57, 61, 270 f., *278*
Frederking, Adela 45, 49, 55, 57, 96, 246, 254, 264 f.
Frederking, Gustav 43–45, 48–53, 58, 60, 64 f., 76, 79, 95, 126, 132, 136, 253–255, 259, 264 f., *278 f.*
Frederking, Gustav A. 39–48, 51, 56, 60–63, 74–78, 80 f., 93, 96, 126, 132–134, 209, 220, 247, 251–268, 270 f., *273, 275, 278*
Frederking, Otto 44, 76, 96, 260
Frederking, Sara 45, 52, *278*
Fuchs, Max 61, 73, 78 f., *280 f.*

Gildemeister 206
Glaeser, Karl 36, 39, 58, 65, 76 f., 79–81, 85, 87, 91–93, 278
Goedhart 79, 133, 252, 260
Goldenberg 149, 210
Grebin, Georg 141, 144, 146, 150, 284
Grisar 144, 150
Gutekunst, Max 88, 91
Guthmann, Richard 37
Gwinner, Arthur von 135, 212, 252 f., 284
Gwinner, Hans 177–179, 181–184, 187, 207
Gwinner, (Frau) 181–183, 207
Gyp 27, 204

Haase, Wilhelm 155, 207, 285
Hardt, Engelbert 281
Hardt, Gustav 74, 281
Harriman, Edward H. 131, 135, 282
Harte, Bret 204
Hatzfeld 38
Havemeyer 53
Hawley, Edwin 135
Heinemann, Elkan 47, 55, 60, 251, 279
Herlitzka, Mauro 253, 289
Heyde, von der 190
Heyking, von 39, 57
Hilbck, Federico 199, 287
Hileret 126, 128
Hill, James J. 131, 282 f.
Hirsch, Moritz von 131, 282
Hoerner, Ivan 51, 280
Holleben, Theodor von 140 f.
Holzmann, Philipp 133, 283
Hüttmann, Karl 140–142, 144–150, 152, 155, 202, 209 f., 213, 239, 241–243, 270, 284

Ingersoll, Colin M. 134, 283

Jeidels, Otto 47, 51, 225, 279 f.
Jonas, Wilhelm 36–39, 42, 47, 51, 53, 55 f., 76 f., 80 f., 93–95, 97–99, 101, 104, 147, 210, 245–248, 251, 260, 268, 278, 288

Kade, Jakob 77 f.
Kettler (Oberst) 34, 110, 113
Kettler (Konsul) 110, 118 f., 121
Koch, Erwin 191
Koch, R. 145
Koch, Rudolph von 135, 145, 200, 245 f., 283
Koch, Valentin Victor 187, 190, 193 f., 285
Kölle, Carl 78, 281
Kozel 74, 109, 260
Kozel, Friedrich 281
Krämer 194
Kraft, Adela 277
Kratzer, Hans 141 f., 147, 150, 209 f., 229, 284
Krug, Georg 105 f., 108–114, 116–120, 136
Krug jr. 111 f., 119
Krusche, Artur 47, 77, 126, 133 f., 153, 196 f., 228, 242, 246 f., 251, 261, 264, 271, 279, 282, 288 f.
Küster, Paul 38 f., 46, 57, 64 f., 92, 96, 248, 255, 264, 278
Kummer, Wilhelm von 246, 289

Lahusen 277
Larsen, Friedrich 232 f., 236–238, 289
Leack 100
Lehmann, Waldemar 168 f., 172, 174, 285
Leucke, Johann 47, 61 f., 92
Levy 51 f., 180 f., 243
Lewin, Leopold 152 f., 157, 207, 212, 285

Lewin, Siegfried 212, 223 f., *288*
Ley, Carl 246, *289*
Liliencron, Detlev von 135
Lingenfelder, Carl 44, 76 f., *94, 96,*
   112, 132–134, 210, 247 f., *251,*
   253, 256 f., 260 f., *268, 279, 289 f.*
Lubin 102 f.

McCune, Alfred W. 188, 199
Mahn, Adam 43, 46, 50, 53, 60, 254,
   260, 265, *290*
Mankiewitz, Paul 61, 131, 271, *280*
Martinez de Hoz 53, 133
Meyer, Martin 47, *279*
Meyer, (Frau): siehe Pellegrini, Julia
Meyer Pellegrini, Bernardo 53, 63,
   95, *280*
Meyer Pellegrini, Carlos 47, 59, 63,
   95, 260, *279 f.*
Meyer Pellegrini, Maria 95, *282*
Mihanovich, Nicolás 77, 268
Miller, Hugh 53, 104, *280*
Mimbala 206
Miró 134
Moller, Edith 25 f., 31–33, 37, 72,
   277
Moller, Ernst Anton 29, *277*
Moller, Ernst Oskar 26, 28, 37, 48,
   53, 64, 67, 69–72, 75 f., 82, 132,
   256 f., 259–261, *277, 281 f.*
Moller, Ernst Wilhelm 25 f., 28, 37,
   68, *277*
Moller, Martha 26–29, 31 f., 37, 69,
   72, 75, 96, 132, *277*
Moller, Olga 25 f., 31 f., 37, 72, *277*
Montt, Pedro 210, 214, 218, *288*
Mora, Lola 125, *282*
Moss 220–222
Mulert, Ilse 31, 225, *277, 289*
Mulert, Oskar 78, 225, *277, 281, 289*

Nisch, Fabian 145, 212, 215–220,
   222–224, 241 f., 265, *284, 288*
Nisch, (Frau) 216, 220, 226

Offermann, C. 47 f., 62 f., 79 f., 257,
   259, 263, 266 f., *290*

Padilla 129 f.
Palmie 31
Patiño, Simon I. 173
Pearson 272
Pellegrini, Carlos *279*
Pellegrini, Julia 95, 246, *279*
Piérola, Isaias *286*
Piérola, Nicolas *286*
Pietzcker, Martha: siehe Moller
Pini, J. E. 222
Pizarro, Francisco 197
Plate 74
Prévost, Marcel 27, 204

Rath, Adolph vom *289*
Rath, Julius vom 225, *289*
Rathenau, Emil 245, 261, *288 f.*
Richard: siehe Staudt
Richarz, Paul 190, 196–203, 206,
   215, *285–287*
Roca, Julio A. 122, 267, 276, *282*
Rochna, Otto 204–206, *287*
Roland-Lücke, Ludwig 145, *284*
Roosevelt, Theodore 153

Salomonsohn, Arthur *290*
Saltzkorn, Eduard 56 f., 60, 271
Samwer 252, 256–259, 263, 266
San Martin, José de *282*
Sassoli, Alessandro 98–102
Schäfer 29
Schilbach 78, 257, 266
Schiller, Walther 94, 96, 254
Schinckel, Max *290*
Schlesinger 187, 192, 194

Schlieper, Hermann 74, 253, *289*
Schmidt 228
Schmitt, Paul W. 32, 34 f.
Schneidewind, Alberto 259, 263
Scholz, August 76, 253, 259, 264
Schultz, Ernst 57, 268–271, *280, 288*
Schumann, Robert 110
Schwabacher, William 208 f., 246, 253, 260, 264, 268, *287*
Seeber, Francisco 47 f., 50, 54 f., 59 f., 60, 63, 71, 78, 84, 134, 252, 256–259, 263, 266 f., 276
Seeber, Mario 47, 252, 256 f., 259 f.
Seeber, Ricardo 47, 54, 59, 78, 257
Séguin, Carlos 274 f.
Sembritzky 212
Siemens, Georg von 220, *289*
Speyer, James 131, 134 f., *282*
Spremberg, Martin 196 f., 201, 203
Staudt, Auguste Victoria 289
Staudt, Elisabeth 49, 62, 92, 246, 248, 268, *272, 274, 277*
Staudt, Richard 35–39, 42, 45–47, 49, 55, 57, 62–66, 76, 81, 92, 94 f., 97, 149, 245 f., 248, 255, 260 f., 264, 268, *272, 277, 289*
Staudt, Wilhelm 28, 55, 63, 75, 87, 118, *277*
Steegmüller, Eberhard 239–241, *289*
Stein, August *281*
Steinthal, Max 224, *289*
Sußmann, August 139, 196, *284*

Thiel, Erich 187, 190, 193
Thiel, Isabel 193
Tornquist, Carlos Alfredo 42 f., 52, 61
Tornquist, Ernesto 42, *278 f.*
Torre, de la 77 f., 132 f.
Turretini 274

Urgarteche 190, 192 f.

Vallée, Tomás *282*
Villas 55
Vogelstein, Ludwig 147–149, 151, 203, *283 f.*
Vogelstein, Theodor 131, *283*
Vogt, Georg, 122–125, 128, 130, *282*

Waldthausen, von 58 f., 75, 114
Wallich, Anna 49, 61, 225
Wallich, Eduardo 38, 64, 94
Wallich, Hermann 26, 32–34, 38, 42 f., 46 f., 50, 52, 55, 61, 63, 65, 69, 73 f., 77 f., 92, 131, 134, 140, 145, 153, 166, 196, 201, 206, 212, 215, 224 f., 239, 242, 245–247, 255, 261, 264, *277, 288*
Wallich, Paul 277, *279 f., 282–285, 287, 289 f.*
Weigel 43, 260, *290*
Weiner 170
Welczek, von 222 f.
White, Guillermo 86, *281*
Wiegold 153–155, 158, 165 f., 207
Wilker 184
Wulff, Ernst 170, *285*

Zander, Carl 208 f., 253, 261–265, *288–290*
Zola, Emile 208
Zulueta 116–118, 120

Firmenverzeichnis

Kursiv gedruckte Seitenzahlen verweisen auf die Anmerkungen.

Th. Achelis & Co. 219
Allgemeine Elektricitäts-Gesellschaft 194, 245, 253, *280, 289*
Amelia Nitrate Co. 159
Amsinck & Co. 43, 255, *279*
Antofagasta & Bolivia Railway 157, 159–161, 166, 175
Anwandter 233, 238
Argentine Great Western Railway Co. 138, 262 f.
Argentine Transandine Railway Co. 129, 132, 137–139, 262
S. J. Arnheim 140, 209, 236, 269

Bahia Blanca and North-Western Railway Co. 128
Balzer & Cia. *281*
Banco Agricola 178
Banco Alemán Transatlántico 102, 108, 129, *242, 277, 280, 282, 285*
 – Antofagasta 152, 154 f., 165 f., 207, *285*
 – Arequipa 187, 189–191
 – Bahia Blanca 84 f., 88–90, 124, *281*
 – Buenos Aires 28, 38, 40 f., 43–45, 49, 51, 56 f., 75, 77–79, 85, 96, 98–100, 112, 134, 140 f., 173 f., 208, 246–254, 256–258, 265, 268–270, *277–281, 285, 289*
 – Concepcion 226–229, *285, 289*
 – Córdoba 105–108, 112, 124
 – Iquique 204–206, *287*
 – La Paz 177–179, 181

– Lima 196–199, 203, *285, 287*
– Montevideo 37, 210, 251, 268–271, *278, 280, 284 f., 288*
– Oruro 168–171, *285*
– Santiago 211–213, 216–218, 224, 265, *283–285, 288*
– Temuco 231, 236, 239 f., *289*
– Tucumán 122–124, 126 f., *274, 282*
– Valdivia 232 f., 236–238, *289*
– Valparaiso 140–143, 145–147, 149, 155, 270, *283 f.*
Banco Argandoña 177 f.
Banco de Bolivia & Londres 178
Banco Carabassa *278 f.*
Banco de Chile 141, 143, 151, 205, 217 f., 227, 229, 237
Banco Comercial 268
Banco de Córdoba 106
Banco Español del Rio de la Plata 40, 43, 56, 75, 85, 98 f., 102, 106, 109, 123, 134, 141, 151, 173, 205, 217, 219, 229, 268, *282*
Banco Francés del Rio de la Plata 43, 85, 102, 123, 268, *274, 289*
Banco de Galicia y Buenos Aires 85
Banco Germánico de la America del Sud 41, 47, 57, 65, 75, 85, 134, 169, 217, 245, *281, 283 f.*
Banco Hipotecario de la Provincia de Buenos Aires 274
Banco Industrial 178
Banco de Italia y Rio de la Plata 43, 85, 100–102, 124, 173
Banco Italiano (Chile) 205, 217

Banco Italiano (Peru) 190, 198
Banco Italiano (Uruguay) 268
Banco Mercantil 173, *285*
Banco Mobiliario de Chile 148, 156, 230, *285*
Banco de la Nación Argentina 86, 90, 98, 102, 106, 123, 173, *280 f.*
Banco de la Nación Boliviana *285*
Banco Nacional (Argentinien) *281*
Banco Nacional de Bolivia 177 f.
Banco Nacional del Uruguay 268 f.
Banco del Peru y Londres 190 f., 197–200
Banco de la Provincia de Buenos Aires 90, 102, 123 f., 173, *282*
Banco Santiago 217
Bank für Chile und Deutschland 141, 144, 149, 154, 169, 174, 210, 217, 227, 239–241, *284*, *288 f.*
Bank für elektrische Unternehmungen 208, 253, 261, *288*
Bank of Tarapacá & Argentina 84 f., 102, 108, 141, 151, 154, 169, 205, 217, *280*
Banque de Paris 102, 213, 275
Baring Brothers & Co. 92
Barrios & Co. 159
Bénard & Jarislowsky 43, 102
Bergisch Märkische Bank 260, *290*
Berliner Börsencourier 135
Berliner Handels-Gesellschaft *279 f.*
Berliner Tageblatt *284*
Bolivia Railway 174–177, 179
Borax Cons. Co. 155
Borsig 129, 138, 264
Brahm & Co. 199
Brasilianische Bank für Deutschland 45, *279*, *283*
Brauss Mahn & Co. 43, 74, 109, 260
Buenos Aires Great Southern Railway Co. 47 f., 54, 58, 67, 79, 83 f., 87–89, 92, 99, 134, 263, 266, *281*

Buenos Aires and Pacific Railway Co. 87, 91 f., 129, 132, 135, 137 f., 244, 257, 262 f., 266
Buenos Aires Western Railway 42
Bunge & Born 65, 84, 88, 134, *281*

Caja de Depositos 198
Calvet & Co. 111, 119 f.
Casanovas & Co. 181
Central Argentine Railway 97, 99, 101, 103, 116, 128–130, 132, 264
Central Norte (Eisenbahn) 128
Cerro de Pasco Mining Co. 199 f.
Commerzbank 279
Compagnie Générale de Chemins de fer de la Province de Buenos Aires 99, 258, 263
Compañia Azucarera 103 f., 110, 124, 126
Compañia Chile – Argentina 219
Compañia de Electricidad de la Provincia de Buenos Aires 253
Compañia Industrial de Electricidad 253, *289*
Compañia Italo-Argentina de Electricidad *289*
Compañia de Salitres 160
Compañia San Martin 238
Compañia Sudamericana de Vapores 146
Córdoba Central Railway Co. 120 f., 128, 258, 263
Córdoba Norte (Eisenbahn) 114
Cotta 109
Credito Urbano 198

Dauelsberg, Schubering & Co. 155, 184
Deutsch-Belgische La Plata Bank 277
Deutsch-Südamerikanische Bank *278*, *281*, *283*, *289*

Deutsch-Ueberseeische Elektrizitätsgesellschaft 61, 76 f., 84, 102, 132, 144, 219, 253, 259, 261, 267, 280, *289*
Deutsche Bank 42, 44, 47, 56 f., 62, 65 f., 75, 78, 86, 96, 98, 109, 132 f., 135, 157, 172, 174, 190, 200, 213, 215 f., 218, 220, 224 f., 242 f., 245–247, 250, 252–254, 256, 259, 261, 264 f., 267, 271 f., *277–280, 283–285, 287–290*
 – Brüssel 73, 200 f., 206, *281*
 – Hamburg 28, 98, *285*
 – London 65 f., 143, 207, 250, *281*
Deutsche Ueberseeische Bank 41, 47, 59, 62, 66, 140, 187, 210, 212, 222 f., 225, 251 f., 255, 264, 268 f., 277, *279 f., 284 f., 287–289*
Dingler & Co. 149
Dirks & Dates 78 f., 88, 252
Disconto-Gesellschaft *279, 281, 283 f., 290*
Conrad Hinrich Donner 50, 267
Dresdner Bank 141, 172, 178, 213, *278*
Dreyfus et Cie. 43, 83, 145, 196, 267
Drysdale 88
Duncan Fox & Co. 199

Ebner 217
Elektrizitäts-Lieferungs-Gesellschaft *288*
Emmel Hermanos 189, 193 f.
Fernando Emmel 189
Erlanger 274
Eyck & Strasser 51, *280*

Foelsch & Martin 143, 151, 205
Frankfurter Zeitung 62, *281 f., 287*
Friedrichs & Co. 39
Carlos Fruck & Cia. 229

D. Fuhrmann & Co. 85

Gath & Chaves 57, 90
Gesellschaft für drahtlose Telegraphie (Telefunken) 188
Antony Gibbs & Co. 161, 204
Gibson 187
Gildemeister & Co. 151, 155, 159, 199, 204, 206
Mauricio Gleissner & Co. 229
Goedhart 132 f., 252, 260
Goldman, Sachs & Co. 42, 250, *279*
W. R. Grace & Co. 151, 187, 189, 199, 206, 228 f.
Gruman 123
Gulda 203
Guzman (Zuckerfabrik) 125–127

Haniel & Lueg 88
Hardt & Co. 50, 52, 86, 88, 169, 260, *281*
E. & W. Hardt 179, 181, 189, 193, 199, 203
Hartcastle 88
Hengstenberg & Co. 151
M. Herlitzka & Cia. *289*
Hesse Newman & Co. 199
Hilbck & Co. 199, 203
Aron Hirsch & Co. 219, 284
Philipp Holzmann & Co. 42, 60, 78 f., 131–133, 252, 256 f., 260, 266, *278, 281*

Inglis Lomas 204
Irriberry 187
Irving National Exchange Bank 255

Jewish Colonization Association 131

Knauth, Nachod & Kühne 56, 255, *280*

A. Koppel & Co. 188
Kosmos 146
Krupp 222

Lahusen & Co. 27, 86, 88, 277
Lazard Speyer-Ellissen 135
Lehigh Valley Railroad 131
Lihn & Co. 155
Lindenberg Neller & Co. 124
Lockett & Co. 204
London & River Plate Bank 46, 56, 85, 102, 124, 141, 143, 174, 268, 279

Mannesmann-Röhrenwerke 224, 289
Mansfelder Kupferbau-Gewerkschaft 200
Merck 194
D. Meyer & Co. 85, 88
Missouri, Kansas and Texas Railroad 134 f.
Mitrovich Hermanos 204
J. P. Morgan & Co. 199 f.
Müller, Schall & Co. 56, 191, 280

La Nación 99
National City Bank 56, 174, 283
Nationalbank für Deutschland 278
Nitrate Agencies 204–206
Norddeutsche Bank 279, 284, 290
Norddeutsche Wollkämmerei und Kammgarnspinnerei 277
Norddeutscher Lloyd 146

Orenstein & Koppel 159
Ph. Ott & Co. 199

Pacific Steam Navigation Company 146, 150, 195
Penny & Duncan 176
Peruvian Corporation 176, 183–185, 191, 194
Peruvian Mining & Smelting Co. 203
Pinero 176

Guillermo Rathgens 189
Graham Rowe & Co. 199

A. Schaaffhausen'scher Bankverein 278
Schneider-Creuzot 89, 148, 217, 219
J. H. Schroeder & Co. 157, 159, 161
Schwartzkopff 103
Siemens Brothers 101
Siemens & Halske 103, 129, 194, 244 f., 288
Siemens-Schuckert 213, 253 f., 267, 272, 288
Sloman 151
Société Générale 73
Société de Hauts fourneaux à Corral 234, 237
Speyer & Co. 157, 174, 282 f.
Spoerer & Co. 229
St. Louis and San Francisco Railroad Co. 131, 135, 283
Stafford 187
Standard Oil Co. 94
Staudt & Cia. 28, 32, 34, 36–38, 47, 49, 51 f., 58, 61–63, 65, 80, 86–88, 92, 97–101, 134, 180 f., 243, 246, 248, 266, 277 f., 289
A. J. Stern & Co. 102
Stettiner Vulkan Werft 64
Stroeder 136
Supervielle & Cie. 268, 275

Talcahuano Agencies 229
E. Tornquist & Co. 36, 38, 42, 56, 61 f., 77 f., 92, 103, 115, 124, 126, 134, 251, 264, *279*
C. G. Trinkaus *288*

L. Vogelstein & Co. 148, *284*
Voith 194
Vorwerk & Co. 144, 151, 222

Weber & Co. 151, 159
Weigel, Bohnen & Cia. *290*
Wertheim 57
Westinghouse 101, 213 f.
Wilsch & Co. 203